교회용어 바로쓰기

교회용어 바로쓰기

2012년 3월 30일 초판 3쇄 발행

지은이 김석한
펴낸이 장대윤

펴낸곳 도서출판 대서
서울특별시 서초구 방배동 981-56
Tel 583-0612(Fax 겸용 -)
daiseo1216@hanmail.net

등록 제22-2411호
ISBN 89-956285-3-7 03230

Copyright ⓒ 2006 by 김석한
책값은 뒤 표지에 있습니다.

저작권법에 의하여 무단전재와 복제를 금합니다.
잘못된 책은 바꿔드립니다.

「바른 말 바로 쓰기 · 기독교연합신문 연재칼럼」

교회용어 바로쓰기
한국교회 갱신을 위하여

김석한

contents · I

통합본을 내면서 … 14

서문 … 16

〈ㄱ〉

1. 각종「기도회」라는 말은「예배」라는 말로 바로 잡아야 한다 … 22
2. 강요된 아멘은 삼가야 한다 … 24
3. 「개신교」(신교)라는 말「개혁교회」로 바로 잡아야 한다 … 27
4. 개혁교회 문자 상징 키로(Chi Rho: ☧)쓸 수 없다 … 30
5. 「개혁주의」란 말 상기(想起)하여야 한다 … 33
6. 「개혁주의 설교」가 교회를 바로 세운다 … 35
7. 「결혼기념」감사예물은「결혼일」감사예물로 해야 한다 … 38
8. 공예배 때「박수」(拍手)하며 찬송하는 일 옳지 않다 … 40
9. 교계 원로들의「제가 잘못했습니다」라는 참회의 선언 옳은 일인가? … 43
10. 「교독문 · 성시교독 · 성탄 전야제」라는 용어에 대한 소회 … 45
11. 교인(신자) 개인을「성도」(聖徒)로 지칭하는 것 적합하지 않다 … 48
12. 교인의 상호 차이점을 차등적으로 표현하지 말아야 한다 … 51
13. 「교회 '예복'의 상징성」에 대한 제언 … 53
14. 교회 연합체 지도자의「계급적 칭호」삼가야 한다 … 56
15. 교회 직분자를「내가 세웠다」라는 말 옳지 않다 … 58
16. 「교회」와「예배당」과「성전」에 대하여 … 60
17. 교회에서「축제」라는 말 쓸 수 없다 … 63
18. 교회에서 고쳐 써야 할 말 I … 66

19. 교회에서 고쳐 써야 할 말 Ⅱ … 69

20. 교회에서 바르게 써야할 말과 일 Ⅲ … 71

21. 교회용어 관행적 오용이 바른 뜻 훼손한다 … 73

22. 교회의 모든 의식 때 흰 장갑 끼는 행위는 옳은가? … 75

23. 교회의 절기 명칭 밑에 「절」(節)과 「날」(日)에 대하여 … 78

24. 교회의 「구역」과 「교구」라는 말 구분하여야 한다 … 80

25. 「교회출석」과 「공동예배 출석」을 구분해야 한다 … 82

26. 「금식;단식」의 종교적 의미 … 84

27. 기도 마감하는 말 과거시제어로 쓸 수 없다 … 87

28. 기도 말의 어투와 어조는 겸양법으로 해야 한다 … 90

29. 기도 말에 「귀한」 백성, 「귀한」 ○○님 등의 지칭 옳지 않다 … 92

30. 「기도 받는다」라는 표현은 옳지 않다 … 94

31. 기도 서두에 「할렐루야」 구호나 「성구」를 외워 대는 것은 옳지 않다 … 96

32. 기도에 「시작하는 말」과 「끝맺는 말」 바르게 표현하는가? … 99

33. 기도 중 직분 칭호에 존칭 「님」자 붙여 하나님께 아뢰는 것 삼가야 한다 … 102

34. 기도의 말 표현 형식의 문제점 … 105

35. 「기도의 중복되는 말」 사용을 삼가야 한다 … 108

36. 기도할 때 하나님 호칭의 「당신」과 「하나님 아버지」, 「아버지 하나님」 … 111

37. 「기독교를 믿는다」라는 말 부적절하다 … 114
38. 「기독교」와 「기독교회」라는 말 구분하여 써야 한다 … 116
39. 기복(祈福)적 말씀선언으로 강요된 「아멘」 반응은 옳지 않다 … 119
40. 「기복(祈福)신앙」이란 말과 그 신앙의 문제점 … 122
41. 기호(記號)와 번호(番號)는 구분하여 써야 한다 … 124

〈ㄴ, ㄷ〉
42. 남을 위한 「심령(心靈)기도」란 말 옳은 것인가? … 126
43. 「당회장」과 「담임목사」라는 직무칭호 경우에 맞게 써야 한다 … 128
44. 당회장과 담임목사/안수집사와 서리(임시)집사 … 130
45. 대심방(大尋訪)은 「전체심방」 또는 「정기심방」으로 … 133
46. 「대표기도」는 「기도인도」로 고쳐야 한다 … 135

〈ㅁ, ㅂ〉
47. 「마가의 다락방」은 「마리아의 집 다락방」으로 … 138
48. 「말씀축제」라는 말 부적절하다 … 140
49. 명복(冥福)을 빕니다 라는 말 쓸 수 없다 … 142
50. 「미망인」(未亡人)이란 말은 「유가족」(遺家族)으로 써야 한다 … 144
51. 목회자의 '급여' 명칭은 「목회비」나 「성역비」로 해야 한다 … 145
52. 「무한경쟁」과 「무한공생」 … 147
53. 「묵도하므로」 예배시작하다는 「묵상기도로」 예배시작하다로 … 149
54. 「믿음이 좋은 사람」이라는 표현은 부적절하다 … 151

55. 별세교인이 쓰던 찬송, 성경, 소각(燒却)이나 관(棺) 속에 넣는 것과
　　빈소(殯所)에 촛불과 분향로(焚香爐) 설치는 옳지 않다 … 154

56. 복음송 가사 「송축하라」는 「송축하자」로 바꾸는 것이 옳다 … 156

57. 복음송과 CCM은 예배찬송 될 수 없다 … 158

58. 복의 선언(축도, 축복)의 끝맺음 말을 「계실찌어다」로 쓸 수 없다 … 160

59. 「부흥회」를 「사경회」(査經會)로 … 162

60. 「부흥회」와 「부흥사」라는 말에 대한 소회(所懷) … 164

61. 「붉은 악마」라는 말은 「붉은 응원단」으로 … 168

〈ㅅ〉

62. 「사랑하는 하나님」과 「사랑하시는 하나님」을 구분하여 호칭해야 한다 … 170

63. 「사모」(師母)라는 말 바로 써야 한다 … 171

64. 「사순절」(四旬節)의 뜻 바로 새기자 … 174

65. 「사울」을 「바울」로 지칭함을 성화론적 변화로 보는 것은 오해이다 … 176

66. 「삼우제」(三虞祭)라는 말 쓸 수 없다 … 179

67. 삼위 하나님의 성호를 사물의 명칭으로 쓰는 것은 불경이다 … 181

68. 「새 술」은 「새 포도주」로, 「동방 박사 세 사람」은 「동방 박사들」로 … 183

69. 선민(選民)(히브리 민족, 유대인, 이스라엘 백성) 지칭의 구분 Ⅰ … 185

70. 선민(選民)(히브리 민족, 유대인, 이스라엘 백성) 지칭의 구분 Ⅱ … 187

71. 선민(選民)(히브리 민족, 유대인, 이스라엘 백성) 지칭의 구분 Ⅲ … 189

72. 설교 강단에서 구분하여 쓸 말들 … 190

73. 설교단에서 구분할 말과 완곡하게 쓸 말 … 193

contents ·3

74. 설교말씀이 「계시겠습니다」는 …이 「있겠습니다」로 … 196
75. 설교적 용어로 「도전(挑戰)」이란 말 사용은 부적합하다 … 198
76. 성경 「저자」와 「기록자」란 말에 대한 소회 … 201
77. 「성경」과 「성서」 … 204
78. 성경본문 인용은 문맥을 변형하지 말아야 한다 … 207
79. 성경본문에 음운(音韻)첨가와 유추(類推)하는 말 옳지 않다 Ⅰ … 209
80. 성경본문에 음운(音韻)첨가와 유추(類推)하는 말 옳지 않다 Ⅱ … 211
81. 성경본문을 「다 찾으신 줄 〈믿고〉」라는 말에 대하여 … 213
82. 성경본문을 소개할 때 유념할 말 … 215
83. 「성경봉독」은 「성경낭독」으로 「합독」은 「한 목소리로 읽기」로 … 217
84. 「성령」께 존칭 접미사 「님」자 붙여 「성령님」으로 해야 한다 … 220
85. 「성령축제」란 말 문제 있다 … 223
86. 「성례」에 관한 의식명칭 바르게 쓰고 있는가? … 225
87. 성전 앞자리는 「금싸라기 자리」, 뒷좌석은 「거적자리」라는 말 … 228
88. 「성직자(목회자) '까운'의 상징성」에 대한 제언 … 230
89. 「성직자」를 「노동(근로)자」로 지칭할 수 있는가? … 233
90. 성찬의 떡과 잔에 「합당치 않게」라는 말에 대하여 … 235
91. 성혼공포 후 「신랑과 신부」는 「남편과 아내」로 지칭해야 한다 … 238
92. 세족식(洗足式)은 예식적 재현보다 정신적 뜻 실천해야 한다 … 240
93. 「소천」(김天)과 「명복」(冥福) … 242
94. 솔로몬의 「일천 번제」가 「일천 번」 예물봉헌의 모본 아니다 … 245
95. 「송구영신예배」는 「송구영신감사예배」로 해야 한다 … 247

96. 수석장로／선임장로와 수석부목사／선임부교역(목회)자 … 249
97. 「십자가 형벌」은 「십자가 고난」으로 … 252

〈ㅇ〉

 98. 「아멘」 유도형과 「인사말」 대용어로 쓰는 「할렐루야」 … 254
 99. 안식일은 주일로 써야 한다 … 257
100. 「어린이 주일은 어린이 날 주일로」,「어버이 주일은 어버이 날 주일」로 … 260
101. 연자 맷돌 목에 달고 바다에 빠질 주체는 누구인가? … 262
102. 「열납」(悅納)과 「흠향」(歆饗) … 264
103. 「열린 예배」가 교회 위기를 부른다 … 267
104. 「영-발」,「기도-발」이 "세다", "있다"라는 말 부적절하다 … 270
105. 「영대(스톨)와 로마 칼라의 상징성」에 대한 제언 … 272
106. 「영상(映像)예배」에 대한 유감 … 275
107. 「영상예배」(화상예배)에 대한 위기개념 가져야 한다 … 278
108. 「영안실」(靈安室)은 「병원 장례실」로 표현해야 한다 … 280
109. 「영의 아버지」라는 말의 부 적절성 … 282
110. 「예물 봉헌자」 명단과 「감사 내역」 공개하는 말 성경적인가? … 285
111. 「예배 드린다」,「예배한다」 … 288
112. 예배 때 행사병행과 예배당 뜰에 공적비 건립 옳은가? … 292
113. 「예배 본다」와 「제단 쌓는다」 … 294
114. 「예배 사회」라는 말 고쳐 써야 한다 … 298
115. 예배 수행 중 사람을 향한 「박수」행위 옳지 않다 … 301

116. 예배 중 「박수」(拍手)에 대하여 … 304
117. 예배 중에 「옆 사람과 인사 나누자」라는 말에 대하여 … 307
118. 「예배 처음 시작 시간이오니」는 「예배를 수행(진행) 중이오니」로, 「좋은 믿음」은 「큰 믿음 / 깊은(굳은) 믿음」으로 … 309
119. 「예배」라는 말은 어떤 목적에도 수단으로 쓸 수 없다 … 312
120. 「예배개회」는 「예배시작」으로, 「묵도」는 「묵상기도」로 써야 한다 … 315
121. 예배당 강단 벽 「십자가상」의 상징성에 대한 제언 … 317
122. 예배당 강단 설교대에 「촛불」점화의 상징성에 대하여 … 320
123. 「예배당 강단에 '국기' 장식과 '문자' 상징」에 대한 제언 … 322
124. 「예배당 내부 강대상 배치의 상징성」에 대한 제언 … 325
125. 「예배당 내부, 성경대와 펴 놓은 성경의 상징성」에 대한 제언 … 328
126. 「예배당 내부, 제단과 제단 촛불의 상징성」에 대한 제언 … 331
127. 「예배당 내부에 장식한 상징물」에 대한 제언 … 334
128. 「예배당 장식의 상징성」에 대한 제언 … 337
129. 「예배를 돕는 성가대」라는 기도 말은 부적절하다 I … 340
130. 「예배를 돕는 성가대」라는 기도 말은 부적절하다 II … 342
131. 「예배의 시종을 하나님께 '의탁' 하옵고」는 부적절한 말이다 … 344
132. 「예배찬송가」와 「복음성가」는 구별해야 한다 … 347
133. 「예배찬송」은 「찬양」의 참 뜻을 담아야 한다 … 350
134. 「예수님 이름으로 기도하옵나이다」와 「예수 공로 의지하여 기도하였습니다」 … 352
135. 예수님의 「이름」을 「존함」으로 쓰자는 견해에 대하여 … 355

136. 워십 댄스(Worship dance)가 예배구성 요소인가? … 357
137. 은혜 충만한 감격의 상태를 「미칠 것 같다」라는 표현 … 359
138. 「음주」와 「흡연」에 대한 신앙적 관점 … 361
139. 「이상」(以上)과 「이하」(以下) 는 표준수량에 포함된다 … 364

〈ㅈ〉

140. 「장례예배, 영결식 예배」는 「장례식 예배, 발인식 예배」로 해야 한다 … 366
141. 「장로회」는 「장로교회」라고 함이 옳다 … 369
142. 전도특공대, 전도폭발, 성령폭발 등의 격투적 표현 순화할 필요 있다 … 372
143. 제단은 강단으로, 제사장은 목사로, 주의 종은 주의 사자로 … 374
144. 「제비뽑아」(추첨선거) 선거한다는 말에 대한 유감 … 377
145. 「종교개혁」은 「기독교 개혁」이다 … 379
146. 주5일 근무제의 산업문화 속에서 주일성수 강조되어야 한다 … 382
147. 주기도문, 사도신경을 「외우겠습니다」라는 말은 고쳐야 할 말이다 … 385
148. 「주기도문」은 예배 마침기도의 전유물이 아니다 … 387
149. 주기도문에 「아버지」 호칭 반복구성이 옳은가? … 390
150. 주기도문에 「아버지」 호칭삭제가 양성평등인가? … 392
151. 주님의 「간섭」은 「주장」으로, 「하나님의 몸된 교회」는 「주님의 몸된 교회」로 … 394
152. 「주악(奏樂)에 맞추어」는 「주악(奏樂)과 함께」로 써야 한다 … 396
153. 「주여」와 「주님이시여」, 「축도」와 「복의 선언」 … 398
154. 주여! 3창, 신학적 의미 없다 … 401

155. 「주의 이름으로 축원합니다」 … 404
156. 「주의 이름으로, 주 안에서 사랑합니다」라는 말에 대한 유감 … 407
157. 「주의 종」과 「부족하지 않도록」이라는 말 바로 써야 한다 … 409
158. 주일 「대 예배」라는 말과 「1부, 2부 예배」라는 말 고쳐야 한다 … 411
159. 「중보기도」(仲保祈禱)와 「도고」(禱告)라는 신앙용어 바로 쓰기 … 414
160. 「지금도 살아 계신 하나님」이라는 말 바로 써야 한다 … 417

〈ㅊ〉
161. 「찬송 드리다」는 「찬송하다」로, 「찬송O장」은 「찬송가O장」으로 … 420
162. 「찬양대」와 「성가대」, 「예배 전 찬송」과 「준비찬송」 구분해야 한다 … 422
163. 「참 좋으신」 하나님이라는 수식어는 적합하지 않다 … 425
164. 「창립 기념」과 「설립 기념」, 「지금으로부터」와 「지금부터」, 「부활」과 「다시 삶」 … 428
165. 「총재」(總裁)라는 말의 유감 … 431
166. 총회 본부/교단 본부, 원시 기독교/원시시대(초기,초대) 기독교 … 434
167. 「총회가 노회를 시찰한다」라는 말 「노회 방문」이라는 말로 바꾸어야 … 437
168. 「축도」와 「복의 선언」 … 440
169. 축도의 명칭과 종결서술어 바로 쓰기 … 443
170. 「축복」과 「복」의 구분 … 446
171. 「축원합니다」라는 말은 「설교체」 용어로는 부적절하다 … 449

〈ㅋ, ㅌ, ㅍ, ㅎ〉

172. 크리스천의「연호(年號)」사용 바로 해야 한다 … 451
173. 「타계, 영면, 유명과 영결식 예배」라는 말 비기독교적이다 … 454
174. 「평신도」를 「일반성도」로 … 457
175. 「하나님 "앞에" 예배드린다」는 「하나님 "께" 예배한다」로 고쳐야 … 460
176. 「하나님 노릇」,「아버지 노릇」이라는 표현 불경스럽다 … 462
177. 하나님「축복하옵소서」라고 기원하는 말 옳지 않다 … 464
178. 하나님께 「영광의 박수」하자는 말 옳은가? … 466
179. 「하나님의 말씀(성경)」을 「성경 저자의 말씀」으로 표현하는 것은 삼가야 한다 … 468
180. 하늘보좌를 움직이게 해 달라는 기도 말 부적절하다 … 471
181. 「할렐루야」라는 말 남용을 삼가야 한다 … 474
182. 「헌금」은 「예물 봉헌」으로 … 476
183. 협동 목사(장로)와 명예 권사 … 479
184. 혼인과 결혼, 정혼과 약혼 … 482
185. 「회(回)」,「차(次)」,「기(期)」의 구분 … 485

부록_「장례예배」를 「천국환송예배」라는 말로 쓰는 것에 대한 제언 … 485

통합본을 내면서

한국 교회사가 시작된 지가 120여년 간을 지나오고 있다. 그 동안 교회에서 쓰는 용어가 단 한 번도 공식적으로 성경적 검증을 통한 표준화 작업 없이 오·남용되고 있어 이로 인해 교회의 순전성과 건전한 기독교 언어문화가 훼손되는 바 적지 않아 이를 바로 잡아야 할 필요를 널리 인식해왔다. 때 늦은 감 있으나 성경과 신앙정신에 불합치한 용어의 사례를 색출 분석하고 성경 본문의 조명을 통한 대안을 찾아 기독교 보도매체를 통해 칼럼형식으로 한국교회 앞에 갱신할 것을 제안한 바가 있었고 문헌상으로 두 권의 책을 간행하였다. 그간에 착오된 채로 관용되고 있는 교회 용어의 일부는 이교적 문화 배경과 무속과 민속적인 민간 신앙에 뿌리를 둔 관습적인 요소가 기독교적 용어에 합성되어 정제됨이 없이 사용되고 있는 사례와 함께 일부는 교회 내적으로 기복적인 신앙을 강조한 과정 속에서 무리하게 조어(造語)되어 유행처럼 회자(膾炙)된 말과 한편으로는 성경에 근거된 말을 찾아 인용하지 못했을 뿐만 아니라 어법적 체계를 준용하지 않고 관습에 젖어 검증없이 사용되고 있는 등 여러 배경에서 교회 용어가 착오된 채로 사용되고 있는 현실은 우려하지 않을 수 없는 수준에 와 있다.

따라서 필자는 신학대학 강단에서 실천신학으로 이십 수년 간 후학을 지도하면서 한국교회가 안고 있는 문제점 중에 교회가 쓰고 있는 용어의 문제를 바로잡는 일을 통하여 교회갱신을 도모하는 일에 미력이나마 보태기를 작심하고 그간 이백여 개에 가까운 오용되고 있는 용어의 사례를 들고 성경 정신에 비추어 신학적인 검증을 통해 착오된 이유와 대안을 제시하고자 한 바 그 분량이 두 권의 책으로 엮게 되었다. 이를 능률적인 독서를 위해 두 권의 책을 재교정하여 단권으로 통합본을 내게 되었다. 바로잡을 용어의 문형 첫음절을 가, 나, 다 순으로 목차를 재구성하여 독자의 검색을 돕고자 하였다.

  본서 발행에 대한 취지와 저자의 충정은 본서 서두에 다소 긴 문장으로 밝혀 두었다. 아무쪼록 본서가 한국교회 갱신에 있어 언어 영역에서 도움이 되었으면 하는 기대감을 감출 수가 없다. 모든 교회가 종말기에 기필코 개혁되어야 할 부분을 바로 잡아 교회의 성결성을 도모하고 이교적 요소가 가미되어 관용되는 용어를 하나님께 대한 신앙정절을 지킨다는 관점에서 모든 용어를 성경의 표준으로 돌아가야 한다는 기대가 본서 발행의 근본 취지임을 밝히면서 앞으로 계속 연구해야 할 필요를 잠시 남겨 놓고 우선 통합본을 내고자 한다. 끝으로 본 통합본을 교정해 주신 분과 출판하여 주신 대서출판사 장대윤 사장님께 심심한 사의를 표하고자 한다.

주후 2006년 2월 25년간 머물렀던 교정에서

김석한

서문

  신앙과 삶의 표준이 되는, 성경의 성문(成文)적 형식과 그 외연(外延) 속에 내포(內包)된 계시적 요소는 진리와 복음으로 역사 속에 구체화되어 하나님의 존재와 그의 본질을 드러내되 그것은 인간의 철학적인 설명이나 종교적 해석을 통하여 규명한 관점의 서술이 아니라 하나님의 자증(自證)적 방편에 의해서 전능자로서의 무한성과 우주를 나타내시고 진리의 본체가 되심을 어문(語文)적 형태로, 하나님의 실존을 담아내어 신적 권위를 가진 기독교의 경전(經典)이 성경이다. 단적으로 이 성경은 「하나님에 관한 사람의 이야기」가 아니라 「사람을 향한 하나님의 말씀」으로서, 기독교는 이 말씀과 성육신으로 나타난 계시의 종교이다. 따라서 문자계시의 일 점 일획과 한 음절, 한 단어, 한 문장은 진리와 복음성을 함축한 언어적 기능에서 매우 중요하고 그 가치는 큰 것이다.

  기독교 이 천년 역사는 이 문자계시에 담긴 진리의 터 위에 세워지고 그 계시의 지배아래서 말씀을 응용하고 인용한 언어적 수단을 통해 교회의 양적 확장과 질적 향상을 추구하며 기독교적 문화창달을 도모하여 온 것이다. 이런 의미에서 기독교가 문자계시를 표준삼은 언어와 언어생활은 매우 주요한 신앙적 삶의 방편이 될 뿐만 아니라 이 언어를 통하여 진리를 변증하고 기독교를 해석하며 설명하여 교회를 교회답게 하고 또한 건전한 교회사 창조에 있어서도 그 중심에는 언제나 언어의 역할은 컸던 것이다.

그러나 오늘날 교회 내에서 쓰는 말이나 일부 지도자들의 목회용어 성경적

인용에 있어서 신학적인 검증이나 어법적인 여과(濾過)와 정제(整齊)과정이 없이 오·남용(誤濫用)하는 사례는 간과할 수 없는 수준에 있는 것이다. 이로 인하여 신앙과 신학적 개념의 혼란이 초래되어 언어의 고유한 기능인 의사 전달 수단이 훼손되고 기독교 언어문화 창달에 장애가 되고 있는 현실은 냉철하게 주목하여 볼 필요가 있는 것이다.

　필자는, 한국 교회가 선교 백 이십 년의 역사 속에서 괄목할만한 양적 성장을 도모하는 과정의 일부를 지켜보면서 무속적인 종교와 민속적인 미신을 믿는 대중적인 종교심성, 자유와 진보주의의 급진적 신학사조의 물결과 불건전한 신비주의 침투, 기복적인 신앙과 사회적 변화에 따른 세속적인 물질문화 유입에 따른 영향, 이런 등등으로 인하여 교회내의 영력(靈力)의 자리는 좁아지고 속력(俗力)의 지평은 넓혀져 교회는 고유한 본질을 잃고 있음을 보고 있으며, 이로 인하여 기독교 내적 언어의 세속화(世俗化)와 계시 인용적 언어의 오염과 왜곡된 의미부여는 신앙정서 순화에 장애는 물론 신앙의 초점과 방향이 오도(誤導)되고 있어 염려의 수준까지 와 있다고 보는 것이다.

　이런 차제에 필자는 저명한 기독교 주간지인 〈기독교연합신문〉에 〈바른 말 바로 쓰기〉라는 제하(題下)에서 연재 칼럼(Column)을 게재하면서 한국교회의 목회용어와 교회용어 순화를 위해 착오된 말과 잘못 쓰는 말 바로 잡기를 한국교회 앞에 감히 제안한 바 있었다. 그것은 착오된 말은 착오된 개념이나 사고를 형성하고, 착오된 개념은 착오된 행위를 빚게 되며, 착오된 행위는 착오된 결과를 가져오고, 착오된 결과는 또 다른 착오를 낳는 원인이 되어, 결과적으로 사물의 사리를 그르치게 되는 것이기 때문이다. 그리고 언어의 생명은 그 말이 담고 있는 뜻을 바르게 전달하는 데 있고 나아가서 성경의 오해와 왜곡이 없어야 기독교를 바르게 이해하고 신앙을 바로 세워 간다는 소박한 충정 때문이기도 하다.

여기에서 참고로, 일반적인 언어에 대한 약간의 개념을 인용하여 보면「언어란 사회 구성원간의 의사전달 수단으로서, 사회성과 역사성을 지닌, 자의(恣意)적으로 만들어 낸 음성또는 문자기호의 체계」라고 말할 수 있다. 따라서 이 말은 자의적으로 생산된 문자나 소리에 의해서 사상과 감정, 그리고 소망 등을 전달하는 인간적이고 비 본능적인 생활수단이 되고 있다.

그래서 일반적인 언어 문화적 관점에서 보면 언어의 성질은 전술한 바와 같이 자의성(恣意性)이 있어서 언어의 형식인 소리와 문자, 그 언어의 내용인 의미와 사상 사이에는 꼭 그렇게 되어야 할 아무런 필연성이 없는 우연히 결합된, 누구나 인정할 수 있는 공통적인 요소를 함축하고 사회적 약속으로 성립되는 것이 언어인 것이다.

스위스의 유명한 언어학자 〈소쉬르〉(Ferdinand de Saussure, 1857-1913)는 "언어는 사회적 계약이다"라고 하였다. 이는 사회적 약속이므로 개인이 임의로 고칠 수 없어 이것을 언어의 불역성(不易性)이라고도 한다. 예컨데 한 때 '컴퓨터'를 셈하는 기계(셈틀)라고 하였으나 지금은 셈틀이라는 말을 쓰지 않는다. 언중(言衆)이 그렇게 쓰자고 동의하여 약속을 하지 않았기 때문에 말로서 그 생명력을 잃게 된 것이다. 그리고 언어는 새롭게 생성되어 전에 없던 말이 생기기도 하고 성장하기도 하여 말의 대상과 뜻의 변화를 가져오기도 한다. 예컨데 〈어리석다가 어리다〉(愚-幼)로, 〈어엿브다가 어여쁘다〉(憐-美)로 성장하기도 하고 시간의 경과에 따라 말소리와 의미의 연합관계는 변하게 된다. 이를테면, 〈나조〉가 〈저녁〉으로, 〈꿈〉이 〈가을〉로, 〈슈룹〉이 〈우산〉으로 바뀌면서 나조, 꿈, 슈룹 등은 사멸되기도 한다. 이런 것을 언어의 역사성 또는 가역성(可逆性)이라고 하는데 이것을 언어의 특성이라고도 한다.

    이렇게 언어의 일반적인 성질에 비추어 시간의 경과와 관계없이 하나님의 계시의 말씀은 일 점 일획도 변하지 않는 진리성에 근거한 교회 내적인 신앙용어의 불변적 요소는 항상 그대로 보전되어 불역성(不易性)으로 남아 있어야 하고 성경적인 표준에 통제 없이 임의와 자의적으로, 또한 학적인 검증이 없이 몇몇 언중(言衆)이 유행어로 본질과 불합치한 신조어(新造語)를 남발하여 기독교의 건전한 언어문화가 훼손되는 실태는 개혁되어야 한다. 적어도 언어가 한 사회에 정착되려면 그 사회의 구성원이 어떤 말의 통일된 형식과 내용을 승인과 합의로 약속되어야 하는 것이다.

특히 불변의 진리를 담은 성경을 삶의 표준을 삼는 교회 내의 신앙적인 언어는 근본적으로 성경의 교훈과 교회사적 관용(慣用)에 합치되어야 한다. 작금에 한국 교회는 신학적 근거와 어원(語源)이 불분명한 신앙적, 목회적 용어의 오·남용(誤濫用)이 교인의 신앙의식의 혼란과 개념의 착오를 빚어 건전한 교회의 언어 문화창달에 장애가 됨은 물론, 신앙후예들에게 오늘의 언어유산을 갱신 없이 물려줄 수 있을 것인지 심히 우려하지 않을 수 없다. 역사의 흐름과 사회의 변화에도 계시적 근거에 터잡은 교회용어는 종말까지 그 뜻의 굴절됨이 없이 관통되어야 하고 통전성(通典性)이 보전되어야 한다.

그리고 한국 교회는 진리에 불합치된 뜻을 가진 비어(蜚語)를 자의적으로 조어(造語)하지 말아야 한다. 행여나 그것이 성경의 참뜻을 오해케 한다면 그 말을 사용한 사람의 책임이 무거울 것이다. 이러한 관점에서 필자는, 평소의 강단에서 쏟아내는 교회용어 신조어와 왜곡되고 오해된 용어들의 사용사례를 바로 잡고자 미력을 다하였다.

그리고 필자는 신학대학에서 실천신학 교수로 이 십 수년간의 후학들을 지도한 강단경험을 통하여 현재에 교회 현장에서 오·남용하는 용어에 대하여 고민하던 부분들을 바로잡기를 노력하였다. 오늘 우리의 잘못 쓰고 있는 말이 착오된 뜻을 담고 대물림한다고 생각해보면 한 단어 한 문장을 소홀히 다룰 수 없는 책임이 이 시대를 살아가는 우리 모두에게 있다고 생각한다. 그래서 본서는 기독교연합신문에 〈바른 말 바로 쓰기〉의 연재되었던 일부를, 많은 독자들의 요청도 있고 집약된 자료로 남겨야 하겠다는 우직한 생각과 이 작은 것으로 한국 교회 갱신에 다소나마 보탬이 되었으면 하는 충정 하나로 냉철한 성찰과 깊은 사려 없이 책자를 만들게 되었다. 신문에 연재 시에 애독하여 주신 여러분들과 원고를 다듬고 워드 작업에 힘써주신 필자의 지인(知人)과 그리고 이 책을 출판해 주신 도서출판 대서 장대윤 사장님께도 감사의 말씀을 드리고자 한다. 끝으로 이 한 권의 소책자가 필자와 같은 뜻을 가진 분들과 공감하면서 오늘의 한국 교회가 잘못 쓰고 있는 목회용어 바로 쓰는 운동을 지속적으로 해야 할 것을 기대하면서 여러 성도들과 지도자, 그리고 신학생, 모든 분들 앞에 〈바른 말 바로 쓰기〉를 위해 제안서로 내어놓고자 한다.

주후 2006년 2월, 천안대학교 방배동 캠퍼스 연구실에서

저자 識

각종 「기도회」라는 말은 「예배」라는 말로 바로 잡아야 한다

한국교회가 오래 동안 관행으로 쓰고 있는 말 중에 〈수요기도회〉 또는 〈삼일기도회〉라는 말이나 〈새벽기도회〉, 〈금요철야기도회〉라는 말을 익숙하게 쓰고 있는데 이는 부적절한 표현이다. 결론적인 말로 표현하면 수요기도회는 〈수요예배〉, 새벽기도는 〈새벽예배〉로, 철야기도는 〈철야예배〉 또는 〈심야예배〉로 고쳐 써야 한다. 교인이 공동적인 신앙행위를 위해 교회당에 모이는 것은 그 동기와 목적은 언제나 규모의 다소를 막론하고 예배에 있고 기도라는 요소에 더 치중한다 하더라도 그 형식은 예배인 것이다. 언제나 두 세 사람이 주의 이름으로 모이면 그곳은 원리적인 교회이요 그 교회가 예배요소를 구성하여 신앙행위를 하는 것이면 당연히 그것은 예배가 되는 것이다.

〈기도회〉라고 할 때 기도는 예배학적으로 볼 때 신앙 행위이면서 예배요소인 것이다. 성도가 모여서 하나님을 대상으로 하는 영적 행위가 어찌 단순한 기도만이 있을 수 있겠는가? 거기에는 찬송과 말씀이 있고 기도가 있으니 예배의 중심요소를 갖추어 수행하는 기도회이니 이는 분명 예배인 것만은 틀림없다. 어느 때는 기도를 중심으로 교회에 모였던 일이 있었다. 그때는 특별히 예배 인도자나 설교 순서가 없이 모여 기도하던 때에 관행을 그대로 쓰는 말이 아닌가 한다. 그리고 예배를 주일 하루의 예배로만 생각하고 기타의 예배는 정식예배가 아닌 비정규적인 모임은 기도회로 여겼던 것에서 비롯된 말임을 이해할 수 있다. 그러나 기도회에는 예배요소가 하나님께 수행되는 한 단순한 기도회는 이미 아닌 것이다. 주일예배가 보편적인 교회의 중심 예배라면 기타 예배는 한국교회에 이미 제도화되고 고정된 주일 외적 특별예배인 것이다. 따라서 성도가 교회에 모이는 것은 예배가 없는 모임은 없는 것이다. 모든 모임은 하나님의 영광과 송축이 있고 이것은 궁극적인 그 모임에 목적인 것이다. 그런고로 〈수요일예배〉, 〈철야(심야)예배〉, 〈새벽예배〉가 되어야 하고 또한 그렇게 지칭해야 한다. 이와 관련하여 〈가정예배〉, 〈구역예배〉, 〈심방예배〉등은 교회당에 모이는 것보다는 더 사(私)적인 성격을 띠고 있고 그 규모 역시 적지만 예배의 형식이 있으므로 그것은 예배라고 하는 것이다. 따라서 새벽, 철야(심야), 수요 등의 교회의 집회는 분명히 교회의 공식 모임인 이상 기도회로만 특징 지워 표현할 것이 아니라 그것은 분명히 예배가 되는 것임을 유념해야 할 것이다.

　이와 관련하여 각 교파의 교리장정이나 예배모범에 보면 〈삼일예배〉, 〈삼일기도회〉, 〈수요일예배〉, 〈수요일 밤기도회〉, 등으로 기술하고 있으나 가장 적절한 표현은 〈수요일 밤예배〉 일 것이다. 〈주일예배〉가 요일 개념을 함의(含意)하고 있듯이 〈요일〉은 예배의 시행시점을 정한 것이니 〈삼일예배〉라는 말은 적절치 않다.

강요된 아멘은 삼가야 한다

많은 교회들이 예외는 있으나 예배 수행 중 교인들이 설교에 대한 교감반응으로 설교대목마다 "아멘"을 연발하는 실태를 볼 수 있는데 정도를 벗어난 점이 없지 않다. 이 "아멘"은 근본적인 뜻으로 보아 지도자의 신앙적 사설이나 신적 역사의 예고적 선언에 대한 청중의 고백적이며 자원적인 영성적 반응으로 자연스럽게 표현되어야 하는 것이 성경적이라고 볼 수 있다. 그런데 오늘날 설교자들이 자기설교에 대한 반응으로 지나치게 인위적인 "아멘"을 강요하는 경향이 있는데 이는 경건적이거나 신령적인 모습이라고 볼 수 없을 것 같다.

이를테면 "믿으시면 아멘 하시기 바랍니다", "믿습니까?", "축원합니다", 또는 설교자 자신이 "아멘"(모방적 아멘의 유도), "할렐루야" 등을 선창하여 설교의 사상과 직접적인 관계가 없는 구호적인 외침으로 회중의 "아멘"을 유도하는 행위는 높은 설교의 품격도 아니고 자각성 없는 반사적 반응으로서 신학적 가치가 없는 것이다.

원래 이 "아멘"을 신·구약 성경적 근거에서 보면, 먼저 구약에서 "아멘"은 "그렇게 될지어다"라는 의미의 감탄사로 사용하였는데 이는 메시지나 명령에 동의할 때(왕상1:36), 예언과 언약의 성취를 바랄 때나 확신을 의미할 때(렘

11:5, 28:6), 율법낭독에 백성이 동의할 때(신27:15-26), 맹세(느5:13), 서약(왕상 1:36), 예배시에 회중의 응답기도, 송영(대상16:36, 느8:6), 시편의 끝맺는 말(시 106:48) 등으로 다양하게 사용되었고 신약에서도 "그렇게 될지어다", "진실로", "참으로" 라는 뜻을 담고 지도자의 말에 동의를 표할 때(고전14:16), 하나님의 약속이 반드시 이루어지기를 믿는 표현으로(고후1:20), 송영(롬11:36), 축사(롬15:33), 서신서의 끝맺는 말(히13:21, 벧후3:18, 유1:25) 등과 계시록의 예언에 대한 동의(계1:7, 22:20), 하나님의 이름(계3:14)등에 대한 사용의 예를 볼 수 있다. 이러한 성경적 배경으로 보아 "아멘"에 대한 정중하고도 진지한 사용사례는 분명 신앙적이었다. 문제는 신앙적인 깊은 영성적 감응에서 고백적이고 인격적인 의식에서 표현되지 않고 지도자의 설교 구절마다 광기에 가까운 무분별적이고 습관적이며 입으로만 구호적으로 열기를 뿜어내는 듯한 "아멘"의 모습은 분명 문제점이 없지 않다고 본다.

하나님은 사람의 외모를 취하지 않으시고 중심을 보시는(삼상16:7, 왕상8:39) 분이시므로 중심에 바탕이 없는 인간의 외형적인 위세나 어떤 몸짓이 "아멘"이 가진 본질적인 의미와 결합되는 것은 아니다. 특히 그 아멘이 설교자의 설교 성취감의 기분이나 비위를 맞추려거나 언어적 호응관계 유지나 회중의 격정적인 분위기 조성에 뜻이 있다면 이는 마땅히 삼가야 할 것이다.

설교는 원칙적으로 하나님의 임재적 계시요소(수단)로서 설교자를 통한 성령님의 역사하심이 설교자의 선한 자질이 반영되어 표현되는 만큼 거기에는 고요로움과 정제된 열정과 정숙과 정중한 경청을 통해서 감격과 은혜와 감사와 결단과 눈물이 고백적으로 응축되어 전체적이든 개별적이든 아멘으로 메시지에 화합하는 것이어야 한다.

설교자는 회중의 맹목적이고 환호적인 아멘의 열창에 지나치게 고무되어 자기 성취감에 도취하기보다는 회중들이 설교 앞에 내면적인 변용(變容)을 도모해야하고 회중은 말씀의 감흥이 내재화되고 인격화되어 그것을 시인하여 "아멘"으로 반응하고 화답해야 하는 것이다. 특히 "아멘"은 신의 뜻의 성취에 대한 진실한 수용이어야 하는 것이지 사람의 소원이나 현세적 복의 성취를 축원할 때 열광적인 "아멘"으로 반응하는 것은 성격적인 근거가 없으므로 이를 갱신하고 격조 높은 "아멘"의 신앙적 풍토를 조성해야 할 것이다.

「개신교」(신교) 라는 말 「개혁교회」로 바로 잡아야 한다

한국의 개신교회로 지칭하는 개혁교회라는 말은 16세기(1517) 마르틴 루터로부터 시발되어 쯔빙글리, 칼빈 등으로 이어져 이룩한 기독교(종교)개혁 이후에 로마 가톨릭교회와 그리스 정교회를 제외한 개혁의 원리를 받아들이는 프로테스탄트(Protestant) 범주에 속한 모든 교회를 일컫는 것인데 이를 부연하면 칼빈에 의해 주장된 교리 체계와 교회 체제 및 정책을 따르며 여러 가지 신앙고백을 하는 교단들을 가리키는 말로서 특히 유럽 대륙에서 유래된 칼빈주의 교회들은 "개혁교회"로, 영어 사용권에 속한 칼빈주의 교회들은 "장로교회"로 각각 불렀으나 이 양자를 합하여 "개혁교회"라고 하였다. 이러한 "개혁교회"를 의미하는 프로테스탄트라는 용어의 기원은 1529년 독일에서 열린 신성 로마제국의 의회인 〈쉐파이어〉 의회에 참석한 기독교인 파당들의 결성체에 부여된 이름으로써 그 이래로 이 명칭은 실제로 모든 비(非)로마 가톨릭인 서구 기독교에 대하여 적용되어 온 이름이다.

이 개혁교회의 중심사상 또는 기본원리는 "신앙에 의한 칭의 교리"(롬1:17), "오직 믿음으로만", "오직 은총"인데 이를 다른 말로 표현하면 "오직 성경", "오직 믿음", "오직 영광" 등을 지칭하기 위한 문구가 프로테스탄트이다. 이런 배경과 내용을 담은 "개혁교회"를 "개신교"라고 할 때 그 뜻은 "16세기에 종교개혁의 결과로 가톨릭에서 갈라져 나와 유럽 각국에서 새로 일어난 기독교 여러 파 교회를 통틀어 이르는 말"로서 곧 "개신교"라는 뜻이다. 이 표현은 프로테스탄트 교회를 가톨릭 측에서 쓰는 "열교"(裂敎) 즉, 찢겨져 나간 교회라고 비하(卑下)하는 말과 상호 관련이 있는 말인데 이는 크게 착오된 표현이며 오해이다.

기독교 개혁은 예수님이 창설한 역사적 교회가 가톨릭의 교직 위계주의와 교권으로 부패해진 것을 바로 잡고자 기존 교권 세력을 향해 항거하여 말씀으로 돌아가고자 한 운동이 기독교 개혁이었던 것이다. 그렇다고 보면 개혁은 본래의 기독교로 복원한 것이요 회복한 교회인 것이다. 따라서 가톨릭교회에서 갈라져 나와 새롭게 교파를 형성한 것이기 때문에 "개신교"(신교)라고 한다면 어불성설이다. "개혁교회"와 "개신교"는 동일개념이 될 수 없다. 강조하거니와 개혁교회는 가톨릭교회로 인한 성경의 원형적 모습이 굴절되고 손상된 (Deformed) 기독교회를 개선(Reform)하여 예수님으로부터 창설된 본래의 교회로 복원된 교회이기 때문에 가톨릭에서 갈라져 분파를 이루어 "개신교"가 된 것이라는 말은 근본적으로 맞지 않다.

예수 그리스도의 유일한 중보성과 은혜로 얻는 구원의 진리가 교회지상주의로 훼손된 병폐와 부정한 일을 빚는 교권적 세력을 향해 항거(Protestant)하여 개혁을 도모하고 직접적으로 하나님께 나아가 은총을 자유롭게 경험하게 된 것이 개혁교회이다. 따라서 개혁교회는 신생(新生)한 분파(교파)적인 개념으로 이해해서는 안된다.

착오된 기독교(가톨릭교회)를 고쳐 성경대로 올곧게 세워 원초적 기독교의 정통성을 복원 유지하게 된 창설적 전통의 계승이요, 교회의 속성적 정통성을 복원한 것이 "개혁교회"이며 그러한 결과를 이루어 낸 과정이 "개혁"이라고 볼 수 있다. 그러기 때문에 개혁은 파생적 개념이 아니라 가톨릭을 성경대로 돌려 놓은 개혁적 개념으로 보아야하고 다만 오늘의 가톨릭의 실체는 성경대로 돌아가지 못한 개혁의 대상이 되었던 그때 상태로 지금도 존재하고 있는 것 뿐이다. 그러므로 부패한 줄기에서 새로운 가지가 뻗어 나온 것이 아니라 성경의 뿌리에서 새로운 줄기를 회복하여 원상으로 돌아간 교회가 개혁교회이니 이를 "개신교"니 "신교"니 하는 지류(支流)적, 분파(分派)적, 신생적 의미의 말은 갱신해야 한다.

개혁교회 문자 상징 「키로」(Chi Rho: ☧) 쓸 수 없다

대형교회들 중에는 여전히 설교대 전면에 녹색 천 바탕에 노란색 문자로 새겨진 상보(床褓, 床巾)를 덮어 걸어놓은 모습이나 목사들의 가운위의 스톨(stole) 끝 자락에나 강대상 및 성찬대등에도 이 "☧"의 상징 문자가 새겨진 것을 설치하고 있음을 안타깝게 생각하면서 재삼 시정을 제안코자 한다. 우리 기독교의 성경주의 개혁주의의 상징성은 언제나 계시중심의 예표(預表)적인 것을 귀중하게 생각한다. 그러나 그것은 언제나 사실적 사건을 통해서 예표적인 사상을 담아 하나님의 구속적 섭리를 알리는 것의 주된 의미가 있는 것이다.

그런데 오늘날 우리가 경계해야 할 상징들은 고대 동서양의 이교도들과 로마 가톨릭교회와 뉴 에이지(New Age)운동에서 사용하고 있는 상징들은 지나치게 풍유(諷諭:Allegory)적이어서 하나님의 계시적 원관념을 굴절시켜 건전한 영성을 훼손하는 영향이 없지 않은 것이기에 이에 주의하여야 할 필요가 있다.

오늘날 교회 안에 잔존(殘存)하고 있는 상징들은 고대 바벨론의 신비 종교에서부터 이집트 · 그리이스 · 로마의 이교도들이 사용했던 주술(呪術)적 상징들이 로마 가톨릭교회에 들어가서 혼합되어 사용되고 있는 상징물은 물활론(物活論: Hylozoism)적이고 지나친 가공적 매개물을 통하여 기독교 본질을 나타내고자 하는데 문제점이 있는 것이다. 그 중의 한 가지가 키로(Chi Rho: ☧)이다. 이 키로(☧)는 그리스어 알파벳 키(X)와 로(P)의 결합으로 합성된 것인데 그리스도를 의미하는 그리스어 크리스토스($X\iota\sigma\tau\grave{o}$)의 처음 머리글자 두 문자를 따라 구성한 것으로서 "그리스도의 평화"(Pax Christus)로 지칭되기도 한다.

이 문자의 상징은 콘스탄틴(Constantine the Great)황제가 밀비안 다리(Milvian bridge)에서 막센티우스(Maxentius)와의 결전을 앞두고 환상 중에 이 두 문자(X·P)와 함께 나타나 "이 표로 정복하리라"(By this conquer)라는 글을 보고 출전 병사들의 방패에 이 상징문자를 그려 새기게 한 후 출전하여 승리하였다고 해서 콘스탄틴의 십자가(Constantine Cross 또는 Labarum of Constantine)로 불리 우기도 한다.

그러나 여기에 대해 히슬롭(Alexander Hislop)은 락틴티우스(Lactantius)의 증언과 로마 카타콤에 그녀의 아들들(Sinphonia and her sons)의 기념비 등에 근거하여 콘스탄틴이 본 것은 〈키로:☧〉가 아니라 키(X)라는 점을 지적하고 X 표시는 콘스탄틴 이전에 이집트 등의 이교도들이 이미 사용하고 있었음을 밝히고 있다.

그리고 바론 포르첼리(Baron Porcelli)도 콘스탄틴의 문자 키로(☧)는 콘스탄틴이 창안한 것이 아니라 주전 100년의 아즈텍왕과 주전 140년의 박트리아왕들의 주화에서 완성된 형태의 이교도의 상징 문자가 이미 있었음을 의도적으로 채택하였던 것이라고 하였다. 이 주장은 콘스탄틴은 밀비안 전투에서 이 상징을 사용한지 25년이 지나 그가 죽기 몇 일전 337년 3월에 세례를 받았으니 그 신앙적 환상을 보았다는 당시는 진실한 신앙고백자가 아니었으므로 콘스탄틴의 밀비안 전투의 상징문자 사용이나 그 이전의 어떤 계시상태의 환상 중에 두 문자가 나타났다는 것은 확실한 근거가 될 수 없음을 반증하는 것이다.

뿐만 아니라 천주교 예수회의 전직 신부이며 예수회가 기독교 박멸을 위해 조직한 비밀단체인 일루미나이티의 일원이었다가 기독교로 개종하여 가톨릭교의 비밀을 폭로한 알베르토 리베라(Dr. Alberto R. Rivera)의 증언에도 예수회는 이 그리스도의 평화(Pax Christus)의 상징을 마리아를 숭배하는 사탄의 상징으로 바꾸었다고 증언했다. 또한 그는 예수회 단과대학 일원으로서 스페인 카나리아 군도인 라스팔마스에 있는 고아를 위한 수도원을 방문하였을 때 수도원 정원 커다란 구덩이에서 7구의 어린시신을 보았는데 시신마다 머리와 두 손과 양 발바닥에 십자가가 그려져 있었고 심장은 사라져 없어졌으며 가슴에는 두 개의 큰 콘스탄틴 십자가(₽)가 있었다는 것을 보았다는 것이다.

이 사실과 함께 알베르토 리베라는 그때 어린 아이들이 성모 마리아에게 제물로 바쳐진 것을 밝히면서 "예수회에서는 마리아에게 바치는 희생제물(이 어린아이들)로 사용되었던 표시인(₽)이 의미하는 것이라고 폭로하였던 것이다. 그는 바벨론 종교에 있어서 세미라미스는 자신이 여신이라고 하여 아이들을 그녀에게 헌납하라고 했고 십자가는 어린아이의 가슴을 잘라서 심장을 상징하고 있다고 밝히고 있다. 이러한 숨겨진 의미를 모르는 채 이 문자 상징이 교회 강대상이나 까운, 강대상보 등에 두루 사용하고 있음은 참으로 비감(悲感)을 금할 길이 없다. 키로(₽)문자를 사용하는 한국 교회들이 참된 진리인 성경으로 돌아가기를 바랄 뿐이다.

「개혁주의」란 말 상기(想起)하여야 한다

 10월 31일은 기독교(종교)개혁 제488주년이 되는 날이다. 중세 기독교회의 암흑시대를 복음의 햇불로 밝혔던 역사적 사건을 기념하는 시점에서 오늘의 한국교회와 신학강단에서 '개혁주의'라는 말이 사라지는 것 같아 우려되는 바가 크다. '개혁주의'라는 말은 개혁교회들의 신학사상과 신앙정신의 뿌리가 되는 성경중심의 신학체계와 사상으로서 이것은 삶의 전 영역에서 계속 실천되어야 할 가치체계를 가진 성경정신이다. 그러나 이런 정신을 담은 '개혁주의'라는 말을 자주 쓰지 않는 것은 성경중심사상의 공황을 느끼게 한다.

 개혁주의 사상과 정신을 상기하고 구현해야 할 몇 가지 강조점은 첫째, 개혁주의는 칼빈주의와 동의어로서 그 기원은 개혁후기에 발전된 교파나 교회들을 가리키기 위함이었고 1560년에 공식적으로 '프로테스탄트' 또는 '복음'이라는 말과 비슷한 뜻으로 쓰여 진 것에서 찾을 수 있다.

 개혁이란 말은 비(非)성경적인 것을 갱신하여 재정립한다는 의미를 담고 있기 때문에 이 말은 신학 및 신앙과 관련하여 바르게 해석하여 사용할 성경적 실천정신이다. 둘째, 개혁주의는 신학과 신앙, 그리고 하나님 중심의 세계관과 인생관을 포함한 정치, 경제, 사회, 문화, 예술 등의 삶의 전 영역을 포함하는 포괄적 사상체계로서 전 시대를 관통하며 지켜가야 할 성경의 요구이다. 셋째, 개혁주의 신학이라고 할 때 신학의 목적 및 방법과 내용은 철저히 하나님을 중심한 것이며 그분이 창조주요 구속주요 만유의 주이심을 믿고 그의 말씀인 성경은 참되며 모든 판단의 기준임을 알고 신학이론을 전개해 간다. 넷째, 개혁주의의 핵심은 하나님 사상으로 그의 주권을 인정하고 그의 앞에서 신전의식(神前意識)을 가지고 사는 성경적인 삶의 정신체계로서 모든 개혁교회는 이 사상을 중심으로 교회를 세워가야 한다. 여기서, 어떤 사상체계라고 할 때 이것은 반드시 어떤 원리에 의해서 지배되는 것을 의미하는 것인데 유물주의는 물질을 모든 것의 근원과 결과로 보는 사상체계이고 인본주의는 시종 인간을 위한 사상체계인데 반하여 개혁주의는 전 존재의 근원을 하나님으로 보고 하나님 사상으로 생각하는 사상체계로서 이는 하나님 중심적 삶의 체계를 파생시키는 신앙과 삶의 양식을 말한다. 그런데 현대교회는 이러한 신학적인 사상체계가 무너지고 성경을 절대기준으로 삼기보다는 사람들의 기대와 요구가치에 부응하여 오히려 성경을 사람에게 맞추기 위한 인본주의적 해석으로 교회가 세속화되어 하나님의 신성유지와 영적질서가 파괴되고 있음을 지적하지 않을 수 없다. 진정한 교회질서와 참된 교회는 개혁주의 신학체계와 성경주의 신앙에 의거할 때만 가능한 것이므로 이 땅의 개혁교회들은 교회의 전 사역을 개혁주의 신학과 신앙에 기초하지 않으면 참 교회상을 세울 수 없는 것이다. 따라서 시대가 어떤 상황으로 변해가든지 그리스도가 머리되시는 교회는 하나님 중심 성경중심의 신앙을 견지하지 않고는 진정한 성경적인 기독교회를 말할 수 없다. 개혁주의 신학은 16세기와 그 이후를 구출했고 오늘날 모든 교회를 구출할 것이다. 한국교회와 신학교는 개혁주의를 가르치고 말해야 하며 성경중심의 신학체계로 재 개혁되어야 한다. 이것이 말세교회가 사는 길이다.

「개혁주의 설교」가 교회를 바로 세운다

오직 말씀으로 복원된 개혁교회는 설교를 중시한다. 이 설교는 기독교 복음과 함께 태동하여 종말까지 선포될 하나님의 말씀이다. 칼빈은 "설교 없이 구원 없다"고 할 만큼 설교의 중요성을 강조한 바가 있다. 그래서 목회자나 교인들이 설교에 관심이 높다. 이 설교는 '하나님의 구원의 뜻을 그의 백성들에게 공적으로 선포하는 일'이며 신성적인 기적을 함축한 세상을 향한 교회의 증언이고 예배의 핵심이다. 따라서 설교의 본질은 계시된 하나님의 말씀의 바른 해석과 뜻을 발견하여 효과적으로 적용하며 회중들의 신앙과 삶에 연결하여 진리의 길로 인도하고 신앙 향상 및 삶의 변화와 함께 말씀이 교인의 삶의 모든 영역을 지배하도록 하여 영적 삶의 질을 높이고 주의 교회를 세우며(고전 14:26) '그리스도의 장성한 분량이 충만케'(엡4:13) 하는데 본뜻이 있다.

이 설교는 종교적 교양과 윤리적 교화(敎化)나 신앙적 명상의 소재가 아닌 하나님 자신이 표현되는 임재적 수단이다. 오늘날 설교의 경향은 첫째, 하나님의 공의에 대한 분명한 설교는 없고 사랑과 복과 은혜 등 인간의 요구에 응답하는 하나님으로만 강조하고 순종을 받으시는 하나님을 가리는 설교이다.

둘째, 설교가 인간완성과 현실성취의 지침인양 인간을 위무(慰撫)하는 윤리적인 격담, 기복심성의 유발과 은사와 기적심리를 충동하는 주술적인 담론, 인간의 유쾌 정서를 자극하는 만담조의 설교이다.

셋째, 성경본문의 뜻과 유리된 주제 의식이 없는 감성적 감화를 주기 위한 가공적인 예화나 간증담과 사설조의 설교이다.

넷째, 지나친 현실감에 치중하여 종말의식이 없이 문화적인 시대정신을 강조하여 신자의 종교적 본분과 개인구원의 감격적인 예배반응이 없는 설교와 지나친 권위주의에 찬 카리스마적 설교 등은 개혁정신에 불합치하고 생명력이 없어 영혼을 황폐케 한다.

여기에 대한 개혁주의 설교는 첫째, 오직 성경에만 기초하여 영혼구원에 초점을 맞추어 설교자의 뜻을 담지 않고 하나님의 뜻만을 담아 인간비위와 관계없이 주께서 말씀하신 바를 증거하고 전파한다.

둘째, 개혁주의 설교는 성경을 하나님의 구속사로 보고 해석과 설교를 하나님 중심시각으로 보며 어떤 역사적 사건을 설교할 때도 삼위 하나님을 우선순위에 놓고 구속사적 설교방식을 취한다.

셋째, 구속사적 설교는 하나님의 구원운동이 역사적 점진성의 원리에서 전 역사 가운데 진행되었다는 것을 파악하되 그 방법은 성경신학적인 방법으로 본문의 뜻을 명확하게 하고 그 중심 메시지를 강조하여 적용한다.

넷째, 하나님의 구속운동을 전 역사의 축으로 보고 언제나 하나님의 주권에 초점을 맞추며 성경은 그의 백성들을 임재와 계시의 수용자로 삼고 누구에게나 구원의 길을 제시한 기록임을 강조하는 것이 구속사적 설교이다.

이렇게 개혁주의 설교는 말씀만 드러내고 설교의 자원은 언제나 성경이며 그 성경을 영감된 근거(딤후3:16,벧후1:21)에 따라 신적 권위를 좇고 하나님의 영광을 나타낸다. 설교를 언어미학적인 수사적 기법을 통한 감성의 자극이 아니라 영감된 말씀을 바르게 전하여 성령님의 감화력이 미치도록 하는 것이 설교의 정도다. 설교는 현세적 번영추구의 동기제공이 아닌 내세를 소망하는 종말론적 언약을 지향해야 한다.

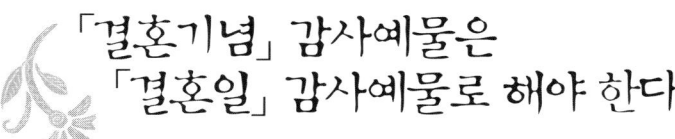
「결혼기념」 감사예물은 「결혼일」 감사예물로 해야 한다

　교회 교우들 중에 자신의 결혼한 날을 기념하여 하나님께 감사예물을 봉헌하는 사례를 자주 볼 수 있는데 여기에 고쳐야 할 부분이 있다. 대개 결혼 일을 일 년 주기(週期)로 그 햇수를 거듭해 오면서 그날을 추억하고 결혼생활의 과정을 회상하며 그간에 결혼으로 주어진 모두가 하나님의 은혜임을 알고 감사의 뜻을 담은 예물봉헌이나 강단 장식용 꽃꽂이 또는 관상용 화분을 바치기도 한다. 그리고 헌금함에 예물의 건명(件名)을 적어 투함(投函)하여 봉헌시간에 이를 밝혀 광고하는 경우가 있다. 이 경우 봉헌자 자신의 〈결혼기념〉을 감사의 이유로 삼게된 점이 적절한 봉헌의 동기가 되며 합당한 예배행위라 할 수 있는가? 신앙생활 가운데 감사의 조건은 범사(凡事)이다.

　그러나 한 개인의 삶의 특정한 내용을 하나님 앞에서 〈기념〉을 삼겠다는 일은 냉정히 보면 송구스러운 일인 것이다. 우리의 예배와 감사의 근거는 하나님의 사랑과 은총이며 예수 그리스도의 위대하신 십자가의 중보사역으로 구원받은 사건이다. 따라서 이것을 〈기념〉하고 찬양할 하나님 앞에서 예배자 자신의 신상적인 특정사실을 〈기념〉하여 그것을 감사의 이유로 삼는 것은 옳지 않으며 그리스도의 십자가의 대속적 고난의 사건과 그의 구원의 은혜언약, 그리고 부활을 전적으로 기념하고 예배에서 그 재현(再現)을 체험할 당사자가 자신의 기념적인 사실을 주님께 내어놓는 일은 주님의 위대하고 기념할 공적 앞에 부적절한 것이다.

성경에서 기념물과 기념의 예를 보면 대개 제의(祭儀)적 행위와 관련이 있고 (레2:2, 16, 5:15, 24:7), 또한 모든 기념은 하나님을 향하는 종교적인 일과 하나님 편에 속한 일에 관한 행위로 나타나 있다(시145:7, 출12:14, 13:3, 28:29, 눅22:19, 고전11:25, 마26:13). 그렇다면 인간의 공적(功績) 개념이 암시되고 자기찬하(讚賀)적인 동기와 다행감정을 묵시적으로 담아 표현하는 것은 부자연스럽고 간접적인 자축(自祝)의 뜻이 깃든 〈결혼기념〉을 표상으로 삼아 공지성(公知性) 실명(實名)으로 물질을 봉헌하는 태도는 성숙한 신앙행위로 보기 어렵다. 물론 감사의 봉헌행위 자체를 무가치하다는 말은 아니다. 다만 다른 대안(對案)이 있기 때문에 예배정신에 불합당한 말을 교정하자는 뜻이다.

그 〈결혼기념〉이라는 말의 대안으로는 〈결혼일 감사〉로 한다면 자신의 일을 두고 주님의 기념비적인 공로 앞에서 〈기념〉이란 송구한 표현을 하지 않아도 될 수 있다. 그렇다면 〈결혼감사〉라고 하면 되지 않겠느냐? 고 할 수 있으나 이는 과거적 시제(時制)개념이 없어 대안으로 미흡하다. 우리가 〈생일감사〉라는 말을 시제에 구애됨이 없이 보편적으로 쓰고 있는 예와 같이 〈결혼일〉 감사예물로 고쳐 표현하면 우리의 작은 충성과 예배정신을 하나님께서 기뻐하실 것이다. 관행과 편리하다는 이유만으로 고쳐 쓰면 좋을 말을 고집해서는 안된다.

공예배 때 「박수」(拍手)하며 찬송하는 일 옳지 않다

많은 교회들이 예배찬송을 할 때 열렬한 〈박수〉를 하면서 찬송하는 광경을 흔히 볼 수 있는데 이는 재고할 필요가 있다고 본다. 원래 "박수" 하면서 찬송하는 일은 예배의 필요조건이 아니다. 그것은 찬송하는 행위적 요소의 한 부분이기는 하지만 언제나 찬송은 〈박수〉를 동반하는 필연성이 없음은 물론 작사 작곡의 동기적 영감요소를 갖고 있지 않고 더 근원적으로는 반드시 박수를 해야한다는 계시적 강제요구가 없음을 유념해야 한다. 박수는 기쁨의 외적 표현이지 〈박수〉 자체가 기쁨을 만드는 것이 아니며 찬송할 이유가 내재된 기쁨이 찬송과 함께 자연스러운 반응으로 표현됨직 한 것이 박수인 것이다. 그러나 문제의 〈박수〉가 예배 인도자의 제안과 유도에 의해서 또는 교인들의 습관에 의해서 예배의 경건과 엄숙과 신령적 분위기가 훼손되는 인위적인 것일 때는 혐오 정서마저 자극할 때가 있는 것 같다.

찬송의 본질적인 뜻은 인간이 기쁨을 누리고자 하기에 앞서 하나님을 송축하는 근본적인 동기가 있는 만큼 인간의 유쾌심성을 북돋우기 위해서 유희적 또는 유흥적 정서를 표출하는 수단으로 박수를 하는 것은 예배적 의미가 없는 것이다.

찬송 때의 〈박수〉가 사람의 흥(興)을 부추기는 것이라면 그것은 오락행위에 지나지 않을 것이다. 찬송은 그리스도의 구속사건에 대한 찬양이어야 하고 구원의 감격과 속죄의 자유함이 하나님으로부터 왔음을 깨닫고 그것을 기리며 하나님의 영존하심과 절대 분량의 존재를 흠모하며 송축함이 찬송행위의 주된 정조(情操)라 할 것이다. 그런데 작위(作爲)적으로 흥겹고 격정적인 태도를 통한 은혜의 밀도감(密度感)을 높이고 흥미로운 예배의 분위기를 조성코자 하는 것이 〈박수〉의 동기라면 하나님을 향한 품위 있는 행위라고 볼 수는 없다. 예배자가 예배 중에 희락을 누림은 하나님의 즐거우심과 영화로우심에서 미쳐오는 반향(反響)적인 기쁨이 선물로 주어져야 하는 것이다.

찬송가도 음악인 이상 분명 예술이 가진 보편적인 특성이 있기 때문에 그 자체가 정신적, 육체적인 면에 영향을 끼쳐 신체적 반응과 동작이 수반될 수가 있다. 그러나 그것은 내면에서부터 흘러나오는 능동적인 반응이어야 하며 특히 찬송은 예배를 구성하는 인간의 거룩한 응답적인 요소임을 영적으로 이해해야 한다.

흔히 찬송을 악률(樂律)을 가진 기도라고도 하는데 그것은 찬송이 가진 예배적 의미와 영적 의미가 크기 때문이다. 시편47:1에 "너희 만민들아 손바닥을 치고 즐거운 소리로 하나님께 외칠지어다"(관련성구 왕하11:12, 사55:12)라는 교훈이 있는데 이는 "하나님의 존엄하신 권위에 대한 숭경적으로 찬양하며 즐거이 환호하는 뜻으로 볼 수 있는 말씀"이기에 찬송 자체에 광적인 열기를 전천후(全天候)적으로 곁들일 근거로 볼 수는 없는 것이다.

〈박수〉는 기쁨을 표현하는 동작일 뿐이지 그것이 은혜의 수단이나 방편이나 또는 성령님의 임재의 수단이 될 수가 없다. 그런고로 공예배시에 광란적인 박수와 요식적인 손뼉을 치는 것은 중생한 이성의 지배를 받아야 함이 옳을 것이다. 기독교 음악에서 필요한 박수는 가능할 때가 있지만 그러나 그것은 예배시의 찬송에서 경건과 엄숙과 고요와 정중함이 유지되어야 하고 하나님과 예배자의 영적 교제와 만남의 시간에서까지 취할 영적 요소가 될 수는 없다.

박수는 기뻐하는 몸짓이지 예배의식의 한 부분은 아니다. 예배에서 갖출 수 있는 인간의 자세는 육체적 몸짓이 아니라 영적이고 중심적이며 인격행위어야 하는 것이다. 중심과 일치되지 않는 태도는 하나님 앞에 위선이 됨과 장중한 찬송이 참된 경건의 주된 요소임을 인식하면서 흥미중심의 예배가 경건 중심의 예배가 되도록 〈박수〉행위를 생각하여 보자.

교계 원로들의 「제가 잘못했습니다」라는 참회의 선언 옳은 일인가?

　기독교연합신문 2005년 3월 25일자에 한국복음주의협의회 주최로 기독교계 원로목사 3인이 「제가 잘못했습니다」라는 참회기도의 주제로 기도 발표를 한다는 기사에 이어 2005년 4년 24일자에서는 이를 실천했다는 보도와 함께 추후에 또 몇몇 교계 원로급의 성직자가 죄책고백을 할 예정이라는 기사를 게재한 바 있다. 지명도가 높은 한국교회 대표적인 전 현직 목회자들의 참회선언에 이어 두 번째 죄책고백에는 학자와 부흥사, 여성 지도자와 현직 목회자를 중심으로 한국기독교의 죄책고백을 유도한다는 보도에 실소(失笑)를 금할 수가 없다. 당사자들에게는 실례가 될 수 있겠으나 공개적으로 참회하고 사죄를 구할 공론적이고 선언적인 참회가 교계 앞에 고지할 만큼 성경적인 명분축적과 불가피한 절박성을 가진 행위였는지 몇 가지 문제점에서 조명되어야 한다고 본다.

　첫째, 회개의 신학적인 의미는 히브리어나 헬라어에서 "마음을 고쳐 돌이키다", "방향을 전환하다"의 뜻을 가진 말이라는 점을 전제하여 볼 때 몇 분의 회개는 내용으로 보아 선언의 의미는 될 수 있으나 회개와 함께 돌이켜 원상회복이 가능한 상황적 회복으로 완결되었다고 볼 수 없으며 자신의 죄성을 적시(摘示)한 죄목이 그뿐 아닐 범과(犯科)를 덮어둔 채 공개선언 죄목 자체만으로 곧 회개의 충족조건으로 인정될 수는 없다는 점.

둘째, 회개의 공공성을 유지하려면 거국적이거나 거(擧)기독교적(전교회적)인 개념이 부여되어야 하는데 지명도가 높은 몇 분의 인사의 초청과 일정수의 청중을 확보한 공지성을 지닌 소규모의 집회는 종교행사의 범주를 벗어나지 못한다는 점.

셋째, 교계의 대표적인 인사들도 한 사람의 신자로서 개인적인 죄과(罪過)를 가질 뿐인데 회개의 대표적인 표본으로 삼아야 할 영적인 명분은 없는 것이다.

넷째, 교계의 대표적인 사람들을 통해 공개적인 회개를 선언함으로 교계에 파급효과를 위하고 간접적인 존경심의 반향(反響)을 계상(計上)한 창조적인 발상을 가졌다면 이는 또 다른 자기 의를 나타내는 것이라 볼 수 있으며 현대판 바리새인 출현이라고 비판하는 눈을 감기우지 못할 것으로 보인다.

다섯째, 전통적인 회개의 참뜻과 회개의 불가피성이 충분했다면 기왕에 베옷이라도 갈아입고 금식을 하며 공개좌중(公開座中)이 아닌 은밀폐문(隱密閉門)하고 단장통곡(斷腸痛哭)을 해야 할 일이 아닌가? 회개행사에 관중을 동원하여 사적 수치와 기존 명예의 훼손을 피한 면피(免避)용 죄목 정도로 당면한 위기탈출의 방책으로 보기는 어렵고 또한 한국교회의 영적 문제점은 선언된 죄목에 있지 않음을 많은 사람들이 다 아는 바이다. 시기적으로 거 기독교적인 참회가 절실히 요구되는 시점에서 진정으로 위기의식을 느끼는 다수의 교계지도자들이 현실을 직시하여 갈멜산 기도와 같은 민족적 통회가 있는 역사적인 회개운동이 필요하다고 본다.

한국교회 강단이 바로 서는 운동은 무엇보다 시급한 일이나 각본에 따라 연단에 서서 회개를 선언하는 외식적인 참회보다는 은밀한 곳에서 하나님 앞에 조용히 참회하여 온 교회에 겸손의 덕을 끼칠 수 있기를 기대하는 바이다.

「교독문・성시교독・성탄 전야제」라는 용어에 대한 소회

　한국교회가 사용하는 성경과 찬송가의 합본 후미에 '교독문'(交讀文)이라는 성구집을 편성하여 예배 때마다 사용하는 것과 공동예배 구성요소 중 '성시교독'이라는 순서를 구성하여 오랫동안 쓰고 있는데 이 말의 적부 여부를 검증할 필요가 있다. 이 교독(交讀)이라는 말은 예배를 수행할 때 성경 구절을 예배 인도자와 회중이 성구 한 대문(大文)씩 번갈아 읽되 인도자가 선행구절을 읽으면 회중이 화답구를 읽는 것으로 이것의 영적 의미는 말씀을 통한 하나님의 임재적 요소와 이에 대한 응답적 대구(對句)를 읽어 하나님과의 교제를 도모하고 또한 회중이 함께 화답함은 성도의 영적 교제를 뜻하므로 교독이라 하는 것이다.

　이러한 의미를 담은 교독은 오랫동안 예배의식에 관용되어 왔으나 용어의 의미상 성경정신에 불합치한 내용을 담고 있어 이를 고쳐 써야 할 이유가 있는 것이다. 첫째, '교독문'이라는 제하에 구성된 내용은 전체가 성경본문으로서 시편의 성구가 1번에서 33번까지이고 다른 신구약의 성구로 된 것이 잠언서 1종, 이사야 7종, 4복음서 6종, 서신서 5종, 계시록 1종, 기타 절기 23종 등 모두 76종의 성구문형이 구성되어 있다.

이 교독문은 한 구절도 성구가 아닌 문구가 없다. 그렇다면 마치 의식문으로 제정된 일반문장의 개념이 짙은 '문(文)' 자를 써서 '교독문'으로 할 것이 아니라 '문(文)' 자를 '성구'로 바꾸어 '교독성구'로 표현하므로 성경에서 인용된 성구가 하나님의 말씀으로서의 신적 권위를 나타내는 표현이어야 한다. 둘째, 전술한 바가 옳다면 예배구성 요소로 표현되는 명칭을 '성시교독' 이라고 할 것이 아니라 '성구교독' 이라는 말로 고쳐야 한다. 그리고 전체 76종의 '교독성구' 중에 시편의 성구로 구성된 것이 33종이고 시편이 아닌 성구가 43종이나 되는데 예외 없이 '성시'로만 표현하는 것은 부적절하고 시편의 부분이나 기타의 성경의 부분들이 모두 '성구'라는 것에 공통성을 가진 표현이므로 기존 표현인 '교독문'은 '교독성구'라는 말로 바꾸어야 하며 주보상의 예배구성 요소의 순서명칭도 '성시교독'이 아닌 '성구교독'이라는 말로 바꾸어 쓰는 것이 옳다. 셋째, 교회에서 매년 성탄일이 되면 '성탄전야제'라는 말을 주로 쓰고 있는데 이 말은 고쳐야 한다.

'전야제'라는 것은 '성탄일' 전일 밤에 축하행사를 두고 지칭하는 말이겠으나 이는 이교적 요소가 합성된 말이므로 고쳐 써야 한다. '제(祭)'라는 말은 무속이나 민속적인 민간신앙행위에서 어느 신에게 제의를 갖추어 길흉에 대한 기원을 위해 한마당 벌리는 일종의 기복적인 제례행사를 두고 이르는 말일 뿐만 아니라 이는 일본인들이 서양의 경축행사(clebration, festival)를 모방하여 자기들의 문화로 받아 사전상의 '축제'라는 말로 등재하고 그들의 민속행사에서 제의를 겸한 가무행사를 버리던 것을 우리의 대학가에서 받아들이고 교회로 유입되어 오늘까지 검증 없이 관용되고 있는데 이는 기독교의 경축문화를 표출하는 용어로서 부적절하여 '성탄일전야 경축행사'로 고쳐야 한다. '성탄절'도 일정한 기간을 나타내는 말로서 '성탄절전야'는 성탄일 직전일 개념이 없으므로 '절'은 '일'로 바꾸어야 한다. 잘못된 말은 건강한 사고를 병들게 하므로 교회의 중생한 지성 앞에 교회용어 바로 쓰기를 제안한다.

교인(신자) 개인을 「성도」(聖徒)로 지칭하는 것 적합하지 않다

교회가 교인(신자) 개인을 지칭이나 호칭할 때 〈성도님〉이라고 일컫는 것이 일반화되어 있는데 이는 시정할 필요가 있다. 이 〈성도〉라는 말은 신·구약 성경 백여 곳에 있는 명칭으로서 구약에서는 하나님의 백성들이라고 불렀는데 이를 〈히시딤〉, 〈케도쉼〉, 〈암〉, 〈케도쉬〉(슥14:5) 등의 표현으로써 그 공통된 뜻은 "하나님께로 구별되어 헌신된 거룩한 무리들"이라는 뜻을 담은 칭호이고. 신약에서는 바울을 통하여 〈하기오이:hagioi〉로 표현하였는데(롬1:7, 고전1:2, 엡1:1, 빌1:1) 이는 "그리스도인들"에 적용시키고 있다.

이렇게 〈성도〉라는 말의 신·구약의 공통적인 뜻을 영어로는 〈세인트:Saints〉라는 말로 옮겨 "거룩한 무리" 또는 "성자", "성인", "성도"라고 하는데 사전적인 의미로는 가톨릭교회에서는 "신도 중 성자의 자리에 오른 사람이나 공덕이 높은 신자"를 지칭하는 말이며 개혁교회에서는 "신도를 높이어 일컫는 신자의 존칭"을 뜻하는 말로 이해되는 칭호이다.

문제는 〈성도〉라는 말이 단수적인 말이 아니고 복수적인 집합체를 일컫는 말임을 주목해야 한다. 앞서 말한 바와 같이 신·구약 성경의 백여 곳에 〈성도〉라는 말은 거의 개인이 아닌 많은 무리들을 복수로 일컬은 말이다. 그 대표적인 예로 〈일만(복수)성도〉(신33:2), 〈모든(복수)성도〉(신33:3), 〈성도들(복수)아〉(시30:4, 31:23), 〈성도들〉(계11:18, 13:7,10, 14:12, 10:20,24, 19:8, 20:9) 등, 그 외의 성경상의 〈성도〉라는 말에는 모두 〈들〉이라는 음절이 접속되어 다중적 집합체로 지칭되고 있는 것이다. 그리고 이 〈들〉이라는 음절의 어법적 지위는 두 개 이상의 사물을 벌여 말할 때 맨 끝에 쓰이어 여러 사물을 모두 가리키는 '의존명사'로 쓰이거나, 사물의 명칭에 붙어서 복수를 나타내는 '접미사'로 사용되어 그 지칭 대상을 둘 이상의 복수를 나타내는 음절일 뿐 아니라 한자말로 "거룩할 성(聖)", "무리도(徒)"로 훈역(訓譯)하여 조어한 말로서 역시 복수적인 명칭인 것이다.

　이런 말을 교인의 개인을 지칭할 때나 호칭에서 〈성도〉라고 한다면 맞지 않는 것이다. 〈성도〉는 두 사람 이상의 회중적 규모를 집단적으로 호칭할 때 쓸 수 있는 말이기 때문이다. 교인의 개인적인 지칭은 〈신자〉, 〈교인〉 또는 제3자적 위치에 두고 일컬을 때는 〈그리스도인〉 등으로 표현하는 것이 옳다. 만약 어떤 문부상(文簿上)에 '신자'나 '교인'으로 나타낼 경우를 〈성도〉라고 한다면 그 이후의 해석은 혼란이 있게 될 것이다. 특히 교회에서 이 성도라는 말을 처음 교회에 출석하는 아무런 신급(학습, 세례, 직분)이 없는 교인을 관행적으로 〈○○○성도님〉이라고 한다면 처지에 맞지 않는 것이다. 〈성도〉라는 말이 성경적인 뜻에서 하나님께 상당한 헌신된 자로 성인(聖人)의 경지에 이른 직분자나 구별되게 소명된 자에게 붙일 수 있는 칭호라면 분별하여 쓸 필요가 있고, 쓰더라도 복수, 단수의 그 대상을 헤아려 써야 한다. 물론 목회자들이 설교 시에 그 대상을 집합체로 지칭하여 "거룩한 백성, 거룩한 무리"라는 뜻으로 〈성도〉라고 쓰는 것은 합당할 것으로 본다.

　그러나 교회에 갓 나온 자 또는 교인(신자) 개인을 〈성도〉라고 호칭하는 것은 옳지 않다. 교회사적인 관점에서는 사도, 순교자, 개인의 삶을 초월해서 죽음을 각오한 헌신자들에게 붙여졌던 칭호가 〈성도〉였던 것이다. 그런고로 교회에서 직분을 붙여 호칭할 수 없는 교인 개인에게는 신자 · 교인 · 그리스도인 등으로 지칭하면 되고 필자의 대안은, 그 호칭은 〈교우〉(敎友)님이라고 하는 것이 무난할 것으로 판단된다. 우리시대 이후의 오늘을 이어 받을 신앙 후예를 위해서 작은 일에 충성하는 마음으로 목회용어 바로 잡기를 제안하는 바이다.

교인의 상호 차이점을
차등적으로 표현하지 말아야 한다

흔히 교회 안에서 교인 상호의 신변(身邊)적인 특성의 차이점을 차등적으로 표현하는 경우가 있는데 이는 삼가야 할 말이다. 물론 인간사와 관련된 사물의 현상이나 도덕적 가치에서 우열의 차등은 있을 수 있으나 교회의 고유한 특성이나 가치로 볼 때 그것은 비성경적이다.

예를 들면 직분의 유형에 따른 상하의 서열화(序列化), 지적 수준의 차이를 인격의 차이로 보는 시각, 빈부를 차별하는 사고, 사회적 신분과 지위의 고하에 따른 차별대우, 교회에 기여 정도에 따른 관심의 차이, 은사의 우열(優劣)적 판단 등이다. 그리스도의 몸된 교회의 이상(理想)은 평등주의이다. 거기에는 '너와 나'의 차이가 있을 뿐 차등개념은 없는 것이다.

차등(差等)은 등급의 차이로써 가치나 품질, 신분의 고하(高下), 좋고 나쁨의 차이를 여러 층으로 나눈 급수나 등위(等位)를 뜻하는 말인데 인간이 가진 고유한 인격을 상대적 차이로 인해서 등급이 성립되는 것은 결코 옳지 않다. 그리스도 안에 공동체적 개념은 획일적 일치가 아니라 그리스도의 몸을 이루는 다양성의 연합인 것이다. 그러므로 각자의 차이점을 인정하고 서로 보완하며 필요를 채우는 상호 보완적 연고(緣故)성을 가지고 그리스도 안에서 신앙인의 본분을 지켜가야 한다.

  그리스도인의 능력은 하나님으로부터 받은 은사적 관점에서 해석되어야 한다. 하나님께로부터 온 것은 그 유형과 기능의 차이가 특징적으로 있을 뿐 가치적 등급의 개념을 가질 수는 없다. 모든 은사는 하나님의 주권적인 행위로서 그의 기쁘신 뜻과 필요에 의해 주어진 것이지 인간의 요구에 의해 취해진 것이 아니다. 따라서 은사의 원인자는 언제나 하나님이시므로 인간의 의지와 관계없이 선물로 받게 된 것이다. 그러므로 각자가 받은 달란트의 기능적인 차이점을 신변적 차등으로 보는 것은 비성경적, 비윤리적이다. 성경은 "각양 좋은 은사"(약1:17)라고 했고 "은사를 받은 대로…각양 은혜를 맡은 선한 청지기 같이 서로 봉사하라"(벧전4:10)고 했으며 "모든 은사는 각각 다르다"(롬12:6-8, 고전 7:7, 12:4)고 했다. 교회는 '우리'라는 공동체를 통한 그리스도의 한 몸을 이루는 것이므로 나와 다르다는 이유로 남이 부정되어서는 안된다. 우리는 본질적인 죄인이었으나 중보적 의인으로 그리스도께 연합된 하나이므로 서로를 이분법적으로 차별해서는 안된다. 각각의 차이는 은사적 필요에 따른 차이이고 신앙인격의 개별적 특성이기 때문에 교회공동체는 획일적인 일치를 추구하지 말아야 한다.

  성숙한 교회는 서로 다른 사람들이 그리스도 안에서 연합적 일치를 이루고 편파적이고 반윤리적으로 교회의 본성을 거역하지 않는다. 차이점이 차등으로 오해되지 않고 중생한 영혼과 신자의 인격이 그리스도의 피 값으로 평가되고 존중되는 교회공동체가 되어야 한다. 각자의 헌신과 봉헌도 내적 감동과 내적 증거에 따라 자원하는 마음으로 최선을 다했다면 그것은 명예롭게 평가되고 인정되어야 한다. 모든 사람의 차이점은 있게 마련이다. 그러나 그것은 차등으로 볼 수는 없다.

「교회 '예복'의 상징성」에 대한 제언

개혁교회의 목회자를 비롯한 직분자와 찬양대원들이 예배 때에 "예복"(Vestments)을 착용하는 것이 일반화되어 있는데 이것은 신학적인 검증이 필요하다고 본다. 우선 이 "예복"이라는 명칭은 〈전례복 典禮服〉, 〈목회자 예복〉, 〈제의 祭衣〉, 〈성직자 예복〉 등의 용어로 쓰이고 있다. 구교에서는 "제의"라는 용어로 지칭하고 제사장이 제사를 드릴 때 입는 옷 이라는 뜻으로 착용하는데 사제가 제사의식인 미사 집전시에 입으니 어울릴 법도 하지만 개혁교회에서는 어울리지 않는 말이다. 최근에는 "성의"(聖衣)라는 이름으로 까운, 스톨, 로마칼라, 박사까운, 장로까운, 헌금위원복 등을 착의하는 것이 보편적인 현실이다. 그리고 "성의", "성구"라는 말 자체도 따져보면 신학적으로 문제 있는 용어들이다. 물질에 거룩성을 부여할 수 없기 때문이다. 이 예복의 기원을 보면 구약의 제사장 복장으로 보아 왔으나 가톨릭백과사전에는 이 "제의"는 〈그레고-로만 세계 Graeco-Roman world〉의 세속적 복장 즉 통치자들의 어의(禦衣)또는 의례적인 법복들로부터 유래했다고 기술하고 있다.

그러니 가톨릭 사제들의 예복과 장신구는 로마제국의 관리들과 이교도 사제 복장에서 유래된 것이 사실이다. 이렇게 유래된 "예복"의 역사적 발전과정을 보면 니케아 이전시대에는 콘스탄틴 대제 아래서 성직자가 특별한 옷을 입지 않고 "평상복"(everyday-civilianclothing)을 입었고, 니케아 시대에도 의상이 일반인과 성직자가 차이가 없었으나 교회가 제국화(帝國化)함에 따라 성직자들이 로마제국의 관리들의 복장을 채용했는데 이때 대주교의 "영대"(領帶 Pallium)와 사제들의 "영대"(stole)가 위엄의 표징으로 나타났다. 그러다가 중세시대에 와서는 "전례복"이 공식화되고 상징적 의미를 취하면서 공직의 계급과 기능의 표시가 되었으며 천, 색깔, 용도, 디자인 등에 관한 규정이 발달되어 오다가 현대의 로마 가톨릭의 사제복은 13세기에 완성되었다.

그 후 기독교개혁 시대에는 "제의"(vestments)를 무시했고 초대교회 원리에 따라 일반 성도들의 복장으로 돌아가고자 했는데 쯔빙글리는 사제의 복식 일체는 "오직 나쁘다"고 강변한 바가 있는가 하면 칼빈도 공예배의 단순 원리에 맞추어 제네바 전통예복을 폐지하였다. 다만 칼빈과 쯔빙글리가 한때 까운(Black Gown)을 입고 직무를 수행한 바가 있으나 이미 그때는 까운이 평상으로 입는 시민복이었던 것이다. 현재 한국의 개혁교회는 구교의 영향과 〈에큐메니칼 ecumenical〉운동의 영향을 받아 까운과 까운 위에 영대(stole)까지를 착용할 뿐만 아니라 박사학위 까운까지 입는 경향이 있게 되었는데 우리가 이 예복을 선호할 수 없는 두 가지의 상징적인 뜻이 있다. 첫째는 이 예복은 "사제의 위대함과 존경을 드러내기 위해서"라는 점이고 둘째는 "하나님과 사람 사이의 중재자로서 '성제'(聖祭)를 드리기 위해서"라는 것인데 이를 부연하면 성직의 구별과 분위기 조성, 직위 구분과 권위의 뜻을 지닌다고 하는 것이다. 이러한 상징성은 〈알레고리 Allegory, 諷諭〉적이어서 복음주의 개혁교회의 신앙 이념과 합치하지 않는 구교의 문화적 산물로서 개혁이 되어야 할 대상이었던 것이다.

이 외에도 구교 "예복"의 인위적 상징성을 보면 영대는 직책과 의무, 모관

(biretta)은 직위와 권위, 수대(maniple)는 통회와 선행, 카슬라(chasuble)는 사랑과 덕의 표시, 십자가는 예수님의 대리, 수단(soutane) 또는 카소크(cassock)는 하나님과 교회 봉사, 로마 칼라는 독신의 정결함을, 달마틱(Dalmatic)은 구원과 기쁨 및 정의, 갑바(cope)는 새 사람, 팰륨(pallum)은 교황권 충만, 어두관(mitre)은 성직의 두목과 위,반지(ring)는 주교와 교회와의 결혼, 지팡이(staff)는 신자들의 감독을 상징한다고 한다. 그러니 오늘의 예복은 이런 등유의 잔재요 모방이니 개혁교회의 목회자와 교회가 취할 수 있는 것인지를 냉철하게 따져보기를 제언한다.

교회 연합체 지도자의 「계급적 칭호」 삼가야 한다

한국교회 일부 지도자들이 교회활동을 위해 연합체 기구를 조직하고 고문, 대표고문, 상임고문, 총재, 명예총재, 상임총재, 실무총재, 공동총재, 회장, 대표회장, 명예회장, 상임회장, 공동회장, 그리고 부총재, 공동부총재, 실무부회장, 상임부회장, 지도위원, 사무총장, 상임총무, 이하 여러 하위직급 등의 직제의 구성이 지나치게 비대할 뿐 아니라 수직적 계급체제로 서열화하여 역할은 분장(分掌)되지 않으면서 명예로 직분을 배분한 인상이 짙다.

기독교공동체 형성에 필요한 조직문화의 불가피성을 감안하더라도 지나친 직제의 나열이 과연 단체의 기능을 위함인지 체면과 명예를 위함인지 의문스럽다. 실제의 역할이 없음에도 불구하고 호화스런 직위를 분담하여 언론매체에 대형광고를 게재해 많은 사람들의 이목을 유인(誘引)코자 함은 실로 부끄러운 일이다. 어떤 연합체이든 조직이 구성되면 대표자는 회장 하나로 족하고 그 회(會)의 목적을 위해 사업규정에 예시된 직제별 직능을 분업화하고 계통적인 사무결재과정을 통해 회장이 재가(裁可)하거나 규정에 따른 회의적 기능으로 결의과정을 거쳐 업무를 수행하는 것이 일반적인 상식이다. 그러나 작금에 우리 기독교 일각에서는 봉사를 통해 그리스도의 정신을 구현할 목적으로 조직된 기구의 직제가 봉사보다는 오히려 자기 현시(顯示)적인 것에 치우침을 볼 때 안타까운 생각이 든다.

'총재'라는 직책이 봉사의 직무를 위한 직위인지 명예를 현양(顯揚)하기 위한 직위인지 이해하기 어렵고 모임의 대표자는 한 사람이면 될 것을 나누어 먹기 식의 같은 조직 안에 다수의 총재와 회장들이 직제 전시회처럼 나열되어 있는 모습은 분명 재고의 여지가 있다. 기독교 단체의 궁극적인 결성이념은 그리스도의 십자가의 위대하신 사랑과 희생, 그리고 겸손한 봉사정신을 구현함에 있어 동지적 공동체의 역량을 결집하여 이를 효율적으로 실천하고자 하는데 그 뜻이 있는 것이다. 그러나 봉사의 주체인 자신을 과시하고 드러내 보이려는 외화내빈(外華內貧)의 모습은 기독교 정신을 왜곡하는 처사라고 볼 수 있으며 기독교적 세계관에 근거한 선하고 정직한 동기가 있었는지 묻고 싶다. 본이 되어야 할 교계지도자들의 높은 지위가 명예욕과 계급의식의 발상에서라면 일반성도들은 그 모습에서 무엇을 배우며 느끼고 있을지, 주님은 또한 어떻게 보실지 한 번쯤 자각해 보았으면 한다.

오늘도 어느 강단에서 "이름 없이 빛도 없이 겸손히 섬기라"고 열변을 토하는 언행상반(言行相反)의 높으신 총재님이 있지 않을까? 예수님은 섬김을 받기보다는 도리어 섬기려 오셨다고(막10:45) 하신 것처럼 교회의 지도자들은 소명정신에 벗어난 명예와 계급개념의 칭호를 사양하고 그리스도의 고결하신 정신을 닮아 존경받기를 기대한다. "서로 마음을 같이하여 높은데 마음을 두지 말고 도리어 낮은데 처하며"(롬12:16), "자기를 높이는 자는 낮아지고 자기를 낮추는 자는 높아지리라"(마23:12), "지도자라 칭함을 받지 말라 너희 지도자는 하나이니 곧 그리스도니라"(마23:10). 자칭 총재님들이여 명예에 연연하지 말고 한 알의 밀알이 됩시다.

교회 직분자를 「내가 세웠다」라는 말 옳지 않다

　목회자(목사)들 중에서 시무중인 교회의 직분자 장로, 집사, 권사를 "내가 세웠다"라든지 또는 시무사임된 목회자가 재임하던 교회에 시무 중 임직한 어느 장로와 집사를 "내가 세웠다"는 말을 하는 사례가 있는데 이는 합당치 않는 표현이다. 성경에 나타난 사례 중에는 지도자가 그 직권으로 직분자를 직접 자벽(自辟; appoint)으로 임명한 경우가 있다. 모세가 백성들의 관리를 분담키 위해 천부장, 백부장, 오십부장, 십부장 등을 임명한(출18:21) 사실과 여호수아가 이스라엘의 지파 중 매(枚)지파의 3인씩 선정한(수18:4) 사실이 있으나 이것도 그 근본적인 취지는 하나님의 뜻에 있음을 보아야 한다. 사람이 제비를 뽑으나 일을 작정하기는 여호와께 있느니라(잠16:33)고 한 말씀의 뜻을 원용(援用)하여 주목할 필요가 있고 선민 지도자의 공적 행위의 정신적 배경은 언제나 하나님의 뜻과 무관하지 않다.

　그리고 성경에는 큰 직분들을 하나님께서 〈세우신〉 것으로 기록되어 있는데 구약에는 〈모세〉를 세우시고(출9:16), 왕을 세우시고(신17:14-15, 삼상10:1), 선지자를 세우시고(신18:15, 18, 행3:22), 제사장을 세우셨다(히7:28). 신약에서도 사도와 선지자와 교사를 세우시고(고전12:28, 엡4:11, 막3:14, 딤전2:7, 딤후1:11),

각 성에 장로들을 택하여 세우셨다(딛1:5). 그리고 하나님은 예수님도 믿는 도리의 사도로, 대제사장으로 세워 충성케 하셨다(히3:1-2). 초대교회도 사도들이 집사를 세우되 사사로이 임명하여 세우지 않고 회중들의 공론을 좇아 안수하여 세웠다(행6:3). 이렇게 교회의 제 직분과 지도자는 본질적으로 하나님이 직·간접적으로 세우시는 것이다. 여기에서 〈세운다〉는 말은 "어떤 구실을 맡게 하다"라는 뜻인데 그 근원은 인간의 필요와 주관적인 의지에 있지 않고 하나님의 섭리와 교회의 율령에 있으며 객관적인 제도와 교훈에 의존하는 것이다. 그리고 교회직분은 본질적으로 은사적인 관점에서 해석되고 이해되어야 한다(엡4:11-16). 은사의 근원은 하나님이시고 그의 필요에서 인간에게 주어지는 것으로서 교회의 직분은 이 은사와 깊은 관련을 가지게 된다.

따라서 목회자(목사)가 직분자를 세운다는 말은 교회의 사역자로서 임직에 관하여 행정과 치리적 신분인 당회장의 직무로 모든 임직을 하나님의 뜻과 계시적 교훈과 공교회의 규례를 좇아 절차상의 수종(隨從)자로서 집행과 주장(主掌)을 할 뿐이다. 그러므로 목회자 자신이 임직자를 〈내가 세웠다〉라는 말은 직능적 우월감 표출이요 교회의 머리되시는 예수 그리스도에게 연합된 교회의 신성적 질서의 훼손이며 목사의 목회적 직무 본질에 대한 그릇된 관점에서 비롯된 성직권의 오만으로 오해될 수 있다.

교회의 제직은 하나님의 경륜을 좇아 그의 백성들이 그의 뜻에 합의한 자인가의 여부를 신앙적 행위를 통하여 검증하고 회중에 의해 선택된 자를 의식으로 세우는 원리적 과정의 결과인 것이다. 따라서 장로, 집사, 권사를 〈내가 세웠다〉라는 말은 주의 뜻을 좇아 〈교회가 세웠다〉라는 말로 바로 잡아야 한다.

「교회」와 「예배당」과 「성전」에 대하여

한국교회가 예배하는 교회 건물 즉, 예배 처소에 대한 명칭을 〈예배당〉이라고 현판을 붙인 교회는 드문 것 같다. 교회가 예배하는 장소(건물)의 명칭과 예배하는 공동체인 교회 명칭을 구분하여 사용하지 않는 현상이라 생각한다. 그러나 이것은 지금부터라도 시정해야 한다. 우리의 교회용어 바로 잡아 기독교 언어문화 창달을 도모하고 말의 뜻과 질서를 바로 세워 오늘을 사는 우리 세대 이후의 신앙 후예들에게 바른 언어 유산을 물려 줘야 할 책임이 있기 때문이다. 교회와 교회당은 본질적으로 다르다. 〈교회〉는 신·구약 성경의 원어적인 뜻으로 보면 "회중의 모임" 또는 "함께 불러내어 만남" 즉, 죄악 중 멸망의 자리에서 선택하여 구원의 자리로 인도함을 받아 하나님의 자녀의 신분을 가진 자들의 모임을 말한다.

그러니 교회는 교회 건물을 지칭하는 것이 아니다. 그 교회(하나님의 백성)가 하나님께 예배하는 장소인 건물을 〈예배당〉이라고 하며, 교회 건물의 주된 기능이 예배를 위해 회집되는 공간이기 때문에 예배의 처소는 당연히 예배당이 되는 것이다. 한국교회 선교 초기부터 어느 시기까지는 교회건물을 〈예배당〉이라고 하였다. 그것이 극소수를 예외로 하고는 점차 교회라는 말에 흡수되고 오늘날은 〈예배당〉이라는 교회 간판을 거의 볼 수 없다.

원리적으로 말하면 〈교회〉는 천국 시민적 공동체인 구원의 조직적 실체이고 〈예배당〉은 그 교회가 예배적인 기능을 수행하는 구조적인 공간을 의미하는 것으로서 반드시 구분해야 할 본질적인 차이가 있다. 그리고 한편으로는 현재 〈예배당〉과 같은 기능적인 개념으로 지칭하는 〈성전〉이라는 종교적인 공간이 있는데 성경에서 보면 이 성전은 하나님과 예수님, 그리고 성도가 성전이라고 지적하고 있다(계21:22, 엡2:21-22, 고전3:16, 고후6:16). 이 성전은 히브리어적으로나 헬라어 표현에서 보면 일반적으로 "신성이 거주하는 장소"의 의미를 가진 것으로서 광야 시대의 성전은 곧 "성막"이었고 가나안 입성 후는 "산당"(이방 종교의 관습과 연관지어 표현하기도 함)이나 "성소"로 표현되어 있으며 그 외의 제단, 회막 이라는 말이 있는데 이는 모두 하나님께 제사와 예배하는 곳으로서의 공통성을 가지고 있다.

신약에 와서는 그리스도인의 공동체를 "그리스도의 몸"(엡4:12, 15), "이스라엘 나라"(엡2:12), "하나님의 집", "하나님의 성전"(엡2:21-22) 등으로 표현하고 있는데 이것은 주로 영적인 의미를 가진 명칭들로서 "하나님의 동재(同在)와 임재적 좌소(座所)를 나타내는, 주로 인간의 인격성과 관련되어 있다. 그 외의 제단, 성소, 회막 등은 구약적 명칭이고 오늘날은 예배당으로 지칭한다. 문제는 교회가 마치 장소적인 건물인 양으로 인식하고 있는 데 있다. 교회는 예수 그리스도를 머리로 한 그의 지체된 하나님의 백성들로 조직된 영적 기구의 한 단위가 개 교회이고, 그 교회공동체가 예배하고 교제하는 건물의 공간은 〈예배당〉이라고 한다. 그러므로 한국교회는 교회건물에 「○○교회」라는 기구적 기관(조직)명칭의 현판을 걸되 장소로 표현할 때는 「○○교회 예배당」이라고 해야한다.

예배당은 지상 교회가 영적 삶을 사는 삶의 중심 공간이요, 신적 체험을 이 가시적 공간에서 확인하는 현장이라는 점과 언약 공동체를 결집하고 예배가 상존하는 지명된 곳이니 모든 교회들은 교회건물을 〈예배당〉이라고 표지 해야 하며 또한 일상언어 생활에서도 교회와 예배당은 같은 것이 아님을 인식하여 "예배당에 모였다", "예배당에 간다", "우리교회 예배당" 등으로 표현해야 할 것이다. 이것이 기독교 건전문화를 회복하는 일이 되기 때문이다.

교회에서 「축제」라는 말 쓸 수 없다

언제부터인가 〈축제〉라는 말이 대학가 행사문화에 정착된 말이더니 어느 때부터 교회 안으로 들어와 "성탄절 축제", "부활절 축제", "감사절 축제", "교회설립 기념축제" 등의 행사명칭에 반영되어 쓰여지고 있음을 보게되는데 이는 시정되어야 한다. 그 이유는 첫째, 이 〈축제〉라는 말은 성경적 설명이 되지 않으며 기독교적 문화 언어가 아니라 이교적이고 차입(借入)된 미신적 민속언어이므로 교회 내적 신앙용어로서는 부적절하여 채택할 수 없는 언어이기 때문이다. 둘째, 이 축제라는 말의 조어(造語)된 과정이나 사용 사례를 보면 일본인들이 영어의 Celebration이나 Festival과 같은 축하행사를 보고 자신들의 고유한 민속제사인 고성(高聲) 가무(歌舞)를 곁들인 "마을 제축(祭祝)" 행사와 유사성이 있음을 도입하여 영어 명칭을 제례적 형식에 인용 해석하여 사전상에 신조어(新造語)를 게재하고 사용하였던 것이다. 이러니 이 〈축제〉라는 말은 일본인의 조상신을 섬기는 묘제(廟祭)를 사당(祠堂) 안팎에서 지내는 제사를 말하는 것으로써 일종의 제의적 용어이므로 교회의 축하행사에는 도입될 수 없는 말이다. 셋째, 〈축제〉의 사전적인 뜻은 "축하하여 제사를 지냄"이라고 정의하고 있고, 또한 이 〈축제〉는 묘문(廟門) 제례행사 명칭으로 세속적인 민속문화의 산물이니 성결성의 특성을 가진 교회의 축하행사 용어로서는 적절하지 않다.

특히 언어는 사람의 "인식의 표현"이고 그 표현은 그 언어가 가진 개념을 의식 속에 형성하게 되며 그 개념은 행동양식을 결정하게 한다. 그러므로 적절하지 않는 용어는 부적절한 생각을 유발하여 영성을 훼손할 원인이 되기도 한다. 유일하신 하나님의 주권을 믿고 성경주의에 입각한 참된 교회는 성경정신에 부합되지 않는 뜻이 담긴 용어는 마땅히 여과해야 할 책임이 있는 것이다. 이런 의미에서 〈축제〉라는 말은 갱신되어야 하며 그 대안으로는 "경축"(慶祝)이라는 말이 적합할 것이다. 그래서 "부활절 경축", "성탄절 경축", "감사절 경축", "교회설립 기념 경축" 등으로 표현할 수 있되, 혹 "축전"(祝典)이라는 말도 가능할 수 있겠으나 행사명과 합성시킬 때 부자연스러운 점이 없지 않고 이 "축전"이라는 말의 주된 뜻은 축하 의식면을 나타내는 말이기도 하여 "경축"이라는 말이 더 자연스럽다는 판단이 든다.

「공동의회」와 「공동회의」

장로교회의 행정 및 처리 기관을 네 가지 조직형태로 구분해보면 결의 기관(당회, 제직회, 공동의회), 자치기관(각 선교회, 청년회, 학생회), 교육기관(유·초등부 부터 장년부 까지), 협력기관 및 보조기관(각종위원회) 등으로 나눌 수 있다. 이 중에 최고 결의 기구라고 말할 수 있는 "공동의회"와 "공동회의"라는 명칭이 구분되지 않게 사용하는 사례를 보게 되는데 이는 바로 잡아야 한다. "공동의회"는 사도행전 6:5절에 근거를 둔 교회 안의 가장 중요한 결의를 하는 기구로서 "교인의 표준"을 세례에 두고 세례교인만이 그 교회의 기본권자로 모여 교회의 중요 사안에 관해 신앙적으로 논의하여 결의하는 "기구적인 명칭"(조직명칭)이고 "공동회의"는 그 기구가 어떤 의제를 논의키 위해 회집된 기능적 또는 회의체 명칭이다. 따라서 직제를 지칭할 때는 〈공동의회〉라고 해야하고 그 〈공동의회〉가 회의를 위해 소집되거나 결의적 직무를 시행할 기능적일 때는 〈공동회의〉라고 지칭해야 한다. 예컨대 〈공동의회〉에서 〈공동회의〉를 개회하였다든지 "공동의회의 결의" 또는 "공동회의 결과" 등으로 쓸 수 있다. 특히 행정절차 이행 상에서나 회의록 작성시에 두 용어는 혼돈하지 말아야 한다.

교회에서 고쳐 써야 할 말 I

기독교(종교)개혁은 한 마디로 성경을 성경대로 믿고 지키지 못한 것에서 성경대로 복원한 교회개혁으로서 그 개혁의 대상 범주에는 기독교 고유정신을 왜곡하는 비성경적인 언어문화를 포함하는 것이어야 한다.

선교 120년의 교회사에서 본 교회용어에 토착종교인 유, 불, 선, 무속, 민속신앙 등의 이교적 언어문화 요소가 교착(膠着)되어 여과되지 못한 채 기독교언어문화에 적폐(積幣)로 남아 기생(寄生)하므로 교회언어 순화에 많은 장애가 되고 있는 것이 현실이다. 교회의 순전성 보전을 위해 성경정신에 반한 잘못된 교회용어 바로 잡는 것은 종교개혁적 관점에서 갱신할 우리시대의 과제로 치부되어야 할 것이다. 그간에 180여개의 교회용어 바로 써야 할 대상 언어에 대해서 언론매체에 칼럼으로 또는 두 권의 책자로 발표한 바가 있으나 채 다루지 못한 비본질적인 몇 가지 관습적인 말에 대하여 개선점을 제안코자 한다.

첫째, 성경본문의 읽을 장절을 안내하는 말에서 예를 들면 '요한복음 4장 22절에서(부터) 24절까지'라고 해야 할 말을 '22절로 24절까지'로 표현하는 사례는 잘못된 것이다. '-에서/부터'는 체언에 붙어 쓰이는 부사격조사로서 어떤 행위의 처소에서 시발되는 것'을 나타낼 때 쓰는 말인데 22절이라는 절의 위치에서 시작되어 24절까지의 범위를 지정하는 말에 적용하는 표현이다. 그리고 '-로'는 체언에부터 쓰이는 부사격조사로서 도달 목적 방향과 지점을 나타내는 '어디로/까지'의 말인데 윗글 '22절에서 24절로(까지)'라는 말에 적용될 말이므로 이 경우는 '몇 절부터 몇 절까지'나 '몇 절에서 몇 절로'라고 바로 잡아야 한다.

둘째, 교회예배 시에 인도자가 개인이나 단체 또는 가족단위를 지명 초청해서 기본 예배순서에 반영하여 찬송을 하게 하는 것을 '특송'(특별찬송의 약칭)이라고 하는데 이 말은 모호한 표현이다. '특송'이라면 찬송을 하는 사람이 특별하다는 말인지, 찬송곡이 특별한 곡명이라는 말인지 구분되지 않는 말이다.

하나님께 예배하는 예배자의 신분을 회중 속에 특별하게 특정지어 구분해야 할 신분은 존재할 수 없다. 그리고 예배찬송 전체는 예배의 구성요소로서 영적의미의 보편성을 가지고 있고, 복음송이나 CCM이라 하더라도 그것 역시 그 범주에 드는 등속이면 일반적이기 때문에 '특별찬송'이라고 지칭되어야 할 명분은 없는 것이다.

따라서 특별찬송이라는 말은 경우에 따라 '개인 찬송', '초청인 찬송', '구역원 찬송', '가족찬송' 등으로 신분이나 곡의 특별개념 없이 지칭하여 모든 찬송이 예배라는 상위개념의 균등한 요소로서 그냥 '찬송'이라고 하는 것이 옳다. 찬송이 음악이라는 공통된 요소가 있으나 종교음악, 교회음악 등이 반드시 '찬송'이 되는 것은 아니다. 그것은 하나님을 경건하게 송축하고 예배의 구성 요소로서 찬양 곡이어야 '찬송'이라고 할 수 있다면 현재의 채택된 찬송가는 예배찬송으로서 전체가 '특별찬송'이라고 볼 수 있는 보편성을 가지므로 누가 어느 곡을 불러도 그것이 찬양일 뿐이지 예배에서 특별한 의미를 가지지는 않는다. 빈번히 쓰는 성경과 찬송에 관한 표현을 비록 작은 것일지라도 예배와 관련된 용어인 만큼 바르게 표현할 필요가 있다. 이것이 개혁교회가 계속 개혁하는 일이기 때문이다.

교회에서 고쳐 써야 할 말 II

    교회가 성경에 합치되지 않는 용어를 관습적으로 계속 쓰고 있는 사례의 책임은 일차적으로 지도자에게 있다. 그것은 잘못 이해한 점도 있지만 오·남용을 알면서도 습관에 매여 교인 앞에서 여과 없이 쓸 뿐 아니라 교정 지도를 하지 않기 때문이다. 한국교회의 착오된 교회용어는 기독교문화가 자리 잡기 이전에 오랜 역사를 지나오면서 이교적인 요소가 기독교언어문화에 접합되어 냉정한 검증과 정제과정 없이 120년을 지나왔다. 성경적 통일된 표준하나 없이 교회마다 자의적으로 남용하고 관행과 습관 앞에 영성과 지성이 잠재하여 잘못된 교회 용어가 기독교 순전성 보전에 장애가 된다는 문제 인식마저 하지 못한 데 있다. 늦은감 있지만 이제라도 성경정신을 왜곡하는 교회용어는 시급히 고쳐 기독교(종교)개혁적 차원에서 바로 잡아야 하고 오는 세대에 바른 언어문화를 계승시켜 교회의 정통성에 언어적 결점이 없도록 해야 할 것이다. 따라서 교회언어, 목회용어 그리고 문헌상의 기록에도 성경의 본뜻과 괴리된 용어를 갱신하여 기독교의 어문학적 전거(典據)가 되게 해야 한다.

    이런 관점에서 교회에서 흔히 쓰는 '통성기도' 라는 말 검증해 볼 필요가 있다. 한국교회가 일반적으로 하고 있는 기도의 한 형태로 자리 잡은 이 '통성기도'는 그 기원 시점이 명확하지 않으나 혹자는 미국의 남 침례교회에서 해오던 것이 6. 25 피난시절 새벽기도에서 자연적으로 도입된 것이 오늘날 보편적인 기도가 되었다고 말한다. 그 연유야 어떻든 이 말의 영적 의미와 기도유형 명칭으로 적절한 것인지는 재고할 필요가 있다고 본다. 우선 성경적인 근거는 말할 것도 없고 의미상에도 모호성이 있다. 대개 부흥집회 때 회중들이 한 목소리를 내어 기도하는 형태를 말함인데 그렇다면 '통성'(通聲)인지, '통성'(統聲)인지 아니면 '통성'(痛聲)인지 조어에 애매성이 없지 않다. 만약 '통성'(通聲)이라면 이는 '공통(共通)의 음성'으로라는 말을 약칭한 것이 아닌가 하며, 또한 '통일된 음성'(한 목소리)이라는 뜻이라면 '통성'(統聲)이어야 될 것이다. 그리고 '죄를 통절하게 참회하고 그 죄악을 아파하면서 슬퍼 통곡하는 의미'의 기도라면 통성(痛聲)기도(애2:19, 신1:45, 삼상1:10)이어야 할 것이다. 이 세 용어 자체는 성경에 문자적 예시는 없다. 다만 '마음을 같이 하여 전혀 기도에 힘쓰니라'(행1:14)는 말씀에 근거를 둔 말이라면 성경대로 '합심'(마18:19-20) 즉 마음을 같이하여 기도하는 뜻으로 '합심기도'라고 하면 될 것이다.

'합심기도'는 기도하는 회중의 공통된 기도의 주제나 국가와 민족적인 문제(미스바 성회, 삼상7:5-6)나 전체 기독교적인 문제 등에 관하여 동일한 기도의 제목으로 '합심기도' 할 수 있는 것이다. 본질적으로 기도는 기도자와 하나님과의 개별적 관계에서 성립되는 영적 행위인 것이다. 그래서 '은밀한 기도'(마6:18), '골방기도'(마6:6), '묵상기도'(삼상1:13, 시77:6) 등은 회중과 전혀 연대하지 않는 각개기도가 원칙이나 공공예배에서 공통성을 갖는 기도나 통일된 기원적인 주제기도는 합심하여 할 수 있기에 '합심기도' 또는 '한 마음기도'라는 말로 표현하는 것이 옳을 것이다. 마음은 합할 수 있어도 각자의 말은 통일될 수 없다.

교회에서 바르게 써야할 말과 일 III

　교회에서 쓰는 말과 용어는 신앙정신에 부합해야 하며 기독교적 언어문화 개념에서 벗어나지 않아야 한다. 그것은 교회가 가진 성결의 속성을 지키는 것일 뿐 아니라 성경적 사고를 바르게 하는 것이기 때문이다. 이러한 관점에서 교인들의 신앙행위 속에 나타나는 고쳐야 할 말을 예시하면 첫째, 공동예배 기도인도자의 기도 말 중에 흔히 "… 을 주시기 '만' 을 기원합니다"라는 말을 기도대목마다 쓰는 사례가 있는데 적합하지 않은 표현이다. 윗글에서 무엇 '만' 이라고 한 음절은 우리말에서 사물의 이름 아래 붙여 쓰는 조사로서 '어떤 사물을 한정하여 이르는 말' 인데 오직 단일한 사건의 범위나 하나의 사물에 국한하여 기타의 내용이 포함되지 않는 제한된 내용을 설정하여 표현할 때 쓰는 말이다. 그런데 기도인도자는 그런 말을 한 이후에도 연속적으로 다른 간구의 내용들을 구하고 있는 것은 이 말을 잘못 적용하고 있기 때문이다. 기도 행위는 하나님과 영적관계에서 거룩한 긴장이 요구되는 신앙 행위이고 밝은 영성에서 기도자의 중심과 말이 일치한 기원이 되어야 한다는 인식으로 하나님의 거룩한 지혜에 부적합한 기도 말은 다듬어야 한다.

　장로교 예배모범 제5장 '공식 기도' 규정 제2항에 '… 신자의 일체(모든 것,

온갖 것)의 소원을 포함한 기도를 할지니…' 라고 한 점도 한 사물을 한정하여 기원하지 말 것을 규정하고 있음을 유념해야 한다. 둘째, 교인들이 성경을 읽는 중에 특히 시편에서(시3:2, 4 등) 구절 끝부분 괄호 안에 기록된 '셀라'라는 말이 무슨 뜻이냐고 질문을 하는 사례가 있는데, 이 말은 시편에만 71회, 하박국서에 3회(기도 중)(합3:3, 9, 13) 등으로 나타나 있는 용어이다. 이는 시적인 구절의 끝 문장 부분에 붙어 '노래 소리나 음악 소리를 높이라' 는 뜻의 부호 격의 말이며 본문의 근본적인 뜻을 좌우하지 않는 음악적 요소를 암시하는 말이다. 그 외에도 '셀라' 라는 용어가 성경에 나타나 있는데 창10:24에 '셀라' 는 인명으로서 셈의 손자 에벨의 아버지 아르박샷의 아들(대상1:18, 24) 예수님의 계보 중 살라와 같은 사람이며(눅3:35), 창38:5에 '셀라' 도 역시 인명으로서 유다가 가나안 여인 수아에 의해 낳은 아들로서 셀라 가족의 선조(대상2:3, 4:21)이며, 왕하14:7에 '셀라' 는 지명으로서 에서의 후손이 세운 에돔의 수도이고, 수18:28에 '셀라' 도 역시 지명으로서 베냐민의 성읍, 사울과 요나단의 유골을 장사한 곳(삼하21:14) 등으로 성경에 나타난 말들이다. 셋째, 교회에서 임직자의 임직서약 시에 배우자(부인)를 동반 기립시켜 같이 서약케 하는 것은 잘못된 관행이다. 직분을 받는 것은 은사(엡4:11-16, 고전12:28,롬12:6-8)적 임직인 만큼 서약은 임직 은사를 받는 당사자에 국한될 문제이다. 물론 배우자가 직분을 이해하고 봉사와 헌신을 협력하며 동참할 가족이기에 심정적으로 다짐할 필요는 있겠으나 그것은 협력으로 족할 뿐이다.

  서약은 하나님을 향한 교회의 율례적 질서요 은사에 대한 반응이며 의식의 품격이다. 직분의 은사는 받은 당사자의 하나님과 그의 교회와의 관계적 특권으로서 임직 당사자의 직무 서약으로 응답하는 것이다. 따라서 배우자의 동반 서약은 격률을 벗어난 명분 없는 일이므로 마땅히 시정되어야 한다.

교회용어 관행적 오용이 바른 뜻 훼손한다

　그간 한국교회 갱신을 위해 교회용어 오·남용(誤濫用)의 사례를 들어 신학적, 신앙적, 어법적 관점에서 잘못된 점과 그 대안적인 점을 논증(論證)하여 한국교회 앞에 감히 제안한 바가 있다. 그간 많은 독자로부터 지지와 성원에 힘입어 우선 오·남용의 빈도가 많고 방관할 수 없는 사례들을 바로 잡고자 하였다. 물론 몇 가지 유형에 따라서 약간의 관점의 차이에서 견해를 밝혀준 독자와는 부연설명을 통하여 서로 충분한 이해를 나눈 사례도 있었음을 밝혀 사의를 표하고자 한다.

　그런데 아직도 많은 사례에서 교회용어가 바르게 사용되지 않고 있다는 점은 비감(悲感)을 금할 바가 없다. 모두 지성적 판단에서는 오용(誤用)을 인정하면서도 습관적으로 고쳐지지 않는다고 하니 아무래도 이것은 거(擧)기독교적인 운동을 전개할 필요가 있다고 사료된다. 만약 오늘에 사용하고 있는 착오된 용어를 계속 방치한다면 다음과 같은 몇 가지 심각한 문제를 예상할 수 있을 것이다.

　첫째, 동일한 사물에 대한 같은 언어 군집이 각각 다른 의미를 부여하거나 그 개념적 이해의 차이가 있다면 대립적 사고를 형성할 것이고 통일된 행동 양식과 언어와 관련한 상황인식의 일치가 없다면 그 부작용은 적지 않을 것이 틀림없다. 그것이 신앙 및 성경과 관련이 있다면 더더욱 그럴 것이다.

둘째, 언어에 대한 개념이해와 관점의 차이는 지성의 마찰과 사고의 충돌이 야기되어 교회 공동체의 특성을 훼손할 가능성이 있을 뿐만 아니라 신앙의 표준이 무너질 가능성이 있다.

셋째, 교회용어를 바르게 쓰지 않을 때 건전한 기독교 언어문화 창달은 물론 바른 교회의 전형(典型)을 구현할 수 없을 것이다.

넷째, 착오된 교회용어의 오·남용을 갱신하지 않고 오늘의 신앙 전통을 이어 받을 제2세 신앙후예들에게 언어유산을 착오된 채 그대로 전수시킨다는 것은 너무 무책임한 처사가 될 것이고 신앙의 도리와 진리를 오해케 한다면 가볍게 생각할 문제가 아닌 것이다.

그러므로 오늘을 사는 지도자와 설교자들 그리고 교우들은 성경이 신앙과 행위의 표준임을 전제하고 성경적으로 적합하지 않는 말을 관행적으로 사용하는 일은 삼가야 한다.

한국교회는 교인이 오도(誤導)되지 않도록 교회용어를 신학적인 검증을 해야하고 교인들은 지도자가 쓰는 말 그대로 모방하여 표준을 삼고자 한다는 사실을 유념하여야 한다. 따라서 필자는 그간에 작은 충정으로 고쳐 썼으면 하였던 당면한 오·남용되고 있는 교회용어의 사례를 문헌으로 발행하였다. 작은 것이지만 함께 이 문제에 대하여 뜻있는 인사와 함께 고민할 수 있는 매개체가 되었으면 하는 기대를 감히 가져본다.

교회의 모든 의식 때
흰 장갑 끼는 행위는 옳은가?

교회에서 각종 예식(의식)을 거행할 때 집례자와 순서담당자들이 흰 장갑을 끼는 것이 상례로 되어 있는데 이것으로 그 의식이 성스럽고 정중하고 엄숙하며 위엄 있는 모습이라고 생각한다면 오해이다. 그것은 성경에 근거한 예전의 본질적인 요소가 아닐 뿐만 아니라 의식의 주제정신과 관련이 없는 일종의 사회문화적 관습으로 허식에 불과한 것이다.

흰 장갑을 끼게 된 배경을 보면 첫째, 일본 문화와 관련이 있는데 일본인들이 신사참배를 할 때 흰 장갑을 끼고 배례하는 관행이 있고 우리보다 선진화된 사회를 이룬 까닭에 개화기에 일본 유학을 간 사람들과 목회자들이 현지문화에 젖고 일본 신학 교육을 받는 중에 그들의 신사 참배와 각종의식과 성례에서 장갑 낀 모습을 본 것을 귀국 후 그대로 모방하여 목회현장에 도입한 것에서 비롯되어 오늘날 모든 교회들이 검증 없이 이것이 기독교적 예전 문화인양 버젓이 관용되고 있다. 둘째, 처음 기독교 복음이 들어온 선교 초기의 우리 사회는 농경사회로써 원시적 영농법에 매여 손발로 일을 하던 때이고 불결한 생활 환경에 적응하고 비위생적인 삶을 꾸리던 손발, 그 손이 심한 노작과 햇볕에 그을려 검게 타고 갈라져 흉하게 보이는 손으로 성례나 의식참여에 불경스럽고 정결치 못하다고 여겨 이를 가리우기 위해 흰 장갑을 끼게 된 동기가 있었던 것인데 분명 기독교 의식문화의 배경이 아닌 것이다.

이 흰 장갑을 끼지 말아야 할 이유는 첫째, 성찬의식에서 흰 장갑을 껴야 청결하고 성결하다면 집례자나 배찬원들만 끼고 성찬에 직접 참예한 회중이 장갑을 끼지 않는다면 사실상 별 의미는 없는 것이다.

둘째, 위생적인 면과 성결성을 위한 것이라면 성경을 표준으로 삼되 출30:17-20에 제사장이 제의를 집행할 때 회막과 제단 사이에 놋쇠로 만든 '물두멍'(laver)에 물을 담아 수족을 씻은 후에 제의를 집행하였고 레8:11에도 모세가 관유(灌油)로 '물두멍'에 발라 거룩하게 한 근거를 종합하면 예전에 있어 정결함과 성결성을 위해서 오늘날도 손을 씻는 체제를 갖추면 두 가지 면을 충족할 수 있게 된다.

셋째, 흰 장갑 착용이 신학적 근거와 교회사적 관행이 없는 일본의 이교적 문화의 산물인 비기독교적인 요소를 취한다면 이는 혼합주의적 경향에 물들었다는 비판이 있을 수 있다.

넷째, 예식이나 예배 중에 장갑을 끼는 것은 인간의 내·외적면을 고백적으로 하나님 앞에 드러내어야 할 인격적인 모습을 외식하는 격이 되고 윤리적 관점에서는 비례(非禮)가 된다. 손윗사람을 대면할 때는 오히려 장갑을 벗는 것이 예의로 되어 있으니 하물며 하나님 앞에서는 더욱 그럴 것이다.

다섯째, 장갑을 끼면 정교한 손놀림이 둔탁하여 찬송과 성경의 장절을 찾기 힘들고 시세(施洗) 때 물에 적시니 비위생적이어서 실용적인 면에서도 부적절한 것이다.

따라서 교회의식에서 흰 장갑 끼는 것은 기독교의 예전문화가 아닌 이교적인 관습을 모방한 것이므로 이제는 성숙한 신앙으로 냉정히 시정하여 교회에

건전한 기독교문화를 성경에 의해 창조해 가야하고 복음정신에 맞게 격조 높은 의식문화를 가꾸어 가야한다. 이것이 이 시대에 교회가 해야 할 또 하나의 작은 의무일 것이다. 습관은 본질에 우선되지 않는다.

교회의 절기 명칭 밑에
「절」(節)과 「날」(日)에 대하여

　　교회력 상의 절기를 보면 대강절, 성탄절, 주현절, 사순절, 부활절 등이 있고 성경상의 절기를 보면 유월절, 초막절(수장절), 오순절(성령강림절; 칠칠절; 맥추절), 부림절 등의 절기들이 있는데 이 절기들 명칭 밑에 접미사(接尾辭) 절(節)에 대한 바른 이해가 필요하다. 원칙적으로 이 절기에 대하여 두 가지 구분이 있다. 교회력 상에는 절기(節期)로 표현하고 있고 일반 문화적으로는 절기(節氣)로 표현하여 그 내용을 달리하고 있다.

　　문화적 관점에서 보는 절기(節氣)는 태양년(太陽年)을 태양의 황경(黃經)에 따라 24등분하여 계절을 세분하여 시령(時令) 또는 절후(節侯)라고도 한다. 황경이란 태양이 춘분점을 기점으로 하여 지구에서 보았을 때 태양이 1년 동안 하늘을 한 바퀴 도는 길로서 황도(黃道)를 움직이는 각도이며 이 황경이 0도일 때를 춘분으로 하여 15도 간격으로 나누어 입춘으로 시작하여 대한(大寒)까지를 24절기의 날짜가 구분되는 24절후를 말하는데 이를 원용(援用)하여 명절이나 국경일의 절기를 단오절, 중추절, 삼일절 등으로 쓰고 있다.

　　교회의 절기(節期)는 선민의 구속사에서 발생한 기념비적 사건인 성경적 명절로서 그 주된 의미는 기념과 경축(慶祝)의 의미를 담고 있다. 대체적으로 명절 명칭 밑에 절(節)을 붙여서 그 명절을 지칭할 때는 그 명절이 발생한 날이나 기념 또는 경축할 당일만을 적시(摘示)하는 것이 아니고 기념(경축) 당일을 중심한 그 전후 몇 일간을 경축기간 단위로 정하여 그 기간 전체를 일컫는 것을 절(節)의 개념으로 한다. 예컨데 구약의 무교절은 칠일 간의(출12:15, 레23:5-6) 무교병을 먹으면서 지켰고, 칠칠절은 칠주간을 절기의 기간으로 하였다(레23:15-16). 그리고 초막절(수장절)도 일주일 동안 계속되었고(레23:34) 사순절(四旬節)은 40일간이 절기 기간이다. 이렇게 절기 또는 〈○○절〉이라고 지칭되는 것은 모두 다 기념이나 경축 기간의 일정한 단위를 정하여 행사가 시행되는 기간 전체를 지칭하는 말이다.

따라서 오늘날 교회가 쓰고 있는 교회 명절 명칭 사용에 있어서 몇 가지 예에서는 그 명칭 밑에 접미사 격인 절(節)과 일(날:日)을 구분하였으면 한다. 예를 들면 〈성탄절〉은 〈성탄일〉로, 〈부활절〉은 〈부활일〉로 지칭하는 것이 역사적인 실재성을 확증하는 말로 적절할 것이다. 오늘날 한국교회가 전술한 바와 같이 성탄일이나 부활주일의 전후 기간을 명절로 설정하여 지키는 일은 거의 없다. 그렇다면 경축 당일에 국한하여 절기일로 지키는데 굳이 절(節)이라는 명칭을 쓸 필요는 없는 것이다.

절은 날의 단수 개념이 아니고 몇 날을 묶어 날의 단위를 이룬 복수의 개념이기에 당일 하루만을 지키는 경축일을 절을 붙여 쓸 필요는 없는 것이다. 습관에 젖고 관행에 젖은 말과 불합리한 말은 고쳐 쓰는 것이 신앙인의 바른 모습일 것이다.

교회의 「구역」과 「교구」라는 말 구분하여야 한다

　개혁교회의 대부분이 교인들의 주거가 동일한 일정지역을 구획(區劃)하여 관리하는 소단위 조직을 「구역」이라 하고 또 일정한 지역범위 안에 있는 몇 개의 구역을 묶은 큰 단위조직을 「교구」라고 지칭하는데 이 「교구」라는 말은 시정할 필요가 있는 명칭이다. 물론 '구역'과 '교구'가 대소의 차이는 있지만 교인이 거주하는 일정한 지역이라는 기본개념에서는 동일하다. 그러나 '구역'은 개혁교회의 지역별 관할행정단위를 말하고 '교구'(Parish)는 가톨릭교회에서 지역분할의 기본단위를 구분하여 말하는 용어를 도입 모방한 말이다.

　'교구'는 가톨릭교회를 확장하는 데 있어 지도나 감독의 편의상 나눈 구역으로서 '대교구'와 '교구'로 구분하여 교회의 수위권자(首位權者)인 교황이 임명한 주교(主敎)가 중심이 된다. 교구의 설립조건은 그 지역에 거주하는 적정수의 신자수와 재정적인 기반이 필요하며 또한 적정수의 교회와 주교좌(主敎座)를 이룰 대성당을 갖추어 교구장인 감목관(監牧官:목자라는 뜻으로 포교지(布敎地)의 고유한 교구제도인 대목구(代牧區)나 지목구(知牧區)의 대목인 지목(知牧)을 가리키는 말)이 사도직을 이행할 방법과 재원을 확보하면 설립할 수 있다. 따라서 기본단위인 이 '교구'는 신자의 작은 공동체인 본당(本堂)으로 나뉘어 주교들의 대리자인 사제들이 신자들을 보살핀다. 이렇게 몇 개의 교구가 모여 관구(管區; Dioceses)를 이루어 지역교회의 완전한 교계제도(敎階制度)를 설정하게 된다. 이처럼 가톨릭의 '교구'의 조직개념과 개혁교회의 '구역'의 조직개념은 분명 차이가 있는 것이다. '교구'라는 말이 교리나 신학적으로 예민한 문제는 아니더라도 교권이 중심이 된 교회지상주의의 분권(分權)적인 계급개념을 가진 이 말은 기독교개혁의 대상범주내에 속한 것이다. 개혁은 왜곡된 교리나 신조를 토대로 한 신앙원리의 복원뿐만 아니라 가톨릭교회 정치와 행정의 제도까지 포함한다. 따라서 교권적인 지역단위인 '교구'는 단순한 공동체적인 지역단위를 구성한 개념이 아니라 성직 위계체제 구축을 위한 수직적 종속개념을 가진 지역분할권의 계통적 체제로서 '구역'의 단위를 의미하는 것이므로 개혁교회가 도입할 교회관활 지역명칭으로는 부적절한 것이다.

교회가 대형화되고 교인의 거주분포지가 확장됨에 따라 소분할 '구역' 단위의 일정한 구역수를 묶은 큰 단위의 구역개념으로 적당한 명칭이 없어 교구라는 말을 도입하게 된 정황은 이해가 되나 심방과 누락 없는 총찰(總察)을 위한 교인의 가구 수와 지역을 절충한 '구역'의 의미와는 다르므로 모방할 필요는 없는 것이다. 따라서 개혁교회의 '교구'의 명칭은 교회의 위치를 중심한 방향으로 하여「동 지구 제1구역」,「서 지구 제2구역」이나 행정구역 명칭인 '구(區)'나 '동(洞)'의 이름으로「서초지구 제3구역」,「방배지구 제5구역」 등의 '교구'라는 명칭을「지구」라는 말로 개혁하면 될 것이다.

성경말씀으로 복원된 주권재민의 민주적인 개혁교회의 영적정신은 성직위계주의와 연결된 계급단위의 '교구'라는 명칭을 수용하지 않는다. 말씀 하나만으로 기독교의 명운을 걸었던 개혁정신은 한국교회를 향해 지금도 말하고 있다.

「교회출석」과 「공동예배 출석」을 구분해야 한다

교회에서 교인의 실재인원을 계수(計數)할 때나 교회 법에서 교인의 기본적인 의무와 종교적인 신분 또는 자격을 규정하여 말할 때에 "교회에 출석하는 자로 한다"라는 말이나 또는 성숙한 교인을 말할 때 "교회출석수"가 얼마라고 하는 등의 표현은 구분되어야 한다. "교회출석"이라고 할 때는 그 출석이 곧 공동예배에 참석하여 교인의 기본적인 도리를 이행하는 것과 일치한다는 말과는 다른 것이다. 〈출석〉의 개념은 예배가 아닌 어떤 회합이나 친교적인 목적에서 비공식적인 모임에 참석도 출석이라고 볼 수 있을 것이고 때로는 교회행사에 참석하는 것도 교회출석은 되는 것이다.

그런고로 예배 외적인 부분에서 어떤 조직의 일원(회원)으로 참가하는 경우는 교인으로서와 영적인 신분으로서 본래의 본분을 다하는 것이라고 볼 수는 없는 것이다. 그것은 한 개인의 헌신과 봉사는 될지라도 예배적 기능은 아닌 것이다. 따라서 〈교회출석〉자로서는 교회에 법적인 온전한 신분자로 규정하여 볼 수는 없는 것이므로 교인이 교인되는 것은 예배의 본분과 예배적 삶을 전 삶의 중심을 삼고 사느냐에 따라 판단할 문제인 것이므로 곧 교회생활은 예배생활을 의미하는 것이고 예배적 삶이 교회적인 삶임을 인정하는 것이다. 교인의 기본적이고 궁극적인 본무(本務)는 예배인 것이다. 이 예배 참여가 교인되는 기준이며 종교적 신분이 되는 표상(表象)인 것이다.

그러므로 교회법 상의 "… 이 되려면 교회 〈출석하는〉 자로서…"로 표현하는 것은 "공동예배에 출석하는 자"로 반드시 표현하여 〈교회출석〉과 〈예배출석〉을 구분해야 옳은 것이다. 다시 말하면 "그 교회 교인은 그 교회에 출석자가 아니라 그 교회에 예배 참석자이어야 한다"는 말이다. 부연하면 〈교회출석〉이라고 할 때는 교회적 문화와 상황에 적응하는 과정인 것이고 〈예배의 참석자〉는 신자의 본분을 다하는 교회구성의 인적 요소로서 하나님과 영적 관계를 말하는 것이기에 실생활의 표현이나 특히 교회법 상의 자격을 규정할 때는 반드시 구분해야 하는 것이다.

예컨대 주일성수도 교회출석의 개념이 아니라 예배 참석(수행)의 개념이 아니겠는가? 곧 물리적 상황을 구성하는 행위가 아니라 영성적 조건으로 종교적 의무를 구성하는 의식적 행위가 되어야 한다는 말이다.

그러므로 〈교회출석〉과 〈예배출석〉의 표현양식을 관념적으로 동일시하지 말고 본질적이고 사실적 의미로 구분하여 언어의 의미질서와 적용환경을 명확히 해야 교회가 가진 신성유지와 질서유지가 잘 될 것으로 판단되는 것이다.

「금식 ; 단식」의 종교적 의미

최근 우리사회에 보도매체의 논점(issue)이 되었던 국책사업인 천성산 고속철 터널공사와 관련한 '내원사'(內院寺) 〈지율〉여승의 백일단식의 모습을 지켜보면서 몇 가지 석연찮은 생각을 할 수 있었다. 그의 단식 동기는 천성산 늪지대에 서식하는 양서류(兩棲類)인 도롱뇽의 생태계 보존을 위해 공사 중지를 요구하는 저항이었다.

삶의 환경 보존은 인류적인 가치이므로 여기에 이론의 여지는 없으나 몇 가지 지적될 부적절한 점이 있다. 첫째, 종교인의 단식은 종교적 동기와 의미가 충분히 있어야 한다. 그것이 기독교적 입장이라면 성경의 근거를 교훈삼아 '회개를 목적으로'(삼하12:16, 느9:1-2, 삿20:26), '기도응답을 목적으로'(스8:21), '영적 은사를 얻기 위해'(행9:1-3), '시험을 이기기 위해'(마4:2), '육체를 쳐서 복종키 위해'(시109:24), '하나님 앞에 겸비하기 위해'(마6:16-18), '죄를 끊기 위해'(사58:3-6), '평탄한 길을 간구하기 위해'(신9:18, 삼상7:5-6, 욘3:5-6) 금식을 하는데 이러한 동기가 없이 고행주의나 자학적 금욕주의, 자기의 뜻의 성취, 초인적인 종교력의 과시 등이라면 순전한 단식의 참뜻은 될 수 없다.

둘째, 불교적 관점에서 지율 여승의 단식은 재속(在俗) 재가(在家)에서 출가

(出家)하여 불문(佛門)에 입적한 사신(捨身)으로서 탈속(脫俗)한 수도(修道)자의 본분은 깨달음이나 수행일 것인데 사바탁세(娑婆濁世)의 환경문제에 집착하는 일은 구도(求道) 수행자의 올바른 자세로 볼 수 없다.

셋째, 종교인의 신분으로서 사회적인 관심사를 두고 생명을 담보하여 극단적인 방법으로 대응하는 것은 출가(出家)이전의 속세의 모습 그 자체일 수밖에 없는 종교 이념적 모순에 빠진 점이다.

넷째, 종교인의 단식은 신과 연합을 도모하고 자기성화(정화)의 의미를 지녀야 하는데 종교영역과 직접 관련이 없는 국책사업인 사회간접자본 확충에 관한 일을 두고 한 사람의 종교인이 소위 원력(願力)을 표현한 것은 설득력 있는 처사라고 볼 수 없다.

다섯째, 불교인이라면 법력을 통해서 인간사회에 기여하는 것이 본분일 것인데 존엄한 생명을 버려 자연을 구한다는 가치의 역리(逆理)는 수긍이 되지 않는다. 물론 천성산 늪지대의 생태계 보존이 중요하고 살생유택의 이념적 가치가 귀하다고 해도 고속철도의 개통으로 얻어질 자손만대의 윤택한 삶과 복지를 증진할 공익적인 가치와 바꿀 수가 있겠는가? 그리고 굴착공사로 인한 피해의 개연성(蓋然性)일 뿐 검증 없는 우려만으로 국가적 기간산업이 중단되거나 철회 할 명분은 없는 것이다.

모든 종교는 금식(단식)의 필요의 원리와 그 관행을 가지고 있다. 그러나 진정한 종교적 의미를 지니지 못하고 개인적인 목적이나 사회적, 정치적 관심사를 위해 절식(絶食)하는 일은 소영웅주의에 지나지 않는 것이다.

한 개인의 저항에 부딪혀 중단될 만큼 명분이 약한 국책사업은 국가적 권위만 훼손될 뿐 여과할 수 있는 기능이 우리 사회에 과연 없는 것인지 자문해보고 싶다.

모든 종교인은 바른 금식과 의미 있는 단식으로 종교력을 높여야 하며 거기에는 반드시 자기극복과 신앙향상이 전제되어야 한다. 사회적 요구가 오도(悟道)의 영역으로 간주(看做)할 사람은 우리 사회에는 없다.

기도 마감하는 말 과거시제어로 쓸 수 없다

교인들이나 목회자들 중에서 기도 말 마감할 때 예수님의 이름으로 '기도하였습니다'(기도드렸습니다)라는 완료형 안에 '과거시제 선어말어미'(先語末語尾) 〈였〉(렸)을 삽입하여 과거시제형으로 종결하는 사례를 흔히 볼 수 있는데 이는 적절한 마감형식이라고 볼 수 없다.

기도(창20:7)란 "하나님께 예수님의 이름으로(요14:14) 감사와 회개와 소망을 아뢰는 것으로 성도와 하나님과의 교제 및 대화와 영적 호흡"이라고 정의할 수 있다면 이는 현재시제에서 이루어지는 일이다. 기도란 죄에서 해방된 자유로운 인간과 능력의 하나님 사이의 언약관계가 믿음 위에 기초할 때 이루어질 수 있는 현재성에서 미래연속성으로 이해될 수 있는 영적 행위라고 보아야 한다.

하나님이 자기 백성들의 필요에 반응하시는 사랑의 방법이 기도에 응답이며 이것이 하나님이 인간을 향하신 초점이기도 하므로 언제나 기도의 행위는 현재적 시제의 의미를 더해주고 인간의 과거와 미래의 정황을 현재에서 연결하며 교감하는 영성적 작용이 또한 현재시제에서 되어지는 것이다.

따라서 기도 말 종결어로 '하였습니다', '드렸습니다' 등의 과거시제로 이미 완료된 듯이 표현하지 말아야 할 몇 가지 이유가 있는데 첫째, 기도는 언제나 영원하신 하나님의 현존 앞에서 현재적 응답을 기대하는 것이므로 그 기원과 응답이 과거적이거나 이미 완료적일 수는 없다.

둘째, 기도의 핵심은 소원이기 때문에 소원은 언제나 미래지향적이어야 하며 기대가 응답될때까지 이므로 과거적 시제가 맞지 않아 현재진행형으로 해야 함은 물론 오히려 미래적 기원의 뜻을 담고 있는 것이다.

셋째, 기도의 완성된 문맥은 종결서술어로만 끝나는 것이 아니라 기도의 필수 요소이며 완성조건인 '아멘' 이 연속되지 않으면 기도로서 효력을 잃게 되는데 기도의 완결은 '아멘' 이후의 시점이다. 그렇다면 '기도하였습니다' (기도드렸습니다)의 끝맺음 말은 '아멘' 직전 말이니 아멘을 남겨둔 채 과거시제로 완료할 수는 없는 것이다.

넷째, 기도의 올바른 방법에서 볼 때 '믿음으로' (마21:22), '하나님의 뜻대로' (요일5:14), '죄 없는 마음으로'(시66:18), '은밀하게' (마6:5-6), '겸손하게' (눅18:10-14), '간절히' (마7:7-11), '계속하여' (살전5:17, 엡6:18), '주의 이름으로' (약5:14) 등인데 이는 성경적인 행위로서 그 시점은 모두 현재성을 지닌 조건으로 볼 수 있다. 다섯째, 기도의 자세에서 볼 때 '서서' (출33:10), '머리를 숙여' (창24:26), '앉아서' (대상17:16), '엎드려' (마26:39), '무릎을 꿇고'(행9:40), '손을 들고' (딤전2:8) 등으로서 이 역시 행위의 시점은 현재적인 것이다.

이러므로 기도는 인간 편에서 과거적인 내용이든 미래적인 내용이든 모두 동작이 일어난 시간이 기원하는 시간과 일치하는 시제를 유지하는 것이고 하나님 편에서도 인간의 현재성과 일치된 시점에서 기도를 들으시고 응답도 현재와 미래적인 시점에서 하시므로 기원적인 표현을 과거적으로 표현하는 것은 부적절한 것이다. 따라서 기도 말 마감은 현재형인 '기도합니다' (하옵나이다)로 간구의 시점을 지금으로 설정하여 종결하는 것이 옳은 것이다. 신앙과 영적가치는 현재에서 미래로 나타나야 한다(참고. 고후6:2).

기도 말의 어투와 어조는 겸양법으로 해야 한다

공중기도나 개인기도에서 기도자의 기도하는 말이 겸비하지 못한 어투(語套)나 어조(語調)로 하는 태도는 시정해야 한다. 성경적인 기도는 "하나님께 인간의 영이 취할 수 있는 모든 자세로 드리는 예배"이며, 그리스도인은 기도 속에서 하나님을 숭배하고 고백하고 찬양하며 기원할 때 하나님을 예배한다. 인간의 영이 할 수 있는 숭고한 행위는 그 강조점이 충분히 하나님의 주권에 놓여 있는 한 하나님과 기도하는 교제로 생각할 수 있다. 그리고 모든 형태의 기도에서 중심을 이루는 두 요소는 찬양과 간구이다. 이 간구하는 기도는 하나님 나라의 임재와 하나님의 공의를 비는 기도가 첫째이자 최상의 기도이다(마6:9-10, 33). 물론 일상으로 요구되는 조건(마6:11-13)과 마음의 소원들(시37:4)을 비는 것이 제외되지 않는다.

그리고 성경에서 기도는 자연적인 반응이 아니며(요4:24), 모든 기도를 다 들어주시는 것이 아니라(사1:15, 29:13) 응답되지 않는 기도가 있는 것이다(눅22:42, 고후12:7-9). 참된 기도와 응답 받는 기도는 하나님의 뜻을 개인적으로 깨달아 받아드리는 것이며(요14:7, 막11:24), 효과적인 기도는 하나님의 뜻에 순종하는 기도이다(마26:39, 요일5:14). 사실 이 기도는 인간과 하나님 사이의 언약관계가 믿음 위에 기초할 때에만 이루어질 수 있는 것이다. 그리고 기도의 응답은 기도의 내용을 하나님이 인정하심이 아니라 하나님께 인정받는 일이라는 확신이다. 기도의 자세를 성경에서 보면 "무릎을 꿇고 손을 펴서"(왕상 8:54, 스9:5), "손을 들고 …몸을 굽혀"(느8:6), "서서"(느9:4, 눅18:11, 13) 등으로 나타나 있으나 특정한 자세가 결코 규정되어 있지는 않다. 이렇게 기도를 이해한다면 기도는 겸비한 자세로 어조가 부드럽고 격렬하지 않아야 하고 간구가 투정을 부리는 격이 되어서도 안되며 하나님의 공의와 거룩을 구하고 그의 구원사역의 찬양과 뜻을 순종하는 예배적 행위인 기도의 어투는 최상의 공대어라야 하고 겸양의 어조와 고백적이어야 한다. 대다수의 기도말의 어투는 하나님을 설득회유(懷柔)하려는 투의 기도, 성구를 인용하여 하나님을 일깨우고자 하는 기도, 격정적인 어조로 하나님을 감동시키고자 하는 기도, 응답하지 않으면 안되겠다고 강변(强辯)하는 기도, 논리와 이치를 밝혀 하나님과 담판을 지으려는 기도, 남들을 빗대어 들으라는 듯이 고발하는 투의 기도, 자신의 공적을 듣는 이와 하나님께 알리는 자기 현시(顯示)적인 기도, 신적 경지에 몰입하는 듯 주문 외우듯이 사설(辭說)하는 투의 기도 등은 옳지 않다.

참된 기도는 하나님의 언약을 믿고 순종하며 그의 영광을 위한 동기와 겸비한 마음으로 간구하며 고백적 어투와 부드러운 겸양법의 어조로 지존하신 하나님을 숭경(崇敬)하는 마음과 자세로 하는 기도이어야 한다. 그러자면 마음과 태도와 기도 말이 진실하고 정직해야 한다.

기도 말에 「귀한」 백성, 「귀한」 ○○님 등의 지칭 옳지 않다

공중기도 때나 기타 남을 위한 도고 때 기도인도자의 기도 말에서 "하나님의 귀한 백성들" 또는 "주의 귀한 사자님, - 목사님, - 장로님" 등으로 표현하는 말은 적절하지 않다. 〈귀한〉이나 〈-님〉으로 표현되는 말은 사람이 사람을 대상으로 경칭을 써야 할 관계에서 윤리적으로 표현할 수 있는 말일 수 있으나 사람이 하나님을 대상으로 기도하는 말에서 제3자를 지칭할 때 〈귀하다〉라고 고하는 말은 몇 가지 이유에서 부적절하다.

첫째, 기도의 대상은 오직 하나님이신데 기도의 말에서 지칭되는 사람을 의식하면서 하나님께 사람을 미화하여 표현하는 것은 불경스럽다는 점이다.

둘째, 기도의 대상이신 하나님은 〈만군의 주〉(약5:4, 롬9:29, 시69:6), 〈만왕의 왕, 만주의 주〉(딤전6:15, 계17:14), 〈지존하신 자〉(시47:2, 97:9), 〈엄위하신 자〉(시111:3), 〈지극히 높으신 자〉(시7:17, 사14:14)이신데 그에 대하여 기도자와 도고(禱告)에서 지칭된 자의 종교적(영적) 신분은 누구를 막론하고 죄인이며(눅18:13, 롬5:19, 딤전1:15), 지극히 천한 자(단4:17, 고후7:6, 시79:8, 고전1:28, 애1:11)로서 감히 〈귀한〉이라는 말로 형용하여 적시(摘示)할 수 없다는 점이다.

셋째, 기도자의 신앙적인 자세는 겸비하고 죄인 된 처지임을 고백해야 할 기도 말에서 도고내용에 해당되는 자를 찬하(讚賀)하여 아뢰는 것은 절대 거룩하신(레11:44) 하나님을 숭경(崇敬)하는 기도 말이 못 된다는 점이다.

넷째, 모든 기도는 하나님과 수직적 관계에서 감사와 간구와 고백인데 그 기도 말을 사람이 들을 것을 상정(想定)하여 표현하는 것은 기도의 영적 질감(質感)이 훼손된다는 점 등이다.

예배와 기도는 신앙행위에 중심축으로서 종교적 소원성취를 위한 주문(呪文)식 기원이 아니라 회개를 통한 속죄의 은혜를 구하여 하나님의 거룩한 성품에 연합코자 하고 그의 선한 경륜을 자신의 삶을 통하여 이루어지기를 간구하는 것이 기도의 정조(情操)인 것이다. 그런데 기도에서 더러는 사람을 예찬하는 조와 어느 정도 할 도리를 하고 있다는 식과 공적의 나열, 주를 위한 최선의 것을 하고 있다는 것이나 또는 개인의 사람 됨됨이를 평설(評說)적으로 아뢰어 당연히 하나님으로부터 구함의 내용을 받을 자격이 있기라도 한 듯이 고하는 것은 도고의 참 정신이 아니다.

모든 기도는 하나님의 자비와 용서를 구하며 그것을 주목해야 한다. 그리고 어느 회차(回次)에서 이미 언급했듯이 기도에서 도고의 내용에서 지칭되는 사람의 이름 밑에 존칭접미사 〈님〉을 붙이지 않는 것이 하나님을 향한 바른 태도이다. 사람의 상정(常情)에서도 윗사람에게 아랫사람을 지칭할 때는 〈님〉자를 붙여 아뢰는 것은 큰 실례로 간주하는 것인데 하물며 지극히 높고 높으신 하나님께는 더욱 삼가야 할 말이다.

택한 백성 모두는 그 영적인 신분이 하나님 앞에 죄인인데 존칭을 써서 고할 수는 없는 것이다. 따라서 기도 말에서 사람을 미화수식하거나 존칭 〈님〉자를 붙여 하나님께 기원하는 것은 기도 말의 본령(本領)이 아니므로 〈귀한〉이나 〈님〉을 붙여 표현하는 것은 삼가야 한다.

「기도 받는다」라는 표현은 옳지 않다

교인들 중에는 이른바 영력이 있다는 목회자나 기도원 지도자들을 방문하거나 초청하여 '예언 기도', '소원성취 기도', '문제해결 기도', '질병치유 기도' 등을 부탁하여 같이 기도하거나 의뢰하는 일을 흔히 '기도 받는다', '기도 받으러 간다', '기도 받았다' 등으로 표현하는데 이는 잘못된 말이다. 물론 남에게 기도를 중재(仲裁)하여 달라는 부탁을 받은 사람으로부터 기도행위를 허락받거나 함께 기도를 실천해 준 일 즉, 그 행위를 통해 자신에게 영향을 끼친 일을 두고 '기도 받았다', '기도 받는다' 등으로 표현하는 것으로 볼 수 있다.

그러나 이런 경우, 기도의 대상은 하나님이신데 사람이 '기도 받는다' 라고 하는 말은 부적절한 말이다. 언제나 기도를 「받으시고」, 「들으시는」(대하33:13) 분은 하나님 밖에는 없기 때문이다. 이 기도는 인간 편에서는 하나님께 상달하는(대하30:27, 시88:13, 행10:4) 높은 신앙적 행위이며, 하나님 편에서는 기도를 '돌아보시며 멸시치 않으시고'(시102:17), '주의하시고'(시66:19), '물리치지 않으시고'(시66:20), '응답하시는'(눅11:10, 요15:16, 16:24, 요일3:22) 것이다.

기도는 인간 편에서는 '하는 것'과 하나님 편에서는 '받으시는' 관계를 말하는 것이다. 교인이 신앙적인 말을 표현함에 있어 그 본의(本意)와 말의 내면적 의도는 아닐지라도 하나님께만 사용될 말을 그 어형(語形)과 뜻이 같도록 기도자가 사용하는 일은 삼가야 한다. 그리고 '기도 받는다' 라는 말이 무속(巫俗)적인 잔재관념(殘滓觀念)에서 비롯되는 것이라면 반드시 시정할 필요가 있는 것이다. 예컨대 점술인(占術人)에게 '점괘(占卦)받으러 간다' 라는 말과 그 표현양식이 유사하다면 재고할 필요가 있다. 점괘란 '길흉을 점칠 때 나오는 괘' 를 말하는 것인데 여기에서 '괘'(卦)는 점괘의 준말로 주역(周易)의 골자가 되는 64괘를 말하는 것으로 이는 '중국의 상고시대에 〈복희씨;伏羲氏〉가 지었다는 8괘를 두 괘씩 겹쳐 얻은 64개의 괘를 작용시켜 8괘, 육효(六爻), 오행(五行)의 방법을 사용하여 점(占)을 쳐서 사람의 길흉화복(吉凶禍福)을 판단하는 일' 로 설명되는 말이다. 이렇게 볼 때 교인의 신변문제와 관련하여 남에게 기도를 '받는다' 는 말은 주로 신비주의와 혼합된 기복신앙심에 관련된 말로 마치 무속에서 '점괘 받는다' 는 말과 그 형식이 같다는 점을 주목해야 한다.

그러므로 '기도 받는다', '기도 받으러 간다' 라는 말이 신과 인간 사이에 영묘자(靈妙者)를 중재로 하여 문제를 해결하고자 '점괘 받으러 간다' 는 주술(呪術)적인 것과 같은 발상에서 비롯된 것이라면 옳지 않다. '기도는 하나님이 받으시고', '응답은 사람이 받게 된다'.

따라서 중재기도는 '받는 것' 이 아닌 의뢰(依賴)하는 것이므로 남에게 특별한 기도를 요청할 때는 〈기도의뢰〉, 〈기도부탁〉, 〈중재기도; 도고〉(禱告; 딤전 2:1) 등으로 표현해야 옳을 것이다. 유대국 16대왕 히스기야는 앗수르왕 산헤립이 유다를 침공했을 때 이사야에게 기도를 '의뢰' (부탁)하여 예언의 응답을 받고 난국을 평정한 일이 있었다(왕하19:4-6). 도고와 함께 기도의 기본자세는 자신의 믿음을 가지고 하나님께 직접 간구하는 것이 최우선이다.

기도 서두에 「할렐루야」 구호나 「성구」를 외워 대는 것은 옳지 않다

많은 사례에서(적게는 교역자들까지도) 기도 서두에 "할렐루야"나 "성구"를 인용하여 기도의 첫 말을 여는 사례가 있는데 이것은 기도의 기본 원리를 벗어난 잘못된 것이다. "할렐루야"는 "여호와를 찬양하라"의 뜻을 가진 히브리어에서 음역된 말로써 "찬양의 환호성"이기도 하다. 이 환호적인 말을 기도의 첫 말로 인용하는 것은 "할렐루야"라는 말의 남용이요 오용이다.

기도는 유일한 대상이 하나님이신데 그 하나님을 향해서 기도자가 "하나님을 찬양하라"(할렐루야)고 하는 격이니 어불성설이다. 어떤 기도이든지 기도의 그 첫 마디는 기도의 대상이시고 응답자이신 하나님을 "하나님 아버지시여"라고 정중하고도 앙모적인 호칭을 해야 한다. 이 호칭은 하나님의 영존하심에 대한 고백이며 기도 대상을 신앙적 확인설정이고 응답하실 분과의 깊은 영적 관계를 지정함이기 때문에 어떤 논리로도 이 원칙을 벗어난 기도의 형식을 취할 수는 없는 것이다. 마땅히 찬양을 받으실 하나님께 "찬양하라"(할렐루야)고 외쳐대면 되겠는가? 찬양의 차원과 기원적인 차원은 하나님을 향한 신앙행위의 형식조건과 내용에서 다른 것이다. 고의성이 없는 실수라면 시정하면 될 일이다.

그리고 어떤 이는 기도 첫 머리에 평소에 잘 기억되는 "성구"를 일단 외워 댄 연후에 본 기도의 내용을 연결하는 사례도 적지 않게 볼 수 있는데 이것도 시정할 필요가 있다. 원래 성경 구절의 낭독이나 암송으로 인용하는 경우는 강단행위의 설교적인 영역에서 할 수 있는 일이지 기도 그 자체가 될 수는 없다. 물론 기도자의 기도 내용 중에 성경의 교훈을 자기화하여 하나님께 다짐하고 그것을 고백하고 그렇게 될 것을 기원할 수는 있을 것이다.

그러나 기도의 제일 첫 마디에 어느 "성구"의 완전한 장절을 그대로 암송 또는 낭독 인용하는 형식은 정당치 못하다. 왜냐하면 성경은 하나님의 말씀과 그의 뜻인 것이다. 그분이 인간에게 주신 말씀으로서 사람(기도자)자체를 대상으로 하고 있는 진리의 교훈이다. 인간에게 적용될 하나님의 교훈을 그 기도의 대상이시고 그 교훈의 주체이신 하나님께 적용시키려는 것은 대단히 잘못된 태도이다. 한국교회가 신앙생활의 기본적인 것에 대하여 교육의 부재에서 빚어지는 현상이 아닌가 생각된다. 모든 신앙인들은 기도의 원리와 설교의 원리를 어느 정도는 이해할 수 있어야 한다.

특히 기도와 설교는 혼합될 수 없는 신앙행위의 요소적 별개의 영역이다. 어떤 이는 설교식 기도로서 은근히 회중에게 빗대어 적용시켜 들어 보라는 식의 설교풍의 기도가 있는가 하면, 또 다른 예는 기도의 어조와 내용을 하나님을 향해서 설교하듯 하고 교훈적이거나 또는 항변조와 설득을 강변하는 투의 기도는 어리석기마저 한 것이다.

기도는 기도자 자신이 알고 있는 어떤 지식이나 경험이나 자신의 뜻을 회중에게 알리려고 하는 자기 현시(顯示)적 표현은 이미 기도가 될 수는 없다. 우리의 기도의 표준이며 모본인 주님이 가르쳐 주신 "주기도문"에도 그런 식의 기도는 없을 뿐 아니라 교회사적 유례도 찾을 수 없는 것이다. 기도는 죄인된 인간이 겸손히 부복하여 하나님의 나라와 영광을 구하며 그의 자비와 긍휼을 간구하는 속죄의 간구와 그의 선한 뜻을 물어 순종코자 하는 순수하고 소박한 것이어야 한다. 그리고 기도는 믿는 자가 하나님을 향해 취하는 교제의 한 형태로서 신자가 하나님에 관해서 말하는 것이 아니라, 하나님께 말하는 것임을 알아 그의 선한 뜻을 주목해야 한다. 한국교회의 바른 기도가 회복되기를 기도할 뿐이다.

기도에「시작하는 말」과 「끝맺는 말」바르게 표현하는가?

　기독교인들 중에서 기도할 때 "시작하는 말"과 "끝맺는 말"을 적합하지 않게 표현하는 형식을 볼 수 있는데 시작하는 말에서 "사랑하는 예수님"으로 호칭하거나 시작부터 기도의 대상에 대한 호칭이 없이 감사와 간구의 내용을 바로 표현하는 사례가 있다. 예컨대 "주님의 은총을 감사합니다" 라든지 "우리의 간구를 응답하여 주옵소서" 라는 등의 형식으로 첫말을 시작하는 말은 옳지 않다. 물론 기도의 본질적인 개념이 어떤 형식적 조건이나 논리적 표현구조에 있는 것은 아니다.

　기도는 하나님과 인간의 유통속성(공유속성)인 인격성과 윤리속성을 가지신 하나님께 아뢰는 높은 품격의 신앙행위이며 중생한 인격과 영적 행위인 것이기에 최소한의 정당한 형식이 요구되고 있는 것이다. 그것은 언제나 기도의 첫말은 그 기도를 들으실 대상을 설정한 호칭을 해야 한다. 예컨대 "전능하신 하나님 아버지"라든지 "사랑하는 하나님 아버지"라는 등의 누구에게 기도하게 됨을 확인하는 대상을 부른 다음에 모든 감사와 간구 및 도고를 해야 바른 기도의 형식이 되는 것이다. 기도의 대상을 첫머리에 〈예수님〉으로 정하여 부르는 것은 옳지 않다. 이런 형식은 주로 교회학교 교사들이 어린이들의 언어 체계에 맞게 교감과 화답을 이루기 위해서 중후한 하나님을 호칭하기보다는 예수님을 친근감 있고 애교스럽게 호칭함으로 미성숙한 어린이의 정서와 융합을 이루어 보고자 하는 동기에서 하는 것 같으나 바르지 않다. 오히려 교사는 피교육자에게 기도의 바른 자세와 형식을 깨우쳐 줄 필요가 있다. 물론 본체론적 삼위일체 하나님의 본질에서 보면 예수님의 호칭에 성부성과 하나님 호칭에 성자성이 배제된 것은 아니다. 그러나 성경에는 삼위 하나님의 위(位)적 관계에서 성부 하나님께 성자 예수님의 이름으로 아뢰라고 했고 "내 이름으로 아버지께 무엇을 구하든지 다 받게 하려 함이니라"(요15:16)했으며 "하늘에 계신 너희 아버지께 구하는 자에게 좋은 것으로 주시지 않겠느냐"(마7:11)와 "무엇이든지 구하면 하늘에 계신 아버지께서 저희를 위하여 이루게 하시리라"(마18:19)는 말씀과 그 외의 예수님의 이름으로 하나님 아버지께 구하여야 할 교훈이 다수 있다(요14:13, 16:23, 24, 26). 특히 예수님 자신도 성부 하나님께 기도하셨고(눅22:42, 막14:35-36), 주님이 친히 가르쳐 주신 〈주기도문〉에도 "하늘에 계신 우리 아버지"로 호칭하도록 하셨는데 이것이 기도의 모본적인 전형인 것이다. 따라서 기도는 반드시 그 대상을 하나님으로 하고 그 방법은 예수님 이름으로 하는 것이 성경적이다. "예수님께 예수님의" 이름으로 기도한다는 것은 모순이다.

다음으로 기도의 끝맺음 말에 있어서 "기도하였습니다" 또는 "드렸습니다" 등으로 마감하는 표현은 옳지 않다. 기도는 언제나 현재형으로 해야 한다. 몇 분 전에 시작하여 진행하여 왔으니 과거완료형이나 현재완료형 시제로 할 수 있지 않느냐고 할지 모른다. 그러나 기도의 내용에 이어진 "예수님의 이름으로 기도하는" 것은 현재시제이지 과거시제로 보아서는 안된다. 과거시제는 〈아멘〉이전까지라면 몰라도 〈아멘〉까지가 기도의 완결이기 때문에 과거가 아닌 현재시제로 마감해야 하며 원리적으로도 기도의 간구 내용의 응답은 논리적 관점에서 기도 마감 연후에 이루어질 일이기 때문에 과거적 의미가 아닌 오히려 미래적 의미가 있고 현재적 소원에서 이루어질 것을 기대하는 중에 있기 때문에 지금 기도하는 것이고 그 소원은 계속 진행되는 것이며 기도의 내용은 현재형으로 고해지는 것이다.

그런고로 하나님의 영원하신 현재성 앞에 모든 신앙행위는 미래를 지향한 현재성에서 취해야 하고 기도의 마감형식도 현재시제형인 "기도합니다"로 하는 것이 옳은 것이다.

기도 중 직분 칭호에 「님」 자 붙여 하나님께 아뢰는 것 삼가야 한다

대다수의 교인들과 직분자들이 기도 중에 다른 직분자를 위한 기도 대목에서 해당 직분자 지칭에 "목사님", "장로님", "집사님" 등의 "님"자를 붙여 하나님께 아뢰는 형식은 옳지 않다. 그것은 우리의 언어문화가 자기보다 더 상위의 사람일 때는 존칭접미사 "님"자를 붙여 호칭 또는 지칭하는 것을 미덕으로 하는 윤리의식에 기인한 듯하다.

기도는 그 대상이 유일하신 하나님이신 만큼 공중기도 때에 그 기도의 내용이 회중에게 공개적이며 직분자의 지칭대상이 같은 현장에 있어 적시(摘示)된다 하더라도 그것은 기도의 내용이 하나님께만 아뢰는 기도의 말인 이상 그 기도하는 시점에서 특정인을 거명한다고 해도 사람에게 들으라고 하거나 지칭되는 제3자가 들을 것을 전제한 것이 아니기 때문에 굳이 그것은 존칭어법에 구애될 필요는 없다.

물론 교회에서 쓰는 말이 공사간(公私間)의 어떤 말이라고 해도 사람이 대상이 될 때는 친인척의 직계비속(直系卑屬)이나 방계(傍系)비속의 관계라면 공중 앞에서 존칭은 오히려 부자연스러울 수 있으나 그렇지 않는 어떤 특정한 제3자를 지칭할 때는 존칭 접미사 "님"자를 붙여야 하는 것이 상례이다.

그러나 더 높은 자리에 있는 사람에게 낮은 자리에 있는 제3자의 사람을 지칭하여 고할 경우는 "님"자를 붙여 아뢰는 것은 윤리적으로 실례가 되는 것이다. 이와 마찬가지로 기도의 대상이신 하나님은 지존(至尊)하시며 경외와 존귀를 받으실 만유의 주시요 만주의 주가 되시는 절대자인 바 그 앞에서 비록 제3자가 높은 신분에 있다 하더라도 그에게 "님"자를 붙여 고하는 것은 불경이며 하나님의 윤리적 속성에 맞지 않다. 인간의 권위적 신분이나 지위를 하나님의 권위에 대응시켜 존대하여 표현하는 것은 종교(신앙)적 행위가 될 수 없다. 따라서 기도 말 중에는 사람을 높여 "○○님", "○○님"하는 것은 시정되어야 하되 그 대안(代案)으로는 "주님의 말씀의 수종자에게", "주님의 사자에게", "교회 목자에게", "제직들에게" 또는 "장로, 집사, 권사의 직분으로 충성하는 봉사자들에게" 등으로 표현하는 것이 어색하지 않는 것은 물론 신학적으로 저촉이 없는 말일 것이다.

한가지 예를 들면 어떤 며느리가 시아버지께 자기의 남편을 제3자로 지칭할 때 "그분께서"라든지 "아이 아버지께서"라는 등의 표현은 옳지 않다. 이런 경우라면 시아버지 편에서 지칭하는 말로 "애비", "아범", "걔"라는 등으로 표현해야 옳을 것이다. 그렇다면 존엄하신 하나님께 아뢰는 기도의 말이라면 더더욱 제3자를 지칭할 때 "님"자를 붙이지 않는 것이 당연한 것이다.

하나님을 향한 예배적 용어는 원리에 맞아야 함은 물론이고 어색함이 없어야 하며 그분에게 공경심을 담은 말은 물론이고 모든 말은 어법에 검증되어야 한다.

타종파의 예를 들면 가톨릭 교회는 교직위계주의(敎職位階主義)가 엄연하지만 교인들의 예배의식 중 "사제님"이나 "신부님" 등으로 표현하지 않는다. 다만 "사제에게"라는 표현을 하는데 긍정적인 것이라 볼 수 있다.

우리는 목사를 비롯해서 모든 직분자나 교인들은 하나님 앞에서 죄인이고 지극히 낮은 자이다. 이러한 영적 신분을 가진 자를 하나님께 아뢸 때 존칭을 사용할 이유는 없다. 그러니 "담임 목사님", "장로님", "집사님" 등의 존칭은 기도말에는 삼가야하고 어색함이나 착오된 말은 갱신되어야 한다. 한국교회는 신앙적인 용어의 표준을 세워 가는데 힘을 써야 하겠다.

기도의 말 표현 형식의 문제점

　한국교회의 일부 지도자들을 포함해서 신자들의 기도의 말 표현 형식이 적합하지 않는 사례가 있다. "기도"란 유일하신 하나님을 향한 신앙행위의 중심축(軸)으로서 신학적 의미는 매우 큰 것이다. 이에 히브리 원문적 의미를 보면 왕상 8:28에 〈트필라〉라는 말로 최초에 등장하여 77회가 나타나는 말로서 이는 제의(祭儀)적 시(詩)적, 비제의(非祭儀)적, 혹은 산문(散文)적 성격을 지닌 표현으로 사용되었는데 이는 인간의 현실을 반영한 높은 종교행위의 영적 요소로서 지존하신 하나님과의 대화이며 영적 호흡으로 의미를 둔다.
　그러므로 이 기도는 인간의 신앙행위의 재량요소가 아니라 하나님의 명령적 뜻이며 신앙생활의 필수조건으로서 그 의미는 매우 큰 것이다. 이러한 "기도"를 하나님께 아뢸 때 그 어체(語體)상의 표현형식이 문제점이 있어 그 사례를 들면 첫째, 기도의 성량(聲量)과 음조(音調)가 기도의 고유한 영성적 특성에 부합되지 않는 어감상의 마치 하나님을 호통이라도 치듯이 강압적 요구로 승복을 시키려는 어투(語套)로 신앙선진들이 받은 응답의 사례를 들어 허락을 강요하는 표현형식이다. 둘째, 하나님을 회유(懷柔)시키고자 하는 설득조의 어조로 하나님의 교훈을 되 일깨워 상기시키려는 표현형식이다. 셋째, 기도자의 기도의 내용을 동석한(회중)사람이 들으라는 듯이 인간정황에 적용시키려는 표현형식이다. 넷째, 사람에게 풍자적 교훈을 주고자 하고 하나님께조차 성경을 해석하는 투와 설교하는 풍으로 마치 기도라는 형식을 빌어 하나님을 교훈코자 하는 식의 표현형식이다. 다섯째, 자기의 체험이나 은사, 성경적 지식과 자신의 교양을 나타내어 들어보라는 듯이 자기현시(自己顯示)적인 표현형식이다. 여섯째, 지나친 미사여구(美辭麗句)로 감상적 표현을 통한 하나님을 감동시키려 하며 성경구절을 많이 인용하여 하나님의 중심을 알고 이만한 신앙이 있다는 듯이 표현하는 형식이다. 일곱째, 인간의 신세타령조나 주술(呪術)적 형식이거나 마치 불도(佛徒)나 승려가 부처의 상호(相好)와 공덕을 염(念)하면서 〈아미타불〉의 명호(冥護)를 소원하듯이 그 어조와 억양이 주문(呪文)에 가까운 어체로 표현하는 형식이다. 여덟째, 지나치게 현실적이고 물질 지향적이며 인간의 육적 처지를 대변하는 듯이 하고 봉사와 헌신적 업적을 자찬(自讚)하여 보상을 요구하는 듯이 구하는 표현형식 등은 기도의 본 뜻에 비추어 볼 때 빗나간 형식과 내용이 아닐 수 없다.

기도는 하나님의 약속과 선한 경륜과 뜻을 구하되 순종과 겸손으로 주의 자비를 구하는 소박함과 신앙의 순수한 동기에서 하나님의 주권과 섭리적 뜻을 순종코자하며 허물과 죄의 용서를 간구하는 참회의 심정과 진실된 마음에서 구성되는 내용이어야 하고 그리고 주의 영광을 높이 송축하며 받은 바 구원적 은총에 감사와 성령님의 인도하심을 따라 주의 뜻을 따르겠다는 고백적이어야 한다.

따라서 먼저는 높은 영적 문제에서부터 윤리적 삶과 하나님의 영광과 관련된 현실문제까지 경건되고 엄숙한 기도여야 한다. 기도가 소원성취를 위한 요구가 아니라 소원 그 자체의 아룀이며 신앙의 서약이요, 주님 주권 앞에 자기

승복과 하나님이 우리의 뜻을 좇아 행하실 것을 구하는 것이 아니라 우리가 거룩한 뜻을 헤아리고 영적 경성의 능동적 실천을 결단하는 고백이어야 한다.

웨스트민스터 소요리 문답 제98문에 「기도는 그리스도의 이름으로 우리의 기원을 하나님께 고하고 그의 뜻에 합한 것을 간구하여 죄를 자복하며 그의 자비하신 모든 은혜를 감사하는 일」이라고 규정하고 있음을 주목할 필요가 있다.

기도는 "주기도문"의 모본을 좇아 성경원리에 맞는 참된 기도가 되기 위해서 한국교회는 기도신학에 관한 연구와 교육이 요구되고 있으며 기복신앙, 기복적 기도를 반성해야 한다.

「기도의 중복되는 말」 사용을 삼가야 한다

　　교인들이나 목회자들 중에도 〈기도 말〉중에 중복되는 말을 쓰는 경향이 있는데 이는 고쳐야 한다. 예컨대, "고맙고 감사하신 하나님 아버지", "바라옵고 원하옵나이다", "믿음과 신앙을 더하옵소서", "간절히 비옵고 기도합니다", "근심 걱정 우수사려(憂愁思慮)가 많은 세상에서", "받아 열납(悅納: 창4:4)하여 주옵소서", "봉헌하여 드리오니(바치오니)" 등이 주로 많이 사용되고 있는 사례인데 이는 표현어휘 (형태요소)는 달라도 뜻(의미요소)은 같은 말이다. 이를 부연하면 〈고맙고 감사함〉, 〈바라옵고 원함〉, 〈믿음과 신앙〉, 〈비옵고 기도함〉, 〈근심 걱정과 우수사려〉, 〈받으심과 열납〉, 〈봉헌과 드림;바침〉등의 말들은 의미상의 같은 말임에는 틀림없다.

　　물론 습관적(語癖)으로 무의식 중에 쓰거나 또는 기원(祈願)적인 간절성을 더하고자 강조하는 뜻에서 그럴 수 있지 않느냐고 변명이 가능할 지는 모르나 공중기도일 때 회중들의 화답상(和答上)의 어감은 좋지 않고 또한 언어의 중복성은 기도의 단순성(單純性) 원칙에도 적합하지 않는 것이다. 그것은 기도의 조건이 말의 화려함이나 어휘의 풍성함에 있지 않고 기도자의 신앙과 밝은 영성이 우선되어야 할 이유가 있기에 더욱 그렇다.

특히 성경 말씀에 "기도할 때 이방인과 같이 중언부언(重言復言)하지 말라 저희는 말을 많이 하여야 들으실 줄 생각하느니라"(마6:7)고 하였는데 이 "중언부언"은 〈이미 한 말을 자꾸 되풀이 함〉이란 뜻의 말로서 분명히 앞에 예시된 말들은 〈되풀이한 말〉임에 틀림없고 기도의 진지한 중심을 담지 못한 언어표현상의 음보(音步)를 맞추거나 기도자의 의지적인 강조를 위해서라는 명분으로 말의 군더더기를 더하는 것에 불과하며 이런 기도는 이방인과 같은 기도로서 응답 조건에서 제외되는 기도의 본의(本意)를 갖추지 못한 것일 수밖에 없다.

기도신학은 기독교회가 생명의 호흡과 하나님과 사귐을 갖는 것으로써 이것은 하나님의 뜻이며 약속이다. 그리고 기도는 자유로운 인간과 능력의 하나님 사이의 언약적 관계가 믿음 위에 기초하여 하나님이 자기 백성의 필요한 청원에 반응하시는 사랑의 방법으로 주어지는 신적 관계의 실증적인 행위인 것이다. 그러므로 기도는 인간의 자기 실현이나 도덕적 성취를 위한 종교심성에 기초하지 않으며 어디까지나 기도는 하나님 중심적인 신학원리에 기초하는 것이다. 그래서 중언부언(repetition)의 이중적 표현이 아닌 기도의 구성조건 중에 하나인 중요한 요소가 단순성에 있음을 알아야 한다.

우리 주님이 가르쳐 주신 〈주기도문〉은 언제나 우리의 기도의 전형(典型)이다. 거기에는 문체의 화려함이나 의미의 이중적 강조나 수사적 기교와 장광(長廣)한 서술이 없을 뿐 아니라 현세적 기복(祈福)이나 강요적 청원과 종교적 억지가 없고 절대자를 이렇게 설득케 해야 한다는 주술(呪術)적 탄원의 요소가 배합되지 않았으며 담백하고 단순하면서도 신의 차원과 그의 백성의 차원이 조화를 이루어 신의 압도와 인간의 간청이 치우치지 않게 접근되어 있으면서 무한자와 제한자의 생명적 관계를 결합하고 있는 신학이 있는 것이다. 이 기도야 말로 우리의 일상 생활의 표준이 되어야 할 뿐만 아니라 우리 주님이 일깨우신 기도의 교범(敎範)인 것이다.

이런 관점에서 기도의 말, 이중적 표현은 삼가야한다. 지명(指名) 예고된 공중기도자는 명상을 통한 준비된 기도의 말로 회중의 아멘적 화답과 결합이 되어야 하며 교회의 현실 인식을 바르게 하고 합당한 기도응답을 언약하신 하나님의 뜻을 분변(分辨)하여 기도의 말 정선(精選)해야 한다.

기도는 하나님에 관한 이야기를 사람에게 듣게 하는 것이 아니라 사람의 말로 하나님께 하는, 하나님이 유일한 대상임을 알아 현재성에서 지금 듣고 계신다는 고백적 심정으로 말의 중복을 통한 자기 처지를 설명코자 하지 말고 중보된 언약에 의존된 간구가 되도록 해야한다. 확신에 찬 기도는 중언부언하지 않는다. "구하기 전에 너희 있어야 할 것을 아시는"(마6:8, 32) 하나님께 바르게 기도하자.

기도할 때 하나님 호칭의 「당신」과 「하나님 아버지」, 「아버지 하나님」

하나님/당신

교인들이 기도할 때 하나님의 호칭을 "당신"이라고 하는 사례를 흔히 볼 수 있는데 이것은 잘못 쓰는 말이다. 피조 인간이 창조주 하나님에 대한 호칭은 언제나 극존칭화법을 써야 한다. '당신'이란 말은 어법상으로는 2인칭 단수로서 말의 객체적(客體的) 대상(당사자)을 현재성에서 말하는, 화자(話者)가 직접적으로 호칭할 때 쓰는 말로써 '하오' 할 자리에 상대되는 사람에게 예사(例事)높힘의 뜻을 나타내는 말이다. 이것은 언어존비법(言語尊卑法)에 있어서 극존칭이 아니다. 다만 '당신'이란 말을 말하는 주객(主客) 당사자가 어떤 제3자를 3인칭격으로 지칭할 때는 웃어른을 높혀 일컫는 말이 되기도 한다. 예컨대 어떤 부부가 자기의 부모를 말의 직접 당사자가 아닌, 시간과 공간을 달리한 위치에 두고 "당신께서 사랑하시던 물건들" 등으로 쓸 수 있는 말이다.

그러니 기도자가 하나님의 호칭을 '당신'이라는 예사(평상) 높힘 말로 직접적인 당사자를 호칭하는 것은 잘못이다. 지극히 존엄하신 하나님께 대한 죄인된 인간이 '하오' 체의 예사높임 말인 '당신'이라고 호칭될 수는 없다. 반드시 '하나님 아버지'라고 호칭 또는 지칭(指稱)해야 한다. 물론 성경에도 하나님을

'당신' 이라고 호칭된 곳이 없음을 유념해야 한다.

그러므로 '당신' 이란 말로 경외하는 직접적인 대상을 존재론적 대명사로 호칭해서는 안되며 언제나 관계적 극존칭으로 "하나님 아버지시여"로 호칭하여야 한다.

하나님 아버지／아버지 하나님

말의 어순(語順)에 있어 먼저 표현되는 말이 비중이 더 큰 것으로 여기고 있다. 하나님을 지칭할 때나 또는 호칭할 때 '하나님 아버지' '아버지 하나님' 등의 말을 별 구분없이 쓰고 있다. 냉정하게 보면 '하나님 아버지' 라고 하는 것이 옳은 것이다. "하나님"은 유일신 창조주를 존재론적으로 지칭하는 것이고 "아버지"는 그 하나님을 관계성에서 호칭하는 것이다. 하나님이라는 지칭은 불신자들도 존재론적으로 일컫는 말이기도 하나. "아버지"라는 호칭은 아들의 신분을 가진 자만이 하나님과의 신적관계를 나타내는 말로서 타락한 인간이 중생의 은총을 입고 자녀의 신분으로 회복되어 영적 아버지가 됨을 호칭하는 것이므로 사실 아버지가 하나님이 되신 것이 아니고 하나님이 아버지가 되신 것인즉 논리적으로 하나님이 호칭 어순에 먼저이고(하나님/아버지) 선택받은 자녀의 신분이 그 다음이 됨으로 "아버지"는 "하나님" 다음 어순에 접속하여 "하나님 아버지"라 호칭함이 옳은 것이다.

그리고 기도할 때는 반드시 기도 첫머리에 "하나님 아버지시여"의 호칭이 먼저 표현되어야 한다. 이 호칭이 없이 기도 첫말에 기도 내용이 표현되는 것은 잘못이다. 모든 기도는 "하나님 아버지"를 미리 설정하여 호칭한 후에 기도의 내용이 후속(後續)되어야 한다. 첫머리에 하나님 호칭은 기도를 들으실 분과 관계 설정이요 응답하실 분에 대한 확인행위이며 대상에 대한 고백행위이기도 하기 때문에 "호칭"없이 기도내용이 바로 시작되는 것은 삼가야하고 또한 기도 한 대목 한 대목마다 그 말 초두(初頭)에 "하나님 아버지시여"로 하는 것도 바로 잡아야 한다.

따라서 모든 기도나 모든 예배 때에 하나님을 아버지라고 부르면서 신앙행위를 해야 한다. 성경에는 "아버지"라 부르면서 예배하는 것이 신령과 진정한 예배라고 했다(요4:21-24).

「기독교를 믿는다」라는 말 부적절하다

　흔히 대인관계에서 종교적 신분을 묻거나 대답할 때 '어떤 종교를 믿느냐?' '기독교를 믿는다' 또는 '불교를 믿는다' 심지어는 '교회를 믿는다' 등의 대답을 볼 수 있는데 이는 모두 부적절한 표현들이다. 신앙(믿음)이라는 말이 기독교적 관점에서 볼 때 언제나 그 믿음의 대상인 절대자와 그가 가르친 신앙원리인 교리(교의)가 전제된 표현이기는 하나 종교 자체는 믿음의 대상이 될 수 없다. 일반적으로 종교를 정의할 때 '어떤 신이나 절대자를 인정하여 일정한 양식아래 그를 믿고 숭배하고 받듦으로써 그 신으로부터 마음의 평안과 행복을 얻어 누리고자 하는 문화의 한 체계' 라고 서술한다.

　기독교를 정의할 때는 '예수 그리스도에 의하여 창시된 계시종교로서 예수 그리스도를 하나님의 아들임과 세상의 구원자로 믿고 그의 사랑을 따라 영혼 구원의 목적을 신앙의 근본으로 삼는 종교' 라고 진술하게 된다. 그렇다면 기독교 그 자체는 신앙의 대상을 설정하고 신앙의 근본 원리와 목적을 밝혀 놓은 인간을 향한 절대자의 계시적 체계임과 인간이 절대자를 믿는 종교의 양식' 이라고 볼 수 있다. 그러므로 이 기독교와 교회 자체를 신앙의 대상으로 인식하거나 표현해서는 안되는 것이다. 교회라는 말의 개념은 '예수 그리스도가 구주되심을 고백하여 믿는(마16:18) 사람들의 신앙공동체 또는 하나님이 함께하시는 종교적 회중의 교단을 총칭하는 말 이니 이 역시 신앙의 대상이 될 수 없다. 그러니 기독교나 교회는 신앙의 대상인 하나님이 믿는 자를 향한 자기현시 또는 자기계시를 통해 그의 존재를 증거하고 신과 인간의 관계와 그를 신앙하는 양식을 말하는 인간구원의 수단이며 그의 영광을 위한 절대자의 하위개념으로 이해하여야 한다. 참 종교는 창조주요 절대자인 유일하신 하나님만이 믿음의 대상이므로(출20:3) 어떤 종교 자체와 교회 자체를 믿는다고 할 수는 없다. 기독교와 교회는 신앙의 대상을 가르친 길이요 경배하는 수단이기 때문이다. 종교가 서구적 개념에서는 믿음의 대상인 신의 개념이 있지만 동양적 개념에서는 꼭 그런 것은 아니다. 그 중 불교도 신의 계시에 의존된 종교양식을 가진 것이 아니라 자력성불(自力成佛)의 도를 깨닫고자 부처의 가르침을 좇는 종교행위로써 신앙의 대상이 뚜렷이 없으니 불교 자체를 믿는다는 말도 어불성설이다.

따라서 우리가 종교적 신분을 묻고 대답할 때 '어떤 종교를 믿느냐' 로 묻지 말고 '어떤 종교의 신앙을 가졌느냐', '당신의 종교는 어느 종교이냐' 로 묻고 이런 말에 대답은 '기독교의 신앙을 가졌다' 거나 '나의 종교는 기독교이다' 로 답하여야 한다. 기독교와 교회 안에는 예수 그리스도께서 믿음의 대상으로 구분되어 계시기 때문이다. 종교(행25:19)는 무엇을 믿느냐와 누구를 믿느냐의 믿음의 내용과 대상을 구분할 요소가 있다.

예수님을 믿는 종교는 기독교이고 기독교는 예수님을 믿는 종교이니 기독교를 믿는 것이 아니라 예수님을 믿는다고 하는 것이 당연하다. 따라서 '어떤 종교이냐?' 에는 기독교, '어떤 신앙이냐?' 에는 예수님 믿는 신앙, 이것이 옳은 말이다. 바르고 정직한 말은(딛2:1, 8) 바른 기독교를 건설하게 된다.

「기독교」와 「기독교회」라는 말 구분하여 써야 한다

흔히 교인 중에는 '기독교'와 '기독교회'라는 말을 구분없이 쓰는 사례가 있는데 이 두 말의 개념과 사용할 경우가 각각 다르므로 구분하여 써야 한다. 양자의 어휘구성이 유사한 점이 있으나 어원적으로 가리키는 대상내용이 다를 뿐 아니라 언어 문화적 지위가 또한 다르다. 대개 교인들 중에서나 혹은 비교인 중에서 기독교회를 비판할 때나 교인이 교회의 부정적인 면을 자성하는 말이나 자조(自嘲)적인 표현을 할 때 '오늘날 기독교가 부패했다', '기독교가 타락한 징조다'라는 등의 말은 '기독교'와 '교회'의 다른 점을 오해하거나 의식 없이 쓰는 말이 아닌가 한다.

두 말의 차이점의 개요를 말하면 '기독교'는 예수 그리스도가 창시한 것으로서 "성부 성자 성령의 본체론적 삼위일체의 위격을 가진 하나님은 자존하신 신으로서 전지전능함과 무한한 사랑의 본질을 가지시고 모든 존재의 근원자로서 우주의 만물을 창조하신 유일한 신이심을 믿고 성자 예수 그리스도가 진리와 생명 되심과 세상의 구원자임을 믿으며 그의 계시와 가르침을 신앙의 근본 교리로 삼는 참 생명의 종교"가 기독교라고 말할 수 있다.

기독교는 초이성적인 신적 무한한 본질을 가진 신앙의 원리로서와 불변의 완전한 진리의 체계로서 전 역사와 전 시대를 관통하면서 언제나 정당성을 유지하여 부패와 타락될 수가 없는 절대 신성의 표현양식이며 '성자 예수 그리스도의 복음'(막1:1)을 신앙의 원리로 체계화하여 종교양식으로 표현한 것이 기독교인 것이다. 이러한 기독교는 역사 안에서 절대가치를 자존적으로 가지고 있으므로 잘못될 수가 없으나 이 기독교의 교리를 믿는 교회는 잘못될 수 있다.

그래서 '기독교회'라고 할 때 이 교회는 하나님께서 만인 중에 자기백성을 주권적으로 선택한 것이 교회의 창설이요 이것은 하나님께만 속하는 신성불가침의 사역으로서 예수 그리스도를 구주로 믿는 회중인데 이는 하나의 유기체로서 세속에 속한 사람과 구별되는 하나님의 백성, 그리스도의 몸, 성령의 전을 이루는 신앙공동체이다. 이는 신약에 '에클레시아'와 구약에는 교회라는 용어는 없으나 '카할'이라는 말에 해당되는 말로서 이를 성격상 구약교회라고 부르는 이스라엘의 '종교회중'을 말하는(신9:10, 왕상8:14, 대하1:5, 7:8) 것인데 역시 구원받은 회중을 뜻하는 말이다.

신·구약의 교회라는 뜻은 하나님의 작정과 예정에 따라 성령의 감화로 부름 받아 예수 그리스도를 구주로 믿고 고백하여 구속받은 과거 현재 미래의 성도들로서 곧 하나님의 백성과 '그리스도인'을 가리킨다. 이러므로 '기독교'가 예수님을 구원자로 믿는 교리라고 한다면 '기독교회'는 그 예수님을 믿고 그의 교리를 좇는 사람들을 말하는 것이다. 따라서 이러한 교회(신앙공동체)가 기독교의 교리와 본연과 정도를 벗어나 세속화될 때 부패하고 타락하게 되어 교회는 잘못될 수 있다. 그래서 불신자의 비난과 기독인의 자조(自嘲)적 비판이 있게 된다.

그러나 이것을 마치 '기독교'가 잘못된 것인 양 구분없이 지적하여 기독교의 고유한 신적 요소와 절대가치를 폄훼(貶毁)하는 말은 옳지 않다. 그러므로 '기독교'와 '기독교회'의 본질적인 차이점을 구분하여 '기독교'의 정체성을 훼손하는 말을 삼가야한다.

기복(祈福)적 말씀선언으로 강요된 「아멘」 반응은 옳지 않다

연합신문 2002년 7월28일자 제695호 11면에 35회째 기고문에서 "강요된 아멘" 옳지 않다고 지적한 바 있으나 "아멘"의 남발이 심각한 단계에 있음을 재론코자 다른 관점에 재차 논급코자 한다. 이 "아멘"의 어원을 보면 히브리어로는 אמן으로, 헬라어로는 άμην으로 표현하였는데 이는 "확고하다", "후원하다"는 말에서 파생된 단어이다. 이 말이 신약에서는 "그렇게 될 지어다"라는 감탄사로 사용되었는데 주로 다른 사람의 메시지나 명령에 동의할 때 "아멘"이라 반응하였다. 예컨대 "솔로몬이 왕이 되리라"는 다윗의 선포에 대하여 〈브나야〉는 자신의 동의와 확신을 표시하였다(왕상1:36). 〈예레미야〉도 〈하나야〉의 올바른 예언이 성취되기를 바라는 마음으로 "아멘"으로 화답하였다(렘28:6). 이 외에도 "언약 성취의 확신으로 화답한 아멘"(렘11:5)과 "율법낭독에 대한 백성들의 동의"(느5:13, 신27:15-26) 등을 나타낼 때 "아멘"으로 화답하였으며 또한 "예배시에 송영(頌詠)"으로 회중이 응답할 때(대상16:36, 느8:6)와 "시편의 끝맺음 말"(시편106:48)에도 "아멘"이 사용되었다.

그리고 신약의 경우에는 "그렇게 될 것이다", "진실로", "참으로"라는 뜻으로 사용되었는데 그것은 "지도자의 말"에 동의하는 경우(고전14:16), "하나님의 약속의 성취를 믿을 때"(고후1:20), "예언에 동의할 때"(계1:7, 22:20) 등에서 "아멘"이 사용되었다. 이런 등의 사례가 성경에 40여 곳에 나타나 있는데 구약의 경우는 총체적으로 여호와 하나님의 역사에 대하여 수종자를 통해 선언될 때 그의 백성들의 진실한 시인과 수용을 화답으로 반응한 사례로 볼 수 있고, 신약의 경우도 하나님의 영광의 송축과 그의 평강과 임재를 선언할 때 화답하는 형식으로 "아멘"을 사용하였다. 그런데 문제는 한국교회의 상당수가 광기(狂氣)에 가까운 반응으로 "아멘"을 맹목적으로 남발하고 있음을 지적하지 않을 수 없다.

물론 "아멘" 그 자체는 하나님과 교감(交感)매체로서 또는 자기신앙의 확증적 고백으로서 매우 가치가 있는 영성적 행위인 것만은 사실이다. 그러나 목회자들이 설교 대목마다, 구절마다, 말끝마다 "아멘"을 유도하고 연발하는 행위는 긍정하기 어렵다. 교인들의 "아멘" 반응의 대부분이 소원성취, 부귀영화, 사업 창대, 입신양명(立身揚名), 자녀출세, 질고치유, 무병장수, 교회의 양적성장, 자손번영, 안일형통 등을 축원하거나 성취를 기원적으로 선언할 때마다 "아멘"이 열광적으로 고조되는 현상을 보게 된다. 더 큰 문제는 설교자들이 "아멘"을 인위적으로 유도하는 어투가 문제이다. 아멘이 설교자 자신을 대접하는 조로 화답하거나 설교자의 성취욕구와 만족, 설교에 대한 회중들의 매료(魅了)와 경도(傾倒)를 위해 작위(作爲)적으로 아멘을 강요하는 태도는 수긍할 수 없다. 성경에는 현세적이고 기복적인 선언 앞에 반사적 반응으로 광기에 찬 아멘의 사례는 물론 없는 것이다.

형식적이고 진실된 내적 동기가 없이 유도(誘導)적 요구에 의해서 반사적 반응으로 아멘을 하는 것이나 유인(誘引)적 선창(先唱)에 대귀(對句)적 화답으로 호응하는 아멘은 설교를 겸손히 수용해야 할 분위기에 공해로 작용할 가능성이 없지 않고 기복적인 축원의 성취수단으로 아멘을 연발하거나 이를 강요하는 것은 분명히 오용이며 무의미한 것이다. 따라서 진실과 참된 영성적 화답이 아닌 설교의 분위기 고양을 위한 대귀적 아멘은 자중해야 하고 중심을 보시는 (마22:16, 삼상16:7, 눅20:21, 행10:34, 갈2:6) 하나님 앞에 내재적 진실을 도모해야 할 것이며 내적 충만한 심령에서 북받침으로 화답하는 고백적인 반응과 진실한 시인으로서 "아멘"이어야 한다.

「기복(祈福)신앙」이란 말과 그 신앙의 문제점

"기복신앙"이라는 말은 복의 기원을 주목적으로 하는 무속적 종교행위를 뜻하는 말이다. 사람이 물질적 이득을 바라는 것은 사람스러움이고 자연스럽기도 하다. 그러나 오늘날 한국교회가 지나치게 현세적 물질추구에 경도(傾倒)되고 있어 숭고한 종교적 도리와 가르침이 경시되고 있다는 비판의 소리와 함께 교회 내에서도 자성의 소리마저 없지 않다.

성경해석의 초점을 건강과 물질 이득에 맞추어 다소의 교회들은 사이비 종교집단과 유사하다는 낙인(烙印)을 받기도 하였고 대부분의 교회는 기복신앙 성향에 도취되어 기도와 설교는 현세적 복을 강조하여 이교적 현상에서 헤어나지 못하고 있다. 각종 부흥집회의 표제어에 '축복대성회' 또는 '신년축복대성회' 라는 기복적 표어를 내걸어 교인들의 관심을 모으려하고 강사의 설교에는 복음의 핵심이 없이 축복론을 강조하여 신앙의 능력을 잃고 영적무기력증에 빠져 영성은 어두워져 가고 있다. 이로 인하여 성경이 규정한 교회의 참모습은 빛을 잃고 교회의 구도적사상은 약하여 기독교의 본질과 멀어져 있음은 통석(痛惜)한 일이다. 교회는 영력을 가리운 기복신앙의 실체를 해부하고 그것의 허(虛)와 실(實)을 냉정하게 검증하여 계시론적 신앙회복과 교회와 예배갱신을 도모하지 않으면 안될 신앙위기에 처해 있다.

　따라서 기복신앙을 갱신해야할 이유로서 첫째, 기복신앙은 사람의 물질본능을 충동시켜 현실적 이해타산 심리를 만족케 하려고 신앙의 표적을 물질성취에 맞추어 기독교의 원리를 떠난 종교행위이기 때문이다. 둘째, 인간의 정신적 가치와 내적 삶을 중시해야할 종교가 물질의 제한가치에 치중하여 영원한 내세의 가치를 바라보는 기독교의 본래의 목적을 놓치고 있기 때문이다. 셋째, 기복신앙은 물질의 힘을 안위의 방편으로 삼고자 저급한 종교적 동기를 부여하고 기복적 신앙체계를 선호하여 아가페적인 동기가 없이 인간욕구와 물질동경에 호응하는 주술적 성향이 있기 때문이다. 넷째, 기복신앙은 대속의 교리와 죄의 용서를 통한 구원의 개념이 없는 현세적 복을 강조하고 내세적 영복과 윤리적인 면이 없이 이기적 물질의 풍요를 추구하여 높은 품격의 중생한 인격회복을 도외시(度外視)한다는 점이다. 다섯째, 기복신앙은 신앙행위를 공적개념의 보상적 관점으로 이해하고 하나님의 본성적 약속에 근거하여(갈3:13-14) 그의 백성된 자의 영육간에 복을 주시는 복의 근원자의 주권을 경홀히 여긴다.

　이러한 기복신앙의 문제점으로 인하여 교회위기의 징후들이 가시적으로 나타나 양적성장의 둔화, 신앙의 내재화의 부실, 영적능력의 결여, 치유중심의 광신적 열광주의에 빠짐, 주술적 무속신앙의 경향, 그리스도의 성품을 닮은 중생한 인격회복의 부재, 교회의 권위와 신뢰 추락 등으로 성경적 기독교의 전형(典型)은 무너지고 영적 능력의 자리에 물질의 힘이 대체되고 있음은 비감(悲感)스럽다. 이제 한국강단은 시급히 복음으로 돌아가 신앙과 영적 능력을 회복하여 기복론을 강조하지 말고 은혜의 복음을 말해야 한다. 그리고 교회는 기복에 목말라 하지 말고 참된 복음과 진리에 갈급해야한다(암8:11, 시42:1). 이것이 영육이 사는 길이며 부흥하는 정도(正道)이다.

기호(記號)와 번호(番號)는 구분하여 써야 한다

　교회에서는 직분자를, 교단총회에서는 회장단을, 국가에서는 대선과 총선 후보를 선출할 때 그 후보자나 정당(政黨)이 복수(複數)인 경우에 이를 구분키 위해 후보별 지정번호인 기호 1번, 2번, 3번 등을 부여하여 선거과정에 필요한 서식, 투표용지, 현수막 등에 표식(標識)하여 그 후보자나 정당에 연계하여 사용하는데 여기에서 〈기호〉와 〈번호〉를 구분없이 쓰는 착오가 있다. 그 보기로 〈기호〉라는 말을 표기하고도 실제는 기호가 아닌 〈번호〉의 실수문자(實數文字)를 표기하는 타성에 젖은 관행적 사용은 바로 잡아야 한다. 기호와 번호의 개념차이는, 〈기호〉(記號)란 어떤 개념을 간접적 또는 상징적으로 나타내기 위한 넓은 의미의 문자이기는 하나 이것은 부호(符號)로서 개념이나 수식(數式), 명제(命題) 따위를 문자적 음운요소(音韻要素)(ㄱ+ㅏ=가)가 아닌 부호적 형태인 〈+, -, ♀, ♂, ←, =, ♡, ∥, ( ) ∴, …〉 등으로 뜻을 나타내고, 〈번호〉(番號)는 사물의 직접적인 의미와 차례나 수량을 나타내는 수리(數理)적 실제의 문자를 말하는 것이다.

　따라서 이 두 용어는 혼용할 수 없는 개념의 차이가 있는 것을 유념해야 한다. 광복 후 서구 민주주의 제도도입과 대의정치 시행에 따른 총선을 실시할 때 당시의 선거인의 문맹률(文盲率)로 문자해독이 어려워 후보별로 〈기호〉를 매겨 그 후보자를 판단하게 하였는데 그 후보자의 차례번호를 아라비아 숫자로 〈번호 1 번〉으로 매기지 못하고 〈기호〉라고 표기하여 막대표 하나를 〈1〉로 나타내는 〈기호 I번〉으로, 〈번호 2번〉을 〈기호 II번〉 등의 부호로 차례를 표시하여 후보의 실인(實人)을 대신케 하였다. 그 때 경우에 쓰던 〈기호〉라는 말을 지금도 그대로 쓰고 있을 뿐 아니라, 지시어는 〈기호〉로 하고 차례표시는 문자번호 〈1〉, 〈2〉 등을 쓰고 있는 것은 더욱 부자연스럽다.

이것을 문맹(文盲)이 해소된 오늘의 시점에 와서 선거 유인물 등에 번호숫자는 수리문자 1, 2로 표시하고 그 숫자를 지시하는 언어는 〈기호〉라고 쓰는 습관은 시정해야 하되, 이것을 〈기호 II번〉이라면 〈번호 2번〉, 〈번호 3번〉 등으로 표현하면 되는 것이다. 〈번호〉라고 기술하고 숫자로 표시해야 "차례"의 개념과 수(數)적 개념이 나타나는 것이다.

특히 오늘과 같은 지식정보와 첨단기술 시대에 일반사회의 선거문화에서나 교회내의 선거제도 실천에서 〈기호〉는 〈번호〉로 시정하여 건전하고 합리적인 교회언어문화 창조에 힘써 교회갱신을 도모해야 하겠다.

남을 위한 「심령(心靈)기도」란 말 옳은 것인가?

　교회에서 방언은사를 받은 남녀 교역자들 중에서 남을 위해 기도할 때 〈심령기도〉라는 이름으로 방언기도를 하는 사례가 있는데 이 〈심령기도〉라는 말이 옳은 것인가? 성경에 남을 위한 기도를 도고(禱告; Prayer to God for Neighbours)(딤전2:1)라고 한다. "이웃의 처지를 하나님께 탄원(歎願)하는 중재기도"로서 기도자는 구하는 내용에 대한 구체적인 인식을 가지고 인격적인 하나님과의 실제적 언어로 접촉하는 신앙의 참다운 행위인데 기도의 응답을 받을 자와 같이한 자리에서 그의 합심과 화답없는 방언기도가 올바른 기도의 방법인가?

　심령(心靈; Spirit, Soul)(왕하 5:26, 마 5:3)이라는 말은 영혼과 같은 말로서 "마음이나 정신작용을 하는 전인(全人)의 근원적인 존재로서 육체와는 구분되는 마음의 주체이며 욕망과 감정을 포함한 인간의 내적 생명을 의미하는 마음속의 영혼"을 말한다. 그렇다면 〈심령기도〉는 〈영혼기도〉와 같은 말일 것이고 곧 방언으로 기도하는 것을 의미하는 것이다. 성경에는 두 성향의 방언이 있는데 행 2:4-11에 방언은 국적이 다른 사람들이 자기들 나라 말로 알아듣은 문화적인 언어(방언)로서 복음전도의 구령(救靈)의 메시지가 내용이었으며 전도의 열매를 가져왔고 다른 하나는 고린도 교인의 방언(고전 12:10, 28, 13:1, 14:2 등)으로서 이는 덕을 세우지 못하여 오히려 문제만 일으켰음을 지적하였다. "불신자와 무식한 자들이 미쳤다고 하지 않겠느냐?"(고전 14:23) 또는 "방언(영)으로 축복하면 네 감사에 어찌 아멘하리요"(고전 14:16)라고 지적하고 있다. 이렇게 방언은 성령님의 은사로써(고전 12:28) 그 사용방법에 따라 유(有)·무익(無益)함을 보여주고 있다. 예언은 교회에 덕을, 방언은 자기의 유익을 위한 은사로서(고전 14:4) 하나님께 영(靈)으로 비밀을 말하는 것이라고(고전 14:2) 했다.

그렇다면 남이 알아듣지 못하는 비밀한 언어의 기도를 남과 같이 동석한 자리에서 그를 위해 기도할 때 그의 화답(和答)과 아멘을 유발할 수 없이 중재하여 탄원하는 기도는 그 방법이 부적절한 것이다. 따라서 방언으로 심령기도를 한다는 것은 은사와 영적인 자기 과시(誇示)요 같은 은사가 없는 사람 앞에 교만이며 신앙의 압도이다. 분명히 방언은 덕을 위하여 통역을 세우고, 통역하기를 기도하라고(고전 14:5, 12-13, 26) 교훈하고 있다. 방언의 핵심은 타인은 알 수 없고 주님과 기도자 자신의 영혼만이 알 수 있는 언어이므로 자기자신의 신앙적 성찰과 회개과정에 도움이 되는 종교적 체험인 성령님의 은사이기에 자기 개인의 유익에 한정하고 교회에는 언제나 덕이 되도록 해야 한다.

동석(同席)한 자를 위한 기도는 같이 이해되는 가장 실제적인 언어로 기도하고 기도내용에 아멘으로 화답할 수 있어야 교회의 속성에 부합한 기도행위라고 할 수 있다. 성경에는 〈심령기도〉라는 말이 없다.

「당회장」과 「담임목사」라는 직무칭호 경우에 맞게 써야 한다

지 교회 시무목사의 직무칭호를 '당회장' 또는 '담임목사'라고 하는데 일부 교인들이나 교계 지도자들 중에 이 칭호를 적소(適所)에 맞지 않게 쓰는 사례가 있다. 교인들의 공중기도 시 목사를 위한 기도 말이나 또는 일상적인 대화에서 '담임목사'를 '당회장'이라고 지칭하는 경우나 교계 지도자들이 인터넷과 유인물 등을 통해 '당회장'을 '담임목사'로 써야 한다고 주장하는 것을 볼 수가 있다. '담임목사'와 '당회장'으로 써야 할 경우는 각각 구분되어 있는데 마치 '당회장'을 '담임목사'로 잘못 쓰는 것으로 지적하는 견해는 옳지 않다.

교회의 무흠 시무목사가 직무의 성격상 두 칭호를 호환(互換)해서 사용하지 말아야 할 경우가 있다. 한 사람의 시무목사가 직무상 '당회장'이라고 써야 될 경우는 교인 대표인 치리직 시무장로가 있는 조직교회에서 정치적, 법적 지위를 가진 당회의 대표로서 사회권을 가지고 회무를 수행하고, 미조직교회라도 교회의 각종 직책의 임면권(任免權)을 가지며, 성례집례와 공동의회 회의의 의장으로서 사회, 각종 문서 수발(受發)의 발신자의 명의, 재정의 결재와 감독, 각종 조직의 관리, 상회의 각종 청원과 헌의 등의 치리(治理)적인 신분으로 직무를 수행할 때이며, 설교와 심방, 상담과 기도, 일반적인 교인의 보살핌과 전도 등의 순수한 목회적인 신분으로 목양의 직무를 수행할 때는 '담임목사' 로 표현해야 한다. 그리고 노회가 지 교회에 시무명령을 할 때도 치리적 신분인 '당회장' 과 목회적 신분인 '담임목사권' 을 동시 부여해 파송하게 되며 당회가 없는 교회라도 당초부터 당회장의 직무 명칭을 주어 해당교회를 담임하게 한다. 그러므로 '당회장' 의 직명은 당회에서 회장으로 선임되는 것이 아닌 원초적으로 '당회장' 이라는 헌법적 직분을 임명하여 교회의 규범적 사무를 수행토록 파송된 직분이고, '담임목사' 는 지교회의 목회적 사무를 담당하는 책임개념을 지니고 비 치리적인 영역을 동시에 수행하는 한 시무권 안에 당회장과 담임의 역할이 겸전(兼全)한 두 소관 업무가 요소적으로 복합되어 있는 직임이다.

이상의 두 명칭은 단일화될 수 없는 두 가지 기능적인 성질을 가진 업무상의 특성을 구분해야 할 일이기에 이중적인 직분의 개념이 아니라 업무 수행상 두 명칭을 겸하여 '당회장' 과 '담임목사' 의 명칭사용의 구분이 규정되어 있는 것이다. 혹자의 견해대로 '당회장' 은 계급적이고 지위적인 명칭이므로 '담임목사' 로 지칭해야 한다든지 또는 '담임목사' 를 치리적인 영역과 상관없는 일에 관련지어 '당회장' 이라고 표현하거나 기도 말에 사용하는 것은 모두 옳지 않는 사례들이다. 혹 드물게는 당회장의 직분을 법적 하자로 인해 노회가 일시 회수하여 담임권만 인정하고 당회장의 직무는 일정기간 정지하는 경우가 있는데 이때는 두 직무가 겸전되지 않고 제3자를 임시 당회장에 임명하므로 담임목사의 직무와 이원화가 될 수도 있다.

이렇게 시무목사는 당회장 직무와 담임 직무를 동시에 가지게 되므로 일상적 지칭에는 '담임목사' 로 쓰고 법적행위에는 '당회장' 으로 써야하는 두 기능을 가지게 된다. 교회 주보에나 목회자 명의 안내는 목회적 신분인 '담임목사' 로 표현하는 것이 옳다.

당회장과 담임목사
/ 안수집사와 서리(임시)집사

당회장 / 담임목사

　교인들의 상당수가 "당회장"과 "담임목사"라는 칭호 사용에 있어 구분되지 않거나 적소(適所) 적시(適時)에 사용되지 못하는 사례를 볼 수 있는데 이는 적합하게 사용할 필요가 있다. "당회장"과 "담임목사"의 차이점에 있어서 "당회장"은 지교회 단위의 치리(治理)기구인 당회의 사회권을 가진 회장인 바 당회의 자치적 직무로 선임된 회장이 아니라 상회(上會)인 노회에서 직권으로 임명 파송한 당연직으로서 해당 노회에 소속한 지교회의 치리권을 위양(委讓)받아 예배모범과 권징과 성례와 신령상 치리를, 원리와 규범에 의거 그 시행의 통일을 도모하여 지교회의 신성유지(神聖維持)와 질서유지를 통한 거룩한 공회의 속성을 보존하는 치리적 또는 정치적 직무와 신분을 나타내는 칭호이며 직분이다.

　호칭에 있어서 교회의 법적 또는 정치적 직무와 관련된 예컨대 당회나 성례, 조직과 임면(任免), 법적 대표권과 직위 표현, 회의의 사회와 결재, 교회의 부속기관의 지도와 감독, 권징 등에 관한 사무 또는 정치적, 법적 행위자로서 교인들의 조직상의 신분과 관련한 직무를 수행하는 경우에는 "당회장"이라 호칭 또는 지칭하는 것이 합당하고 "담임목사"는 목회적 직무와 신분으로서 지교회 담임권 즉 한 교회의 전적인 책임사역자로서 교역(敎役)신분을 나타내는 칭호이다. 이 담임권의 직무로서는 기도, 설교, 교육, 전도, 심방, 상담, 관찰, 인도 등의 목회 전반을 담임하여 교인의 영적 신분을 책임지는 책임 분담권을 나타내는 명칭이다.

따라서 전술한 치리적 직무에서는 담임목사라는 칭호는 관련되지 않고 비제도적인 신령상의 직무와 관련하여 호칭할 수 있는 것이다. 이런 의미에서 일반성도가 공·사석 또는 공중기도 시에 무차별적으로 "우리 당회장 목사님"이라고 지칭하는 사례는 옳지 않다. 가능하면 "당회장"은 행정적 경우에서만 쓰는 것이 좋고 "담임목사"는 비담임자와 구분할 때 쓰거나 그런 경우가 아니면 "우리 목사님"이라는 지칭이 무난하며 자연스럽다. 부연하면 "당회장"은 치리적, 법적 신분을 나타낼 때 "담임목사"는 목회적, 영성적, 신분 또는 교인과 관계적 신분을 나타낼 때를 구분하여 지칭하는 것이 좋다.

안수집사 / 서리(임시)집사

흔히 서리나 임시집사와 구분할 양으로 "안수집사"라는 말을 교회에서 쓰는데 이는 합당치 못하다. 원래 임직이나 직분과 관련한 "안수(按手)"의 성경적 근거는 구약의 민8:10, 27:18, 23, 신34:9의 모세의 후계자 임명과 관련된 내용과 신약의 행6:6에 사도들이 안수하여 집사를 세운 기록에서 찾게 되는데 이 "안수"라는 말은 어떤 직임이나 직분의 명칭이 아니라 성례론적 의식행위의 과정적인 명칭으로써 어떤 직분을 부여하고 임직하며 수여 확인하는 신령적 의식의 방편이다.

일단 안수하여 임직되면 과정적인 의식의 명칭인 "안수"라는 말은 직분 명칭과 합성하여 쓸 필요가 없다. 의당히 집사는 안수하여 장립된 직분을 뜻하는 것이고 다만 임시집사는 비안수 임명제 직분으로서 안수된 항존 직분에 대칭이며 서리집사는 안수된 항존 직분의 결원된 인원의 대리적 또는 충원(充員)적인 명칭이다.

안수된 집사이든 임시(서리)집사이든 직무상의 권한과 의무에 있어 전혀 차이가 없으므로 집사라는 칭호로 족한 것이다. 다만 신앙 경륜과 원숙도를 나타내고자 서리(임시)집사와 구분하여 안수라는 말을 곁붙이는데 그렇다면 차라리 서리(임시)라는 말을 곁들여 안수 받아 장립된 집사와 구분함이 옳을 것이다. 안수장로나 안수목사라는 지칭이 불가능하듯이 임직의 절차상의 수단이 안수이므로 안수가 직분의 명칭이 아닐 뿐 아니라 임직되면 과정적 의식의 명칭인 안수라는 말을 붙여 쓸 필요가 없고 성경에도 안수집사라는 근거는 없으며 서리, 임시의 뜻을 가진 "돕는 자"라는 근거는 있음을 유념해야 한다.

대심방(大尋訪)은 「전체심방」 또는 「정기심방」으로

교회의 심방의 유형을 보면 〈대심방〉, 〈일반심방〉, 〈유고자 특별심방〉 등이 있는데 성경적인 근거와 심방이라는 말의 어원을 보면 구약에는 히브리어로 "보살피다"라는 의미를 가진 〈파카트〉로 표현하고 있고 70인역에는 이 〈파카트〉를 "감독하다"와 "보살피다"의 뜻을 가진 〈에피스켑토〉라고 번역되어 〈목양〉(잠27:23, 렘23:2)의 기능과 연결되어 있다. 이 말이 신약시대에 들어와서 헬라어로 "방문하다", "돌보다", "권고하다" 등의 뜻을 가진 〈에피스켑토스〉로 표현한 것이 바울사도가 에베소 장로들에게 "성령이 교회를 치게 하셨다"(행 20:28)고 한 바와 관련이 있다고 본다.

이러한 심방의 의미는 "기독교적 구원의 목적 성취의 일환으로 특별한 개별적 상황에 처한 피 심방자를 찾아 신앙적 교제를 함으로써 그들을 도와주는 일"이라고 볼 수 있다. 이러한 의미를 담은 성경적 근거로는 창 3:9, 4:9, 16:8-9, 21:1, 50:24, 출 3:16, 마 25:36, 요 21:1-8, 슥 11:15-17, 렘 23:2, 시 8:4, 106:4 등을 들 수 있는데 특히 신약 갈 1:18에는 〈심방〉이라는 말을 정확하게 표현하고 있고 현대어 번역에서는 이 〈심방〉을 "지킴", "간호함", "돌봄"이라는 말로 표현하여 성경의 진정한 뜻을 파악하고 있다.

따라서 〈심방〉은 목회와 교인관리의 중요한 기능이 아닐 수 없으나 그 명칭에 있어서 〈대심방〉이라는 용어가 적절치 않다. 한국교회가 심방의 문화를 취하면서 그 시기를 설정할 때 여름은 너무 덥고 겨울은 너무 추워서 이 더위와 추위를 피하여 봄과 가을에 정기적으로 일정 기간 집중하여 교회의 전체 가정을 일제(一齊)히 심방하는 것을 〈대심방〉(大尋訪)이라고 한다. 아마도 심방의 범위와 규모 면에서 개별적 상황과 특성을 불문하고 일제히 큰 규모로 실시한다는 뜻에서 〈대(大)심방〉이라는 말을 쓰게 된 듯하다. 그러나 이 말은 적절하지 않다. 심방이라는 명사 앞에 접두어(接頭語) 〈대〉(大)를 붙인 것은 대상의 다수적 범위와 사물의 수량적 전체규모를 나타내기 위하여 〈심방〉과 합성조어(合成造語)한 것은 부적절하다. 대(大)자가 명사 앞에 접두사로 쓰이게 될 때는 〈큰〉, 〈대단한〉, 〈뛰어난〉 등의 적시(摘示)되는 사물의 상태나 수준을 나타내는 말로 볼 수 있는데 "모두"나 "전체" 또는 "일괄적인" 규모와 범위의 뜻을 나타내어야 할 〈심방〉이라는 말 앞에는 적절하지 않은 것이다.

연중 수시심방 외에 봄과 가을철을 정례화하여 일정기간 계속하는 심방이 〈대심방〉이라면 〈전체심방〉(전가정심방)이나 또는 〈정기심방〉 등으로 표현하여 개별적이나 수시적 특성에 따른 선별적 심방과 구분해야 옳을 것이다. 규모가 큰 심방을 대심방이라고 한다면 그렇지 않는 심방은 소(小)심방이라고 해야 하는가? 대심방은 〈정기심방〉이나 〈전체심방〉(전가정심방) 또는 〈일제심방〉 등으로 지칭하는 것이 심방의 뜻에 합치할 것이다.

「대표기도」는 「기도인도」로 고쳐야 한다

오늘날 많은 교회들이 공식예배 때나 혹은 어떤 교인의 회합에서 회중(공중) 기도자를 대표기도자로 지칭하고 있는데 이는 잘못된 표현이다. 원래 "대표(代表)"라는 말은 "대표자"라는 말의 준말로서 그 뜻은 "어떤 개인이나 단체를 대신하여 그의 의사(意思)나 성질을 외부로 나타내는 것"이라는 말이다. 그래서 "대표기도"라고 할 때 어떤 교인의 개인이나 회중을 대신한다는 의미가 있을 뿐 아니라 그 회중들의 기도의 의지나 영성이 잠재해 있어도 된다는 뜻이 있으므로 "대표기도"라는 말은 고쳐 써야 한다.

그리고 더 본질적인 것은 하나님 앞에서 죄인된 인간이 또 다른 죄인들을 대표할 수는 없는 것이다. 모든 신앙행위는 어떤 경우에도 대표, 대리, 대행, 대신이 불가하고 그것은 오직 예수 그리스도만이 가능한 것이다. 즉 구속행위에 있어서 우리 인간을 "대표"할 분은 예수님 한 분밖에는 없다. 그분이 우리를 대표하여 기도하고, 대표로 죽으시고, 대표로 부활하심으로 우리가 그렇게 될 것의 첫 열매가 되셨다. 모든 인간들의 관계 사항과 종교적인 문제는 그분에게 위임되고 접붙임이 되어 그분만이 하나님 앞에서 우리의 대표자가 되신 것이다.

그리고 그분이 우리의 대표자가 되시기에 인간은 스스로 어떤 인격적 작용이나 대신적(對神的)교감이 차단된 상태일지라도 예수 그리스도는 우리를 대신, 대표, 대행하여 용납할 수 있다. 그러기에 그분은 우리의 중보(仲保)자이신 것이다. "대표"라는 말의 언어 문화적 사용 사례를 들어보면 "대리적" 또는 "대행적"인 의미로 쓰고 있다. 그것은 곧 법적 행위에 있어서 대표행위는 본래의 행위자의 어떤 작용이 없이도 위임을 받아 대행(代行), 대신(代身)이 가능한 것이다. 그러나 신앙행위는 그 행위의 당사자 원칙이 없이 자신을 타인이 대행하거나 대표할 수가 없다. 대신 믿고 대표로 믿을 수는 없는 것이다. 그런고로 신앙과 예배행위인 공중기도를 대표기도라고 표현하는 것은 신앙원리에 부합되지 않는다.

그런고로 이 "대표기도"는 "기도인도"라고 해야 옳을 것이다. "기도인도"란 공중(회중)기도 담당자가 기도를 이끌어 아뢰고 모든 회중은 각자의 소원을 내재화하여 언어적 표현을 잠재하고 기도인도자의 공통적인 기도내용에 화합하는 절차상의 기도를 주도하는 의미를 담고 있다. 따라서 "공중기도"는 기도하기로 지명된 사람이 회중 앞에서 하나님을 향하여 대표적 직무가 아닌 인도적 기능으로 수행한다. 그리고 모든 회중은 그 인도자의 기도의 공중성을 지닌 내용에 따라 마음과 영성을 열고 인도자의 기도 내용에 화합하고 아멘으로 화답하면서 기도의 심성을 인도자의 기도에 결합시켜 함께 기도하는 것이 되어야 할 것이다.

만약 대표기도라는 말의 사용이 가능하다거나 계속 쓴다면 개인의 기도정신이 약화될 우려가 있고 신앙의 타인 의존심을 유발할 위험성이 있을 수 있다. 우리의 구원행위에 있어서 자신도 자신을 대표할 수도 없을 뿐만 아니라 영적 범주에서 인간이 인간을 대표하는 기능은 존재할 수 없다. 다만 우리의 영원한 대속주 예수 그리스도 한 분만이 개인과 인류를 대신, 대표할 수 있을 뿐이다. 우리가 남을 위해 기도한다고 해도 그것이 그의 대신이거나 대표가 될 수 있다는 말이 아니라 이웃을 위한 기도인 〈도고〉(禱告)(딤전 2:1)가 될 뿐이다.

그러므로 "대표기도"는 "기도인도"로 고치고, "대표 기도자"는 "기도인도자"로 바로 잡아야 한다.

「마가의 다락방」은 「마리아의 집 다락방」으로

교회들이 예외 없이 예수님의 최후 만찬 장소를 '마가 다락방'이라고 적시(摘示)하여 지칭하고 있는데 이는 성경에 사실적 기록에서 근거가 없는 표현이다. 성경에는 '마가라 하는 요한의 어머니 마리아의 집'(다락방)(행12:12)이라고 기술되어 있고 마가는 마리아의 아들일 뿐이며 그 다락방은 마가의 어머니 마리아의 집인 바 '마가 다락방'은 사실의 비약이다.

성경에 마리아란 이름을 가진 동명이인이 있는데 '예수님의 어머니 마리아'(마1:18), '막달라 마리아'(눅8:2), 베다니에 나사로의 누이 마리아'(요11:1), '바울을 문안한 로마에 살던 마리아'(롬16:6) 그리고 다락방의 주인 '마리아'로서 성경에 단 한 번 등장한 인물인데(행12:12) 그의 남편이 소개되지 않은 점으로 보아 과부인 듯하며 유복한 자로 초기 신자에게 많은 도움을 주었고 아들 마가 요한을 신앙으로 양육한 믿음의 여성으로 설명되기도 한다. 후대 사람들이 '마가 다락방'이라고 지칭하게 된 것은 그가 마가복음을 기록한 것과 마리아의 혈족으로서 홀어머니와 함께 살고 있어 가부장적 승계개념에서 아들의 집일 수도 있다는 관점과 그의 신앙적 인물됨을 표면적으로 나타내기 위해 '마가 다락방'이라고 유추한 것인지는 모르나 성경에 근거는 없는 것이다.

다락방에 대한 성경에 기록된 사례를 보면 '에글론왕이 있던 다락방'(삿 3:20-25), '수넴여인이 엘리사를 위해서 마련한 다락방'(왕하4:10-11), '엘리야가 머문 다락방'(왕상17:19,23), '문루로 나가는 통로의 다락방'(삼하18:33), '성벽으로 건너갈 수 있는 다락방'(느3:31-32), '아하시야의 다락방'(왕하1:2), '여호야김왕이 만든 다락방'(렘22:13,14), '솔로몬의 성전 다락방'(대상28:11), '도르가를 살린 욥바의 다락방'(행9:37,39), '바울이 복음전하던 드로아의 3층 다락방'(행20:8-9) 그리고 예수님의 유월절 마지막 만찬장이며 그 후 오순절 성령님 강림과 예배처소가 되기도 했던 '마가 요한의 어머니 집 다락방'(막14:15,행1:13, 2:1-4) 등이다. 이러한 다락방의 한국적 개념은 지붕 바로 아래에 천정이 낮게 다락처럼 만들어 놓은 방의 구조를 말하는데 여기서 말하는 '다락방'(삿3:20)은 당대에 빈번했던 건축양식으로서 옥상이나 부엌 위에 2층처럼 만들어 물건을 넣어두거나 사람이 기거할 수 있는 비교적 '큰 규모의 방'(막14:15)인 것이다.

성경에는 '마가의 다락방'이라고 할 근거는 없고 '마가의 어머니 마리아의 집'(다락방)(NIV, the house Mary the mother of John, also called Mark)이라고만 되어 있는데 오늘날 교회들이 '마가의 다락방'으로 지칭하는 것은 왜곡이다. 이 다락방은 구속론적, 교회사적, 중요한 사건의 장소로서 많은 신앙적 관련사항을 연상케 하는 역사적 공간인 고유명사를 성경과 다르게 변형하여 쓰는 것은 축자영감된 계시의 신적 권위를 훼손하는 것이다. 따라서 '마가의 다락방'이라고 설명할 근거가 없다면 성경에 진술된 대로 '마리아의 집 다락방'이라고 표현해야 옳을 것이다. 성경에는 하나님의 "명령을 가감하지 말고 지키라"(신4:2, 12:32)고 한 것과 "율법의 일점일획도 없어지지 않는다"(마5:18)고 한 것을 주목해야 할 것이다. 개혁주의 신앙은 성경대로 말해야 한다.

「말씀축제」라는 말 부적절하다

흔히 교회에서 성경말씀을 중심한 특별집회나 신앙강좌의 표제어를 "말씀축제"나 "새 생명축제"라는 말로 표현하는 사례와 최근에 기독교방송국 개국 제9주년 기념 특강을 "2004, 말씀축제"라는 행사표제어로 홍보하는 자막 글을 연속 방영하는 사례를 볼 수 있었는데 이는 부적절한 말이다. 이 〈축제〉라는 말 쓸 수 없다는 것은 이미 본고 32회분에서 논급한 바 있으나 가장 표준된 말과 신앙적으로 검증된 용어를 사용해야 될 대중적인 영향력이 큰 선교방송 매체에서 "축제"라는 비기독교적 용어를 사용하는 것은 합당치 않기에 재론코자 한다.

이 〈축제〉라는 말은 성경적인 근거가 없을 뿐만 아니라 그 용어 자체나 내용이 이교적이어서 기독교 문화양식 범주에서 치부될 수 없는 말이다. 이 말은 일본인들이 서양인들의 문화용어인 경축, 잔치, 축일의 뜻을 담은 celebration이나 festival과 같은 행사를 보고 자기네들의 조상신을 섬기는 민속제인 묘제(廟祭)를 사당(祠堂)에서 지내는 가무(歌舞)를 겸한 제의(祭儀)형식과 유사함을 도입하여 「축제」라는 말로 바꾸어 사용하는 일본사전상의 신조어(新造語)인데 이를 한·일 국교 후 문화교류로 인한 대학가와 교회의 청년활동에 유입되어 교회행사에 여과 없이 사용되었다. 따라서 〈축하하여 제사를 지낸다〉라는 이 말은 〈묘문제례행사〉의 이교(異敎)적 민속문화의 산물이므로 하나님의 영광과 성결성을 정신적 배경으로 하는 기독교행사에는 결코 쓸 수 없는 용어이다.

그리고 이 축제의 시원(始原)은 신학이나 교회사적 배경과 과정이 전혀 없는 〈삼국유사〉의 〈희락사모지사〉와 〈삼국사기〉의 〈가배일 놀이〉에서 기원되어 노래와 춤 등의 예술적인 행사와 제천의례(祭天儀禮)인 〈부여의 정열영고〉, 〈고구려의 10월동맹〉, 〈예의 무천〉, 〈마한의 제천의례〉 등이 종합예술의 성격을 띤 한국 축제(祝祭)의 전형(典型)들이다. 또한 축제의 원의(原義)는 〈액운(厄運)을 없애고 복을 불러 건강을 유지하는 민족의 신앙을 담은 종교적 요소와 예술적 요소가 포함된 제의〉라고 볼 수 있다. 따라서 우리의 축제의 고형(固形)인 〈제천의례〉는 제사 후 음주가무를 즐기는 민속적인 관례와 하늘에 제사하는 종교적 신성성을 추구하는 민족신앙의 종교적 행사였으나 사회구성원의 동질성 공유와 생존욕구 해소 및 문화 복지실현 목적에 의미를 둠으로 종교성은 희석되고 약화되었으며 인간의 이성과 합리적 사고에 따라 축제는 축(祝)과 제(祭)가 포괄화된 오락성이 가중된 문화현상으로 나타나고 있다.

창세 후 이 〈축제〉라는 행위는 단 한 번도 선민의 삶 속에 없었고 있을 이유도 없었다. 성경적 가치관과 부합되지 않는 이교적인 민속문화와 원시 종교심성과 유희본능이 유착(癒着)된 제의 형태의 미신적 민속신앙의 행위는 분명 비기독교적이므로 성경 말씀을 소재로 한 용어와 〈축제〉라는 말을 결합하여 사용하는 것은 큰 오류라 판단된다. 이 〈축제〉를 경축(慶祝)의 의미를 담아 쓰는 것이라면 이를 〈말씀의 향연(饗宴)〉이나 〈말씀의 경축〉이라는 말로 바꾸고 〈축제〉라는 말 추방하기를 한국교회 앞에 간곡히 제안하는 바이다.

「명복(冥福)을 빕니다」라는 말 쓸 수 없다

「명복」(冥福)에 대하여

교인이 별세한 상가에 문상(問喪)할 때나 조전(弔電)을 보낼 때 고인에 관한 인사말에서 "고인의 명복을 빕니다"라든지 장례식 예배 때 기도 말 중에 "고인의 명복을 빌고자 하오니" 등의 표현은 쓸 수 없는 말이다.

이 "명복"이라는 말은 "죽은 뒤에 저승에서 받는 행복"이라는 뜻으로 쓰는 말이며 불가(佛家)에서는 죽은 사람의 사후(死後) 행복을 위하여 행하는 불사(佛事)의 하나로 쓰는 불교적 용어이기도 하다. 이런 말을 기독교 신자로서 별세 교인의 사후 세계에서 누릴 복을 "명복"이라고 한다면 큰 착오가 아닐 수 없으며 기독교인이 사후에 누릴 복은 "영원한 복락(福樂)"인 영복(永福)을 하나님께로부터 받아 누리게 되는 것인즉 저승복인 "명복"이란 말은 쓸 수 없다. 이럴 때 그 별세자의 신불신(信不信)을 불문하고 유가족을 대상으로 위로의 말을 하되, 신자라면 "하나님의 위로를 받으시기 바랍니다"라든지 혹 불신 상가(喪家)라면 "무엇으로 위로의 말씀을 드려야 할지 모르겠습니다"라는 등으로 "문상인사"를 나누면 될 것이다.

교인이 사후에 누릴 복은 저승 명복이 아니라 천국의 영복이기 때문에 참 은혜이지만 육신적 사별의 슬픔은 있으므로 가급적이면 살아남은 유가족 중심의 위로의 말을 하는 것이 자연스러울 것이다. "명복"은 일반 불신 사회에서는 흔하게 쓰고 있으나 기독교 신앙원리에서는 합치되지 않는 말이므로 그 사용을 삼가야한다.

「미망인」(未亡人)이란 말은 「유가족」(遺家族)으로 써야 한다

「미망인」(未亡人)에 대하여

별세한 교인의 생존한 배우자를 미망인(未亡人)이라고 지칭하는 것은 잘못된 표현이다. 이 "미망인"이라고 하면 "남편이 죽고 홀로 사는 여인"이라는 뜻으로 일컫는데 "아직 죽지 않은 사람"이라는 말이다. 불신자나 유교적 관점에서는 죽은 자를 "망자(亡者)"로 보기 때문에 생애를 동반하던 죽은 자의 배우자가 아직 채 죽지 않아서 "망자"가 되지 않아 살아남아 있는 자임을 일컬어 "미망인"이라고 하는 것이다. 그렇다면 교인의 죽음은 "망자"가 아니고 천국을 간 자이니 복을 입은 자이고 또한 그의 배우자도 장차 앞서간 남편과 천국에서 만날 것이므로 "아직 망하지 않는 자"라고 지칭하는 것은 매우 이교적이고 불신앙적인 말로서 교인의 범주에 든 사람은 물론이고 불신자의 범주에 든 사람에 관하여도 신앙인으로서는 쓸 수 없는 말이다. 따라서 이 말은 "남은 가족" 또는 "유가족"(유족)이라는 말로 써야 한다.

목회자의 급여 명칭은
「목회비」나 「성역비」로 해야

　교회에서 목회자들에게 지급하는 급여(給與)의 명칭을 흔히 '봉급'(俸給), '사례비'(謝禮費), '보수'(報酬), '월급' 등으로 다양하게 표현하고 있는데 이 '봉급'이란 일정한 업무에 근속한 것에 대한 대가(代價)로 받는 보수를 말하고 '월급'은 급여를 월별로 지급하는 것을 말하며 '사례비'는 유익이나 덕을 끼친 고마움에 대해 언행이나 금품으로 그 감사의 뜻을 전하는 인사를 말하는 것이다. 이 중 한국교회가 가장 많이 쓰고 있는 용어가 '봉급'과 '사례비'인데 50~60년대에는 이를 '생활비' 또는 '실양'(悉糧: 생활에 필요한 모든 비용)으로 표현하기도 했다. 목회자의 급여의 의미는 윤리적으로 고마움에 대한 감사를 나타내는 비정규적인 '사례'의 뜻으로는 부적절하고 생활의 필요비용을 지급하고 있는 '생활비'라는 말이 실질적으로는 적합한 말이나 어떤 직무적 역할과 관계성을 나타내는 개념이 표출되지 않는 단점이 있다.

　성경에 나타나 있는(민18:31, 겔29:20) '보수'라는 말 또한 대가성을 가진 응분의 보상 개념이 있는 말이어서 목회자의 신분과 직능에 비추어 볼 때 교회로부터 받는 급여를 표현하는 말로는 모두 적절하지 못한 것이다. 목회자의 직무는 일반 사회적 기여가 아니므로 일정한 대가성 급여의 개념이나 이윤을 추구하는 생산 활동에 노력한 보수의 개념도 목사직 수행에 요구되는 지급 비용을 표현하는 말로는 적절하지 않다.

　목사의 직을 흔히 성직(聖職)으로 표현하는데 이것은 하나님의 소명에 따른 거룩한 성역을 수행하는 '직임'의 의미와 하나님의 본질적인 신성을 반영한 직분과 지칭이다. 이러한 성직을 수행하는데 따르는 비용지급을 '봉급' '사례비' '월급' 등으로 표현하는 것은 부적절하다. 성경의 예를 보면 구약의 〈레위지파〉는 이스라엘의 십이 지파 중에 유일하게 가나안 땅을 기업으로 분배받지 못한 지파로서 그 대신 다른 지파들로부터 곡물과 가축의 십일조를 기업으로 받았다. 레위지파는 광야생활 도중 장자들 대신 여호와께 봉헌된 자들로 택해졌으며(민3:12, 41, 45) 레위지파 중에서도 아론 후손만이 제사장으로 임명되었고(출28:1) 이 제사장이 이스라엘의 예배보존과 촉진, 이스라엘의 거룩성 유지, 하나님과 인간사이의 중개(仲介)역할 등의 성역을 수행했으며 그 외의 레위인들도 제사장 보필과 성전 봉사를 담당하였다. 이러한 거룩한 직무를 담당한 제사장과 레위지파에게 다른 지파들이 그 성역을 전담할 비용을 공급했던 것이다. 이것이 '성역비'(聖役費)라고 볼 수 있다.

　위의 예와 같은 신성한 역할을 수행하는 목회자에게 소요되는 비용지급 명칭을 일반 보수개념의 명칭으로는 부적절하므로 목회자들의 급여명칭은 "목회비"또는 "성역비"라고 하는 것이 옳을 것이다. 이는 하나님의 뜻을 따라 일생을 헌신하며 복음을 통해 영혼구원 사역을 수행하는 성역이란 점과 보수가 전제된 지급개념이 아닌 무기업 종교지도자이므로 목회의 성역을 수행하는 목회자에게는 대가성 보수의 개념이 아닌 성역의 비용으로 규정하여 "목회비" 또는 "성역비"로 지칭하여 지급하고 한국교회가 이를 통일하여 사용했으면 한다.

「무한경쟁」과 「무한공생」

　오늘날 우리사회와 교회의 지도자들까지도 강단에서 시대정신과 특성을 이야기할 때 "무한경쟁"(無限競爭)의 시대로 규정짓고 이 경쟁에서 승리해야 한다고 강조하는 표현은 기독교 윤리적 관점에서 설교의 언어로는 적절하지 않다. 경쟁이라는 말은 "같은 목적에 대하여 서로 겨루어 앞서거나 이기려고 다투는 것"이라는 말인데 성경에도 이와 같은 의미를 담은 기록이 있다. 야곱의 아내 〈라헬〉이 그의 형과 크게 경쟁하여 이겼다는 기록(창30:8)과 요시야 왕의 아들 〈살룸〉이 다시 왕이 되고자 "백향목으로 집 짓기를 경쟁하므로"(렘22:15)라는 것인데 이는 그 경쟁이 신앙이나 윤리적인 바탕을 깔고 있지 않은 사례로 볼 수 있다.

　물론 "무한경쟁"이 오늘이라는 국제사회의 국가적 전략에 있어 국력의 범주인 과학기술과 지식정보, 인력과 자원, 문화와 국방 등의 모든 분야에서 경쟁력을 가지고 이겨야 한다는 생존 전략적 대안(代案)논리에서 이해되는 말이기는 하다. 그러나 그것이 제한 없는 경쟁을 상대가 쓰러져 내가 이길 때까지 무제한적 경쟁이라면 그것이 기독교적 윤리이겠는가?

　오늘날 우리 사회의 총체적인 문제점의 발생은 무한경쟁의 논리에 바탕을 둔 잘못된 가치관과 세계관에서 빚어진 현상으로 보아야 한다. 교회는 기독교적 세계관과 기독교적 가치관을 갖도록 해야 할 것이다. 그것은 바로 성경의 핵심적인 목적인 〈가르침〉(롬25:4)을 통하여 "한 사람이 모든 사물들에 대해 갖고 있는 기본적인 신념이나 견해의 포괄적인 틀"이 세계관이고 "사람이 살아가는데 기본적으로 전제(前提)된 세계나 만물에 대하여 가지는 평가 또는 근본적인 태도나 견해"가 가치관이라면 이러한 관점이 성경에 의해서 일깨워지고 형성되어야 하고 그 성경을 통하여 사물의 가치를 보고 가치를 부여하는 관점이 기독교적인 것이다. 그렇다면 교회는 그러한 영성의 사람으로 만들어 가야 한다. 따라서 여기에는 경쟁의 논리나 사생(死生)적 결단의 윤리를 말하지 말아야 한다. 성경정신으로 돌아가야 하고 그 정신으로 살아야 한다. 선한 실패가 악한 성공보다 승하고, 물불을 가리지 않는 처세가 정직하게 살아가는 유약함을 앞서지 못함은 그 판단과 평가가 성경에 있기 때문이다. 우리는 너와 내가 모두 같이 사는 공생(共生)과 공영(共榮)의 질서와 윤리가 이 시대를 살아가는 모든 사람들의 세계관이 되고 가치관이 되었으면 한다.

    교회는 그리스도께 연합된 공동체의 질서를 일깨우되 강단 메시지는 남을 압도하는 질서를 말하지 말아야 하고 우리가 함께 상생(相生)하는 이상(理想)을 말하고 "무한경쟁"이 아닌 "공생공영"의 기독교적인 삶의 질서와 양식(樣式)을 말해야 한다.

「묵도하므로」 예배시작하다는 「묵상기도로」 예배시작하다로

교회의 예배 시에 예배 인도자가 예배사(禮拜辭)에서 "묵도하므로(하시므로) 예배 시작하겠습니다"라고 표현하는 것을 흔히 볼 수 있는데 이는 적절한 말이 아니다. 〈-므로〉, 〈-으로〉는 "ㄹ"받침으로 끝나는 음절이나 받침 없는 어간(語幹)에 붙어 어떤 이유와 까닭을 나타내는 연결어미(連結語尾)로서 예컨대 "비가 내리므로 옷이 젖는다"와 같은 성격의 사례에서 쓸 수 있는 말이다. 즉 어떤 일의 원인 결과 관계를 나타내는 말인데 이를 예배시작 순서에 습관적으로 잘못 쓰고 있는 것 같다.

예배학적으로 예배 구성요소에서 예배시작을 알리는 순서가 언제나 〈묵상기도〉가 되는 것은 아니다. 따지고 보면 묵상기도도 예배시작 선언 이후에 연결되는 예배진행의 관행적으로 선행(先行)되는 순서로 보아야 한다. 이 순서(구성요소)를 시작 이후의 모든 예배순서를 결과적으로 발생시키는 것과 같은 원인격으로 어미(語尾:-므로) 처리를 하는 것은 착오인 것이다. 묵상기도는 그 자체로서 예배행위에 있어 신학적인 독립정신을 담고 있는 것이다. 〈묵상기도〉가 예배시작의 첫 순서일 뿐이지 그것이 다른 순서를 발생시킬 연동(聯動)적 원인으로 구성하는 것은 사실적으로 아닌 것이다. 그러므로 "묵도하시므로" 시작이 되고 안되고의 시작을 좌우하는 말로 표현되어서는 안 되는 것이다.

따라서 "묵도하시므로"는 "묵상기도로"라고 표현하여야 할 것이다. "-로"(-으로)는 받침이 없거나 "ㄹ" 받침이 있는 체언(體言)에 붙는 부사격조사로서 〈수단〉, 〈방법〉, 〈재료〉 또는 〈연장〉을 나타내는 어법적 기능을 나타내는 음절로서 그 쓰임새의 예를 들면 "칼로 나무를 베다"와 "나무로 집을 짓는다" 등의 성격을 지닌 표현을 할 수 있는 말로써 그 말 자체로서 다음 상황으로 연결 연장을 나타내는 가장 출발적 표현이 되는 말이다. 곧 전체 예배의 순서가 묵상기도로부터 시작되어 이후 순서로 이어져 진행할 것을 그 기점을 정하는 첫 순서라는 뜻을 나타내는 말이다. 강조하건대 "묵상기도"라는 언어의 재료로, 진행의 수단으로, 진행의 방법으로 설정하는 출발순서로 매김하는 말이다.

어떤 기도가 시작의 원인이거나 찬송이 출발의 원인이 될 수는 없다. 그 순서가 이후 순서에 연동되어 가는 시작순서가 되어야 한다. 그러자면 "-로"로 처리하여 〈묵상기도로〉라는 방법과 재료로 설정하는 원인격이 아닌 출발격의 어형(語形)을 써서 예배를 시작하자는 청유형(請誘形)으로 표현하는 것이 옳은 것이다. 성경을 신앙과 삶의 표준을 삼는 모든 기독인들이 성경정신이 훼손되는 일은 비록 작고 적더라도 삼가야 할 것이다.

「믿음이 좋은 사람」이라는 표현은 부적절하다

　교인들의 대화나 혹 목회자들의 설교 말씀 가운데 어떤 사람의 "믿음"에 관해서 표현할 때 "믿음이 좋은 사람" 또는 "좋은 믿음을 가진 사람" 등으로 표현하는 사례가 흔히 있는데 적절한 표현이 아니다. 사람이 어떤 사물에 관하여 그 사물의 가치와 당위(當爲)를 수식하는 말을 할 때 그 수식어의 대칭(對稱) 또는 반대되는 말이 의미상으로 자연스럽게 성립되지 않을 때는 그 수식어는 수식을 받을 말과 관련하여 수식하지 말아야 할 필요가 있다.

　예컨대 "신앙"을 수식하는 말이 "좋은"인데 그 "신앙"의 속성적 가치와 당위를 형용(形容)하여 꾸밀 때 "좋은 신앙"이라고 할 수 없다는 뜻이다. 왜냐하면 "좋은"(원형은 "좋다")의 반대되는 말은 가치적으로는 "나쁘다"이고 수용적 여부로는 "싫다"가 되어야 하는데 그렇다면 하나님을 믿는 "믿음"이 "나쁜" 믿음이 있을 수 있는가? "믿음"은 그 자체는 본질적이고 태생적 가치를 가지므로 좋지 않음이 없고 "나쁘다"라는 반대어가 성립되는 "좋다"라는 말은 "신앙"과 관련하여서는 그 가치를 수식하여 드러낼 수 있는 성질의 말이 될 수 없다.

　"신앙"은 "좋고 나쁘다"라고 꾸밀 수 없는 성경적 용어이다. "좋다"(좋은)라는 말은 마음이 흐뭇하여 즐거움을 느낄 때나, 보기에 아름답다거나, 마음에 든다거나 할 때 표현되는 말인데 사물의 외표(外表)적 상태와 조건적 인상을 감성적 인식을 통한 심미(審美)적 표현으로 볼 수 있는데, 그렇다면 "믿음"이라는 것은 그러한 성질의 범주에 포함될 수 없는 특수한 본질을 담은 종교적 표현인 것이다. 성경적으로 "믿음"이라는 용어를 의미적으로 분석하면 구약에서는〈아만: אמן〉으로 표현되는데 기본적인 의미는 "꾸준하다", "견고하다", "믿을 만하다" 이고, 신약적 용어로는 "믿음"을 〈피스티스: πιστις〉라는 말로 표현하는데 이 말은 롬 3:22 에서 "그리스도를 믿는 믿음", "믿는 사람들"로 표현하고 있다.

성경에서 "믿음"의 가치를 수식하여 매김한 표현의 사례는 감상적이거나 사물의 인상을 감상적 인식으로 표현한 것이 아니다. 언제나 "믿음"을 "분량"(分量)적으로 또는 정도와 수준으로 수식하여 그 말의 질적 속성을 잘 나타내었다. 그 사례를 들면 믿음은 "있고 없고"의 유무(有無)로 표현했고(요20:27, 막4:40, 눅17:5-6, 21:21, 8:25, 8:8, 22:32) 또한 "강하고 약함"의 강약(强弱)으로 표현했으며(롬2:5, 행16:5, 4:20, 벧전5:9, 고전16:13, 마6:30) 또한 "적고 큰"이라는 분량적인 표현을 주로 하였다.(마8:16, 14:31, 16:8, 눅7:9, 5:20, 막5:34, 2:5, 6:5) 그리고 적게는 "충만하고"(행11:24) "온전한 믿음"(딤전1:5, 히10:22)으로 또는 거짓 없는 신실한 믿음의 진위(眞僞)와 내적 견실성을 나타내기도 하였다. 이러한 사례를 종합하여 보면 믿음에 관한 가치표현은 분량(부피)적으로 수식하여 표현한 것이 중심으로 되어있다.

따라서 믿음에 관한 평가의 매김은 "믿음 있는 사람, 없는 사람", "믿음이 큰 사람, 적은 사람" "믿음이 굳고 강한 사람, 약한 사람", "신앙심이 깊고 견실한 사람" 등의 표현으로 믿음의 본질을 나타내어야 한다. 그런데 이런 성경적 매김말을 관행적으로 "믿음 좋은 사람"으로 표현하는 것은 적절하지 않는 말이다. 본질적으로 "믿음"은 예수 그리스도를 구주로 영접하고 하나님을 "전적 신뢰나 의지" 하는 것으로서 신적 실제에 경도(傾倒)하는 분량적으로 그 정도를 나타내는 표현이 성경적이므로 "좋다"라는 "음미"적인 표현은 신앙에 수식될 말은 아닌 것이다. 그리고 "좋은"(좋다)이라는 말은 신앙의 정도를 말하기 보다는 그 신앙에 대한 인상적 인식, 채색적 음미와 인간의 감응을 표현하는 말이기 때문에 이를 감상적 또는 취향적 표현은 적절하지 않다. "큰 믿음", "확고한(견실한) 믿음"으로 표현해야 한다.

별세교인이 쓰던 찬송, 성경, 소각(燒却)이나 관(棺) 속에 넣는 것과 빈소(殯所)에 촛불과 분향로(焚香爐) 설치는 옳지 않다

별세한 교인의 시신을 입관할 때 생존시에 사용하던 찬송, 성경을 관(棺) 속에 넣거나 불로 사르는 사례와 또한 시신이 안치된 빈소에 촛불을 밝히고 향로를 설치하여 문상객(問喪客)을 분향토록 하는 것은 기독교정신에 합치되지 않는다. 고인이 애용하던 유품인 찬송과 성경을 소각하거나 시신과 함께 관에 넣는 것과 빈소에 분향하는 것은 이교(異敎)적이고 무속적인 장례풍속의 모방 형식으로서 기독교의 장례문화가 아닌 일종의 미신적 행위에 지나지 않는다. 고인의 유류품을 소각하는 행위는 유교적 풍습의 잔재를 교인의 상사(喪事)에 여과(濾過)없이 도입한 것인데 무의미한 것이다. 오히려 찬송 성경은 오래도록 소장하면서 고인의 생존시의 모습을 추모의 매체로 삼아 기념하는 것이 실질적 의미가 있는 것이다.

빈소에 제단처럼 구성된 단(壇) 위에 향로를 설치하여 분향하는 일은 삼가야 한다. 성경에 분향(焚香)에 대한 기록이 많이 있으나 예배 또는 제의(祭儀)와 관련된 상징적 사례였고 인간의 죽음과 장례에 인용할 교훈의 근거로 삼을 것은 아니다. 오히려 구약의 교훈은 "하나님이 명령치 않는 분향으로 죽음을 겪은 사례"(레10:1-2)나 "다른 신에게 분향하여 하나님의 노를 격동케 하여 악행으로 정죄된 일"(렘44:3)과 "산당의 우상과 달과 별들에 분향한 자들이 폐함을 당한 사례"(왕하23:5) 등은 주목할 대목으로 보아진다.

기독교적 관점에서 보아 빈소의 관 앞에 향로 단을 설치하여 분향하는 것은 제의적 목적이 아니라 부패하는 시신의 냄새를 정화시키기 위함이고, 촛불은 향료(香料)에 점화를 편리하도록 하기 위한 장의소품(葬儀小品)으로 비치하는 이상의 어떤 종교적 의미를 나타내기 위함이 아님을 분명히 해야 한다. 그리고 국화꽃을 장식하거나 헌화(獻花)하는 것도 그 꽃은 부활의 상징성이 있다는 관점 때문이기는 하나 이도 역시 꽃향내로 빈소의 악취를 정화하자는 현실적 의미의 바탕을 두고 헌화보다는 화분 또는 화병을 비치하는 것이 옳다.

그러므로 기독교는 이교적이고 무속(巫俗)적인 관념을 깔고 빈소를 장식하는 일은 삼가야한다. 만약 종교적 의미를 부여한 일이라면 헌화를 받을 대상은 누구이며 성경적 뜻은 무엇이란 말인가? 천국을 간 교인의 육적 요소가 해체된 시신은 생존자의 예절행위에 대한 인식이 없고 그것도 병원이라면 냉동실에 보관 중인데 시신 없는 빈소에 제단처럼 꾸며놓은 영안실에서 별세인과 유족과 기독교정신과 관계없이 풍속을 모방한 장례문화는 고쳐져야 한다. 다만 죽음이 주는 의미를 찾을 신앙적 의식(儀式)은 정중히 하되 유족을 중심한 기독교적 정신에 반드시 입각한 장례문화이어야 한다.

복음송 가사 「송축하라」는 「송축하자」로 바꾸는 것이 옳다

요즘 각 교회마다 시편 103편 1,2절의 본문을 복음송 가사로 각색(脚色)하여 널리 불려질 뿐만 아니라 예배의 입례송으로 애송하고 있는데 여기에 고칠 점이 있다. 성경 본문 상에는 물론 「찬양하라」(…하라)는 명령형으로 되어 있다. 여기에서 우리가 성경을 유일한 하나님의 말씀으로, 신앙과 행위의 표준이 됨에 신적 권위로, 절대 진리로 믿고 좇는다. 다만 이 성경의 말씀과 교훈을 소재로 하여 복음송 가사에 있어서 성경의 의미를 좇아 각색을 하여 음악적 요소로 재구성할 때는 계시적 선언문체로 하지 않아야 된다. 성경에는 「찬양하라」는 명령형인데 이 말씀을 윤리적 인상과 언어 문화적 감각으로 볼 때는 자기가 자기를 대상으로 하여 명령형 그대로 가사화(歌詞化)하는 것은 또 다른 문자주의가 될 가능성이 있다. 어법상으로 자기가 자기를 명령할 수는 없는 것이 상식이다.

복음송에서라면 자기 다짐으로 하나님을 향해 고백적으로 자기가 자기를 이끄는 조로, 스스로를 독려하는 심정적 동기를 가지고 「찬양하자; 송축하자」로, 어법적으로는 청유형종결어미(請誘形終結語尾; 말하는 이가 말듣는 이에게 행동을 같이 하자고 권하는 형식의 어말; 어미(예, 가자, 갑시다, 가세, 하자 따위)

즉, 자기가 하고자 하는 행위에 또 다른 대상을 이끌어 동시에 같이 행동하자는 동시행위 유도형으로 "…하자"는 형을 쓰는 것이다. 〈내 영혼아, 내 속에 있는 것들아 다 그 성호를 송축하라〉는 말씀은 다윗이 자기자신은 하나님을 찬양할 의무가 있음을 본문 시103편 3-18에 구체적인 이유를 보여주고 있다. 그 의무에 대한 그의 강한 의지적 다짐이라고 볼 수 있다. 그런고로 그 다짐이 오늘 우리에의 다짐으로 수용하고 이를 음악적으로 시적 경지를 통한 하나님을 송축함에는 〈하라〉가 아닌 〈하자〉로 표현하여 자기의 인격적인 내재성에 대하여 헌신적 다짐을 도모하는 것이어야 할 것이기 때문이다.

〈하라〉라는 시킴 꼴은 자기를 제외한 어떤 객체를 대상으로 하는 것인 만큼 간접적으로는 송축행위에 스스로는 예외적인 치부를 하는 것이 된다. 그런고로 성경의 계시적 교훈의 선언적 문맥구성을 우리 편에서 하나님을 대상으로 한 찬양적 표현은 청유형 어미로 각색을 하여 〈하자〉로 이끌어 다짐하는 표현을 하여야 그 성경을 우리에게 바르게 적용하는 것이다.

복음송 작시하는 모든 분들은 교회 음악적인 것뿐만 아니라 기독교 언어문화면까지 세심한 배려가 있기를 제안코자 한다.

복음송과 CCM은 예배찬송 될 수 없다

많은 교회들이 가스펠 송이나 CCM(Contemporary Christian Music)을 예배찬송으로 혼용하는 것은 염려스럽다. 이는 열린 예배(Seeker's Service) 형식의 영향으로 볼 수 있을 것 같다. 성경적인 관점에서 보면 하나님의 영광을 위한 노래가 찬미(엡 6:1, 14, 골 3:16), 찬송(시 101:1), 찬양(시 66:2, 눅 1:46), 송축(창 24:27, 마 21:9) 등인데 어원적 명시는 다르나 그 공통적인 노래의 주제적 정조(情操)는 "하나님께 가까이 나아가는 경배행위로서 그의 영광과 존귀를 기리는 목적으로 모든 피조물이 하나님의 광대하심과 섭리사역에 대한 응답으로서 참된 경건의 주된 요소"라고 할 수 있다. 명백히 창조주 하나님은 그의 백성으로부터 구원사역에 대한 찬송, 찬미, 찬양을 받으시기에 합당하신 분으로서(시 67:3-5, 고후 9:15) 그에게 찬양을 하도록 계속 요구받고 있는 것(시 107편, 렘 20:13)이 성경적인 관점이다.

그렇기 때문에 이 찬송은 하나님의 창조, 인간의 타락, 성육신, 고난, 죽음, 부활, 종말 등의 그리스도의 우주적 전 사역에 대한 예배와 송축(Doxology)을 통해 구속사건의 반복적 재현과 영적 행위가 예배와 찬양이라고 할 때 전술한 가스펠 송이나 CCM이 과연 예배찬송과 예배요소로 옳은 것인가? 분명한 것은 넓은 의미의 기독교 음악의 범주에 드는 종교음악이 곧 예배 찬송일 수는 없다. 예배찬송은 음악이 가진 어떤 미학적 요소나 예술 그 자체를 바치는 것이 아니라 하나님의 무한 존재와 그의 계시와 역사와 본질을 그리고 우리와의 관계를 기리며 송축하는 경배인 것이다. 그리고 음악적인 심미성(審美性)이나 예술적 감흥의 반응이나 우리의 누림과 발현(發顯)이 아니라 하나님의 본성적인 위대하심을 높이고 찬양하는 것이다. 거기에는 분명히 찬송의 요소가 있어야 한다. 찬송은 음악 이상의 영적 실재와 차원이 있는 것이다. 작시와 작곡에 성령님의 감동과 깊은 영적인 체험요소가 융합되어 있어야 하고 신구약에 계시된 하나님의 본질과 인류 구속에서 솔선하신 하나님의 사랑과 속죄의 은총, 그리고 무한과 불변의 속성이 묘사되어야 하고 구속의 깊은 감격과 감사와 고백이 있어야 하며 하나님을 향한 헌신과 앙모의 영적 경도(傾倒)가 있어야 한다.

그러므로 찬송에서 하나님의 형상을 떠올려 인간의 전인(全人)적 경배가 이어야 하되 사람의 흥겨움과 심성의 정제(淨濟)와 자족감이나 유쾌감을 누리려는 예술로서의 음악은 이미 찬송이 아니다. 하나님의 계시에 대한 정성어린 반응이나 그리스도의 고난의 묘사나 속죄적 감격이 없고 십자가 도의 정신의 기림과 부활과 내세의 기대가 없는 음악이 찬송과 찬양이 될 수는 없다.

찬양을 경건의 주된 요소로 본다면 CCM과 가스펠 송은 인본주의적 작의(作意)와 목적에서 찬양적 요소가 결여된 것이다. 예배의 생명은 하나님의 임재 앞에 응답자의 경건이라고 볼 때 경건성이 없는 예배는 종교행위는 될 수 있어도 예배는 아니다.

복의 선언(축도, 축복)의 끝맺음 말을 「계실찌어다」로 쓸 수 없다

목회자들이 예배 구성요소 끝 순서인 〈복의 선언〉(축도) 끝맺음 말에서 "너희 무리와 함께 있을찌어다"라고 된 신약의 사도 축도(복의 선언)(고후13:13)의 표현형식을 "계실찌어다"라고 표현하는 것은 적절하지 않다. 이 복의 선언(축도)에 대한 기독교의 통일된 표준양식을 갖지 못하고 교파마다 다르고 목회자 개인에 따라 다르게 선언되는 경향은 문제점으로 지적되고 있다. 분명한 원칙과 전형(典型)은 구약의 제사장적(아론의) 복의 선언(민6:24-26)이든 신약의 사도적(바울의) 복의 선언(고후13:13)이든 그 성경 본문대로 표준을 삼으면 될 것이다. 다만 우리말이 가지고 있는 특별한 존대법 때문에 구약의 제사장 아론의 축복과 신약의 사도 바울의 축복의 문형(文型)이 그 표현양식에 있어 복의 대상을 적시(摘示)하여 지칭할 때 회중을 "네", "네게", "너희", "너" 등과 〈있을찌어다〉의 하대어(下待語) 종결어미로 된 것을 기피할 양으로 〈복의 선언〉을 "원하노라", "축원하옵나이다", "계실찌어다", 심지어는 "예수님 이름으로 축원하옵나이다" 등으로까지 표현하는 예가 있다.

그렇다면 구약의 아론의 축도경우 "여호와께서는 '네게'를 〈여러분에게〉로, 복을 주시고, '너를' 을 〈여러 분을〉로, 지키시기를 원하며, …평강주시기를

"원하노라"를 〈원합니다〉로 하여 그 대상의 지칭형식을 공대어로 바꾸어도 본문의 뜻과 형식의 훼손이 전혀 없다. 그리고 신약의 경우(고후 13:13)도 끝귀절의 "너희 무리와"를 〈여러분과 함께〉로 하고 "있을찌어다"를 〈있기를 원합니다〉로 개역성경 본문을 따르면 될 것이다.

문제는 목회자들 중에는 "있을찌어다"를 "계실찌어다"로 표현하는 데 있다. 신·구약의 복의 선언문에서 만복의 근원자는 삼위 하나님이시고 기원적 선언자는 제사장 아론과 사도바울, 그리고 오늘날 목사이며 복을 받을 자는 구약의 선민, 신약의 성도, 오늘날 교회 신자이다. 그런데 복의 내용이 구약에는 〈지켜주심〉과 〈얼굴 비치심〉과 〈은혜〉와 〈평강〉이며 신약에는 〈은혜〉, 〈사랑〉, 〈교통〉이 복의 내용이다. 이 복이 회중에게 "계실" 일은 아니다. 하나님으로부터 발생할 복의 내용은 "있을 일"인 것이다.

복의 내용은 비신격이고 비인격적인 사물이기 때문에 의인화하여 공대적으로 표현하는 것은 부적절한 것이다. 그간에 성경을 새롭게 번역한 과정이 있었으나 한국교회가 공통적으로 성경대로 전형을 삼는 목회자는 드문 것 같다. 복의 선언은 반드시 성경대로 해야 한다. 지나친 복의 내용을 나열하는 형식이나 삼위 하나님의 각위(各位) 앞에 위적 속성과 사역적인 직무를 지나치게 수식하는 일은 옳지 않다. 모든 복은 은혜, 사랑, 교통 가운데 포함되어 있음을, 그리고 그 이상의 상위 개념의 복이 없기 때문에 수식적 종속어휘를 첨가하는 것은 무의미하다.

「부흥회」를 「사경회」(査經會)로

부흥회는 초대교회의 오순절 성령님 강림과 함께 시작되어 베드로의 3천명 회개운동과 바울사도의 전도로 여러 교회설립과 16세기의 기독교개혁으로 복음적 교회 확장과 제후(諸侯)들과 고위 성직자들의 개종을 계기로 세계적인 부흥을 일으켰으며 1740년에는 미국의 J. 에드워즈를 중심으로 신앙 부흥운동이 전개되었다.

초기 한국 개혁교회에서는 1903년부터 신앙부흥운동이 시작되어 1904년 장로교, 감리교의 연합사경회, 평양 장대현교회의 길선주 목사가 시작한 새벽기도회, 1907년 W.N. 블레어 목사의 평양 부흥회로 이어져 1940년대에는 이성봉, 박재봉 목사의 부흥운동, 그 후 빌리 그레이엄 목사의 부흥집회, 김활란 여사의 복음화운동, 순복음교회의 부흥운동 등은 한국교회 부흥운동의 힘이 되었다. 1971년에는 한국 기독교부흥협회가 결성되었고 1974년에 대학생선교회 김준곤 목사의 엑스폴로 74 대회, 1980년에는 세계복음화대성회가 열린 이래 오늘까지 지속되고 있다.

사경회(査經會)는 1890년 6월 중국주재 선교사 J. I. 네비우스가 "성경연구"를 권장하여 한국의 최초의 사경회는 선교사 H. H. 언더우드 집에서 7명의 교인이 모여 성경을 배우는 사경반(査經班)으로 운영하던 것이 전국적 발전을 하였는데 이 운동이 많은 교인들의 호응을 받았고 교회의 부흥의 중심이 되어왔다. 이 사경회란 "개혁교회 교인들이 모여 성경을 함께 공부하여 영적 각성과 생활의 쇄신을 도모하고 신앙심을 깊게 하여 교회의 질적 성장과 불신자 전도의 능력배양을 위한 특별기도집회"를 의미하며, 사경은 성경을 자세히 연구한다는 성경에 상고(詳考)(요5:39, 행17:11, 신4:32, 사43:16)로 표현된 말씀에 근거가 있다.

오늘날 한국교회는 사경회라는 말은 없고 부흥회도 퇴색되고 있다. 부흥회는 있으나 영적 결실은 없다. 부흥사들의 심각한 문제의식이 없고 교인들의 부흥회에 절실한 기대 또한 소극적인데 일차적인 문제가 있으며 기도의 부족과 말씀이 부실하다는데 근본적인 문제가 있다는 것이다. 설교는 현세적 기복에 치우쳐 있고 성경공부 시간은 생략되었다. 손뼉치며 열광적인 복음송은 요란한데 설교에는 진리의 깊이가 빠져 있다는 것이 신자들의 중론이다. 성경에 오순절부흥회, 미스바부흥회, 에스라부흥회는 모두 성경으로 돌아가 성경을 상고하여 하나님의 뜻을 발견하고 회개와 영적 경성으로 모든 난관이 치유되는 살아 있는 체험의 집회였다. 말씀으로 돌아가고 말씀에 지배를 받고 능력 받고 깨달음으로 돌아갔기 때문이다.

지난날의 사경회는 강사는 많은 시간을 들여 성경을 연구하였고 교인들은 기도하면서 예약된 집회를 사모하였다. 말씀 없는 부흥회는 공허한 종교행사에 불과하다. 말씀이 바르게 해석되고 바르게 설명되고 말씀이 중심이 되는 집회로 돌아가야 한다. 그러자면 부흥회가 아닌 사경회로 집회의 성격과 명칭은 바꾸어져야 한다. 진정한 부흥운동과 성령운동은 말씀운동인 것이다. 말씀을 배워 깨닫는 것에서 신앙과 교회를 세워 가는 것이기 때문이다.

「부흥회」와 「부흥사」라는 말에 대한 소회(所懷)

교회가 흔히 '부흥'(부흥회)과 '부흥사'란 말을 많이 쓰는데 이 '부흥'이란 말의 개념은 "쇠잔한 것을 다시 일어나게 함" 또는 "정신적 물질적인 것을 회복하거나 헌것을 다시 새롭게 하는 것"을 뜻하는 말로서 성경에는 "…여호와여 주는 주의 일을 이 수년 내에 '부흥케' 하소서…"(합 3:2)라는 말씀이 있다. 그리고 '부흥회'라는 말은 "개혁교회에서 교인들의 믿음성숙과 교회성장을 위한 특별기도회"를 뜻하는 말인데 이러한 부흥회는 1907년 길선주 목사가 인도한 평양 장대원교회의 집회는 영적 삶을 일깨워 신앙교육을 진작시켰고 교인들의 성경연구와 깨달음을 실천하며 기도하는 신앙의 틀을 형성시킨 역사적 계기가 되어 교회의 질과 양의 성장을 가져왔다.

한국교회의 부흥의 초석이 되었던 것은 선교사 언더우드 목사가 시작한 성경공부를 위한 집회가 있었는데 이를 초기에는 사경반(查經班:Bible class)이라고 하여 4복음서를 중심한 예수님의 생애, 바울서신, 교리문답, 주기도문, 십계명, 사도신경 등을 기본교과로 한 공부가 선교지역마다 사경반 운동이 일어나 기록에는 전국 8천개의 사경반이 운영되던 중 '사경회'라는 특별집회 형식으로 발전하여 한국교회 부흥의 토대를 이루게 되었다. 이렇게 불붙게 된 부흥은 많은 성과를 가져왔으나 최근 20여 년간의 교회의 부흥운동의 실태는 한마디로 전형을 잃어버린 집회로 변질되어 이에 몇 가지 소회(所懷)를 밝히면 첫째, 부흥회라는 명칭을 구분하여 써야 한다. 부흥은 전술한 바와 같이 '홍성했던 것이 쇠잔하여 이를 다시 일으켜 새롭게 한다'는 의미인데 한 번도 홍성한 전력(前歷)이 없는 교회가 성장을 목적한 특별집회를 '부흥회'로 집회명칭을 쓰는 것은 부적절하다. 둘째, 오늘날 부흥집회의 실상은 기복적인 충동심을 자극하는 종교적 감상주의에 빠져 부흥회의 본래의 모습을 잃고 은사중심의 기복적인 설교로 약하고 병든 심령치유보다는 물질축복과 헌금 강조를 일삼고 강사의 인기관리를 위해 온갖 기교를 다해 청중동원에 급급하여 복음이 빠져버린 부흥집회는 탈선으로 보아야 할 것이다. 셋째, 부흥집회 인도자는 신구약 성경 전체를 일관하고 있는 신학적 근거와 사상을 깊이 터득하고 성경 본문의 연구를 통한 깊은 이해와 기도의 축적과 밝은 영성을 가지고 성령님의 강한 능력에 사로 잡혀 설교와 기도에 감화력을 가져야한다. 넷째, 인도자는 분명한 집회의 주제의식과 목표를 가지고 영적인 삶에 변화와 갱신을 가지도록 진리를 말하되 본문과 제목과 표현이 각각 다르게 논리적 체계도 없이 즉흥적인 종교교양에 불과한 무분별한 말을 쏟아내지 말아야 한다. 다섯째, '부흥사'란 말의 부적절함을 갱신할 필요가 있다. 부흥사는 기술적 기능사와 같이 완성적인 결과를 만들어 내는 기능적 특허인이 아니며 약한 교회를 부흥사가 반드시 부흥이 되게 하는 영적 기능사가 아니므로 부흥사가 아닌 부흥회 또는 특별집회, 사경회 등의 '인도자' 또는 '강사'로 표현하는 것이 옳을 것이다. 따라서 한국교회는 부조리로 일관된 부흥회는 이제 '사경회'로 돌아가서 성경을 배우며 기도하다가 성령님의 능력받아 변화되는 초대교회의 체험을 재현하는 특별집회로 개혁을 도모해야 할 것이다.

이러한 부흥운동의 역사적인 외적 배경을 보면 영국의 웨일즈 부흥운동과 인도의 부흥운동은 18세기 영국의 종교사조와 생활경향은 무기력상태에 빠져 있었다. 당시의 사회상은 극단적 향락주의와 세기말적인 경향으로 흘렀으며 산업혁명의 결과로 유럽 여러 나라에서 이주(移住)가 폭주하여 인구팽창으로 인한 영국사회는 도덕적, 정신적 파산에 직면했고 교회는 진정한 영적 부흥이 시급히 요청되었다. 이런 때에 요한 웨슬리(1703-1790)와 찰스 웨슬리(1708-1789), 그리고 죠지 횟필드(1724-1770) 등이 중심이 되어 복음주의 부흥운동이 일어나게 되었다.

그리고 한국적 배경을 보면 초기 상황은 미신적 종교심성과 민간신앙심과의 깊은 관계 속에서 융합되어 형성되어 왔는데 당시 민족적 패망의식의 작용으로 선교사들과 함께 기도하는 가운데 현실타개를 도모하였으며 1903년부터 일기 시작한 신앙부흥운동은 사경회(査經會)를 중심으로 한국교회는 급진전해 오던 중 그 후 1940년대에 와서 교회가 침체되어 오던 중 8·15 광복을 맞으면서 교회의 분열이 생기는 위기를 맞게 되던 중 교회 화합을 목적으로 이성봉 목사를 중심으로 부흥운동이 일어나게 되었다.

근년에 와서 부흥회가 기복적인 충동심을 자극하는 종교적 감상주의에 빠져 부흥회의 본래의 모습을 잃고 은사 중심, 축복설교로 약하고 죽어가는 심령 치유는 관심없고 집회 강사의 인기 관리를 위해 온갖 기교를 다해 청중동원에 치중하는 태도는 이젠 그만 둬야 한다. 몇 가지 문제점과 대안을 제시하면 첫째, 오늘날 부흥집회는 신·구약 전체를 일관하고 있는 신학적 근거와 사상이 결여 된 채 영적 문제보다는 현세적 복을 강조하므로 성령님의 강한 역사와 능력을 체험할 수가 없다. 둘째, 부흥강사는 성경에 대한 깊은 연구와 신학적 이해와 많은 기도를 통해 능력과 감화력을 바탕으로 분명한 주제의식과 목표를 가지고 영적 삶의 갱신을 가져올 수 있게 복음을 말해야 하는데 본문 따로, 제목 따로, 표현 따로 즉흥적인 종교 교양적 말을 논리적 체계없이 쏟아내는 부흥회 메시지는 실효성이 없다. 셋째, 부흥사라는 말은 부적절한 말이다. 이 말대로 마치 기능사가 어떤 기술을 제공하여 정확한 결과를 완성하는 것처럼 '부흥사'라면 어떤 경우에도 부흥회를 하면 수치적 성취와 결과를 꼭 이루어내는 특수한 능력과 자격을 갖춘 자처럼 표현되는 말은 부적절하므로 '부흥집회를 인도하는 강사'이기 때문에 '부흥집회 인도자'라고 해야 옳을 것이다. 넷째, 부흥의 본래의 의미는 한때 융성하던 조건이 쇠퇴하여졌을 때 이것을 다시 일으키는 일을 부흥이라고 한다면 한 번도 흥성한 역사와 쇠잔해진 과정이 없었던 교회가 무슨 부흥이란 말이 가능하겠는가?

따라서 이제는 부흥회란 집회를 '사경회'라는 집회명으로 복원하여 초기 교회가 사경회를 통하여 성경 읽고 듣고 배우다가 능력 받고 은사와 은혜 받아 개인의 신앙과 교회의 질과 양의 성장이 되었던 것처럼 한국교회는 '사경회'로 돌아가야 한다.

「붉은 악마」라는 말은 「붉은 응원단」으로

 2002년 한일 월드컵 국제축구대회 개최를 계기로 한국축구선수들의 응원단이 붉은색 제복(uniform)을 입고 〈붉은 악마〉라는 이름으로 경기장과 거리광장에서 수십만이 모여 조직적인 응원을 펼쳐 세계 4위의 축구강국의 명성을 높이는데 기여하고 세계인의 시선을 모았다. 〈붉은 악마〉는 1983년 멕시코 세계청소년축구대회에서 한국대표팀이 세계 4위에 오르자 세계 언론들이 한국팀을 〈붉은 악령; Red Furies〉이라고 한 것을 〈붉은 악마; Red Devil〉로 번역된 후 1995년 12월 〈Great Hankuk Supporters Club〉으로 출발하여 1998년 8월에 〈붉은 악마〉라는 이름으로 오늘에 이르렀다.

 그 후 〈붉은 악마〉라는 축구 응원단을 전 국민은 물론이고 교회 내에서 심지어는 설교자들까지도 예화나 관련 상황을 인용할 때 이 응원단을 〈붉은 악마〉로 지칭하는 사례가 있는데 이 지칭을 기독인이 쓰지 말아야 할 몇 가지 이유가 있다. 당시 몇몇 언론에서 문제성을 지적한 바가 있었으나 다수의 언중(言衆)이 무비판적 모방사용으로 유행어가 되어 버린 그 문제점은 첫째, 성경적 관점에서 악마, 마귀, 사탄 등은 기독교의 적대적 존재로서 신앙인을 미혹(迷惑)하고 하나님과 원수되게 하는 배도(背道)적 기능을 지속적으로 행사하는 점이다. 둘째, 악마(惡魔)라는 말의 의미로는 '악한 마귀' 또는 '악한 사탄' 이라는 말인데 여기에서 악은 본질적으로 선하지 못하여 사악하고 죄악된 행동을 말하며, 언어기능으로는 고자질과 중상모략과 거짓증거를 하고, 영(靈)적으로는 더러운 영, 귀신, 인간을 대적하고 번뇌케 하는 것 등이 기독교의 선한 본질적 요소를 훼손하는 악이기 때문이다. 셋째, 〈붉은 악마〉라는 말의 어감과 인상이 비인도적, 비문화적, 반인류적 인상이 짙고 인간의 보편적인 삶을 공유할 수 없는 사회공동체로부터 유리된 반사회적 실존개념을 갖게 하며 배타적 정서를 충동하는 어감을 강하게 풍기고 있다는 점이다. 따라서 이 지칭을 문화적 산물로 고정하여 반복적으로 사용하기에는 국민정서에 반하고 보편적 가치를 존중하는 다수의 동시대인과 성경적 기독교문화 창달과 사회질서를 도모코자 하는 신앙인들의 기대심에 수용되지 않는 지칭인 것이다.

그리스도인의 기도는 "우리를 악에서 구하옵소서"(마 6:13)이고, "악을 미워하고 선에 속하여야"(롬 12:9) 하고, "악은 모든 모양이라도 버리라"(살전 5:22)는 교훈과도 관련이 있기 때문이다. 혹자의 말에 〈붉은 악마〉는 강인한 경기력의 정신적 배경이 됨과 상대방 선수의 기세를 누르는 위압적인 이미지를 표출하는 승전철학을 담은 상징성이 있다고 한다. 그러나 〈악마〉의 속성을 관념적, 문화적 감각으로 승화시킨다고 해도 그 지칭 자체는 기독인이 쓸 언어로는 부적절하고 특히 설교자들이 삼가야할 말이다. 그러면 그 대안은 〈붉은 응원단〉이라고 하면 될 것이다. 성경적 악마의 실체는 그리스도인의 대적인 점을 기억해야 한다.

「사랑하는 하나님」과 「사랑하시는 하나님」을 구분하여 호칭해야 한다

「사랑하는 하나님」과 「사랑하시는 하나님」이라는 말의 구분

교인의 기도 말 중에 "사랑하는 하나님"과 "사랑하시는 하나님"이라는 말이 구분되지 않는 경우를 볼 수 있는데 혼돈하지 말아야 한다. "사랑하는 하나님"이라고 할 때는 기도자가 하나님을 사랑의 대상으로 설정하고 기도자편의 사랑을 하나님께 표현하는 말이고 "사랑하시는 하나님"이라고 할 때는 사랑의 주체가 하나님이 되고 그 사랑의 대상을 기도자편으로 설정하여 표현할 때 쓰는 말이다.

이때 반드시 "저희들"(우리들)을 사랑하시는 하나님"이라고 해야 "사랑하는 하나님"이라는 인간편의 사랑과 구분이 확실해지는 것이다. 인간은 "하는…"이가 되고 하나님은 "하시는…"인데 여기에는 "상대존대보조어간"(相對尊待補助語幹)인 "시"라는 음절을 하나님의 행위 묘사에서만 삽입하여 쓸 수 있는 말임을 유념해야 한다.

「사모」(師母)라는 말 바로 써야 한다

　교회에서 흔히 목사의 아내를 목사 자신이 "사모"라고 호칭하는 경우가 있는데 이는 분별하여 써야 한다. "사모"라는 말은 원래 자기 스승(사부)의 부인(夫人)을 일컫는 말인데 오늘날은 이 말을 분별없이 쓰고 있다. 호칭자와 그 대상이 사제간이 아닌데도 사회적 명망이 있고 재벌의 총수나 기업가의 부인 또는 덕망 있는 선배의 부인을 품격을 높여 "사모"라는 호칭을 쓰는 사례가 일반화되어 있는데 이는 호칭문화의 착오이며 때로 아유(阿諛)에 해당되게 쓰는 경우는 격이 높은 언어관용이 될 수 없다.

　우리 한자 언어문화에서 아내에 관한 칭호의 유형은 다양하다. 우선 "아내", "처"(妻), "내자"(內子), "실인"(室人), "형처"(荊妻), "내처", "우처"(愚妻), "조강지처"(糟糠之妻), "수처"(瘦妻), "빈처"(貧妻), "본처", "정실"(正室), "계실"(繼室), "후처"(後妻), "부인", "영부인", "집사람", "마누라" 등 다양한 칭호가 있다. 이 중 남과 이야기 할 때 자기 아내를 일컫는 말 중 "내자"(內子) 또는 남에 대하여 자기 아내를 겸손하게 이르는 말을 "집사람", 남을 높이어 그의 아내를 일컫는 말을 "부인"(夫人), 자기 아내를 허물없이 일컫는 말이나 중년 넘은 여자를 속되게 이르는 말을 "마누라"라고 한다.

이 중 교회에서 목사가 자기 아내를 회중 앞이나 남들 앞에서 "우리 사모" 또는 "저의 사모"등으로 지칭하는 것이나 남을 높이어 그의 아내를 일컫는 말인 "부인"(夫人)이라는 말을 자기 아내에게 적용시키는 사례나 사석(私席)에서 자기 아내를 "우리 마누라"라고 일컫는 것은 윤리적인 격조를 갖추지 못한 비어(卑語)스러운 말이 되는 것이다.

교회에서 교인들은 목사가 자기네의 영적 지도자이고 말씀으로 교육하고 양육하는 스승 격이니 목사의 부인을 "사모"라고 호칭함은 자연스럽다. 그러나 목사자신이 자기 아내를 "사모"라고 하거나 "부인"이라고 지칭하는 말은 공·사석 어느 경우에도 쓸 수 없는 말이다. 굳이 쓴다면 교인들의 사모이니 교인편의 호칭을 이입(移入)하여 "교회 사모" 또는 사석이라면 "집사람" 또는 "저의 내자" 아니면 "저의 내조자" 등으로 표현함이 자연스럽다.

그리고 교인들도 목사의 부인을 "목사님 사모님"이라고 부를 수 없다. 목사에게는 교인들의 편의 "사모"가 목사 당사자에게는 아내일 뿐이지 목사의 사모가 될 수 없기 때문이다(목사 스승의 부인이 아님). 이럴 때에는 "우리교회 사모님", "교회 사모님" 등으로 호칭하는 것이 좋을 것이다. 그 외의 일반적으로 스승의 부인이 아닌 사람을 "사모"라고 지칭하는 것은 어떤 경우에도 적합지 않다. "사장님의 사모님께서", "선배님의 사모님께서" 등은 "사장님의 부인께서", "선배님의 부인께서"라는 정도이면 예의를 갖춘 말이 될 것이고 조금 격을 높일 경우라면 "영부인"(令夫人)이란 말이 가능할 것이다. 그리고 많은 연륜의 간격이 없는 선후배의 사이에서는 각자의 아내를 "아주머니"로 호칭(지칭)함이 무난할 것이다.

신·구약 성경에도 "사모"라는 호칭의 사례가 없고 신앙 영웅들의 배우자를 "아내"라고 지칭하고(창 12:5, 23:19, 41:45, 고전 9:5) 있음을 주목할 필요가 있다. 따라서 교회의 교역자들의 내조자를 교역자 당사자들 스스로가 "우리 사모"라고 지칭하는 것은 갱신되어야 한다.

"말의 실수가 없는 자면 곧 온전한 사람이라" (약 3:2)

「사순절」(四旬節; Lent)의 뜻 바로 새기자

각 교회들은 「사순절」 기간으로 지키고 있다. 「사순절」 기간은 부활주일 전일부터 소급하여 40일간의 기간으로 산정한 것인데 속죄일로 명명된 재(灰)의 수요일(Ash Wednesday)을 첫째날로 시작된다. 가령 부활주일이 4월 11일이면 소급 40일은 2월 26일(수요일)부터 4월 10일(토요일)까지인데 여기에 주일 6일간을 제외한 40일이 절기의 기간이다. 이 사순절의 개념은 교회사적으로 오랜 기간의 변천 과정을 거쳐 확정된 것인데 예수님의 40일간의 광야의 금식과 시험을 받던 수난을 기억하고 그 정신에 동참하기 위하여 제정된 것이 직접적인 배경이었고 모세의 시내산 40일간 금식과 엘리야의 40일간의 금식, 이스라엘 사람들의 40년간의 광야생활 등이 간접적인 배경이 되어 부활절 전에 행해지는 40일간의 금식과 기도하는 기간으로 일명 제기(齊期)라고도 하는 기간을 말한다.

〈유세비우스〉에 의하면 사순절은 3세기까지 부활절을 예비하기 위한 금식기간은 대체로 2-3일을 초과하지 않았으나 40일간을 가리키는 용어 〈테사라코스테〉라는 말의 최초 언급이 니케아 교회법(A.D 325: 교회법 5조)에 언급된 것에서 그 기간을 주목할 수 있는데 본래는 실제 금식기간을 6주로 하여 주일을 제외하고 36일이었으나 여기에 4일을 추가하여 40일(四旬)이 되었고 〈그레고리우스〉 교황 때부터 재의 수요일을 사순절의 시작일로 잡아 엄격히 지켜왔다.

그렇다면 「사순절」은 기독교개혁 이전의 가톨릭교회를 중심한 교회사적 절기로 볼 수 있는데 이 절기를 물리적인 답습(踏襲)으로 고행주의나 또는 금욕주의적인 발상에서 형식적인 재현을 위한 관점에서라면 하나님의 구속사와 예수 그리스도의 중보와 은혜언약의 통전성(通典性)에서 볼 때 옳지 않다. 사순절이 예수 그리스도의 고난을 되새겨 동참하며 경건한 신앙생활을 위한 것이라면 물리적으로, 상황적으로 지킬 것이 아니라 그리스도의 대속적 고난의 참 정신을 실천적 삶을 통하여 그리스도와 연합해야 하고 이웃과 공동체에서 그 정신을 구현해야 한다. 기독인들의 전 삶이 사순절의 참 정신을 실천하면서 살아가는 것이 옳을 것인 바 특별히 절기화하여 그 정신을 재확인하고 영성을 가다듬을 수 있는 계기를 가진다는 의미는 큰 것이다. 그러나 형식주의에 입각하여 날수의 채움이나 고난을 형상화하여 프로그램화에 중점을 두고 절기의 내재적 정신을 찾지 않으면 의미가 없는 것이다.

그리스도를 가해한 자를 원망 없이 용서하고, 인류의 사랑을 저버리지 않고, 고통을 참으시고 하나님의 뜻을 완성하신 십자가의 참 정신을 우리의 삶의 현장에서 내 이웃에게 실천하는 것이 주님의 고난에 참예하는 것이 아니겠는가? 사순절은 십자가 정신에 참예하고 실천하는 영성을 일깨우는 은혜의 기회가 되기를 요구하고 있는 것이다.

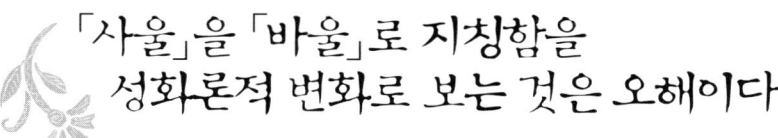
「사울」을 「바울」로 지칭함을 성화론적 변화로 보는 것은 오해이다

흔히 사도바울을 말할 때 그의 본명은 '사울'인데 '다메섹' 도상 회심 후 '바울'로 지칭된 것을 성화론(聖化論)적 변화의 결과로 이해하고 기도와 설교에서 중생의 교훈으로 인용하거나 복음송에 "사울이 변하여 바울이 됐네"로 작사된 것 등은 잘못이다.

성경에는 사울이라는 이름을 가진 동명이인이 있는데 '에돔왕 사울'(창 36:37), '시므온의 아들 사울'(창46:10), '이스라엘 왕 기스의 아들 사울'(삼상 9:1-2), 그리고 '사도바울'이다. 이 바울은 '길리기아 다소'에서 히브리인으로 태어나 베냐민 지파에 속한자로서 유대교적 교육을 받은 정통유대인이다. 따라서 그는 다메섹 회심 전까지는 그의 이름은 히브리식으로 사울이었다(행 7:58, 8:1, 9:1, 13:9). 이 사울이 회심 이후에 헬라어 발음으로 파울로스(바울)로 지칭된 것이 사실이다. 그러나 사울을 바울로 지칭된 것이 회심을 계기로 새롭게 바꾸어진 성화론적 변화의 표징으로 이해하는 것은 잘못이다.

그 몇 가지 이유를 들면 첫째, 원래 사울이라는 이름은 '셈어' 계열인 히브리어의 고유한 언어체계에서 작명된 그의 본명으로서 다메섹 회심 이후에도 성령님 충만한 바울을 사울이라는 이름으로 사용되었고(행13:9) 성경기사의 논리적 배열에서 보면 바울의 회심은 이미 행9:1-15에서 사울이 '주의 쓰실 그 릇이 된 이후인데 계속 지칭된 이름이었다.

둘째, 바울이란 이름이 회심으로 바꾸어 진 이름이 아니라 '사울' 이라는 히 브리식 이름을 그리스어 '파울로스'(바울)로 같은 이름을 헬라식 발음체계로 지칭된 것이므로 성화론적인 영적 의미를 부여하지 않는 것이 상식이다.

셋째, 사울과 바울의 두 이름을 가지게 된 것은 유대인들이 팔레스타인의 경계 밖으로 흩어진 디아스포라(διαθήκη)들의 특징인 헬라문화와 유대문화의 두 문화의 배경에서 병용(倂用)한 결과로 이해할 필요가 있다.

넷째, 행13:9에 바울이 등장하는 것은 사울이 1차 전도여행이 시작되면서 당대에 고대 유대인에서 기독교가 계승하여 순화시킨 문화와 종교 사상양식 인 '헤브라이즘' 적 사상배경으로부터 사상적 관점의 전환이 필요하였다. 즉 나면서부터 로마 시민권을 가진(행22:26-28) 사울이 그리스 고유의 문화와 오 리엔트 문화가 융합된 사상체계를 지닌 그리스의 문화, 사상, 정신을 중심한 유럽의 문화사상인 '헬레니즘' 적 배경을 가진 이방지역 선교를 위해서는 사울 이라는 히브리식 이름보다는 헬라(로마)식 이름인 바울로 지칭하는 것이 유리 하기 때문에 바울로 등장하게 된 배경을 이해하여야 한다.

다섯째, 사울이 바울로 지칭된 것은 성화론적 변화가 아니라 병용이며 성경 에는 변화된 이름이라는 정황적인 기록이 없을 뿐만 아니라 두 이름의 뜻이 회 심 이후의 중생의 뜻을 담은 의미 부여가 없고 히브리식 '크다' 와 헬라식 '작 은 자' 란 이름의 본래의 뜻이 그대로 유지되고 있음을 주목해야 한다.

따라서 오늘날에도 바울을 히브리식으로 지칭할 때는 사울, 헬라식(로마)으 로 지칭할 때는 바울인 것이다. 다만 그가 회심 후 이방인의 사도로 나타날 때 이방인의 문화에 적응된 전도자 바울이 교회사적 사도의 이름으로 지칭된 것은 사실이되 영적으로 중생의 회심을 확증하여 바꾸어진 새로운 이름 바울로 이해하는 것은 계시의 역사성을 왜곡하는 것이 된다.

「삼우제」(三虞祭)라는 말 쓸 수 없다

　기독교인 가정에서 별세한 교인의 장례를 마친 후 3일 만에 삼우제란 명목으로 유족들이 성묘(省墓)하는 관행이 있는데 이 삼우제라는 말은 유교적 관례(慣例)에 관한 용어로서 기독교인이 쓸 수 없는 말이다. 이 말의 배경은 중국 한대(漢代)의 무제(武帝) 때 오경(五經)에 밝은 학자인 오경박사(五經博士) 오인(五人)에 의하여 유래된 역경(易經), 서경(書經), 시경(詩經), 예기(禮記), 춘추(春秋) 등의 다섯 가지 경서(經書) 중에 주례(周禮), 의례(儀禮), 예기(禮記)의 삼례(三禮)가 있다. 이 중에 하나인 〈예기〉(禮記)라는 경서(經書)에 기록된 제의(祭儀)에 관한 가르침에서 전래(傳來)된 제례의식이 삼우제이다.

　이러한 뿌리를 가진 삼우제(三虞祭)는 우제(虞祭)라는 말로 쓰기도 하는데 장사를 지낸 후 3일 동안에 세 번 행하는 제사로서 초우(初虞), 재우(再虞), 삼우(三虞)를 모두 일컫는 말이며 그 중 삼우제는 세 번째로 행하는 제례로서 이교(異敎)적인 사상에 근거를 두고 있어 삼가야할 말이다. 다만 기독교의 신앙정절에 훼손됨이 없는 "성묘"만의 행위와 그 말은 몇 가지 윤리적 의미가 있다고 본다. 첫째, 장사(葬事) 당일까지 먼 외지에서 채 돌아오지 못한 가족이나 기타 사유로 인하여 장례에 불참한 친족들이 사후 〈성묘〉를 통해 묘소(墓所)를 확인하고 추모할 기회를 갖게 한다는 점이다. 둘째, 성묘는 유족들이 산소(山所)의 분묘(墳墓)가 잘 조성되었는지를 살펴 확인하고 묘소를 통한 한 혈족의 의미를 되새기며 별세인도 정신적인 한 가족으로 존중하게 되는 뜻을 담고 있다는 점이다. 셋째, 유족들이 고인의 별세한 현실을 무덤 앞에서 실감하고 인생의 무상성(無常性)에 대한 신앙적인 의미를 찾으면서 자신을 성찰하고 고인의 생존 시에 남긴 신앙의 행적과 덕을 기리며 골육들의 상호 위로와 결속을 다짐하는 계기를 삼게 된다는 점 등이 "장례 후 첫 성묘"의 의미일 것이다.

이러한 관점에서 볼 때 〈성묘〉 자체는 기독교 신앙의 본질적인 행위는 아니지만 이를 통해 고인의 생존 시의 모습을 회상하고 유족들의 혈연관계와 가족의 소중함을 재인식하며 덕담으로 상호 격려하게 되는 윤리적 의미가 있는 것이다. 그러나 "삼우제"와 관련된 〈3일 만에〉라는 말은 장례마감 후 세 번째 제사인 삼우제를 지내는 유교적인 관례에서 비롯된 것이므로 굳이 그 날짜에 맞춰 성묘할 필요는 없는 것이다. 다만 신앙적 재량과 윤리적 관점에서 편리한 날짜를 잡으면 될 것이다.

따라서 "3일 만에" 삼우제로 무덤을 찾는 행위와 그 정신은 성경정신으로 여과해야 하고 이교적인 제의 제도에 뿌리를 둔 제사의 개념은 기독교적인 내세관과 신앙이념으로 검증하여 고인의 무덤을 단순하게 성묘하는 문화양식으로 이해해야 한다. 그리고 묘소에 가족이 둘러 앉아 예배하므로 성묘정신을 승화하고 공식적인 명목은 〈장례 후 첫 성묘〉라고 하되 삼우제란 제의명칭은 쓰지 말아야 한다.

삼위 하나님의 성호를 사물의 명칭으로 쓰는 것은 불경이다

　흔히 교회와 선교 단체 이름을 삼위 하나님의 성호(聖號)의 실명을 배합하여 현판(懸板)한 사례가 있는데 이 성호를 사물의 명칭에 합성하여 쓰는 것은 불경스럽다(성호라는 말은 가톨릭에서 가슴에 손으로 긋는 십자가 모양의 시늉을 말하기도 하는데 필자는 성경적 인용임을 밝힌다). 성경에 성호라는 말은 레20:3, 22:2, 32, 시103:1, 105:3, 106:47, 145:1, 21, 대상16:10, 35 등에 나타나 있다. 그 내용은 '성호를 감사하며 영예를 찬양하는 것', '성호를 욕되게 하지 말 것', '거룩히 여길 것', 영원히 송축할 것', '성호를 자랑할 것' 등으로 요약될 수 있다. 이러한 성호를 원형 그대로 '예수 소망교회', '예수 세계교회', '예수 사랑교회', '예수 부활교회', '성령 강림교회', '하나님의 교회', '예수 선교회', '예수 전도단' 등으로 경배와 직접관련 없이 일반적 칭호문화 상황에 인용된 사례는 외람스럽다.

　이 명칭의 부적절한 점은 첫째, 삼위 하나님은 우주와 인간의 궁극적인 존재시요 창조주로서 만유와 만주의 주가 되시며 가장 거룩함과 영화로우신 절대자이신데 그의 실명을 상황적 사물의 명칭으로 인용하는 것은 지나친 실용주의 발상이다. 둘째, 이 성호는 존엄하신 신·인성의 무한 분량의 본질을 표상하는 칭호로서 경배와 찬양의 대상으로 직접 호칭될 관계적 이름이지 종교 문화양식 안에 신앙적 미화를 위해 사물에 붙여 지칭하는 것은 참람(僭濫)한 일이다. 셋째, 교회와 선교기구 명칭은 삼위 하나님의 실명을 붙이지 않아도 교회의 속성과 성경정신을 함축한 표현소재는 허다히 있다. 앞에 예시한 명칭이라면 성호를 넣지 않고 '소망교회', '사랑교회'라고 하면 될 것이다. 넷째, 지상 교회의 명칭은 영적교회의 계약적 예표성의 표징이고 교회 공동체의 실존과 예배공간을 공지하는 개념을 나타내는 것인 만큼 성경정신을 표출하는 명칭은 필요하지만 신앙의 대상인 삼위 하나님의 실명을 사물의 명칭화한 것은 옳지 않으며 지구상의 모든 교회는 주님이 창설하신 교회를 확장 설립하는 주의 몸 된 교회이므로 굳이 성호의 본명을 그대로 인용할 이유가 없다. 다섯째, 성호는 신앙의 대상으로서 그 자체가 존엄성의 표상이요 계시적 방편인데 예배적 관계가 아닌 (비록 교회 이름일지라도) 현세적 사람사이의 사물의 지칭매체로 쓰는 것은 부적절하다.

하나님의 실재를 신앙인의 심령에 새겨 내적 충만을 도모하고 송축으로 앙모할 일이지 외적 장식으로 성호를 쓰게 되면 그의 존귀성이 훼손될 수 있다. 성경에 "여호와의 이름을 망령되이 일컫는 자를 죄 없다 아니 하리라…"(출 20:7), "망령되이 일컫지 말라"(말 1:6-14), "그 이름이 거룩하고 지존하시도다"(시 111:9)라고 한 말씀을 주목해야 한다. 따라서 하나님의 성호는 경배와 찬양으로 높일 이름이며 구원자로 숭모하고 인격적으로 부를 이름이다. 지상교회당 건물 간판에 새겨 사물의 명칭으로 존칭 없이 지칭하는 것은 무례이며 이는 종교성의 외식적 과장이요 외형적 자랑이며 교회의 내재적 본질을 형상화하는 격이다. 성호를 문화양식으로 표현하지 말고 숭경으로 영화롭게 해야 할 것이다. 지상교회가 천국교회로 완성되는 때 모든 명칭은 소멸될 것이다.

「새 술」은 「새 포도주」로, 「동방 박사 세 사람」은 「동방 박사들」로 해야

성경본문의 음절을 첨삭(添削)하거나 그 의미를 유추(類推)해서 말하는 사례가 있는데 이는 삼가야 한다. 예를 들면 막2:22의 말씀에는 "새 포도주를 낡은 가죽 부대에 넣는 자가 없나니 … (중략)… '새 포도주'는 새 부대에 넣느니라"라는 말씀에서 〈새 포도주〉를 〈새 술〉로 변형하여 인용하는 것은 옳지 않다. 이 경우와는 다른 뜻으로 사용된 구약성경(NIV), 사49:26, 삿9:13에는 우리말 성경에 〈새 술〉로 번역된 말씀도 본래 〈포도주〉로 번역되는 와인(wine)으로 기록되어 있다. 특히 막2:22은 분명 〈새 포도주〉로 기록되어 있는데 "새 술은 새 부대에"로 잘못 인용하고 있다.

술과 포도주는 사물의 성질로 보아 양자가 같은 양조(釀造)과정을 거쳐서 주정(酒精)을 함유하고 있는 동질성을 가지고 있다는 관점에서 포도주를 술로 표현할 수 있을지는 모르나 어원적인 개념에서 혼용될 수 없는 것이다. 사전(辭典)상으로 보면 포도주는 와인으로, 술은 alcoholic drinks(rice wine)으로 표현하여 제조의 원료의 차이점과 문화적 관점에서 포도주는 음료적인 개념이 있으나 술은 주정을 담은 취증료(醉症料)로서 해독성의 개념을 가지고 있는 것이다. 언어란 비록 어떤 두 말이 그 의미구조가 같다고 해도 언어의 표현양식이 다른 형태소(形態素)의 차이점은 결국 문화적 위치가 달라지는 법이다. 따라서 포도주는 포도주일 뿐이지 굳이 술로 어형(語形)을 바꾸어 표현할 필요는 없는 것이다. "새 포도주는 새 부대에"로 해야 한다.

그리고 마2:1에 "헤롯 왕 때에 예수께서 유대 베들레헴에서 나시매 '동방으로부터 박사들이' 예루살렘에 이르러 말하되"에서 동방으로부터 온 박사들(옛 페르시아 승족; Magi)을 〈동방박사 세 사람〉이라고 표현하는 것 역시 음절 가감(加減)이요 의미 유추이다. 성경에는 〈세 사람〉이라는 말은 기록되지 않았다. 황금(그가 왕이심,권력을 나타내심)과 유향(그의 신성을 나타냄)과 몰약(그의 죽음을 의미함) 등의 보배합을 열어 제각기 왕권과 구원을 상징하는 각각의 예물을 나누어 바친 세 사람일 것으로 유추한 것이다.

성경적인 근거 없이 기록에 의하면 예물이 셋이니 박사도 셋이라고 주장하는 것은 알렉산드리아의 신학자 "오리게네스:185-254"라는 사람의 의해서다. 〈라벤나〉에 소재한 성〈아폴리나레 누우보〉교회의 그림에서는 동방 박사들의 이름이 〈카스파르〉, 〈발타사르〉, 〈멜키오르〉 등이었다고 밝히고 있다. 이러한 추측 기사에 의하여 동방 박사는 세 사람이라고 오늘 날까지 관습적으로 그 숫자를 사용하고 있는데 이는 허구이며 〈박사들〉이라는 복수적인 표현과 세 종류의 예물에서 수(數)의 개념을 유추한 것으로 보아진다. 시정해야 할 말이다. "내가 너희에게 명하는 말을 너희는 가감(加減)하지 말고 내가 너희에게 명하는 너희 하나님 여호와의 명령을 지키라"(신4:2)는 말씀과 "내가 너희에게 명하는 이 모든 말을 너희는 지켜 행하고 그것에 가감하지 말지니라"(신12:32)라는 말씀을 유념하고 성경말씀의 신적 권위를 음절의 가감이나 의미의 유추로 훼손하는 일은 삼가야 한다.

선민(選民)(히브리 민족, 유대인, 이스라엘 백성) 지칭의 구분 I

〈히브리 민족〉이라고 선민을 지칭할 경우

목회자들이 설교 중에 설교 주제와 관련하여 하나님의 선민(選民)을 지칭할 때 〈히브리민족〉, 〈유대인〉, 〈이스라엘 백성〉 등으로 표현하는 경우가 있는데 이 세 가지 지칭에 대하여 듣는 교인들은 구분하여 이해하지 못한다는 말을 종종 듣는다. 세 지칭의 대상이 혹 각각 다른 종족 또는 다른 국민을 말하는 것인지, 표본(標本)적인 선민이 단일하지 않고 복수 민족을 말하는 것인지, 정확한 구분이 되지 않아서 혼돈(混沌)스럽다는 의견일 것이다. 선민의 민족사적인 배경과 그렇게 지칭하게 된 종교 사회 문화적 경위(經緯)와 과정을 이해할 기회를 갖지 못한 교인의 입장에서는 표본선민이 마치 다민족(多民族)적인 것으로 오해될 수도 있다고 여겨진다. 따라서 교회는 이러한 점을 성경공부나 강해 설교를 통해서 세 가지를 각각 다르게 지칭하게 되는 배경과 경우를 의도적으로 설명할 필요가 있고 또한 설교 시에도 그와 같은 지칭이 설교주제에 따라 표현이 될 때 간략히 부연주석(敷衍註釋)하여 청중들의 설교교훈에 교감밀도를 높일 수 있게 할 필요가 있다고 판단된다.

이 세 명칭 중 먼저 〈히브리 민족〉이라는 지칭과 관련하여 운위(云謂)할 때

이 지칭에서 유념할 것은 〈히브리 민족〉은 고대 〈이스라엘〉의 기원적인 민족으로서 주전 2000년 무렵 고대 오리엔트 지역 일대에 분포해 살던 종족인데 보이지 않는 신을 믿고 단결하여 가나안 땅 불모지에 정착하여 살았고 모세의 율법에서 보면 여호와에 대한 신앙으로 결합한 종교, 문화적으로 융합 동화되어 동일 민족을 형성하게 된 인종과 민족적 개념으로 분류되는 지칭이다. 한 때는 유대인을 하시(下視)하는 외국인들의 편견에서 지칭된 이스라엘의 별칭이기도 하였으나 넓은 의미의 이 〈히브리〉는 이스라엘과 유대와 같은 뜻으로 사용되기도 한 명칭이다. 이를 개요(槪要)적으로 말해서 하나님의 부름을 받아 〈메소포타미아〉에서 유브라데스 강을 건너와 가나안에 정착한 아브라함으로부터 시작하여(창14:13, 39:14,17, 출1:19) 그의 후손들을 부르게 된 명칭이며(창40:15, 출2:7) 신약에서의 히브리인은 팔레스타인에 살던 유대인들과 각 곳에 흩어져 있던 유대인들을 모두 지칭하는 것이기도 하다.

그런고로 히브리인과 관련한 성경의 구속사적 교훈을 찾을 때는 아브라함을 중심한 그의 후손들과 히브리 민족의 족장 계보에서 야곱 이전까지의 계시사적 범위를 한정하여 말하고 순전히 유대풍속을 좇는 유대인의 종교적, 혈통적 민족개념의 그 뿌리를 말할 때 지칭하며 따라서 후일 〈유다〉와 〈이스라엘〉은 국호(國號)로 사용되었으나 〈히브리〉는 그렇지 않았음을 유념할 필요가 있다.

선민(選民)(히브리 민족, 유대인, 이스라엘 백성) 지칭의 구분 Ⅱ

〈유대인〉이라고 선민을 지칭할 경우

목회자의 설교 중에 선민을 지칭할 때 〈히브리 민족〉, 〈유대인〉, 〈이스라엘 백성〉 등의 칭호에 대해서 일반 교인들의 이해에 몇 가지 혼돈이 있다는 의견을 종종 듣는다.

첫째, 성경을 읽을 때나 설교 때에 표현되는 세 가지 지칭이 각각 다른 혈통적 종족을 말하는 것인지, 둘째, 표본(標本)적 선민이 복수적인 것인지 셋째, 세 지칭 대상의 종교적 역할의 차이점을 비교하자는 것인지 이에 대하여 명확하게 이해하지 못하는 교인의 입장을 헤아릴 수 있다. 그래서 전회에 〈히브리 민족〉 지칭을 말한 데 이어 두 번째로 말하고자 하는 바 〈유대인〉(갈 2:14-15)이라고 지칭하여 운위(云謂)하는 경우 이 〈유대인〉은 구약성경에 따르면 본래 메소포타미아의 성읍인 〈갈대아 우르〉에서 온 이주자들이 〈아브라함〉의 인솔로 가나안에 들어가 정착한 이후 그의 자손 야곱의 일족은 다시 이집트로 이주하여 민족을 형성하였으나 〈파라오〉의 심한 압제를 받았다. 이들이 주전 1230년 무렵 〈모세〉의 인솔 아래 출애굽하여 가나안으로 돌아오는 도중 시내산에서 십계를 받으므로 신과의 언약을 맺고 열 두 부족이 종교적 공동체를 이루어 가나

안에 들어갔다. 그 후 야곱의 열 두 지파에게 토지를 분배할 때 〈유다〉 지파에게 준 지방을 〈유다〉로 칭하여 왕국을 건설하게 되고 후일 〈이스라엘 민족〉으로 성립되는 계기가 되었다. 그리고 이 유대인이라는 명칭은 야곱과 레아의 아들 이름인 〈유다〉의 이름을 딴 지파에서 형성된 후손들의 칭호이기도 하며 후일 유다와 베냐민의 두 지파를 중심으로 〈르호보암〉이 왕이 된(왕상12:23) 유다 왕국의 백성과 그의 후손에게서 유래된 민족적 명칭이기도 하여 남방 왕국 멸망을 전후해서 그 나라의 백성들을 가리킬 때 사용되었다(왕하25:25, 느1:2, 렘34:9).

따라서 〈유대인〉이라고 지칭할 때 상황적 배경과 그 민족의 대상범위는 위로는 히브리 민족에서 계승되고 아래로는 이스라엘 선민으로 승계될 시간적 중심민족으로서 바벨론 포로에서 누락된 사람들(에 3:6)의 후손들과 포로에서 귀환한 사람들(스6:14, 느13:23)이며 유대교를 믿는 자들과 유대교로 개종한 자들(에8:17), 그리고 최초의 그리스도인이 된 유대인들을 모두 포함할 뿐만 아니라 야곱 이하 그 후손에서부터 야곱을 〈마하나임〉(창32:2), 〈얍복나루〉가에서 〈이스라엘〉이라고 부르게 된(창32:28) 이전까지의 전 역사의 과정에 관련된 종족적 광의(廣義)의 선민으로(참고, 롬11:11-31) 지칭할 때 〈유대인〉이라고 할 수 있고 또한 종교적 관점에서는 그들의 민족종교인 유대교를 신봉하는 자로 정의(定義)하되 이방인과 명백한 구별을 하고 선민의 표징인 할례(갈2:7, 창12:24-25, 레12:2-3)를 받은 사람이 유대인이고 신약시대에는 예수님과 복음전파를 지속적으로 대적한 자들이 또한 유대인이다.

선민(選民)(히브리 민족, 유대인, 이스라엘 백성) 지칭의 구분 Ⅲ

〈이스라엘 민족〉이라고 백성을 지칭하는 경우

〈이스라엘 백성〉이라고 할 때는 〈마하나임〉(브니엘)에서 야곱에게 처음 붙여진 이름(창32:28)에서 비롯된 명칭으로서 종교 사회학적인 개념으로 선민을 분류 지칭하는 이름이며 구약성경 전체에서 야곱과 동의어(同義語)이고 족장의 후예들로서 야곱의 열 두 아들에게 소급하여 표현되었다(창32:32, 34:7, 49:16,28, 출1:9). 이후 열 지파를 중심으로 〈여로보암〉을 왕으로 추대하고 국호를 〈이스라엘〉로 정하였으며(왕상12:20) 처음으로 이스라엘 나라가 언급된 것은 주전 1230년경 애굽왕 〈메렌프타〉 비문(碑文)에 나타나 있다.

이 지칭을 할 경우 야곱이 이스라엘이 된 이후 형성된 하나님의 언약의 백성으로서 종교적, 사회적으로 표현되어야 할 성경의 전 사건의 교훈을 표현할 때 지칭할 수 있는 명칭이다. 그리고 물리적 시대배경과 표본적인 구원백성으로서 이스라엘의 세 명칭은 본질적으로 그 대상은 하나이며 하나님의 전 시대적 전 구속사의 영적인 선민은 구속 은총이 적용되는 모든 인류가 참 이스라엘이며 참 선민이다. 그리고 지구상에 현존하는 나라의 국호이다.

설교 강단에서 구분하여 쓸 말들

「불신자」와 「비신자」

교회에서 쓰는 말 중에 '불신자'(不信者)와 '비신자'(非信者)라는 말이 있는데 이는 구분할 필요가 있다. 이 두 말에서 '불'(不)자와 '비'(非)자는 일부 한자 말 앞에 붙어 그 말을 '아니다'라고 부정(否定)하는 뜻을 나타내는 것에서는 동일하나 '불신자'라는 말은 기독교 입장에서 볼 때 신앙생활의 여부를 가려서 믿지 않는 '행위' 적인 것을 주된 뜻으로 지칭하는 말이고, '비신자'라고 할 때는 어떤 신앙의 대상을 갖지 않은 무종교인의 '신분' 적인 것을 주된 뜻으로 지칭할 때 쓰는 말이다.

예컨대 불교와 천도교, 회교, 유교 등을 신봉하는 사람은 기독교의 신앙을 갖지 않았더라도 타종교를 신앙하는 종교적 신분을 가졌기 때문에 '비신자'는 아니되 '불신자'는 되고 기독교와 타종교의 신앙 모두를 갖지 않을 때는 종교적 신분이 없으니 '비신자'(비종교인)가 되는 것이다. 그리고 기독교에 속했더라도 회의론자(懷疑論者)는 사실상 '불신자'로 보아야 한다. 성경에 있는 '불신자'라는 말(고전10:27, 딤전5:8)도 역시 무종교적 신분을 일컫는 것이 아니라 기독교를 배교(背敎; 背道)한 자와 불신자를 같이 적시(摘示)한 것으로 이해한다.

따라서 '불신자'와 '비신자'는 모두 전도의 대상이긴 하지만 표현에 있어서는 기독교의 신앙을 갖지 않은 자는 물론 기독인이라도 확신이 없는 사람은 '불신자'에 속한자이다. 결국 '불신자'는 비기독인, '비신자'는 무종교인을 말하는데 이를 구분 없이 쓰면 청중이 지칭인물의 종교적 신분이해를 오해할 수 있으므로 유념해야 한다.

「장본인」과 「주인공」

설교자들 중에서 성경의 사건과 관련된 인물을 지칭할 때 '장본인'이라는 말과 '주인공'이라는 말을 구분 없이 사용하는 경우가 있는데 이를 바로잡아야 한다.

예컨대 〈요나〉선지자가 니느웨 성 사명을 저버리고 다시스로 도피 중 선상풍랑(船上風浪)을 만나 풍랑의 원인 규명을 위해 제비를 뽑으니 요나가 원인자로 지목되어 물속에 던짐을 받게 되었다. 이 사건에서 요나가 '장본인'이냐 '주인공'이냐 구분의 문제인데 여기에서 '장본인'라는 말은 '어떤 부정적인 일의 발단이 되는 근원을 제공하여 그 일을 일으킨 바로 그 당사자'를 지칭할 때 쓰는 말이고 '주인공'이라는 말은 '일반적으로 긍정적인 교훈이 되는 사건의 중심인물'을 지칭할 때 쓰는 말이다.

예를 들면 광야 40년 동안 출애굽 선민을 진두지휘했던 〈모세〉와 그의 후계자로서 가나안을 정복 입성한 사건의 대표적인 인물인 〈여호수아〉, 이 두 사람은 '주인공'이냐 '장본인'이냐의 지칭 문제이다. 이상 두 경우에서 요나의 경우는 부정적인 사건의 발단을 제공한 원인자이기 때문에 '장본인'으로, 모세와 여호수아의 경우는 공을 세운 교훈적 사건에 중심적 역할을 한 인물이므로 '주인공'으로 각각 지칭되어야 한다. 따라서 '장본인'과 '주인공'을 구분이 없이 쓰면 어떤 사건의 긍정적, 부정적 인물 묘사에 오해가 생겨 인물과 사건이 주는 구속사적 교훈을 바르게 이해하지 못하므로 이를 유념해야 한다.

설교단에서 구분할 말과 완곡하게 쓸 말

'당했다'와 '맞았다'(맞이했다)의 구분

설교자들 중에는 강단에서 성경의 사건이나 교인들의 생활과 관련된 어떤 일을 만나게 된 경우를 두고 '당했다'라든지 '맞았다'(맞이했다)라는 말을 구분 없이 관련지어 표현하는 사례가 있는데 이는 착오이다. '당했다'라는 말은 '뜻밖에 원치 않는 일을 만나 겪거나 난처한 경우에 처하여 봉변(逢變)을 당할 때와 같은 주로 불행한 일을 만나게 될 때 쓰는 말이다.

예컨대 '여리고 도상 행인이 강도 만난 일', '이스라엘이 앗수르 군대로부터 침공을 받은 일', '예수님의 십자가 고난 받은 일', '요셉이 형들의 미움을 받아 종으로 팔려가 시련을 겪은 일' 등에서 피해 당사자는 그 일을 〈당했다〉라고 해야 되고, '맞이했다'(맞았다)라는 말은 경사스럽고 다행한 일을 기대하여 만나게 되는 경우에 쓰는 말인데 예를 들면 '성탄절', '부활절', '유월절' 등과 같은 뜻 있는 기념일은 '맞았다'(맞이한다)로 써야 한다.

따라서 〈초상〉과 같은 흉사(凶事)나 비극적인 일과 난세(亂世)와 관련된 일은 '당했다'로, 〈결혼일〉과 〈생일〉, 〈명절〉 등의 길사(吉事)와 관련된 일은 '맞이했다'(맞았다)로 표현하는 것이 옳다. 성경에는 구원사적 교훈을 담은 긍정적, 부정적인 사건이 많이 나타나 있는데 그 사건에 따라 '당했다' 라고 해야 할 말과 '맞았다' 라고 해야 할 말이 많이 있다. 이를 구분 없이 쓰면 그 사건이 주는 섭리적인 교훈과 성격을 오해할 수 있으므로 바르게 써야 한다.

완곡(婉曲)하게 써야 할 말들

성경의 모든 표현은 신적 권위를 가진 영감된 문자계시이므로 언어적 형태요소를 존중히 여기되 다만 본문을 설교적 해석과 삶에 적용할 때 표현은 성경의 본뜻을 훼손하지 않는 원칙에서 어떤 말은 '완곡' 하게 쓸 필요가 있다. 본문상의 어떤 표현을 윤리적 상황 안에 전이(轉移)시킬 때 특정한 지칭과 관련 있는 당사자가 듣기에 겸연(慊然)적지 않도록 수사(修辭)적 해설조로 표현하여 언어의 윤리적 질감과 문학적 심미감(審美感), 그리고 영적 감화력을 줄 수 있어야 한다.

예컨대 '과부' (딤전5:3, 민30:9)는 〈홀 여성, 독신여성〉으로, '홀아비' 는 〈광부(曠夫), 환부(鰥夫), 독신남성〉으로, '홀어머니' 는 〈편모:偏母〉, '홀아버지' 는 〈편부:偏父〉 '혼인하지 않은 자' (고전7:8)는 〈미혼여성〉〈남성〉으로, '고아' (시10:18, 약 1:27)는 〈실부모아동〉(청소년)으로, '절뚝발이' (마15:30, 레21:18)는 〈지체부자유자〉(건각:蹇脚)로, '소경' (장님, 맹인, 봉사)(레19:14, 요11:37)은 〈시각장애자〉로, ' 벙어리' (잠31:8, 눅11:14)는 〈언어장애자〉(아자:啞者)로, '문둥병자' (레13:2, 눅17:12)는 〈한센(hansen)병자;나병자〉로, '귀머거리' (출4:11, 막7:37)는 〈청각장애자〉(농자: 聾者)로, '앉은뱅이' (행3:2)는 〈하반신불구자〉(좌객; 坐客)로, '무당' (신18:10)은 〈무속인〉으로, '귀신들린 자' (마4:24)는 〈객신(客神)맞은 자〉로, '거지' (눅16:20), '걸인' (요9:8)은 〈걸객〉(乞客), 개걸자 등으로 각각 표현하는 것이 언어의 격조와 유화감(柔和感)을 주며 회중이 거부감 없이 듣게 된다.

강단말씀은 경우에 따라 우회적, 간접적, 상징적으로 표현하는 것이 덕을 높인다.

설교말씀이 「계시겠습니다」는
…이 「있겠습니다」로

〈간증〉으로 설교를 대체할 수 없다

예배인도자(사회자)가 예배순서 중 설교자를 소개할 때 설교말씀이 "계시겠습니다"라는 표현은 잘못된 것이다. 〈계시다〉라는 말은 "윗사람이 있다는 뜻의 공대말" 또는 〈윗사람이 무엇을 진행하여 그 행위의 지속적인 상태를 나타내는 공대말〉이다. 그리고 〈말씀이 계시다〉에서 이 "말씀"은 웃어른의 말이나 또는 웃어른에게 하는 자기의 말을 〈하소서〉체에 해당시켜 상대를 공대하여 표현하는 〈말〉을 〈말씀〉이라고 한다. 말이란 사람의 사상과 감정을 후두를 통하여 조직적으로 나타내는 소리인 것으로서 비인격적 요소이다. 따라서 〈말씀이 계시다〉라는 표현은 사물을 인격화하는 격이니 기독교 언어문화와 어법에도 맞지 않다. 이 경우 〈설교말씀이 있겠습니다〉, 〈설교말씀을 하시겠다〉 등으로 쓰면 될 것이다. 비인격적 사물에 대하여 분별없이 의인화(擬人化)하면 그것은 기독교 정신에 합치되지 않으며 일종의 범신론적 범주에 드는 물활론(物活論)적인 만물 유생론(萬物有生論)에 합치하는 비 기독교적인 언어발상이 될 수 있다. 마치 가뭄 끝에 단비가 내릴 때 〈빗님이 오신다〉라는 말처럼 너무 반가워서 사물을 숭경(崇敬)적으로 표현하는 격의 윤리적 채색일 수도 있지만 교회의 강단용어는 개념의 변별(辨別)을 잘 할 필요가 있다.

　교회에서 흔히 공동예배 시간에 〈간증〉(干證)으로 정규설교를 대체하는 일은 옳지 않다. 〈간증:confession〉의 기독교적인 뜻은 "지은 죄를 증명하여 자복(自服)하고 믿음을 고백하는 것"을 뜻하는 말이다. 이러한 간증은 개인의 신앙경험이 지나치게 주관적인 것일 뿐만 아니라 성경적 기반이 없이 체험적인 요소를 더 실제화를 위해 과장된 내용을 가미할 수 있다는 것이며, 인용하는 성구의 신학적인 검증이 없이 본문의 참뜻을 왜곡하는 경우가 많고 자기가 선지자적 경지에 이르러 하나님으로부터 직접계시가 자신에게 임한 것처럼 영적 권위를 과시코자 하는 모습은 예배의 본질에 벗어나는 것이다. 물론 간증의 긍정적인 면도 있다. 신앙의 사실적 체험담을 통해 하나님의 실존과 그의 역사를 확인하는 간접경험의 효과가 있으며 성경말씀이 참 진리임을 확신케 하며 간증자의 처지와 같은 청중에게 소망과 활력을 주며 감화를 끼쳐 신앙을 깊게 할 수 있다.

　그러나 설교와 간증을 동일시하는 것은 착오이다. 설교는 예배에서 하나님의 임재적 요소이며 신적 권위의 선언과 언약의 확인으로서 신앙과 교회기반을 확고히 하는 예배행위의 중심 요소이다. 그런고로 간증의 편향적 신비주의적 체험담이, 설교로 해석되는 계시의 표준을 훼손할 수 있으므로 설교를 대신할 수는 없다. 〈간증〉은 설교 이후에나 특별 집회로 개최하여 은혜를 체험할 필요가 있다.

설교적 용어로 「도전(挑戰)」이란 말 사용은 부적합하다

　교회 목회자들이나 일반성도들까지도 하나님의 말씀과 관련하여 설교 때나 기도할 때 "하나님의 말씀에 도전받게 하여 주옵소서"라든가 "설교에 도전받았다"던가 "○○의 기도에 도전받았다"던가 "○○의 간증에 도전 받았다"와 "말씀에 도전받기를 바랍니다"라는 투와 관련하여 도전 받았다는 말을 흔히 쓰고 있음을 볼 수 있는데 이는 적절하지 않은 사용이다. 도전의 뜻은 "싸움을 걸거나 돋움"을 뜻하거나 "보다 나은 수준에 승부를 겲"을 뜻하고 비유적으로 응용하는 뜻으로는 "어려운 사업이 기록 갱신(更新)에 맞섬"이라는 뜻을 가진 말이다. 이러한 뜻을 가진 말을 설교에서 충격적인 감흥을 받았거나, 전에 깨닫지 못한 점을 깨우침을 받았거나, 그 설교를 계기로 어떤 새로운 결심과 다짐을 하게 되었거나, 실의와 낙담 중에 새로운 소망에로 정신적 계기를 맞게 된 영향력을 도전으로 표현하는 것 같으나 부적절한 용어의 도입이다.

　도전이란 말의 상식적인 쓰임새는 첫째, 전쟁과 어떤 결투(決鬪)를 통한 승부(勝負)또는 승패를 가름 짓기 위해 쌍방이 합의를 하거나 혹은 일방적으로 상대를 공격하게 될 경우를 두고 쓰는 말이다. 둘째, 이 도전은 하급수가 상급수를 향해 지위 격상을 위해 의도적으로 경쟁을 걸거나 싸움에 임하는 경우와 상급수가 하급수로부터 상위 탈환을 위해 싸움(전쟁)을 걸어옴을 받아들이는 경우를 두고 "도전 받는다" "도전 받았다"라는 말을 쓰게 되는 것이다. 이러한 용어 용법이 일반적인 언어문화 감정에 이미 교착(膠着)되어 있는 것이다. 그리고 이 "도전"이라는 용어는 인상적으로 호전성(好戰性)을 나타내는 말로서 신앙이나 영적 정황에 도입하기는 너무나 어색하고 부자연스럽다. 말씀과 성령님의 사역적 영력이 그의 백성 된 성도에게 어찌 도전해야 한다는 말인가? 그것도 상위(上位)적 지위에서 하위(下位)적인 지위의 계층을 대상으로 도전은 될 수 없다.

"도전 받았다"든지 "도전 받는다"든지는 하수가 상수 또는 하위 층이 상위 층에게 지위나 신분 상승을 위하고 국가간이라면 승리의 목적으로 도전을 하고 도전을 받을 수 있으나 어찌 절대적 가치를 지닌 진리와 신(神)적 권위를 가진 말씀이 선언적 교훈일 뿐이지 죄인 된 인간에게 "도전" 할 수 있겠는가? 상호 대립적 관계와 경쟁적 관계가 아닌 하나님과 그의 백성이며 신령한 아버지와 그의 자녀의 관계에서 도전의 대상이 될 수가 있다는 말인가? 다만 성도는 사탄과 마귀의 도전을 받고 숱한 유혹을 받지만 진리로부터 성령님의 교통하심의 관계에서 도전을 받을 수는 없다. 진리와 말씀 앞에서, 성령님의 역사 앞에서, 교훈 받고 일깨움을 받고 인도와 감동을 받을지언정 도전은 어불성설(語不成說)이다. 성경에는 하나님과 그의 백성의 관계에서 또한 말씀과 그 말씀을 받는 성도와의 관계에서 "도전"이라는 말 사용한 사례가 없는 것이다. 지나친 감성주의와 광기어린 열정이 본의 아니게 호전적 용어를 여과 없이, 검증이 없이 무분별하게 도입하여 사용한 듯 하나 시정되어야 한다.

"도전"이라고 쓸 수 있는 고조된 영성이라면 "큰 감격과 감명을 받았다"든지 "성령님의 영력에 압도되어 새로운 변화를 받았다"든지 "큰 깨달음을 통한 새로운 결심을 하게 되었다" 등으로 표현할 수 있는 영성적 상태를 말함이 아니겠는가? 내용 없는 열정주의의 산물이라고 보고 싶은 이 "도전"은 언제나 지고한 가치를 지녀 인간보다 더 크고 더 높은 지위에서 그렇지 않는 인간에게 "도전"이나 하는 수준으로 영적 작용을 표현하는 것은 지금부터라도 시정되어야 한다. 부적절한 "도전"의 용법을 시정하기를 진정 도전하는 바이다.

성경 「저자」와 「기록자」란 말에 대한 소회

    목회자와 교인들과 문헌들이 영감으로 쓴 성경 '기록자'를 '저자'로 지칭하는 것은 성경계시의 본질적인 문제와 관련이 있어 재고할 필요가 있다. 성경의 원저자는 하나님이신데 '저자'가 사람이라면 인간이 성경을 번안했다는 오해의 소지가 있을 수 있다. 성경의 모든 근원은 하나님이시고 그가 친히 자신을 나타내신 '문자계시'로서 사람에게 성령의 감동을 주어 기록하게 하셨으므로 '저자'가 아니라 '기록자'로 표현해야 옳은 것이다.

    그 이유를 밝히면 첫째, 성경을 하나님의 계시라고 할 때 그 의미는 창조주 하나님이 직접 사람들에게 그의 능력과 영광, 특성과 성격, 목적과 의지, 행동과 방법, 계획들을 보여주신 참 지식이며 특히 계시라는 어휘는 신·구약에서 쓰인 불확실한 것을 명확히 하고 숨겨진 것을 밝히며 표적을 보이고 말하고, 사람들이 보고 듣고, 지각하고 이해하도록 하는 의미를 포함하고 있다. 신약의 '현시하다', '보여주다'라는 말은 하나님이 스스로 자신을 드러내신 방법으로 기록자를 세워 문자로 적도록 하셨다는 의미로 이해할 수 있다.

    둘째, 문자계시인 성경에는 두 가지 강조점이 있는데 하나는 하나님은 자신이 누구시며 과거에 무엇을 하셨고, 현재는 무엇을 하고 계시고, 미래에 무엇을 하실 것과 또 사람에게 무엇을 하도록 요구하시는 말씀을 기록자를 세워 알리셨다.

셋째, 하나님이 사람에게 말씀하실 때는 스스로 인간을 만나시므로 성경은 계시를 단순한 하나님이 보장하시는 정보 전달이 아니라 자신을 알리기 위해서 인간에게 인격적으로 자신을 드러내는 것으로 간주한다(창35:7, 출6:3, 민12:6-8, 갈1:4). 또한 성경은 하나님을 설명한 사람의 저술이 아니라 하나님이 인간을 향해서 자신이 친히 말씀하시고 보여주신 계시이므로 원저자는 하나님이고 2차적인 기록자는 영감된(딤후3:15-16, 왕하2:9) 인간인 것이다.

넷째, '영감'은 하나님의 감동으로서 사람의 뜻으로 된 것이 아닌 오직 성령의 감동하심을 입은 사람들이 하나님께 받아 말한 것이다(벧후1:21). 즉, 기록자들이 성령님의 지혜와 능력과 인도하심에 사로 잡혀서 그의 음성을 듣고 본 것을 기억하고 깨닫게 하사 기록자의 환경, 경험, 성격, 교육 등의 모든 조건을 활용하시되 조금도 거짓되거나 틀린 말이 들어가지 않도록 간섭하셨는데 이것을 유기적 영감이라고 하며, 글자 한 단어까지도 하나님의 영감이 들어간 축자완전 영감이기에 성경저작에 있어서 인간의 역할은 그가 받은 것을 전하는 기록자로서 그의 인격과 문체와 문화적 상황을 사용하여 유기적 영감으로 집필하게 하셨다. 이렇게 인간의 영감된 유기적 요소가 성경에 반영되었다고 하더라도 이것은 인간의 임의성과 자기 의지가 작용된 것이 아니라 그것까지도 하나님이 필요조건으로 취하셔서 기록하게 하셨으므로 인간은 마땅히 성경의 저자가 아닌 기록자가 되어야 한다.

원저자와 저자의 개념구분을 한다 하더라도 '저자'란 말 자체의 언어적 기능이 있으므로 '저자'란 말은 '기록자'로 지칭해야 옳다. 인간을 성경저자로 지칭하는 것은 자칫 사람의 말일 수도 있다는 개연성이 있고 성경의 신적 권위에 대한 경도심이 약화될 우려가 있어 성경의 저자는 반드시 '기록자'로 지칭하는 것이 마땅하다.

「성경」과 「성서」

「성서」는 「성경」으로

교회의 많은 사람들 특히 지도자들이 "성경"을 "성서"로 지칭하는 사례를 흔히 볼 수 있는데 "성경"과 "성서"는 구분되게 지칭해야 옳을 것이다. "성경"을 어원적으로 보면 헬라어의 "기록된 문서"라는 뜻을 가진 "비블로스"(βίβλός)에서 유래된 "책"이라는 뜻을 가진 "비블리아"(βιβλία)가 영어의 Bible(성경)로 표현되고 있다. 이 "바이블"은 그리스도인들의 거룩한 "정경"(正經;규범적인, 영, canonical,헬, canon;규범, 척도, 표준 등의 뜻)이라고 선포된 하나님의 말씀을 수록한 책들을 가리킨다. 구약을 헬라어로 번역한 70인역에 단9:2의 헬라어 "하이 비블로이"(άi βιβλοι;마쏘라 사본;히브리어, 세파림;서책)는 구약의 예언서를 가리켰으며 초대교인들도 구약을 가리킬 때 "비블리아"라는 말을 사용하였다(클레멘트Ⅱ,14:2). 성경에 대한 또 다른 이름들은 "계약"(영, testament, 헬, 디아데케, διαθήκη) 또는 "언약"(영, covenant, 히, 베리트)이라고도 한다. 바울은 고후 3:14에서 구약을 "옛 계약"(한글 개역성경은 구약이라고 번역함)이라고 불렀다. 또한 헬라어 "그라페"(γραφη 마21:42, 딤후3:16, 벧전2:6, 벧후1:20)와 영어의 Scripture도 역시 구약을 가리킨다(마21:42). 또 다른 한편으로는

"성경"을 라틴어 '스크립투라'(SCRIPTURE)는 헬라어 "그라페"(graphe)를 번역한 말로써 '기록'을 의미하고 신약에서 구약의 책들이나 구약 전체를 가리키는데 사용된다. 이 "스크립쳐"는 교회가 하나님의 가르침으로 자신의 활동과 뜻, 방법, 인류가 하나님을 예배해야 하는 법에 관해 인간의 증언 형태로 하나님이 자신에 대해 증거한 것으로 받아들이는 특정한 문헌을 가리키는 역사적인 유대-기독교적 명칭이 "성경"이다. 이렇게 볼 때 "스크립쳐"는 "바이블"을 구성하는 모든 항목으로 기록한 내용을 전달하는 것으로 보며 동일한 자료를 거룩한 가르침의 유기체적 한 단위로 보는 것이다.

이렇게 어원적이고 역사적인 배경을 가진 하나님의 말씀인 "성경"은 계시적 진리를 담은 책의 개념인 "경전(經典; the sacred book; the Scripture)적인 것이고, "성서"는 "성경" 안에 내용을 구성하는 문장 또는 문서적인 요소라는 점과 성경의 내용을 분해적인 의미로 볼 수 있어 구분이 될 수 있다. 문제는 "성경"은 전술한 바와 같이 "정경"으로서 하나님이 인간에게 스스로를 나타내신 문자계시이고 신앙과 행위의 표준이 되며 기독교의 구원의 원리와 신앙규범을 담은 "경전"인 데 비하여 "성서"는 이러한 성경을 구성하는 하나님이 인간을 향한 말씀이기도 하지만 인간이 하나님에 관한 이야기 즉, 성경을 응용하고 인용한 하나님과 관계된 해석적인 요소를 포함한 의미를 부여하여 지칭한다는데 그 구분점이 있다. 통상 성경이라고 할 때 "영감된"(딤후3:16, 요10:35) 하나님의 말씀으로 "축자"(逐字)(마5:18,렘1:9,고전2:13), "완전"(마5:17-18), 유기적(有機的)으로 영감(靈感)(딤후3:15-16)된 "무오"(無誤)(시119:140)하고 "불변"(마5:18)한 진리로서 하나님의 존재와 성품과 역사를 성령의 감동을 통해서 친히 나타내신 계시의 정미(精微; 히, 초루파:순수한, 정확한)한 말씀을 총괄한 신·구약 66권의 "정경"으로서 기독교의 유일한 구속계시의 전형이다. 이러한 성경을 성서라고 지칭하는 것은 적합하지 않다. "성경" 자체는 "성서" 자체가 아니기 때문이며 "성경"에는 "성서"라고 기술된 바 근거가 없다.

"성서"는 "성경"을 일본식의 관점과 어문 생태에서 지칭된 것의 도입이라는 것도 유념해야 한다. 그리고 "성서"는 "성경"의 원형적인 것에서 분해적이며 주석(註釋)적이고 설명적인 내용을 문서적으로 표현하는 것이며 속(俗)문자에 대한 대칭적인 종교문헌적 지칭인 것이다. 그러나 "성경"은 기독교의 유일한 하나님의 구속계시의 원형(原形)으로서 신(神)적 권위를 가진 하나님의 말씀 그 자체인 것이다. 따라서 기독교계에서 "성경"이라고 지칭하는 부류와 "성서"라고 지칭하는 부류가 있는데 대체적으로 "성경"이라고 하는 측은 성경주의적 보수주의 성향을 가진 편으로 볼 수 있으며 의식적으로 "성경"을 "성서"라고 하는 것이라면 합리주의적 진보주의 성향을 가진 편으로써 성경의 절대권위와 무오성에 대한 관점을 다르게 가진 부류의 지칭이라고 볼 수 있지 않을까? 광의적으로 "성서"라고 하면 모든 주석류(註釋類)와 설교문도 성서라고 할 수 있을 것이기 때문이며 그것은 하나님의 말씀 그 자체는 아니기 때문이다. 성경은 "성경" 외의 다른 칭호가 있을 수 없다.

성경본문 인용은 문맥을 변형하지 말아야 한다

목회자들의 설교에 성경본문을 인용할 때 본문에 매김한 장(章)과 절(節)을 적시(摘示)하여 도입하는 경우 그 본문의 문구(文句)나 용어를 틀리게 인용하는 것은 삼가야 한다. "하나님이 그렇게 말씀하셨다"고 본문의 소재(所在)를 밝혀 말할 때는 반드시 원형대로 제시되어야 한다. 그렇지 않으면 성경본문을 〈인용〉한다기보다는 〈이용〉(利用)하는 것이 되고 청중이 본문내용의 차이점을 불신하게 된다.

성경본문의 인용은 글이나 말에서 근거와 표준을 삼고자 하고 그 말씀에 통제와 지배를 받겠다는 묵시적 의미를 띠는 것이다. 그래서 인용은 수사학에서 인유법(引喩法)인데 인용의 내용을 밝게 드러 내 보이는 〈명인법〉(明引法)과 은근히 암시하는 〈암인법〉(暗引法)을 써서 표현코자 하는 내용의 전거(典據)를 삼고자 하는 것이다. 그러나 성구를 이용(利用)하는 경우는 인용성구를 표준으로 삼지 않고 자신의 임의(任意)적 주의 주장에 봉합(縫合)하여 전제된 주제를 합리화하는 소재로 삼고자 하여 성경을 재량(裁量)하는 처사가 된다. 이런 경우는 이단사설을 주장하는 사람들의 성경본문을 이용하는 방법이다. 성경의 본문이라고 할 때, 그 책의 서문과 발문(跋文), 본문에 대한 주석(註釋) 등의 사람이

한 말에 대하여 영감된 하나님의 말씀에 장과 절을 매김한 순수한 하나님의 본디의 말씀이 본문이므로 이 본문을 이용하거나 틀리게 인용하는 일은 옳지 않다.

신약의 제자들은 구약본문을 인용할 때 한 음절도 가감 없이 본문 그대로 인용했다. 예컨대 예수님이 장차 올 사건들을 인용 묘사한(마12:3-6, 40-42, 13:13-14, 막7:6-7) 것이나 "선지자로 하신 말씀을 이루려 함이니라"는 마태의 구약인용(마1:22-23, 2:5-6, 15, 17-18, 23) 등에서 볼 수 있다. 신약의 구약인용 목적은 "예수님 오심으로 모든 것의 성취와 구약이 바라보던 마지막 날들이 이미 이르렀고 그의 백성을 찾아오셨다"는 사실을 확신시키는데 있다고 보는 것이기 때문에 본디의 말과 당연히 다를 수가 없다.

그리고 성경을 인용할 때 〈성경적〉, 〈성서적〉이라는 말을 쓰는데 여기에 〈-적; 的〉이라는 음절이 뜻하는 바는 〈한자어〉 명사 밑에 붙어서 그 명사가 뜻하는 상태로 된 것이라든지 그 명사가 가진 성질을 띤 것이라는 말로 사용하는 접미사인데 명사 그 자체는 아니고 그 명사와 동일한 성질을 가진 사물을 나타내는 문법적 작용을 하는 말이다. 그러니 〈성경적〉이라고 하면 성경 자체는 아니고 성경과 같은 성질을 가진 표준이라는 뜻이 된다. 그러므로 성경본문의 인용은 유사한 문맥이 아닌 본문의 원형 그 자체이어야 한다. 따라서 성경과 같은 수준의 뜻을 표준삼아 표현할 때는 〈성경적〉으로 라고 하고 본문 자체를 인용할 때는 〈성경으로는〉, 〈성경에는〉 등으로 본문의 원형을 나타내는 표현을 해야 할 것이다.

성경본문에 음운(音韻)첨가와 유추(類推)하는 말 옳지 않다 I

　일부 성도와 목회자들이 성경적인 화제나 설교 말씀 중에 특정한 사건과 관련된 내용을 인용할 때 해당본문에 표현된 어휘와 비슷한 성격을 가진 다른 사실을 미루어 어림으로 헤아려 기본 어휘에 어떤 음운(음절)의 첨가나 유추하여 본래의 말과 뜻이 비슷하게 변형하여 표현하는 사례가 있는데 이는 문자계시의 역사성(사실성)에 대한 그릇된 심상(心象; image)과 오해된 뜻을 심어줄 위험이 있으므로 삼가야한다. 예컨대 성경본문에 〈구유〉(눅 2:7)를 〈말구유〉로, 〈베데스다 못〉(요 5:2,4,7)을 〈베데스다 연못〉으로 음절의 첨가나 상황을 추정(推定)하여 표현하는 것은 적절하지 못한 것이다.

「구유」를 「말구유」로 지칭하는 사례

　성경에는 〈구유〉로 기록되어(눅2:7) 있다. 이 구유는 "마소의 먹이를 담아주는 통으로 된 큰 그릇" 또는 "말과 소의 여물통"을 말한다. 그렇다면 말구유도 되고 소구유도 되는 셈이다. 그런데 이 기록은 구체적이고 실제적인 시공의 배경과 현장성을 가진 사실적 상황을 표현한 것이다. 오늘에 와서 볼 때 당시에서는 말(馬)의 여물통이든, 소(牛)의 여물통이든 그 사용주체에 뜻이 있는 것이 아니라 그 용도와 관련한 정황적인 조건이 의미의 핵심인 것이다. 그렇다면 마소(馬牛) 중 어느 편이 사용주체이든 그것은 큰 의미가 없는 것인데 굳이 〈말〉이라는 음절을 첨가하여 〈말구유〉라고 하는 것은 본문 인용에 있어 하나님의 명령을 가감(加減)하지 말아야 할(신4:2, 12:32) 원칙을 훼손하는 것이 된다. 말과 소 중의 어느 것이 쓰던 것이든 그것은 비천(卑賤)스럽고 누추한 곳에 존귀하신 성자 하나님께서 격이 없이 탄생하신 비하(卑下)의 불가피한 환경으로 설정된 동물의 용기(用器)인 〈구유〉로만 지칭하는 것이 옳은 것이다.

「베데스다 못」을 「베데스다 연못」으로 지칭하는 사례

성경본문은 〈자비의 집〉이라는 뜻을 가진 "베데스다라 하는 못"(요5:2, 4, 7)이라고 기록하고 있다. 이 〈베데스다〉는 못의 이름이다. 이 〈못〉을 〈연못〉으로 지칭하는 것은 오류이다. 연못에 연(蓮)은 수련과(睡蓮科)에 속하는 다년초로서 연못이나 논밭에 재배하기도 하는 물위에 뜨는 희거나 붉은 꽃이 피는 식물로서 당시 베데스다 못과는 전혀 상관성이 없는 것이다. 성경의 역사성에 관한 현장을 사실적으로 떠올릴 때 물이 이따금씩 동(動)하는 간헐천(間歇泉)인 〈베데스다〉는 연꽃과는 관계없는 전설이 얽힌 소규모의 못(pool)이다. 여기에 〈연〉이라는 음절을 첨가하여 〈연못〉으로 지칭하므로 연꽃의 연상과 연못을 떠올려 성경의 순전한 사실적 배경에 얽힌 교훈과 무관한 다른 정황으로 오해케 한다면 이 또한 성경을 왜곡하는 것이므로 마땅히 삼가야할 것이다. 성경을 때때로 유기적인 해석을 하되 문자를 중시해야 한다.

성경본문에 음운(音韻)첨가와 유추(類推)하는 말 옳지 않다 II

음운(音韻)첨가와 유추(類推)하여 잘못 지칭되고 있는 성경본문에 대하여 또 다른 사례를 들어 지적하고자 한다. 예컨대 〈큰 물고기 뱃속〉(욘1:7, 2:1, 마12:40)을 〈고래고기 뱃속〉으로, 〈팥죽〉(25:34)을 〈붉은 팥죽〉으로 본문 원형에 음절을 첨가하거나 유추하여 성경본문을 인용하거나 지칭하는 것은 영감된 문자계시의 신적 권위를 훼손하는 것일 뿐만 아니라 성경의 본 뜻을 왜곡하는 이중적 우(愚)를 범하게 된다.

「큰 물고기 뱃속」을 「고래고기 뱃속」으로 지칭하는 사례

욘1:7, 2:1, 마12:40의 기록은 요나 선지가 〈니느웨〉 성읍을 회개케 하라는 하나님의 명령을 받고 그 뜻을 거역하여 다시스행 배를 타고 도망하던 중에 배가 풍랑을 만나자 그 풍랑의 원인이 요나 선지의 죄로 인한 것으로 지목되어 바다에 던짐을 받았다. 요나는 하나님이 미리 준비하신 〈큰 물고기〉 뱃속으로 삼킴을 당하여 밤낮 사흘을 지나다가 살아나올 수 있게 됐다는 기록 속에 나오는 말이다. 이 말을 우리의 경험 체계에서 이해된 내용으로 바다에 큰 물고기는 의당 고래고기라는 것으로 대체하여 표현하는 것은 잘못이다. 요나를 삼킬 수 있는 합리적 조건은 〈큰 물고기〉라는 그 크기에 의미가 있는 것이다. 굳이 고래고기라는 특정한 어종(魚種)을 대입시켜 큰 고기를 〈고래〉로 떠올리게 하는 것은 지나친 유추요 추정(推定)이 아닐 수 없다. "큰 것은 고래요, 고래는 큰 것이라"는 등식으로 성경본문을 변형하지 말아야 한다. 성경의 〈큰 물고기〉는 큰 물고기 자체일 뿐이다.

「팥죽」을 「붉은 팥죽」으로 지칭하는 사례

팥죽(창25:34)에 대한 영어성경(NIV)에는 〈납작한 콩과류(扁豆; 편두)로 물근하게 끓인 죽〉(Lentil Stew)이라는 뜻을 담은 말로 표현하고 있고, 우리의 이해는 〈팥을 삶아 으깨어 거른 물에 쌀을 넣어 쑨 죽〉이라고 한다. 우리 음식문화 관점에서 팥죽이라면 붉은 팥으로 죽을 쑤기 때문에 색깔이 붉어서 팥죽은 의당히 붉은 것으로 전제하여 〈붉은 팥죽〉이라고 표현하는 듯한데 이것은 비록 교리를 훼손하지 않는다 하더라도 성경에 또 다른 음운을 첨가하는 착오를 범하게 되는 것이다. 〈야곱〉이 떡과 팥죽을 형 〈에서〉에게 제공한 음식 그 자체는 사실을 적시한 것이고 〈붉은〉이라는 죽의 색깔이 별 상징성을 갖고 있지 않기 때문에 〈붉은 팥죽〉이라는 표현은 성경을 편향적으로 가감(加減)하는 것이 되므로 삼가야 한다.

성경을 신앙과 생활의 표준을 삼고 살아가는 복음주의 교회는 본문을 말할 때는 원형 그대로 인용해야 하고 교훈을 응용할 때는 본문이 가진 뜻을 왜곡하지 말아야 한다. 사이비 이단들은 성경을 인용하여 그 본문과 교훈에 지배를 받지 않고 본문을 이용하여 자신들이 정한 의도와 주제에 맞게 성경을 인간주의에 맞추려고 한다. 참 신앙은 성경의 표준 아래서만 참 의미를 지니게 된다.

성경본문을 「다 찾으신 줄 〈믿고〉」라는 말에 대하여

　예배 인도자가 설교할 성경본문의 읽을 장·절을 회중에게 찾게 한 후 "다 찾으신 줄로 〈믿고〉 낭독하겠다"라는 말을 흔히 듣는다. 이 말 중에 〈믿고〉라는 말은 이러한 경우에서 쓸 수 있는 용어로는 적절하지 않다. 이 〈믿음〉이라는 말을 두 가지 경우에서 쓰고 있는데 그 하나는 종교적인 면에서 볼 때 기본적으로 신·구약에서 "하나님에 대한 인간의 의지(依支)와 신뢰"로 표현하고 있다. 그것은 예수님께서 '그리스도이시고', '하나님의 아들'이시며(요20:31), '육신으로' 오셨고(요일4:2), 하나님 아버지에 의해 보내신 바 되었음을 믿고(요16:27) 예수님은 하나님 '안에' 계시며 하나님도 예수님 '안에' 계시는 두 분은 하나의 존재이시며(요14:10-11) 특히 예수님은 죽으셨다가 부활하신 분이심(요11:25)을 믿는 것을 말하는 것으로서 이 신앙은 체험에 의해서만 〈믿게〉되는 것이 아니고(요20:29) 지적인 부분까지 포함하는 것이(요4:42, 6:69) 기독교의 〈믿음〉에 관한 내용이라고 볼 수 있다.

　다른 하나는 윤리적인 면에서는 〈믿음〉이란 인간의 상호 관계에서와 시간과 공간과 상황을 달리한 배경에서 인격적인 내면성이나 행위에 바탕을 둔 그 인격의 작용에 관하여 미확인된 사실을 확인한 것과 같이 수용하고 신뢰하는 것을 〈믿음〉이라고 할 수 있다.

　그렇다면 예배 인도자가 설교의 근거가 될 성경본문의 장·절의 범위를 회중에게 찾게 하고 "다 찾으신 줄 〈믿고〉 읽겠습니다"라는 표현에서 믿음의 대상과 내용에 대한 〈믿고〉라는 말의 사용은 부적절한 것이다. 회중들이 처한 시간적 배경은 '지금'이고 공간적 배경은 화자(話者)와 청중이 교감하고 있는 '여기'이며 상황적으로 현장성을 지각하고 인식하며 즉시적 확인이 가능한 현재적 경우인데 마치 미확인된 상황을 기대조건으로 미루어 신뢰한다는 듯이 표현하는 것은 부자연스러운 것이다. 교인들이 성경본문의 장·절을 찾는 행위는 지금 확인될 인식의 범주에 있는 행동적 요소인데 굳이 성경본문을 찾고 못 찾은 여부를 불문하고 어느 한 면을 일방적으로 추정 단안(斷案)하여 〈믿고〉로 대응하는 것은 작은 일이지만 실상을 그르칠 상황인식방법의 오류로 볼 수밖에 없다. 이러한 경우라면 성경 장·절을 잘 찾을 수 있도록 안내된 연후이기 때문에 그 여부를 확인하는 말로 "다 찾으신 줄 〈알고〉" 낭독하겠다고 해야 옳을 것이다. 이는 분명히 '지각'과 '인식'의 상황이지 '믿음'의 내용은 아니기 때문이다. 회중 가운데는 채 못 찾은 이도 있을 수 있다. 그럼에도 불구하고 다 찾은 줄 '안다'는 것은 어떤 대상에 대한 인식의 착오와 판단의 오류는 있을 수 있기 때문이다. 그러나 안 믿어야 할 일을 추상하여 의지(意志)적으로 〈믿겠다〉고 선언하는 것은 바른 공적인 언어가 될 수 없다. 따라서 다 찾은 줄 〈믿고〉라는 말은 다 찾은 줄로 〈알고〉로 교정하여 회중들을 바르게 인도해야 할 것이다.

성경본문을 소개할 때 유념할 말

　흔히 목회자들의 설교 중에 성경본문의 인용이나 해석할 때 "우리 한글 성경은 잘못된 번역"이 많다든지 혹은 "오역(誤譯)으로 인해서 그 뜻이 다르게 해석된다"라는 등의 표현으로 번역상의 오류를 지적하는 사례는 삼가야한다. 물론 성경본문은 원문을 우리 어문체계로 옮길 때 본래의 뜻에 적중한 해석이 안되는 번역이 있는 것은 사실이다. 그러나 성경의 무오(無誤)와 절대 권위를 인정하고 믿는 회중에게 틀린 것이 있다는 지적은 비록 번역상의 문제라 하더라도 성경말씀이 곧 하나님의 말씀이라는 문자계시의 신적 권위를 절대 신뢰하고 본문 한 구절들을 신앙과 삶의 표준을 삼는 성경관을 가진 성도들의 영성 안에 내재한 신(神)의 개념이 훼손될 우려와 진리에 대한 인식에 혼란을 줄 우려가 없지 않다.

　신학 강단이나 학문현장에서는 번역 상의 정·오(正誤)에 대한 논의와 비평이 필요하겠지만 교회의 회중에게 오류(誤謬)를 표현하는 것은 신중하여야 한다. 반드시 바로 잡아야 할 필요가 있는 대목이라면 해당 부분을 "이러한 말이 더 가까운 뜻이라"거나 타 언어 성경의 말씀과 비교하여 이런 차이점이 있다는 정도의 해석상의 완곡(婉曲)한 지적이면 몰라도 영문(英文) 성경에는 이러한

데 한글 성경은 잘못된 양으로 비하(卑下)하는 표현이나 외국어 성경에 비하여 상대적으로 열등한 수준의 성경인 양으로 낮잡아 폄훼(貶毁)는 인상을 주는 표현은 옳지 않다.

복음을 받은 지 120여 년의 역사를 지나오면서 선교 초기부터 성경번역은 시작되었기 때문에 선교역사만큼의 긴 역사를 가지고 있다. 1882년부터 첫 번역이 시작된 이래 많은 번역의 과정을 걸어왔고 오늘까지 이 번역의 문제는 논의되고 작금에는 쟁점의 대상이 되고 있다. 한 마디로 성경의 다원화(多元化)시대가 되는 양 싶다. 이를테면 〈개역 개정판〉, 〈표준 새 번역〉, 〈개정판〉, 〈새 번역 성경〉, 〈개역 한글판〉 등의 다양한 성경 번역이 나오는데 그 이상(理想)과 목적이 성경원문에 더 충실하자는 것에는 동의하지만 통일된 번역이 되지 않아서 제각기 예배용으로 선택을 할 때 그 혼란도 적지 않다.

1970년대에 교단마다 찬송이 달라서 〈합동찬송가 O장〉, 〈개편찬송가 O장〉, 〈새 찬송가 O장〉 등의 각각 다른 장을 동시에 안내해야될 필요가 있었던 때를 떠올려 보면 쉬 짐작이 갈 수 있을 것이다. 찬송이 다르면 교회일치를 꾀할 수가 없고 성경의 다원화는 신앙의 통일은 물론 성경을 문자적으로 계승되는 성경 전승사(傳承史)의 전통이 무너져 나중에는 어느 것이 옳고 그른지를 판단할 기준마저 없어질 위험이 없지 않을 것이다. 따라서 주님 재림 때까지 읽을 통일된 번역성경이 있어야 할 것이고 목회자들이 회중 앞에서 성경의 오류 여부를 말하여 그 권위를 실추시키는 일 또한 없어야 할 것이다.

「성경봉독」은 「성경낭독」으로 「합독」은 「한 목소리로 읽기」로

성경봉독은 성경낭독으로

한국교회가 예배 순서상의 설교 근거인 성경 본문을 제시한 명칭을 "성경"이라고 하고 순서 진행상의 명칭을 "성경봉독"이라고 표현하고 있는데 이는 재고의 여지가 있다고 본다. 봉독(奉讀)이라는 말은 물론 "받들어 읽는다"라는 의미인데 이는 사무적으로나 행정적으로 진술할 때 지나친 윤리화를 한 표현이며 설교 본문 제시행위를 숭경(崇敬)적인 뜻을 담고자 용어 자체를 종교 의식화한 인상이 없지 않다.

예배에서 성경을 읽는 순서는 하나님의 임재적 요소로서 말씀을 읽고 들을 때 그 말씀의 영적 기능이 모든 예배자에게 전이(轉移)되고 영감성이 내재화하는 것이다. 이런 의미에서 순서 상에서 표현할 용어로서나 사회(司會)적인 지칭이 "성경낭독"(朗讀: reading aloud)(느8:8, 9:3)이라고 함이 적합할 것으로 본다. 이 "낭독"은 회중이 일제히 알아듣게 소리내어 읽음이요 이는 곧 공지(公知)의 뜻과 신적 현시(顯示)와 공동체의 순복의 의미를 가지게 되며 문자계시의 본문을 회중에게 적용하는 기능이 낭독에 있으므로 이 행위를 굳이 "받들다"(奉) 즉 공경하여 높이 모시거나 소중히 봉헌하는 등의 뜻을 "읽는 행위"에 까지 담을 필요가 있겠는가? "말씀낭독"은 예배자의 수용적 의미이며 해석의 전조(前兆)로서 문자계시의 어문적 특성을 회중에게 환기하고자 하는 것이며, 어떤 봉헌적이거나 상납적인 뜻을 담지 않은 것으로서 "낭독"하는 행위 이상의 공경적인 뜻을 부여하고자 조어(造語)할 필요는 없다.

언어자체를 종교화하다 보면 결국은 찬송도 "봉창"(奉唱), 교회행사 시행도 "봉행"(奉行:불교적 관용어), 헌금도 "봉납"(奉納) 이라는 말로 표현할 가능성이 없지 않다. "봉독"이 "받들어 읽는다"에서 "받들어"는 "받들다"라는 동사가 부사화 한 "부사어"로서 "읽는다"라는 인간행위를 수식하는 종속어가 되는 셈이니 공대적 뜻을 담을 필요는 없다.

그리고 봉독은 소리내어 읽지 않은 마음속으로 읽는 행위도 포함하는 말이다. 그러나 낭독은 반드시 공중 앞에 소리내어 읽어 그 본문을 공론화 하는 것이며 낭독을 함으로 말씀 앞에 승복하여 아멘으로 화답하는 예배공동체의 일체감을 도모하는 선한 유인(誘引)이기도 한 것이다. 그리고 "성경을 읽는 것"의 정신은 하나님과 관계적이지만 "읽는 행위" 자체는 읽는 자의 기능적 행위이기 때문에 읽는 행위를 받들(奉)것까지 있겠는가? 지나치게 예배적 언어자체를 정령화(精靈化) 또는 윤리화해서는 안될 것이므로 "봉독"은 "낭독"(신31:11, 수8:34, 스4:18, 느13:1, 렘36:6)으로 갱신해야 한다.

성경 합독(合讀)은 "같은 소리로 읽읍시다"로

요즈음 예배시에 성경을 "함께 같은 소리로 읽읍시다"의 뜻을 담은 말을 "합독"이라는 말로 쓰고 있는데 지나친 조작이요 부자연스럽다. 이 "합독"은 "합심"인지 "합성"(合聲)인지 "합동"(合同)인지 뜻이 단순하지 않다. 사회자와 회중, 또는 회중의 낭독 대오(隊伍)단위의 조(組)를 이루어 지명 분담하여 교독 형식으로 읽다가 온 회중이 한 목소리로 함께 읽자는 뜻으로 "합독"하자는 표현을 하는 것이라면 "일제히 낭독" 하자든지 "같은 목소리로 함께 읽자"라는 말이 적합할 것이다.

검증이나 문화적 공인이 되지 않은 용어를 한자어의 훈(訓)을 따서 음역한 조어는 기독교 언어 문화 창달에 도움이 되지 않으며 건전한 예배의식 용어 사용에 혼란을 가져온다. 때로는 뜻을 담아내는 용어가 부적합할 때는 그 뜻 자체를 구호적으로 정리하여 서술형식으로 표현함이 언어의 직감력을 높일 수가 있다.

「성령」께 존칭 접미사 「님」자 붙여 「성령님」으로 해야 한다

그 누구가 "선생님" 호칭에서 "님"자를 생략한 채 "저기 '선생이' 오신다"라는 말을 한다면 그 말은 격을 갖추지 못한 무례한 말이 될 것이다. 하물며 지존자이신 성령 하나님께 흔히 "성령"이라고 존칭 음절 "님"자를 생략하여 지칭하는 것이라면 존귀 영광 받으실 대상에 대한 얼마나 큰 불경(不敬)이 되겠는가? 일찍 〈터툴리안〉(Tertulian)이 처음 삼위일체란 용어를 사용한 이후 주후 4세기(A.D 325년)에 〈니케아〉 세계 기독교(종교)대회에서 "삼위"는 동질이며 동등하게 공존한다고 결의하였고, 그후 A.D 381년에 〈콘스탄틴노풀〉회의에서는 〈니케아〉회의 결의사항을 재검토 확인한 바 있으며 어거스틴(Augustine)도 이 "삼위"는 본체각위(本體各位)가 모두 동등하다고 강조한 바가 있다. 그리고 성부, 성자, 성령으로 각 위 진술 순서에 있어서도 이는 논리적 배열이지 시간적 순서가 아닐 뿐 아니라 성령님도 신적 속성과 인격성을 다른 각위와 동등하게 가지고 계신다. 그래서 소요리 문답 6문에 "삼위는 하나님이시며 본체(고후 13:13, 마3:16-17, 28:19, 요1:1, 행5:4-4, 히1:3)는 하나요 권능과 영광은 동등하시다" 라고 명시하고 있다.

이런 성령 하나님을 지칭 또는 호칭에서 존칭 접미사 "님"자를 생략하여 "성령", "성령 받았다.", "성령이 임하게 하다.", "성령 폭발집회", "성령 충만", "성령의 임재" 등으로 쓰고 있는 사례와 또한 모든 문헌상에서나 강단설교와 기도, 평상시 신앙대화 등에서도 "성령님"을 "성령"으로 지칭하는 것은 잘못된 것이다. "성령님"도 본체론적 삼위일체 하나님이시므로 "하나님", "예수님"으로 표현하듯이 "성령님"으로 표현함이 당연한 것이다. 이제부터라도 한국교회는 말의 표현적 습관이라면 바로 잡아야 하고, 인식의 착오라면 바르게 이해하여야 하는데 혹 노파심으로 추측하면 마치 "성령님"은 하나님과 예수님의 보조적인 위격(位格)으로 인식하거나 신인(神人)사이의 주권적 사역자가 아닌 보좌적 또는 고용적 사역으로 성령님의 구속사적 직무개념을 오해한 데서 표현되는 것은 아닌지 라는 생각을 하게 된다.

　물론 선교 초기부터 선교사를 포함한 모든 지도자들이 "성령님"이라고 호칭의 모범을 세웠더라면 의당히 모든 기독인들은 "성령"이라는 비공대적 표현의 무례한 습관은 있지 않았을 것으로 생각된다. 어떤 이는 성경에서도 180여 곳에 "성령"으로만 기록되었지 않느냐고 하는데 이 경우는 다르다. 성경은 하나님께서 인간에게 주신 하향(下向)적인 계시의 어문적인 특성을 가진 문자계시로서 사무적이며 공론적이고 객관적 기술이기 때문에 한글 번역에서 윤리적인 표현이 필요하지 않았을 것이고 한글 어문체계상의 개념적 요소 중심으로 기술함으로써 주개념(主槪念)이 없는 허사(虛辭)인 존칭 접미사 "님"자의 음절을 부서(附書)하지 않았음을 이해할 수 있다. 그러나 찬송가와 복음송 가사의 경우는 성경과는 같을 수가 없다. 찬송가 가사는 인간 편에서 하나님께로의 상향(上向)적인 표현이므로 "성령"이라는 칭호는 "성령님"으로 표현하여 악률(樂律)상의 음보(音步)에 맞출 수 있어야 한다. 찬송가 30여 장 가사의 군데군데 "성령", "성령이", "성령의", "성령이여"로 표현되어 "님"자가 생략되어 있는 것이 현실이다. 특히 기도, 말씀 같은 경배적 신앙행위는 성령님을 직접 호칭하는 고백적 대화인데 "님"자를 생략하는 것은 중대한 무례이며 착오이다. 그런고로 한국교회는(모든 교회가 전부는 아니지만) 성령님을 성령이라는 존재론적으로 어떤 사물인 것처럼 지칭하지 말고 "성령님"이라는 관계적이고 인격적인 호칭을 하여 본체론적 삼위일체의 성령 하나님을 공대적 표현으로 갱신하여야 하겠다.

「성령축제」란 말 문제 있다

　기독교회들의 상당수가 성령님을 주제로 어떤 기념행사나 강연회 또는 세미나, 수련회 등을 개최하면서 그 행사의 명칭이나 주제를 표방(標榜)할 때 〈성령축제〉라는 표제어를 내건 사례를 흔히 볼 수 있는데 이는 몇 가지 점에서 적절하지 않다.

　첫째, 성령님이라는 말과 축제라는 비 성경적인 용어와 의미상 문맥을 구성할 수 없다. 성경에도 〈축하〉라는 말은 있어도(시49:18) 축제라는 말의 근거는 없다. 둘째, 성령축제라는 말이 지나치게 축약되어 뜻을 다의(多義)적으로 추측하게 된다. 셋째, 〈성령님〉이라고 해야될 칭호를 존칭접미사 〈님〉자를 생략한 채 만인 앞에 괘용(掛用)하는 것은 지존하신 삼위일체 하나님에 대한 불경이 된다. 불교도들은 부처에게 〈부처님〉으로 지칭하고 그의 생일을 〈오신 날〉이라고 하지 않는가? 넷째, 원리적인 학술집회 또는 영적 행사를 축제라는 명칭을 써서 여흥(餘興)적인 인상을 나타내고자 한점이다. 다섯째, 성령님을 마치 연예(演藝)적 행사에 주인공인 양 섬김이나 추구의 대상이 아닌 용역(用役)의 대상으로 상대화하는 표현은 삼가야 할 점이다. 여섯째, 〈축제〉라는 말 자체가 무속(巫俗)적이고 이교적이며 미신적인 유래와 의미를 지닌 말이므로 교회적인 행사 표제어로 도입될 수 없는 점 등이다. 그리고 이 〈축제〉는 "개인 또는 공동체에 특별한 의미가 있거나 결속을 다짐하는 사건이나 시기를 기념하여 예술적 요소가 포함된 의식적 행사 혹은 제의(祭儀)를 수행하는 사회적 현상이나 행동으로서 고통과 억압 등을 벗어나기 위한 희구(希求)나 또한 벗어난 것에 환희를 표현하는 집단적인 행동문화"로 볼 수 있는데 특히 잉카의 〈태양축제〉, 볼리비아의 〈오르로〉, 유럽이나 브라질의 〈카니발〉, 〈사육제〉, 고대 로마인들의 〈농신제〉 등은 축제의 좋은 예로서 다분히 이교적이고 민속적이다.

이러한 축제라는 말을 교회적인 기념경축 행사에 인용하는 사례는 시정되어야 한다. 대개 〈성령축제〉의 그 내용을 보면 성령님을 주제로 한 행사인데 제의적이고 유흥적인 행사인양으로 표현한 〈성령축제〉는 다분히 무속적이고 민속적인 인상이 짙다. 성령님을 주제로 하고 경축을 뜻한다면 〈성령님 주제 행사〉, 〈성령님 주제 잔치〉, 〈성령님 주제 강연회〉 등으로 표현하면 될 것이고 경사(慶事)라면 〈축제〉가 아닌 〈경축〉이라는 말을 쓰면 될 것이다. 기독인의 환희의 표현은 희락의 은총을 토대로 축제의 정서와는 다른 기쁨을 표현하는 것이다.

축제가 한 민족의 신앙적 사상을 담고 인간의 궁극적인 생존욕구를 해소하자는 종교성을 가진다고 하더라도 구약의 구속사적 제의제도와는 다른 것이다. 그런고로 성령님 임재의 기원이나 성령님을 주제로 한 교회 행사에 무속적인 용어인 축제라는 말 도입과 성령님과 합성(合成)하여 쓰지 않기를 제안하는 바이다.

「성례」에 관한 의식명칭 바르게 쓰고 있는가?

성례에 관하여 가톨릭교회는 일곱 가지 성례인 영세, 견신례, 고해성사, 미사, 종부(종유)성사, 결혼성사, 서품성사 등을 시행하고 있고, 개혁교회는 세례식과 성찬식의 두 가지 성례 의식이 있는데, 같은 교파 교회에서도 이 두 성례에 관하여 통일된 명칭을 사용하지 않는 것은 바로 잡을 필요가 있다.

흔히 교회가 〈세례의식〉을 회중에게 공지할 때나 집행할 때 〈수세식:受洗式〉이라고 표현하는 것은 적합하지 않다. 〈수세식〉이라는 말은 세례를 받을 자를 중심한 경우에서 쓰는 말이다. 세례식을 시행할 때는 언제나 그 예식을 집행하는 교회의 조직된 치리기구의 주체(主體)적인 표현을 해야 할 뿐만 아니라 세례는 공교회가 그 시행 여부를 성례의 원리를 조명하고 규범적 절차를 행정적으로 수행하여 능동적으로 집행하는 데서부터 성립되는 것이지 받을 자의 자의에 의해서 성립되는 것이 아니기 때문에 세례를 받는 예식이라는 뜻을 가진 〈수세식〉이라는 말은 성례를 시행하는 〈예식언어〉에 대한 관점의 착오에서 쓰는 표현이 아닌가 한다.

그런고로 〈세례식〉은 기본적으로 "세례식"이라는 말이나 집례 직무를 중심한 세례를 베푼다는 뜻에서 〈시세식:施洗式〉이라고 함이 옳을 것이다. 세례식은 성례의 본질을 나타내는 명칭이고 〈시세식〉은 의식을 집행하는 예식론적 명칭이기 때문이다.

그리고 세례와 성찬은 성례를 구성하는 내용이기는 하나 세례식과 성찬식의 각각 자체를 집례하는 의식의 명칭으로서 〈성례식〉을 거행한다는 표현은 부적절한 것이다. 성례는 세례와 성찬을 포괄적으로 묶어 거룩한 예식이라는 것을 총칭(總稱)하는 말이다.

다음으로 성찬에 대한 지칭도 유념할 필요가 있다. 교회사적으로 성찬의 명칭은 〈주님의 만찬〉, 〈최후의 만찬〉, 〈성찬〉, 〈성체성사〉, 〈희생의 봉헌〉 등으로 다양하게 지칭되고 있는데 〈주님의 만찬〉은 바울이 고린도 교인들의 성만찬에 대한 탈선적인 것을 지적하면서 주님의 만찬에 대한 설명을 한 것에 근거를 두고 있고, 〈최후의 만찬〉은 유월절 만찬과 같은 의미로서 주님이 제자들과 마지막 가지셨던 만찬 자체를 가리키는 것으로서 예수께서 잡히시기 전날 밤에 유일회(唯一回)적인 마지막 만찬이었으며, 성찬은 성만찬의 본질적인 면을 일컫는 것으로서 이를 통해서 주님과 참여자들이, 그리고 참여자들 스스로가 하나의 공동체를 형성해 가는 것을 의미한다. 성체성사는 축복과 감사의 의미를 내포한 것으로 마 26:26-27을 근거하여 주후 2세기의 성만찬을 가리키는 것인데 개혁교회는 쓰지 않는 말이며 가톨릭교회의 7성사 중 성체배령(聖體拜領)의 성사를 일컫는 것이다. "희생의 봉사"는 성만찬의 신학적 초점을 예수 그리스도의 희생에다 맞추어 사 53:6을 근거로 예수 그리스도가 희생 제물로 바쳐진 사건을 예시(豫示)로 성만찬을 이해한 명칭이다.

이렇게 오늘의 〈성찬〉에 관한 명칭은 역사적으로 다양하게 지칭되어 왔다. 그 중 〈성만찬〉의 본질을 가장 잘 나타내는 명칭은 〈성찬〉인 것이다. 기타의 명칭은 성찬의 본질을 상황론적으로 또는 기원론적으로 지칭한 것으로 볼 수 있다. 물론 의미론적으로나 발생학적으로 성찬을 해석하고 설명하여 삶에 적용시킬 때는 다양한 명칭을 예시하여 지칭할 수 있다.

성만찬이 가지는 본질적인 뜻에서 볼 때 〈성찬〉이라는 지칭이 합당한 것이다. 〈만찬:晩餐〉이라고 할 때는 주님이 저녁 시간에 베푸신 식사이기 때문일 것이며 "만"(晩)의 신학적인 의미는 없는 것이다. 만약 아침이었다면 〈조찬:朝餐〉이지 만찬은 될 수가 없었을 것이다. 성찬의 시간적 배경은 본질과 무관한 것으로서 굳이 〈성만찬〉이나 〈주님의 만찬〉으로 그 사용을 고집한다면 지나친 문자주의(文字主意)에 빠질 가능성이 있는 것이다.

성전 앞자리는 「금싸라기 자리」, 뒷좌석은 「거적자리」라는 말

목회자나 부흥강사 중에서 집회 인도 시에 회중에게 앞좌석부터 채워 앉으라고 강조하여 말할 때 예배당 앞좌석은 은혜 내리는 〈금싸라기 자리〉요 뒷자리는 〈거적자리〉라고 지목하는 말을 들을 때가 있는데 이는 잘못된 말이다. 이 말은 어떤 행위를 유도코자 보상조건을 제시하는 말이거나 또는 열심 있는 성도가 말씀을 사모하여 앞자리에 앉아서 마치 설교자가 은혜와 복을 강단 가까운 자리에 더 미치게 할 수 있다고 기대하는 마음에 영합(迎合)하는 말이 아닌가 한다. 그리고 사람에 따라서는 공개된 자리와 되바라진 좌석에서 자신의 모습이 노출되기를 꺼리는 심리가 있어 어떤 행위자와 맞대면되는 위치를 기피하고자 하는 경향에 대응하는 말일 수도 있다. 한편으로 보면 설교단 앞좌석은 설교의 교감밀도가 높고 설교자의 감정 담은 표정과 시선에 드는 이가 연동(連動)되기 때문에 말씀에 대한 반응지수가 클 수 있다. 그래서 맨 앞자리는 은혜와 복을 더 받는 자리라는 비본질적인 조건을 제시하여 가치과장(價値誇張)을 하므로 뒷자리는 상대적인 〈거적자리〉가 되는 셈이다.

그러나 분명한 사실은 교회당 내의 교인의 예배좌석은 하나님과 관계점에서 차별이 있을 수 없다. 어디는 〈금싸라기 자리〉이고 어디는 〈거적자리〉라는 말인가? 하나님의 은혜와 복의 역사가 좌석에 따라 좌우될 수 있단 말인가? 믿음으로 하는 예배의 장소는 어디든지 그곳은 금싸라기 이상의 은혜와 복된 자리인 것이다. 무소부재(無所不在)하시고 전능하신(창17:1) 하나님의 역사는 시공간의 제약이 없으시기 때문에 그의 신적 자유함을 제한하여 말해서는 안 된다. 예배당 좌석정리를 통한 물리적 질서유지의 효과가 있다고 해도 금싸라기 좌석은 수(數)적 제한이 있어 부득이 거적자리라는 뒷자리로 앉을 수밖에 없는 필연적 조건을 피할 수 없다. 성령님의 체험과 은혜와 복은 인위적인 좌석선택을 통하여 받고 못 받는 의지적 산물이 아닐 뿐 아니라 그것은 비기독교적인 발상으로 볼 수밖에 없다. 이것은 무속신앙인들이나 이방종교인들이 어떤 신(神)과의 밀착하기 위해 그 앞에 더 가까이 나아가 신의 감응을 얻어내고자 하는 미신적 발상과 다를 바 없는 관점이다.

 교인이 성전에서 예배하는 행위는 언제나 하나님과 영적 관계성에서 그 의미를 찾는 것이지 공간적 위치와 어느 좌석과 관련하여 신앙적 의미를 찾는 것은 아니다. 은혜와 복은 사람의 기복적 기대에서 발생되는 것이 아니라 하나님의 전적인 기쁘신 뜻에 기인되는 것인 만큼 앞자리는 금싸라기, 뒷자리는 거적자리라는 관념은 무속적 기복개념이고 생명 있는 기독교회가 쓸 수 있는 말이 아니다. 이런 말은 교인에게 올바른 성경적인 은혜관과 복의 개념에 대한 오해를 줄 수 있으므로 신학적인 정당성이 없는 말은 삼가야할 필요가 있다.

「성직자(목회자) '까운'의 상징성」에 대한 제언

오늘날 개혁교회 목회자(목사)들이 예배 인도와 예식 때 "까운" 착용이 일반화 되어 있는데 이것은 과연 성경적 근거와 영적예배에 어떤 상관성이 있는가? 신학적인 검증이 요구되는 부분이라고 생각된다. 일반적으로 "까운"이라고 하면 종교, 법무, 교육 등의 관계자의 직무상 입는 의례복 또는 제복으로서 기장과 소매가 길고 품이 너른 겉옷의 하나를 말하는데 〈대영백과사전〉(Encyclopedia Britenica)은 중세 "갑바"(cope)에서 파생한 것으로 기술하고 있다. 이 "갑바"는 로마의 "파이눌라"(paenula)중의 하나인데 제의 "카슐라"(chasuble)와 같은 기원을 가진 것으로서 "성체강복", "장례식" 때에 사제가 입는 "망토"(manteau)형 제의의 일종이다.

오늘날 목사의 "까운"은 이 "갑바"에서 파생된 것으로 본다. 이러한 "까운"을 착의하는 일에 대하여 복음주의적 관점에서 논급하면 〈루터〉는 "제의"는 "좋지도 나쁘지도 않다"는 중립적 견해(adiaphora)를 나타냈고 〈쯔빙글리〉는 "오직 나쁜 것"으로 폐지하였으며, 〈칼빈〉도 역시 전통적인 예복들을 폐지시켰다. 개혁자들은 두 조류 가운데 루터의 입장을 잘못으로 보았으며 「가톨릭 백과사전」도 루터의 행위를 비논리적이었다고 지적하였다. 그런데 〈칼빈〉과 〈쯔빙글리〉가 한때 까운을 입은 모순처럼 보이는 일이 있었으나 그때 그 까운은 "미사복"이 아니었고, 또한 당시 로마제국 때 외투인 "파이눌라"가 모든 남녀 계층이 평상복으로 입어 성직자만의 예복이 아니었다는 점으로 해명이 되고 있다.

다만 오늘의 신학적 관점에서 볼 때 까운은 기독교 개혁자들이 청산하지 못한 로마 가톨릭의 잔재라고 볼 수 있고 〈아디아포라〉(중립)로 보더라도 복음주의적 관점에서 정당할 수는 없다고 본다.

까운 착용이 신학적으로 어떤 성격을 가졌느냐를 규명하면 첫째, 목사는 평신도와 구별된 제사장으로서 하나님과 교인 사이의 특수한 중보자인 것처럼 보이고자 하는 문제이다. 그러나 성경은 유일한 중보자요 대제사장은 예수 그리스도로 밝히고(딤전2:5, 히3:1, 7:26~28) 또한 만인 제사장 사상은 중요한 개혁사상 중의 하나인 점에서 중보직능은 용납될 수 없다.

둘째, 개혁교회 예배가 예전일 수 없다는 것이다. 예전은 구약 제사의 연장인 미사(성체성사)를 의미하는데 이 미사복이 개혁교회 예배복이 될 수는 없는 것이다. 구약의 유대교가 제의적 종교의식을 행하는 의식주의 종교였고 여기에 뿌리를 둔 가톨릭교회가 의식주의적 제의 종교라면 신약적 개혁교회의 복음주의 예배는 말씀중심의 영적예배(요4:23~24)이니 상징적인 예복은 전혀 필요가 없는 것이다.

셋째는 "까운"이 하나님 앞에서 목회자의 신분이 더 신성하다는 계급이 아니면서도 이를 구분키 위해 입는 것은 위선된 주장이 될 수밖에 없다. 목사만이 착용하고 안수 때 까운 착의식이 바로 그런 것이다. 개혁자들의 까운 반대 운동은 청교도 운동의 한 요소가 되기도 했다. 이것은 18~19세기 초까지 미국 교회에서도 목사는 교인들과 구분없이 평상복을 입도록 했었다. 그래서 청교도의 전통적인 개혁교회는 까운이 거의 사라졌던 것이다. 이렇게 된 까운 문제가 구교의 전례운동과 1960년대에 2차 바티칸 회의의 영향으로 예배 복고운동과 W.C.C적 〈에큐메니칼〉 운동의 영향으로 개혁교회 목회자들의 까운 착용이 보편화 되었다고 분석된다.

 진정한 의미에서 참된 예배에 목회자가 구별된 옷을 입는 것은 신학적으로나 역사적 과정이 뒷받침 되지 않을 뿐 아니라 기본적 원칙에서 볼 때 명분 없는 일이다. 심지어는 예배 안내위원, 헌금위원, 장로까운까지 등장하고 박사학위 까운까지 착용하니 이것이 자기과시와 권위적 의식주의가 아니라고 감히 변명할 수 있겠는가? 개혁교회 목회자는 외형적 권위와 구별의식 보다 말씀의 권위와 겸손한 덕성과 그리스도의 인격을 닮은 모습으로 외식이 아닌 영적 실재를 중시하고 추구하는 자기 갱신이 요구된다고 본다.

「성직자」를 「노동(근로)자」로 지칭할 수 있는가?

　최근 서울에 어느 큰 교회의 성직자들이 노조를 결성하고 교회에서 노동쟁의를 벌인 일로 교계의 많은 관심과 비판의 의견들이 비등(沸騰)했었다. 과연 '성직자'가 노동자이며 교회를 쟁의의 대상으로 삼은 것이 옳은 일인가? 교회와 성직사회가 세속적 물질가치 영역과의 구분할 기준의 벽이 무너진 것 같아 민망스럽기 그지없다. '성직자'라고 하면 '기독교회에서 성경에 근거한 규범과 교의를 좇아 하나님의 구원사역에 헌신된 자로 봉사하는 성스러운 직무와 직분자'를 말하는 것이다.

　'노동자'는 '사람이 생활에 필요한 모든 자료를 얻기 위해 육체적 활동을 통한 일을 하거나 체력이나 정신을 쓰는 행위자'를 말하는 것이다. 그렇다면 성직자와 근로자는 각각 다른 상황적 배경에서 그 기능과 신분, 목적에 있어 본질적으로 동류(同類)로 볼 수 없다. 흔히 성직자를 〈나실인;Nazirites〉(민6:2)에 비유하기도 한다. 이 〈나실인〉은 하나님의 특별한 소명을 받아 성별되어 헌신된 삶을 서원한 사람(삿13:5-7)으로서 금주(민6:3-4), 삭발금지(민6:5), 시체를 멀리할 것(민6:6-7), 몸의 거룩한 구별(민6:8), 도덕적 정결(암2:11-12) 등을 지키며 엄격한 규율 속에서 살아가는 자인데 성직자의 삶과 정신도 여기에 준한 사람으로, 〈나실인〉의 삶 그 자체와 방불한 것으로 인식하기도 한다. 이에 비하여 노동자는 문화적 영역에서 자기실현과 성취, 인간의 보편적 가치인 행복을 위해 신성한 노동의 대가를 추구하는 것으로 영적 세계를 추구하는 종교적 영역의 성역과는 구분되는 것이다. 성직자도 보수를 받기 때문에 노동자라는데 성직자의 급여는 교인들이 하나님의 사랑과 은총의 반응으로 자원하여 봉헌한 예물을 구원사역에 수종드는 성역비로 대어주는 것인 만큼 대가성 보수의 개념이나 노동임금으로 볼 수는 없다. 성직자가 임금과 관련하여 노동자로 규정하는 것은 스스로 영적 지도자이기를 포기하는 행위이다.

그리고 교회의 본무(本務)는 성경에 토대를 둔 특수한 종교정신이 있어 문화적 요구논리와는 구분이 있는 것이다. 십자가의 위대한 정신을 통한 만민구원에 헌신된 사람이 자기 일신상의 이해관계와 문제를 내걸어 그리스도가 머리되신 교회의 신령한 주체를 노사관계로 설정하고 세력화하여 쟁의를 벌이는 행위는 성직자의 본분과 본연을 저버린 처사가 아닌가 한다. 하나님의 교회와 관련된 일을 쟁의의 내용으로 삼는 것은 그 쟁의의 대상이 궁극적으로는 주님이 되신다는 격인데 이는 어불성설이다. 교회의 영적 가치와 신령한 질서는 사랑, 겸손, 화평, 용서, 헌신, 봉사인데 이 가치와 질서가 무너지면 이미 교회는 아닌 것이다. 성역을 노동이나 근로의 차원으로 인식하는 것은 성직을 부여한 하나님의 경륜에 대립하는 것이다. 기독교가 국교가 아닌 조건에서 성직자(목회자)가 노동자 신분으로 자처하는 부작용은 기독교의 본연을 잃게 되며 교회의 본질을 훼손하는 것이다. 성직자의 생존수단은 노동쟁의가 아닌 하나님의 은총과 보호임을 인식해야 하고 교회도 성직자의 후생을 최선의 기준으로 도울 때 복을 받게 된다.

성찬의 떡과 잔에
「합당치 않게」라는 말에 대하여

성찬예식 때 자주 인용하는 성경본문 고전 11:27에 "그러므로 주의 떡이나 잔을 '합당치 않게 먹고 마시는 자'는 주의 몸과 피를 범하는 죄가 있느니라"는 본문의 뜻을 새길 때 주의 떡과 잔을 '합당치 않게'라는 말에 직접 관계되는 말이 명사 '수찬(受餐)자'인지 동사 '먹고 마시는' 행위를 나타낸 말인지를 잘못 구분하는 사례가 있다. 대개의 경우 '합당치 않게'의 대상을 '수찬자'로 적시하는데 이는 오해이다.

그 이유는 첫째, 성경의 문맥적 해석기준에서 보면 본문의 내용에서 '합당치 않게'라는 말의 품사(品詞)기능은 동사 '먹고 마시는' 말을 수식하는 부사어로서 대명사 '자'(사람)와는 기능적 관계가 없는 말이다. 다시 말하면 본문 '합당치 않게'에서 어미(語尾) '치와 게'는 여기에 결합된 품사를 부사어가 되게 하여 '먹고'와 '마시는' 동사 앞에 놓여 그 동사를 '어찌하다'로 수식하는 말이므로 대명사 '자'를 꾸미지 않는 것이다.

둘째, 본문의 배경은 당시 고린도교회가 분쟁과 파당이 있어 성찬의 의미를 왜곡하거나 망각하여 함부로 성찬을 대하고 성찬식 거행이 통일을 유지하지 못하여 먼저 온 사람은 배불리 먹고 취하고 나중 온자는 먹지 못하여 시장하고 성찬을 업신여기며 다른 식사와 구별하지 못하여 단순한 식사로 알고 자기 멋대로 먹고 마심으로 죄를 범했다.

그리고 교회의 거룩성을 경홀히 여기고 가난한 형제를 멸시하여 실족케 했으며 예수 그리스도의 죽으심이 곧 나를 위한 것이라는 사실을 깨닫지 못하고 그의 희생과 사랑의 거룩한 뜻을 기리고자 하는 정신이 없을 뿐만 아니라 허세와 탐욕이 담긴 이기적인 마음으로 만찬에 임한 교회를 책망하고 무질서한 성찬예식과 합당치 않게 성찬을 받는 것을 바로 가르치고자 한 것이 본문의 배경이며 정신이다.

셋째, 이러한 실상에 대응한 성찬의 참 정신과 태도는 예수님의 대속적 죽음의 기억을 통해서 그것을 재현하고 그가 약속하신 영적 임재의 경험을 반복하는 신령한 행위이며 떡과 잔은 그의 살과 피를 말하는 십자가의 죽음을 뜻하는 것이다. 이 죽음이 새 언약이라는(마26:28, 막14:24) 사실과 믿음으로 떡과 잔을 받을 때 성령님의 역사로 우리는 그의 몸과 피에 진실로 연합된다는 것과 이것은 주님의 명령에 근거를 둔 것임을 깨닫는 것이 성찬에 대한 바른 지식과 믿음을 요구하는 교훈이다.

이러한 관점에서 볼 때 당시 고린도 교인들은 이 성찬의 근본정신에 불합당하게 먹고 마셨으니 '합당치 않게'가 꾸미는 말은 먹고 마시는 태도와 행위에 연결되는 말로서 수찬자의 합당 여부를 강조한 표현이 아님을 이해할 수 있다. 물론 문맥의 포괄적 의미에서 주 앞에서 죄인인 수찬자가 어떤 경우에도 성찬 앞에 합당할 수는 없으나 수찬자는 그리스도를 진정한 구주로 영접하고 죄인임을 깨닫고 십자가의 희생과 사랑을 감사하며 성찬과 자신과의 관계와 그 정신을 바르게 인식한다면 성찬에 참여할 수가 있을 것이다.

다만 주님의 살과 피 즉 떡과 잔의 바른 의미를 깨닫지 못하고 일반 식료와 분별없이 먹고 마시면 주의 몸을 범하는 죄가 되는 것이다. 따라서 본문의 배경과 정신은 성만찬에 대한 잘못된 인식과 먹고 마시는 태도에 맞추고 있는 본문임을 이해하여야 할 것이다.

성혼공포 후 「신랑, 신부」는 「남편과 아내」로 지칭해야 한다

　혼인예식 예배 때의 순서진행 명칭 중 "신랑, 신부 두 남녀가 부부가 된 것을 공포합니다"라는 성혼(成婚)공포가 있은 이후, 대부분의 주례(집례) 또는 사회자가 이미 부부 된 두 사람을 지칭할 때 계속 신랑, 신부로 표현하는 것은 착오인 것이다. 예컨대 "신랑 신부가 양가 부모님께 인사하겠다."든지 "신랑 신부가 퇴장하겠다."는 등이 그 사례이다. 혼인에 있어 신랑 신부의 결합은 서로가 부부가 되기를 언약하고 일가친지, 이웃에게 고지(告知)하기 위함이고 하객들이 부부됨을 승인하는 행위이며 두 사람은 남편과 아내의 후보로서 또는 정혼(定婚)자의 신분으로서 결혼(성혼)으로 완성을 위한 혼인의 당사자인 것이다.

　이런 두 사람이 부부가 되는 의식행위에서 양가와 당사자의 언약을 토대로 여러 증인된 회중 앞에서 부부됨을 엄숙히 서약하고 기도하고 권면을 받고 만인 앞에 부부가 되었음을 공포하므로 새로운 가정으로 확정되었고, 혼인의 절차는 〈결혼〉으로 완성되었다. 따라서 신랑 신부는 부부로 기정화(既定化)되어 각각 양가의 가족관계가 성립된 단계인데 아직도 〈신랑, 신부〉의 신분으로 지칭(호칭)하는 것은 부적절한 것이다. 당연히 부부(남편, 아내)의 신분으로 이제는 며느리로서 시부모에게 인사를, 사위로서 장인 장모에게 인사를, 부부가 되는 과정에서 축하 격려해준 하객에게 인사를 하게 되는 것이다.

그런고로 성혼공포와 축하를 받은 이후의 순서는 새로운 부부로서와 또는 남편과 아내된 신분으로 지칭하여야 한다. 하나님께서 제정하신 성스러운 혼인제도에 따른 예식에서 정확한 의미를 좇아 의식사(儀式辭)를 하는 것이 예식의 가치와 의미를 더 높이는 것이 된다.

예배순서 「후주; 後奏」 마감 전 해산(폐회)하는 태도 옳지 않다

다수의 교회들이 예배의 끝 순서인 〈후주:Postlude〉 마감 전에 이석(移席)하는 교인과 예배 인도자가 있는데 이는 예배의 참뜻을 훼손하는 것으로서 바른 자세가 아니다. 후주는 예배를 마치고 돌아가는 회중들에게 예배의 정신과 의미를 간직하고 가도록 예배 전체의 내용을 총괄적으로 정리하여 가슴에 담을 수 있도록 하며 예배의 마감을 자연스럽게 하면서 생활 속에 또 다른 예배적 삶을 일깨우게 한다. 고로 후주는 예배의 진행순서인 것으로서 이 때 후주가 진행되는 도중에 퇴장하는 일은 삼가야 한다.

이 후주가 연주되는 중에 사적 기도나 명상을 하다가 후주가 끝나면 예배 마감선언에 따라 해산한다. 이 때 예배 인도자는 강단에 서 있다가 예배 마감 선언을 한 다음 현관으로 이동하여 성도와 교례(交禮)하면 되는 것이고, 성도는 잠시 예배석에서 머물러 있다가 퇴장하면 되는 것이다.

세족식(洗足式)은 예식적 재현보다 정신적 뜻을 실천해야 한다

한국교회가 교회력에 따라 대개 고난주간에 세족식을 갖는 교회들이 있는 것 같다. 물론 일반 성례식과 같이 보편화된 의식으로 고정된 것은 아니다. 세족(洗足)이 가진 정신적 가치는 높고 크지만 교회절기로서 의식론적 논리와 신학적 체계를 세우지 않으므로 개혁교회의 공식적인 예식은 아니나 교회에 따라서 간헐적(間歇的)으로 시행하는 경우 요13:3-17을 근거로 하여 의식으로 재현(再現)하는 사례가 있는데 이는 이교적인 모방이라고 본다.

성경의 교훈을 사건의 외형을 표본으로 삼아 형상화하려는 지나친 문자주의는 문자계시의 외연성(外延性) 안에 내재한 사상적 내포성(內包性)을 오히려 소홀히 할 가능성이 있다. 예수님이 발을 씻기신 행적과 태도는 지위적 관계로 보아 하나님과 사람의 관계, 의인과 죄인의 관계, 스승과 제자의 관계인 종적 관계에서 이루어진 일이기에 그 정신적 의미는 귀한 것이다.

고대 근동에서는 손님을 집으로 영접할 때 발을 씻어 준 일과(참고, 창18:4, 19:2, 24:32), 제사장들이 성소에 들어가기 위한 준비로 발을 씻은 것과(출30:19,21, 40:31) 초대교회에서 주님의 세족을 기념하고 겸손의 표시로 성도들의 발을 씻기는 일이(딤전5:10) 구교적 의식문화로 받아 들여 성목요일에 세족식을 행했다. 이 예식은 주후 694년 돌레도 제17차 교회 회의에서 인준되어 대성당과 수도원 교회에서 주로 행한 의식이던 것을 교황 파우스 12세의 서품전례서에 이 의식을 삽입하여 시행한 후 모든 교회들에게 지키도록 권장하였다. 그후 서방교회가 성목요일 밤에 행하던 것을 지금은 아무 날에도 시행하고 있다.

그러나 1517년 종교(기독교)개혁 당시의 이 세족례(洗足禮)는 본질적인 중심사상을 중시하여 예수님의 교훈은 지켜 실천하지만 형식과 의식으로서는 개혁교회에서는 사실상 사라진 것이다. 예수님이 제자들의 발을 씻기신 근본 목적은 온 인류에게 그의 완전하신 사랑과 고결하신 인격에 근거하여 겸손한 봉사와 낮아지심의 본을 보이고자 하였으며 인류구속의 중보자로서의 본성인 사랑과 겸손과 섬김과 인내를 나타내 보이실 뿐만 아니라 불결한 발을 씻기심으로 영적 정결의 높으신 기독교적 이상을 실현코자 하였고 역사적 교회의 질서와 신성적 가치를 그의 사역의 현장에 구현하고 남기시고자 하셨던 것이다.

오늘의 교회는 이러한 세족의 사상적 실체를 이해함과 동시에 본질적 의미를 삶으로 발현(發顯)할 본분이 있게 된 것이다. "너희도 행하라"는 것은 이런 정신을 좇아 본을 삼으라(요13:15)는 것인 만큼 발을 씻는 정신으로 구원의 도리를 실천하여 죄를 씻는 일과 그리스도의 구속사역에 동참하고 생명운동에 세족의 정신을 삶의 정신자원으로 응용하여야 할 것이다.

그러므로 세족의 본질과 상관없는 의식을 도모할 것이 아니라 그 정신을 구현코자 한 개혁정신을 존중하여 형식과 외형주의를 버리고 내적 충만과 그 실천에 충실해야 할 것이다.

「소천」(召天)과 「명복」(冥福)

「소천」은 별세(別世)로

흔히 기독교인의 죽음을 "소천"(召天)이라는 말로 쓰고 있다. 이 말은 "하늘의 부름을 받았다" 또는 "하나님의 부르심을 받았다"라는 의미를 부여하여 비규정적으로 통용하고 있는 것 같다. 그러나 이 말은 몇 가지 관점에서 적절한 말이 못된다.

첫째, 이 소천이라는 말은 인위적으로 조어(造語)된 말로 사전 상에도 개념화되어있지 않은 비실용적 말로써 언어 문화적 지위가 없는 말일 뿐 아니라, 한자의 훈(訓)을 좇아 용어를 조직한 부자연스러움과 함께 의미에 있어도 "하나님의 부르심을 받았다"든지 "천국으로 가셨다"라는 뜻으로는 억지가 없지 않다.

둘째, 기독교 내적 언어가 일반문화와 상대적으로 고유성과 특징을 지닌 말이라면 언제나 신앙과 관련이 있는 용어이어야 하는데 이 소천(召天)은 전통적 신앙용어도 아니고 일반 언어 문화적 인식에도 보편화 되어 있지 않다. 셋째, 소천(召天)에서 "천"(天)은 한자 표의(表意)문자상의 의미요소(訓)는 "하늘"을 지칭하는 것이다(물론 어느 경우에는 "天"을 의인화(擬人化)하여 "하나님"을 나타내는 사례가 없지 않으나 그것도 사물을 추상화하여 문학적으로 표현할 때의 경우이다). 그렇다면 "하늘이 불러 갔다"든지 "하늘의 부름을 받았다"라는 뜻이 되는데 이때 "하늘"은 비인격적인 관념적 추상명사로써 "하나님"이라는 절대자로 대체될 수는 없는 것이다. 따라서 사람의 생사를 좌우하는 섭리주체가 "하나님"이 아닌 "하늘"이 될 수는 없다.

넷째, 소천이 "하나님의 부르심을 받았다"는 뜻이 될 수가 없고 "하늘의 부름을 받았다"는 의미로 쓰인다면 인간의 죽음을 하나님의 섭리적 관점이 아닌 운명론적 타계(他界)주의나 죽음의 지배 주체가 하늘이 될 때 이는 범신론이 될 수밖에 없다.

다섯째, 소천이 "하나님의 부르심을 받았다"라는 뜻이 되기로는 언어의 대상물(참조물:referent)과 의미와의 상관적 연고성(緣故性)원칙에 맞지 않다. 즉 "하늘"이 곧 "하나님"이거나 "소"(召)가 "숨지는 일" 또는 "죽는 일"이라는 실질적인 의미로 직역(直譯)될만한 연고성이 없는 것이다. 이런 관점에서 "성도의 죽음"은 신앙적 원리에서 "하나님의 부르심을 받았다"라는 말이 적합한 것으로써 이는 곧 "세상을 떠났다"라는 말이며 그것은 "별세"(別世:죽음을 높이어 이르는 말)라고 할 수 있다. 이 "별세"는 "소천"의 생체(生體)적 휴거(携擧)의 어감을 여과한 표현이기도 하다. 그러므로 기독교인의 죽음은 "세상을 떠나 천국으로 갔다"는 뜻의 "別世"라는 말 이 외의 적절한 대안이 없는 것이다. 성경 눅 9:31에 "예수께서 예루살렘에서 별세하실 것을 말씀할 새"라는 기록이 있는데 이 "별세"는 "죽어 세상을 떠남"(Decease: K.J.V., Depature: N.I.V.)이라는 의미로 기술되어 이 세상 역사 안에서 그리스도의 사역의 종료와 천국으로 가신다는 표현임을 주목할 필요가 있다. 성도의 죽음은 "별세"이다.

명복(冥福)은 영생(안식)의 복으로

교인의 별세와 관련하여 "고인의 명복을 빈다"라는 인사말이나 기도의 내용은 잘못된 말이다. "명복"이라는 말은 사람이 죽은 뒤 저승(冥府)에서 받는 복이라는 뜻을 가진 말이다. 이는 기독교적인 말이 아니다. 그런데 별세한 교인의 천국의 명복을 누릴 것을 바란다는 뜻을 "고인의 명복"을 빈다는 말을 사용하는 사례는 반드시 시정되어야 한다.

"명복"이 저승의 복이라는데 우선 저승이 기독교적인 내세관에 의한 천국이 아니며, 명복은 천국에서 누릴 영생의 복이나 하나님으로부터 받을 상급이 아니고 이교적인 내세관에 의한 용어이므로 교인의 별세와 관련하여 유족의 위로나 기도의 내용으로 쓸 수 없는 말임을 유념해야 하고 "영원한 안식의 복"이나 "영생의 복"이라는 말을 쓸 수 있지 않을까 한다.

솔로몬의「일천 번제」가 「일천 번」예물봉헌의 모본 아니다

　교인들 중에는 매주일 공동예배 때 예물봉헌을 솔로몬의 〈일천 희생〉의 번제를 행한 사건(대하1:6)을 자신의 예물봉헌의 지성(至誠)의 모본을 삼고 이를 인용하여 일천 번의 예물 봉헌을 작정하고 봉헌회수를 누적해 가면서 하나님의 감응을 기대하는 사례를 볼 수 있는데 이는 몇 가지 면에서 적절하지 않다.
　첫째, 솔로몬 왕의 일천 희생 번제의 정신적 배경은 솔로몬이 왕위 즉위(왕상1:39) 후 통치를 개시하면서 하나님께 번제한 것은 다윗왕의 확고한 신앙심의 계승과 신정(神政)국가의 정통성을 인정하고 그 면모를 갖추기 위해 전 국민(회중)이 함께 번제를 드림으로(대하1:3-6) 〈이스라엘〉의 신앙공동체와 민족공동체의 정체성 및 왕권의 확립을 도모하는 정교일체(政敎一體)의 신정이념을 나타낸 것이었다. 둘째, 부왕인 다윗의 신앙심과 왕위 계승에 대한 하나님께 큰 감사와 신정국가로서 선민의 바른 치리를 위해 신의 도움을 기대하는 종교적인 염원을 나타내었다. 셋째, 솔로몬의 일천 번제는 천 번(千番)의 회수의 번제가 아니고 일천 마리의 제물(Hammond의 설) 즉 많은 제물을 한 기간(일주일 기간 설) 단위의 제의행사로 거행하여 솔로몬이 하나님을 향한 정성과 헌신, 그리고 인내의 신앙심이 지극함을 보여 준 포괄적인 종교행위였다. 넷째, 일천 희생의 번제가 가진 포괄적인 정신을 현대교회의 예물(헌금)봉헌에 원용(援用)할 간접성은 있겠으나 그것이 일천 번 헌금할 직접적인 사상과 교훈을 담은 모본으로 볼 수는 없는 것이다. 다섯째, 일천 번제물을 양적으로 보지 않고 일천 회수(回數)로 보고 수치적 봉헌 회수의 누적을 통한 공적을 쌓아 하나님의 보상을 도모하는 공리적 동기가 있다면 이는 일종의 기복(祈福)행위요 공리주의가 될 수 있다. 여섯째, 일천 번의 봉헌행위가 일천 번제의 모방이라면 불교도의 백일불공이나 천일기도와 방불한 지나친 모형론에 빠질 위험이 있다.

그리고 모든 신앙의 행위를 수량적으로 계수(計數)하여 공적화(功績化)한다는 것은 진정한 영성적인 신앙으로 볼 수 없다. 헌금의 기본적인 의미는 보상에 있는 것이 아니라 받은 바 은혜에 감사와 구원받은 자신을 하나님의 것이라는 자기양도(自己讓渡)적인 표상으로 신앙심을 구현하는 것이며 하나님의 실존을 실천신앙으로 확인하는 것이고 용도를 통한 하나님의 사랑을 삶의 현장에 구체화하는 방편이 되는 것이 헌금인 것이다.

교인의 헌금은 한시적 정액(定額) 봉헌으로 끝나는 것이 아니라 하나님의 사랑의 지속성만큼이나 개개인의 신앙일생에 실천 문제이지 내적 감화가 없는 형식적인 목표를 정하여 의지로 결단할 성질의 것이 아니다. 그리고 일천 마리의 제물이라면 오늘의 화폐 단위로 그 수량을 산정(算定)할 수 있거나 한 마리의 제물을 일회의 예물봉헌과 상계(相計)될 수 없는 일이다. 따라서 일천 번제물을 일천 번의 제사로 오해하여 일천 번의 헌금으로 재현하는 기복적 신앙 추구는 구속계시의 본질적인 의미를 훼손하는 것인즉 지도자들은 이를 바르게 인도할 필요가 있다.

「송구영신예배」는 「송구영신 감사예배」로 해야 한다

한국교회가 매년 연말이 되면 한 해의 마지막 날 자정의 시간을 전후하여 묵은해를 보내고 새해를 맞이한다는 '송구영신'(送舊迎新)을 주제어로 예배를 정례화하여 시행하는데 이 말은 중국 고사성어(故事成語)의 고형(固形)인 '송고영신'(送故迎新)'에서 나온 말을 교회가 도입하여 우리말로 뜻을 새겨 연말연시의 의미를 찾는다. 원래 이 말의 본뜻은 관가(官家)에서 구관을 보내고 신관을 맞이했던 '신·구관 이취임'의 뜻을 담아 쓰던 말에서 유래한 타민족 문화의 뿌리를 둔 말이다. 그리고 이 말은 우리의 무속적 관습인 음력 섣달 그믐밤을 새면서 묵은해를 묻고 새해의 운수대통을 기원하던 민속과 결합된 관용어인데 교회가 이 말을 검증 없이 받아 기복신앙과 접목하여 사용하고 있다. 이렇게 이 말은 성경의 근거나 기독교적 세계관을 담은 말이 아니기 때문에 성구 "… 세초부터 세말까지 네 하나님 여호와의 눈이 항상 그 위에 있느니라"(신 11:12), "그런즉 누구든지 그리스도 안에 있으면 새로운 피조물이라 이전 것은 지나갔으니 보라 새것이 되었도다"(고후5:17) 등의 말씀을 원용(援用)결부시켜 기독교적 문화어로 윤색(潤色)하고 재해석하여 사용의 명분을 세워야 한다.

그리고 교회가 시행하는 '송구영신예배'를 교회력에 절기명칭으로 채택한 바는 없으나 최초의 1887년 12월 31일에 서울의 현 새문안교회(구 정동교회)와 현 정동감리교회(구 벧엘교회)가 연합으로 예배를 시행한 바가 있어 본래 감리교회에서 먼저 행했던 예배로서 〈존 웨슬리〉에 의해 소개되어 처음에는 '언약예배' 또는 '언약갱신예배'로 불렸고, 장로교회에서는 개혁교회 최초의 선교사인 〈언더우드〉와 〈아펜젤러〉에 의해 처음 '송구영신예배'가 시행된 때부터 전파되어 오늘과 같이 정례화되어왔다. 이러한 배경과 과정을 가진 '송구영신예배'라는 말에서 신앙적으로 새기는 뜻은 '지나간 한해를 돌이켜 회개하고 은혜를 감사하며 하나님이 허락하실 새해를 맞이할 새로운 신앙의 결심을 다진다는 뜻'을 규정하고 있으나 '송구영신'이라는 '사자성어'(四字成語) 그 자체가 기독교적인 뿌리에 근거한 말이 아니므로 예배의 주제어로 정착될 용어를 보완하여 재구성할 필요가 있는 것이다.

따라서 '송구영신'이란 용어에 신(神)지향적인 숭경(崇敬)의 뜻을 담은 말을 추가해야 예배정신이 발현(發顯)되는 것이다. 단순히 '송구영신'의 뜻 만으로나 기복적인 절기행사명으로만 표현되어서는 안된다. 여기에는 반드시 예배의 요소인 '감사'라는 말이 진술되어야 예배의 주제어가 될 수 있다. 예배는 예배외의 다른 주제를 위한 수단이 될 수 없으므로 예배의 중심요소인 '감사'라는 말을 연결하여 「송구영신 감사예배」라든지 「새해맞이 감사예배」라는 말로 진술되어야 한다. 예배는 종교행사가 결코 아니다. 설혹 특정한 예배의 행사적 주제의 배경이 있다고 해도 궁극적으로는 하나님께 영광이 되는 찬양과 감사가 예배요소의 중심축이 되어야 한다. 그래서 '송구영신 감사예배' 또는 '새해맞이 감사예배'로 보완하기를 제안코자 한다. 묵은해에도 새해에도 거기에는 감사를 받으실 하나님이 계시기 때문이다.

수석장로/선임장로와
수석부목사/선임부교역(목회)자

수석장로는 선임장로로

교직의 계급과 위계적 서열이 없는 정통 장로교회에는 "수석(首席)"이라는 제도와 칭호가 없는 것이다. 그럼에도 불구하고 오늘날 자리잡힌 교회에서는 "수석장로", "수석 부목사"라는 말을 쓰고 있을 뿐만 아니라, 실제로 서열을 매김해서 호칭하는 사례를 흔히 볼 수 있는데 이는 잘못된 것이다.

'평신도'에 관한 기술에서 논급한 바가 있으나 성직(교직) 위계(位階)와 서열이 없는 장로교회에서 "수석장로", "수석 부목사"라는 칭호의 수석이라는 말은 "맨 윗자리" 또는 '석차(席次)'로 보면 '제1위'나 '수좌(首座)'격인데 이 말의 반대말은 '말석(末席)'이라는 말이다. 그러니 직분의 계급과 서열 개념을 갖지 않고 인정치 않는 교회에서 어떤 사물의 등위(等位)가 아닌 동일한 직분에 임직된 인격체에 대하여 그 서열을 자리 매김하여 계급화하는 것은 부당한 것이다. '수석'이 있으면 '차석(次席)'이 있고 '말석(末席)'이 있다는 전제가 되는 것이다. 그것도 그 직분에 '선임(先任)'된 직분자를 수석으로 하지 않고, 더러는 교회 안에서 영향력이 있고, 사회적으로 지위와 명망이 있는 즉, 신분상의 위상(位上)이 있는 직분자(장로)를 임직의 선임, 후임에 관계없이 '수석'으로 지명된 사례도 있는데 이것은 더욱 부당한 것이다. "수석장로"는 "선임장로"라 하여 임직 선후(先後)로 지칭해야 한다. '선임(先任)'은 계급도 직무상의 서열도 직능상의 부가적(附加的) 우선권도 부여되지 않는 예우적 전·후가 있을 뿐이다. 교회 안에서 연장자일 수 있고 교회 봉사의 경륜이 더 많을 수는 있기에 그의 의견과 판단이 비교적 경험상 부합할 수 있다는 전제로 규범기준이 아닌 도덕적 중심에 설 수는 있으나 그것은 우선권이나 계급적 대표가 될 수는 없다.

따라서 남보다 먼저 임직된 임직의 선배요, 선임자로서 예우적이고 관념적 차이가 있을 뿐이다. 계급적 서열개념이 있는 "수석장로"라는 명칭은 장로주의에 입각한 공화체제(대의제도)에서는 교직(敎職) 위계가 있을 수 없으므로 "수석"은 "선임"으로 고쳐 써야할 것이다.

수석 부목사는 선임 부교역(목회)자로

흔히 규모가 큰 교회에서 여러 사람의 부교역자(목사) 중 어느 한 사람을 "수석 부목사"로 지명하여 호칭하는 경우를 볼 수 있다. 이것도 역시 "수석"이라는 칭호는 적절치 못하다. 전술한 바와 같이 성직(교직)이 은사적 관점에서 직능적 유형의 구분이 있을 뿐 성직의 위계나 계급적 서열이 있을 수 없으며 부교역자란 목회 담임권에서 회중을 직접 대상으로 하여 서열적으로 우선하는 사역이 있지 않다.

부교역자는 직접적인 목회적 직무 수행자가 아니라 담임 목회자를 돕고 목회자의 직무를 돕는 버금 자리에서 방조자(幇助者 : assistor)의 역할을 수행할 뿐이다. 그 인원의 몇 명이 되었든지 각자는 "수석", "차석"이 있는 것이 아니라 직무 유형에 따라 담임자의 위임된 사역을 방조(assist)하는 것이다. 따라서 같은 부교역(목회)자를 서열화 하여 "수석"이니, "차석"이니 하는 것은 교직 평등주의의 장로교 규범신학 정신과 성경에도 합치되지 않으므로 시정되어야 한다.

부목사는 부교역자로

개혁장로교회의 대부분이 목사 칭호 가운데 "부목사"라는 목사의 직무별 칭호가 있는데 이것도 올바른 칭호가 아니다. 원래 "부(副: vice)"란 목사에게 있어 단계적 승급과정이 없이 목사 직분이 완성적이고, 최종적인 직분으로 "안수(按手:ordination, 장립:將立)"되어 직무적인 구분은 있어도 공회적 수임(受任)의 완결된 직분이므로 원초적으로 목사직에는 '목사' 자체 직분에서 '부(副)'는 없는 것이다(부목사로 안수되었다가 다시 원 목사로 승급 임직되는 단계가 없다). 목사는 안수 임직시에 '목사'가 되는 것이고 목사로서의 항존적(恒存的) 신분에 이르게 되는 것이다. 그러므로 목사 직분의 직급이나 계급적 차이나 직분의 유형으로도 "부목사"라는 직분과 칭호는 원리적으로 있을 수 없다. 다만, 목사의 목회적 직무상의 협력자로서 원 담임 목회자의 위임된 사역을 담당할 뿐이다. 따라서 "부목사"가 아닌 "부교역자(부목회자)"로 호칭되어야 하고, 교회 헌법상의 목사 칭호의 기타 칭호는 직무(사역)상의 칭호인데 '부목사'는 유독 직분(직임)상의 칭호로서 최종적 완성 직분인 '목사'로 안수되는 것이지 '부목사'로 안수 임직되지 않으므로 직위·직분으로서의 부목사의 칭호는 비성경적이므로 직무상의 칭호로 갱신되어야 한다.

「십자가 형벌」은 「십자가 고난」으로

목회자 중에 설교나 교인 중에 기도말에서 예수님의 십자가 고난의 사건을 인용할 때 "주님은 우리의 죄로 인하여 〈십자가의 형벌〉을 몸소 받으심으로 우리는 자유함과 구원을 받게 되었다"는 말을 들을 때가 있는데 여기에서 〈십자가 형벌〉이라는 말은 부적절한 표현이다. 예수님은 삼위일체의 하나님으로서 무죄성과 거룩성과 의로우심에 있어 완전한 신적 충분성을 가지고 계심으로써 종교적 관점에서 결함이 없고(행7:52), 윤리와 도덕적 관점에서 흠과 티가 없으며(벧전1:19) 공생애 기간 중 유대적 전통과 율례와 정치적 관계에서 또는 문화적 질서에서도 저촉됨이나 결함이 없으셨던 분이다. 그 증거로서 예수님을 빌라도 총독이 심문을 할 때 빌라도는 예수님에게서 잘못을 찾지 못했으며(마27:23-24), 또한 빌라도 총독이 재판할 때 그의 아내가 사람을 보내어 "저 옳은 사람에게 아무 상관도 하지 마옵소서"(마27:19)라고 한 점으로도 예수님의 무죄성을 입증하고 있는 것이다.

이러한 의인 예수님에게는 형벌에 상응한 죄과(罪過)가 없었기 때문에 징벌 차원의 수난(受難)은 아닌 것이다. 비록 인간의 멸망 받을 죄가 주님께 전가되어 겪은 일이라고 해도 죄에 대한 응분의 징벌은 아니며 의인으로서 죄인의 처지를 취한 것일 뿐 범죄한 죄인의 신분은 아니였다(고후5:21). 그리스도의 죽음은 하나님의 경륜에 의존되고 그리스도 자신에게는 그 경륜에 자원적 순종이며 인류에게는 구원을 위한 포용적 대속의 희생이었다. 이러므로 예수님의 고난과 죽으심은 신적 경륜을 떠나서 법적, 정치적, 윤리적 또는 주님 자신에게 있어서 죽으셔야 할 이유는 없었다. 따라서 형벌이나 죄에 응징과는 전혀 관계가 없다. 다만 "그가 찔림은 우리의 허물을 인함이요, 그가 상함은 우리의 죄악을 인함이라 그가 징계를 받음으로 우리가 평화를 누리고 그가 채찍에 맞음으로 우리가 나음을 얻었도다"(사53:5) 이렇게 주님은 죽음의 동기와 목적을 밝히고 있다. 다만 십자가는 형틀이고, 골고다는 형장이며 그의 죽음은 명분상 사형같으나 그것은 필연적인 형벌의 근거와 이유를 갖고 있지 않다. 죄로 멸망받을 인류의 구원을 위한 대속의 고난이었고 형벌같은 고난을 당하신 것이다.

예수님이 형벌로 십자가에 죽음을 당하셨다면 그리스도의 무죄성에 문제가 있게 되며 의인으로서 죄인 인간을 대신할 자격에 문제가 있게 되고 중보자로서 신적 의로움의 본질을 훼손하게 된다. 그런고로 십자가는 주님에게 있어서는 대속적 고난의 무거운 짐인 것이므로 설교자와 기도자는 그리스도의 중보 사역을 형벌적 개념으로 표현할 것이 아니라 고난의 개념으로 설명하고 표현해야 하며 죽음도 감각적인 내용은 고통이요 고난인 것이니 죄인의 징벌적 죽음이 아니라 의인으로서 죄인의 역할로 죄인을 대속한 고난임을 구분해야 한다. 주님 죽으심은 인류의 멸망의 죽음이 전가된 대표적인 희생이란 사상을 담고 있는 것이다.

「아멘」유도형과 인사말 대용어로 쓰는「할렐루야」

「아멘」유도형으로 "할렐루야"

그 언제부터인지 한국교회 대부분이 강단에서 목회자들(특히 부흥강사들)이 말씀선포 때 말씀 대목마다 "할렐루야"를 연발하여 청중의 "아멘"을 유도하는 것을 늘 볼 수 있게 된다. 물론 회중을 "아멘"을 하게 하므로 말씀을 확신시키고 말씀을 시인케 하고 말씀의 권위를 강조하고자 하는 동기가 있을 법하다. 그러나 "할렐루야"라는 말의 본래의 뜻을 왜곡하고 그 용도를 부적합하게 영탄법적(詠歎法的)으로 무절제하게 남발하는 것은 말씀선포의 본 뜻에서 보거나 강단 기능으로서도 적합치 않고 또한 "할렐루야"라는 말의 뜻으로도 바르게 사용하는 것으로 볼 수 없다.

원래 "할렐루야"는 히브리어 음역으로 '하랄'(halal; 찬양하다)과 '예호바'(Yhvh)의 단축형인 '야'(Yah; 여호와)의 합성어 Hallelujah로서, 그 기본형은 "여호와를 찬양하다"(Praise the Lord)(시119:164, 대상16:36, 시117:1)인데 시편 135:3, 147:1에 핵심적인 표현이 기술되어 있고 신약에는 계시록에 몇 군데 볼 수 있는 이 용어는 예배의식의 형식이었으며 성전 예배에서 사용된 찬송들의 모음에서 유래되었다(시106:48)고 볼 수 있다.

따라서 "할렐루야"는 하나님을 찬양(송축, 칭송)하는 시가적(詩歌的) 관점에서 사용되었고 오늘 날도 그렇게 사용되어야 할 것이다. 그런데 말씀선포(강론) 중에 "할렐루야"를 연발하여 "아멘"을 유도하고 인위적으로 말씀의 수용을 강제적으로 촉구하는 듯한 용법은 잘못이다. 설교는 영감된 말씀을 감화력을 가지고 선포할 때 성령님의 역사를 포함한 말씀의 영감성은 회중이 믿음으로 말씀을 시인하고 겸손히 수용할 때 영적 감동이 전이(轉移)되어 자연적으로 말씀 앞에 "아멘"으로 화답의 반응을 하게 되는 것이다. 그런데 그것을 어절(語節) 끝마다 "할렐루야"를 호창(呼唱)하여 말씀의 선언적 성격에 맞지 않는 "하나님을 찬양하자"(할렐루야)라는 말을 돌발적으로 도입하는 것은 적합치 않다. 설교는 말씀의 선언이며 강론으로써 예배의 구성요소로는 하나님의 임재적 요소이다. 반면에 "할렐루야"는 하나님을 송축하는 응답적 또는 반응적이며 환호적으로 조물주를 향한 화답인 것이다.

다시 말하면 말씀선포는 신적요소이며 찬양은 인적요소이다. 이러한 두 차원이 일정한 단위 시간에서 말씀선포와 찬양이 동시적으로 교차 시행될 수 있겠는가? 예배 구성요소의 논리적 기능으로 보면 설교는 오직 말씀선포이고 찬양은 오직 여호와 하나님을 향한 환호적 송축으로서 그 전개에서 구분이 되어야 하고, 따라서 "아멘"은 말씀 앞에 회중이 자원(自願)적으로 영적 교감을 고백적으로 표현하는 것이어야 한다. 말씀을 통한 성령님의 전적 역사를 신뢰하지 않고 인위적, 작위적(作爲的)으로 감동과 반응을 유도하는 것은 회중의 흡인충동성(吸引衝動性)에 호소하는 부자연스러운 일이다.

청중의 "아멘" 소리가 적거나 작으면 큰 소리로 "할렐루야"를 중복 호창하여 격앙된 소리로 "아멘"토록 연동(聯動)시키는 것은 종교심성적 욕구에 성취감을 주려는 기복신앙(祈福信仰)의 발상에 기인된 것으로 볼 수 있기에 시정되어야 한다.

인사말 대용어로 "할렐루야"

교인간의 대면시에 "할렐루야"로 인사말을 하는 경우와 또는 초빙강사를 설교단에 안내하며 소개할 때 손을 들어 "할렐루야"로 환영하자는 제안을 하는 경우나 또한 전화를 할 때 수신자의 첫 말이 "할렐루야"로 응답을 하는 예를 겪을 때가 있다. 이것 역시 바람직하지 못하다. 굳이 합리화한다면 신앙심 깊은 사람이 모든 말에 앞서 대인 관계에서 "할렐루야"(하나님을 찬양합시다)를 제안할 수 있을지 모른다. 그러나 인사법은 대인관계의 윤리적 행위이고 "할렐루야"는 대신적 관계에서 신앙적 행위이다. 그러므로 인사말 대용어로나 설교자가 설교단에 설 때 "할렐루야"를 호창하여 환호적 표현을 하는 것은 윤리의 차원이 아니라 오직 하나님 앞에서 그분만이 영화로워야 할 자리에서 사람을 환호하고 높히는 행위는 하나님 앞에 불경건이다. "할렐루야"는 인간이 하나님을 향한 최상의 표현이므로 인간관계의 윤리적 행위의 대용어로 사용함을 삼가야하고 오직 창조주요 만유의 주이신 하나님만을 높혀 송축하는 시가(詩歌)적으로 격조(格調) 있게 사용해야 한다.

안식일은 주일로 써야 한다

　상당수의 교인들이나 또는 가끔 지도자들도 강단 언어 중에 "주일"과 "안식일"의 명칭을 혼용하는 사례를 볼 수 있는데 이는 구분하여 지칭해야한다. 안식일이 구약적 예배일이라면 주일은 신약적인 예배일로써 안식일과 주일의 본질적이고 영적인 의미와 구속사적 관점에서 안식일은 영원한 안식의 영속성에서 이 양자는 깊은 연계성(連繫性)을 가지며 내재성(內在性)을 담고 있다고 보아야 할 것이다.

　안식일은 "창조 기념일"로서 (출20:11, 창2:2)와 "구속의 기념일"로서(신5:15, 출20:11) 또는 "언약의 표징"으로서(출31:7,13,16, 사56:4,6) 그 의미가 결코 적지 않으나 이는 예수그리스도 안에서 "주의 날"로 완성되어 원리적으로 사상적으로 도입 인용하지만 물리적으로나 제도적으로는 안식일은 존재하지 않는다. 그렇다고 "안식일"의 신학적(영적)인 의미를 소홀히 해서는 안될 것이다. 안식일은 "영원한 복의 언약"(출31:16)으로 그 사상을 지킴으로써 복을 얻는 언약이며 지킴으로 하나님의 백성이 되고 하나님 나라를 약속한 은혜의 계약이 되기도 하므로 사상적으로 지켜야 할 뿐만 아니라 또한 이 안식일이 하나님과 그의 백성사이의 영원한 표징(表徵)(출31:13)과 영원한 안식의 예표(豫表)로서 영적 의미와 구원사적 의미는 너무나도 큰 것임을 재인식해야 한다. 그러므로 안식일의 사상이 주일 성수에서 기억되어야 하고 주일 사상에 융합이 되어야 할 것이다.

다만 구약의 예표적인 안식이 예수그리스도에게서 완성되고 연계되어 예수님 자신이 참된 안식이 된 것이다(마12:8, 막2:28, 눅6:5). 구약의 안식일이 메시야적 안식일로 완성되어 "주일" 또는 "주간 중 첫날", "주께 속한 날", "주의 날"(계1:10)로 구원사에서 변경됨으로써 주께서 부활하셔서 "구속의 새로운 창조의 시작의 날" 또는 "첫 날"이 된 것이다.

따라서 그리스도인에게 있어 이 "첫 날"은 새로온 창조의 사건과 연관이 있고 새로운 안식일(주일)로 지명될 충분한 이유가 있게 된 것이다. 구속사의 완성으로 안식일의 주인이신 그리스도께서 친히 안식 후 첫 날(주일) 준수의 제정자가 되시므로 "주일"은 그리스도께서 주인되시는 "주의 날"로써 "주일"이며 안식일의 완성자이신 부활하신 그리스도의 날이 "주의 날"로 확실한 것이다. 따라서 그 날은 "예수는 주시다"로 선포된 날로 "주일"이라는 명칭은 그 날의 주인공에 대한 명칭일 뿐 아니라 그 날을 제정하시고 그 날을 소유하신 자에 대한 표현이며 거룩한 날이다.

그러므로 예수님은 안식일의 주인으로서 율법의 완성자로 오셨고 부활로 율법을 완성시켜 결국 "주일"은 "안식일"의 "완성실체"(完成實體)가 되고 "주일"의 모형으로서 과거의 "안식일"은 그림자이기 때문에 실체가 오면 그림자는 자연 실체에 흡수되는 것이다.

따라서 안식일은 그리스도의 부활로 안식일이 폐지된 것이 아니라 부활로 완성되었으므로 지금은 안식일의 완성된 주일을 지키고 "주일"이라고 지칭해야 하는 것이다.

그리스도의 부활이전 예표적인 안식일은 "주일"로 지칭하는 것은 신약교회의 본분인 것이다. 토요 안식일이 영적 안식의 영속성이 주일에 연계되어 참 안식으로서 완성된 주일은 오늘 우리가 소중히 지키고 신앙생활의 중심이 되아야 함은 물론 그 지칭에 있어 "주일"은 안식일로 지칭해서는 적합치 않으므로 구약적 안식일을 습관적으로 또는 주일과 같은 것으로 오해하여 쓰는 일은 "주일"로 지칭해야한다.

「어린이 주일은 어린이 날 주일」로, 「어버이 주일은 어버이 날 주일」로

5월 5일은 어린이 날이고 5월 8일은 어버이 날인데 이 날들을 교회력에서는 〈어린이 주일〉과 〈어버이 주일〉로 각각 지정하여 기념하고 있다. 이 어린이 날은 어린이 인격을 소중히 여기고 어린이의 행복을 꾀한다는 취지로 제정한 날인데 교회력에서는 문화와 윤리적 정신과 함께 예수님의 어린이를 대하던 정신을 바탕으로 예수 그리스도의 인격을 닮게 하고 교회에 제2세의 인적 자원을 기독교정신으로 바르게 양육하여 훌륭한 신앙인과 천국 시민이 되게 하자는 이념을 곁들여 어린이 주일을 지키고 있다.

그리고 어버이 날은 어버이를 존중하고 그의 은혜를 되새기며 효친(孝親)사상을 고양하자는 뜻으로 지정하였는데 교회력에서도 역시 그 이념과 함께 기독교의 성경적인 부모공경 정신으로 하나님과 부모를 공경하여 그리스도인의 가정에 화평을 도모하는 취지로 어린이 날과 어버이 날이 들어 있는 주간 요일과 가까운 주일을 어버이 주일로 정하여 지키고 있다.

그런데 이 두 기념주일을 신학적으로 검증할 필요가 있다. 〈어린이 날〉과 〈어버이 날〉을 주일에 편성하여 〈어린이 주일〉과 〈어버이 주일〉로 지칭하고 지키는 것은 재고하여야 한다. 주일이 갖고 있는 신학적인 고유성에 문화와 윤리적인 주제를 주일의 뜻에 혼합하여 사용하는 것은 적절하지 않다. 주일은 주님의 날로서 예배와 안식의 두 기능을 가지고 신앙과 종합적인 영적 행위를 통하여 하나님과 영교(靈交)하며 오직 하나님께만 영광 돌리고 영원한 안식을 예표적으로 체험하며 구속사적 언약을 믿음으로 성수하는 주님께 속한 날이다. 이 주일을 어린이 존중의 주제와 어버이 공경의 주제를 구현하는 기념의 날로 지정한 주일명칭은 어린이와 어버이가 주일의 주체가 되는 의미를 지니므로 바로 잡아야 한다. 주일은 주님이 주인된 주님의 주일이지 어린이나 어버이의 주일이 될 수는 없다. 그러므로 〈어린이 주일〉은 〈어린이 날 주일〉로, 〈어버이 주일〉은 〈어버이 날 주일〉로 〈날〉의 음절을 첨가하여 그 주일이 존재하는 시간적 배경으로 설정하고 지칭해야 될 것이다.

 주일은 근본적으로 하나님만을 송축하는 영적 행위일이기 때문이다. 주일을 어린이 날과 어버이 날을 문화적인 시간배경으로 하여 〈어린이 날 주일〉, 〈어버이 날 주일〉로 지칭하면 주일의 고유한 주제를 훼손하지 않고 어린이날과 어버이날의 뜻을 예배에 반영하여 기독교적 정신으로 승화할 수 있는 것이다. 그리고 〈어린이 주일〉과 〈어버이 주일〉의 지칭은 어린이와 어버이가 그 주일의 주인이 되는 것이므로 〈어린이 날〉과 〈어버이 날〉이 〈주님의 날〉의 배경으로 구성하여 지칭함으로 주일과 기념일의 본 뜻을 함께 구현하는 신본주의적인 교회력상의 기념일이 되도록 제안하는 바이다.

연자 맷돌을 목에 달고 바다에 빠질 주체는 누구인가?

흔히 교회에서 성경본문 마18:6(참고.눅17:2)에 "누구든지 나를 믿는 이 소자 중 하나를 실족케 하면 차라리 '연자(硏子) 맷돌'(millstone)을 그 목에 '달리우고' 깊은 바다에 '빠뜨리우는' 것이 나으니라"는 문맥의 뜻을 오해하는 사례가 있다. 그것은 연자 맷돌을 목에 달고 바다에 빠질 대상(주체)이 누구냐에 대한 오해이다. 소자를 실족케 한 자의 죄과의 보응으로 맷돌을 자신의 목에 달고 바다에 빠져 죽는 것이 낫다는 것으로 해석하여 실족케 한 자의 응징을 강조한 교훈으로 이해하는 것은 성경의 본뜻을 왜곡한 것이다. 본문의 뜻은 실족을 하게 한 가해자의 목에 맷돌을 단다는 뜻이 아니라 실족당할 피해대상자의 목에 맷돌을 달아 바다에 빠지게 하는 것이 차라리 낫다는 것을 나타낸 말이다.

그 이유로는 첫째, 성경해석상의 어법적 관점에서 보면 본문의 동사 '달리우고'와 '빠뜨리우는'의 말은 '어떤 행위를 하게 하거나' '행위를 하게 되는' 사동과 피동사인데 이는 목에 '달게 하는' 것과 물에 '빠지게 하는' 뜻으로 행동주체가 자신이 아니고 타인의 힘의 작용으로 행동하게 되는 사역적 피동(被動)의 성질을 가진 품사이다. 이렇게 보면 분명 맷돌을 목에 달 자와 물에 빠질 자는 실족케 한 자가 아니고 실족당할 자를 적시(摘示)한 말인 것이다. 둘째, 해당본문 전후 문맥에서 예수님의 교훈은 신앙인의 겸손을 일깨우기 위해 어린아이(속뜻은 신앙이 유약한 자)를 예시한 것과 믿는 자를 넘어지게 하는 자에 경고와 범죄적 요소의 제거를 강조한 내용이 연결되어 있다. 따라서 해당본문(마18:6)의 '실족케'는 '넘어지게'(마16:23)나 '오해케'(마17:27)와 같은 말로서 순진한 신자를 유혹하여 그 믿음을 떨어뜨리는 범죄적 행동을 금지한 것과 믿는 자의 영혼구원이 소중하다는 하나님의 구속적 의지가 본문에 내재되어 있음을 표현하고 있는 말씀이다. 셋째, 그러므로 해당본문에 '차라리'(NIV, better)라는 표현은 '그럴 바에는 도리어'라는 뜻으로, 남을 실족케 하여 믿음에서 떨어뜨려 구원을 놓치게 할 바에는 도리어 그(마18:6: 실족을 당할 자)의 목에(NIV, his neck) 맷돌을 달아서 바다에 빠져 죽게 하는 것이 낫다는 표현인데 이는 남을 범죄케 하여 그 영을 멸망케 하는 것보다 차라리 그의 육은 죽일지라도 영혼은 구원받게 하는 것이 낫다'(참고. 마10:28)는 뜻이다. 이를 부언하면 실족하여 신앙을 떠나 구원을 놓치게 할 바에는 차라리 그의 믿음을 지킨 채 연자 맷돌을 그 목에 달아 바다에 빠뜨려 그의 육체는 부득이 죽더라도 그의 영혼구원은 놓치게 해서 안 된다는 하나님의 구속적 사랑의 깊은 뜻을 나타낸 것이다. 그렇기 때문에 남을 실족케 하여 신앙을 떠나 구원을 잃게 하는 것은 큰 범죄가 된다는 말씀으로도 이해해야 한다.

그러므로 본문의 뜻을 마치 남을 실족시키면 그 행위의 보응으로 실족케 한 자신의 목에 연자 맷돌을 걸고 깊은 바다에 빠져 죽는 것이 낫다라는 해석에 따라 범죄케 한 자의 귀책(歸責)사항을 강조한 말씀으로 이해하고 바다에 빠질 대상의 주·객체를 바꾸어 지목하여 징벌을 적용하는 것은 본문의 참뜻을 곡해하는 것이므로 말씀을 더 깊이 살펴 오해된 사실을 바로잡아야 할 것이다(참고, 막12:24).

「열납」(悅納)과 「흠향」(歆饗)

목회자들을 포함하여 교인들의 공기도에서 "우리의 기도를 〈열납〉하시고" 또는 "우리의 예배를 〈흠향〉하여 주옵소서"라고 표현하는 사례를 흔히 볼 수 있는데 이 두 경우에서 〈열납〉과 〈흠향〉은 한글 성경 구약적인 용어로서 경우에 맞게 쓸 필요가 있다. 이 두 용어의 쓰인 사례는, 인류의 구속주 메시야의 중보적 희생을 예표적으로 짐승을 제물(祭物)로 하나님께 제사하던 때에 합당한 제사와 제물을 여호와께서 기쁘게 받으시고 또한 받으실 것을 기원하는 말로 사용되었던 용어이다.

그렇다면 예수 그리스도의 중보적 희생을 모형으로 율법을 따라(히10:8) 짐승을 잡아 제사하던 제의(祭儀)적 표현이었던 것인데 그리스도께서 성육신하여 단번에 속죄적 희생 제물로 드려지므로(히10:10) 이 예수님을 중심한 신약적 관점에서 보면, 구약 제물을 통한 하나님의 백성들의 속죄를 위해 번제(燔祭)가 중심이 되었던 것은 죄와 불법을 그리스도의 희생을 통해서 기억지 아니하는(히10:17) 바가 되어 속죄를 위하여 제사 드릴 것이 없게 된 것이다 (히10:18). 이로 인하여 구약의 제의 제도는 그리스도의 희생으로 완결되었고 신령과 진정으로 하는(요4:24) 신약적 예배로 완성된 것이다.

그러므로 제물을 중심한 제의 제도에 결합되었던 용어를 예배로 완성된 사실에 관련시켜 구분없이 사용하는 것은 성경의 제도적 언어의 오용이며 남용이 될 수 있는 것이다. 예컨대 구약의 "할례의식"은 그 의미는 세례의식에 연계시키되 세례에서 할례라는 말을 쓰지 않는다. 그것은 세례의 내용과 형식은 할례의 내용과 형식이 같지 않기 때문이다. 이와 같이 "흠향"(창8:21, 레26:31)도 신약의 신령한 예배에 구약의 제물 제사의 내용과 형식을 갖고 있지 않기 때문에 제물은 흠향하셨지만 신령과 진정한 예배는 제물을 받으시는 흠향이 아니라 송축과 찬양과 경배의 인격적, 영적 반응을 만남을 통해 "받으시는" 것이다.

물론 "열납"(창4:4,5, 레1:3,4)이라는 말은 성경에 비추어 보면 "기쁘게 받아들임"(창4:4)이라는 포괄적인 뜻에서 제물 뿐 아니라 "금식의 열납"(사58:5), "기도의 열납"(시69:13), "말과 마음의 묵상의 열납"(시19:14) 등의 그 사례가 있으니 제의 제도가 예배로 완성된 오늘의 예배 시에도 우리의 기도와 찬양을 열납하여 주실 것을 기원할 수 있다고 본다.

그러나 "흠향"의 경우는 짐승을 잡아 번제할 때 여호와께서 그 향기를 맡아 받으시던 것에 한정(限定)하여 쓰던 말이므로 신약 예배에 "흠향"의 영적 의미와 사상은 담고 있지만 예표적인 형식과 내용은 담고 있지 않을 뿐 아니라 성령 안에서 진리로 그리스도의 실체적 존재를 근거하고 그의 안에서 수행되는 예배에서는 "흠향"적 요소를 형태적으로 구성하고 있지 않다. 다만 제의 제도의 내적 의미와 영적 사상과 절대적 가치를 근원적으로 연계하여 존중하지만 "흠향"은 제물을 받으시던 사건에 관련하여 소중하게 사용해야 할 것이다. 참고로 하나님의 계시의 역사적 점진성(漸進性)에서 볼 때 구속계시는 아담에게 준 계시보다는 아브라함에게 더 확실하고, 아브라함보다는 이사야에게 더욱 밝고, 예수님과 사도들에게 더욱 뚜렷하게 계시가 드러났다.

　메시야 예언에서 "아담의 경우는 여자의 씨이지만"(창3:15) "아브라함의 경우는 이삭에게 날 자이다"(창17:21,롬9:7-9) 그리고 시간이 지나면서 "유다의 씨"(창49:10), "다윗의 자손"(사11:1,행13:23), "임마누엘"(사7:14), 그리고 "수난의 종"(사53장) 등으로 점점 더 밝게 계시되었다. 이런 관점에서 구약의 짐승을 제물로 제사함은 예수님의 희생을 예표하였고 그 예수님이 실제로 오셔서 희생하심으로 예표는 완성되어 명확히 드러났으니 예표적인 제물에 결합된 용어는 "신령과 진리로 예배함을 받으시는" 영적 예배에 관행적으로 쓰는 것을 구분하는 것이 옳을 것이다.

「열린 예배」가 교회 위기를 부른다

한국교회는 상당수의 작고 큰 교회들이 "열린 예배"라는 예배 형태를 도입 시행하고 있고 확산 전이(轉移)되어 가는 추세에 있어 심히 우려되는 바 적지 않다. "열린예배"라는 말은 "전통예배"에 대한 대칭으로서 일종의 개방예배라는 말과도 같은 것인데 원래는 "구도자의 예배"(seeker's service)라는 말을 의역하여 한국교회에 접목시킨 명칭으로서 그 기원적인 것은 1973년 미국 시카고 교외에 있는 윌로우 크릭 커뮤니티 교회의 빌 하이벨스(Bill Hybels)목사에 의해서 처음 구성되고 릭 웨렌 목사가 시무하는 〈새들백 교회〉와 북미의 〈빈야드 교회〉 등이 대표적인 교회로 알려져 있다. 한국교회도 몇 몇 교회를 중심으로 상당수의 교회가 이 예배의 형태를 도입하고 있는 실정인데, 그 의미는 「현 문화의 수용을 통한 예배 형식의 대중성(변혁)을 추구하는 교회 양적 성장을 근본 동기로 하고 현대의 대중문화와 음악을 통한 신세대를 중심한 불신자들을 쉽게 교회에 접근하게 하여 복음전파를 도모하는 선교의 방법으로서 찬양식 안무와 율동을 겸한 교회음악(CCM)과 전통가락의 수용, 드라마나 대중매체 등을 사용한 예배형태를 총칭하여 "열린 예배"라고 한다. 그렇다면 이는 예배의 한 형태로 볼 것이 아니라 "열린 집회"라는 말이 더 적합할 것이다.

이 예배의 특징은 전통예배의 궤도를 벗어나 자유분방한 모습으로 아무나 쉬 참석하여 동화될 수 있는 예배형식으로 바꾸어 인간 흥미위주의 감각적인 감성중심으로 예배를 오락화하여 유쾌를 도모하는데 특색이 있다. 목적은 구도자(求道者)를 교인되게 하자는데 있지만 인간이 중심이요 형식은 오락적이요 내용은 흥겨움이 주조(主潮)를 이룬다. 그렇다면 "열린 예배"는 하나님 중심사상에서 보면 "예배"라고 할 수 없는 것이다. 언제나 예배는 구속사건 안에 나타난 하나님의 사랑과 은혜에 대한 응답이며 하나님의 신적작정과 역사이다. 여기에 대한 깨달음과 신앙고백을 통한 신령과 진정한 경배가 예배인 것이다. 이러한 의미에서 "열린 예배"는 첫째, 선교 전략적인 목적이 있다면 예배는 어떤 특정한 목적에 수단이 될 수 없고 예배는 예배 외의 목적을 갖지 않으므로 선교의 수단이 될 수가 없다. 선교는 예배가 없는 곳에서도 존재할 수 있으며 참 예배는 선교 이후에 존재한다. 둘째, "열린 예배"는 지나친 인간중심의 실용적으로 접근한 종교행사이다.

예배의 중심이 하나님으로부터 인간중심으로 옮겨져 구경하고 즐기는 종교적 엔터테인먼트(religious entertainment)성향을 띠다보니 예배의 신학은 낮은 수준에 머물고 예배 기저(基底)에는 인간중심 사고가 깔려있어 하나님을 향한 예배라기보다는 사람을 향한 행사가 되어 있으며 예배의 핵심요소인 설교, 찬송, 성찬 등이 모두 구도자(seeker's)를 위한 실용적 요소인 문화적 친화성을 추구하여 예배를 급속히 세속화 시키고 있어 심히 우려하지 않을 수 없다. 물론 "열린 예배"를 통하여 교회가 하고자 하는 충정은 이해한다. 그러나 그것이 양적 성장에 치우쳐 교회와 예배의 본질을 놓치는 것이라면 과연 교회가 추구할 일이겠는가? 건강한 교회는 예배신학이 성실하게 실천되는 데서 세워져 간다. 신학적인 검증이 없이 실리적 목적으로 전통예배를 인위적으로 바꾸는 것은 교회의 위기를 초래할 수 있다. 물론 기존예배가 성직자 중심이고 회중의 자발성 참여의 기회가 제한된 듯 한 것은 문제점이 될 수 있다. 예배의 핵심은 하나님을 더 기쁘시게 하는 것을 예배갱신의 중심기준으로 삼아야 한다.

한국교회는 "열린 예배" 명칭부터 갱신하고 계시 의존적인 예배의 전형(典型)을 굳게 유지하면서 전도전략으로서 "열린 예배"는 "열린 집회"로 바꾸어 예배와는 구분하는 것이 옳을 것이다. "열린 예배" 이대로는 한국교회의 예배 위기는 물론 교회의 세속화가 되고 있으니 이에 대한 대응이 있어야 한다.

「영-발」, 「기도-발」이 "세다", "있다"라는 말 부적절하다

 교인들이 쓰는 신앙용어 중에 "어느 기도원은 '영(靈)-발' 이 세다, 또는 '영-발' 이 있다" "누구의 기도는 '기도-발' 이 세다" 등의 말이 있는데 이는 성경정신에 맞지 않고 교회의 용어로도 부적절하다. 〈영-발〉이 세다, 있다 등으로 표현하는 말의 배경에는 기도원의 경우 신앙행위 중에 기도응답으로 영육간의 큰 변화나 은사를 강하게 체험하게 될 때 그 기도원을 체험자의 주관적인 말로 〈영-발〉이 있는 기도원이라 하고, 어느 기도인도자가 열정어린 어조로 호소력 있게 하는 기도와 그 기도의 응답을 체험한 사례를 두고 〈영-발〉이 센 기도, 〈영-발〉 있는 기도라고 하는데 이 말은 몇 가지 이유에서 부적절하다.

 첫째, 성령님의 역사나 영적인 문제와 관련된 말에 〈-발〉이라는 말을 합성하여 쓰는 것은 이 말의 본래의 용법에 맞는 말을 분별없이 모방한 것이다. 이 〈-발〉이라는 말의 품사(品詞)적 값은 사물의 명사 아래 붙어 그 사물이 가진 속성적인 기능으로 "치솟는 기세(氣勢)"나 "내뿜는 기운", "뚜렷한 효험이나 결과를 내비치는" 뜻을 나타내는 접미사(接尾辭)인데 그 예로서 "사방으로 뻗친 햇살"을 〈햇-발〉, "서리가 내린 기운"을 〈서릿-발〉, "노름에서 좋은 끗수가 연이어 나오는 기세"를 〈끗-발〉, "말이 먹혀 말한 대로 일이 되어가는 정도와 말의 권위를 나타내는"〈말-발〉, "질고에 약의 효험을 나타내는"〈약-발〉 등으로 이는 비인격적인 사물의 외표(外表)적인 속성의 기세를 나타내는 사례이다. 이런 등속(等屬)에 합성되는 말을 〈영〉과 〈기도〉라는 영성적인 말에 접속할 수 없는 말이란 점이다. 둘째, 〈영-발〉이 영력의 뜻을 가진다고 해도 기도원 자체의 물리적인 공간이 성령님의 능력을 나타내는 것이 아니라 성령님의 임재적 역사가 그 기도원에 모인 신앙인의 인격 위에 나타나는 일이라는 점이다.

셋째, 사물은 그 자체의 속성적인 작용으로 어떤 현상을 나타내지만 〈기도와 기도원〉은 그 배후에 하나님의 역사가 객관적으로 작용함이 없이 사람이 구하는 기도 자체가 능력이 있거나 기도원 자체가 영력이 있을 수 있겠는가? 영력은 성령님과의 관계에서만 기세로 나타나게 된다는 점이다.

넷째, 〈-발〉을 교회용어로 쓸 때 무속신앙에서 기복적 기원에 따른 신의 감응으로 어떤 효험(效驗)의 징후를 나타내고자 하는 표현과 같다는 점 등이다.

그러므로 기도원의 영력은 신학적인 배경과 신앙이념으로 검증된 설립정신을 바탕으로 건전한 신앙과 계시의존을 통한 성령님의 임재의 역사를 말하는 것이고, 기도의 영력은 기도자의 정직한 영과 말씀을 근거한 참 믿음 위에서 겸손과 고백으로 하나님의 선한 뜻에 합의를 구하는 기도이어야 할 때의 말이다. 따라서 〈영-발〉이라는 말은 "성령의 역사"로, 〈기도-발〉이라는 말은 "기도의 능력"으로 고쳐 "성령님이 역사하는 기도원", "능력 있는 기도자"로 표현하는 것이 옳은 것이다. 무속적인 종교용어를 바른 교회용어로 고쳐 생명 있는 참된 교회를 바르게 세워가야 함이 신앙인의 참 도리이다.

「영대(스톨)와 로마 칼라의 상징성」에 대한 제언

"영대"에 관하여

한국 개혁교회 목회자들의 대부분이 까운 위에 "영대"(領帶)를 목도리로 착용하는 사례가 있는데 이것은 어떤 의미를 가지고 있는가? 늦은 감 있으나 검증할 필요가 있다고 본다. 이 "영대"의 기원에 대해 「가톨릭 백과사전」에는 "스톨"이라는 옷의 장식용 헝겊 조각에서 유래했다는 것과 또 다른 한편은 희랍의 〈호모프리온〉(homophrion) 또는 〈오라리움〉(orarium)에서 발단되어 상류사회 사람들의 목이나 머리에 착용했던 수건으로서 〈두개포〉(Amice)로 발전하고 "영대"(스톨)는 점차 장식품으로 굳어지게 된것에서 비롯되었다. 그 후 로마제국 관할권을 상징하는 교황, 대주교, 주교까지 "영대"를 걸치도록 했다. 이 영대는 교황권의 상징으로서 대주교가 착용을 할 때 교회의 최고 목회자의 권능에의 참여를 나타내었을 뿐 아니라 교황직과 연합을 나타내고 봉사에 가입하였다는 것을 상징한다고 한다. 이러한 "영대"를 개혁교회 목회자들이 착용해야 하는가? 거부해야 하는가? 거부해야 한다면 그 이유는 무엇인가?

첫째, 가톨릭의 성체성사(미사) 의식용 제의의 모방이기 때문이다. 둘째, 그것은 가톨릭교회의 사제의 표시로 교인과 다른 신분 또는 권위적 부분을 나타내는 표시이기 때문이다. 셋째, 이교적이고 미신적 전통을 고수하여 지나친 풍유적 상징 즉 불멸의 상징, 사제의 권세, 지위를 나타내기 때문이다. 넷째, 신학적이고 복음적인 원리에 근거를 갖지 못함은 물론이고 개혁과 청교도 정신에 반할 뿐 아니라 미사를 위한 사제의 제의(祭衣) 중의 한 가지라는 점 때문이다. 그리고 이 영대는 무당들도 무속복으로 걸치고 영적 권세가 있음을 나타내기 위해 착용하니 생명 있는 종교가 이런 관습의 산물을 취할 수가 있겠는가?

개혁교회의 예배는 제사가 아님으로 제의를 입을 이유가 없고 의식주의 예전이 아님으로 "스톨"(영대)과 같은 의식복은 필요하지 않는다. 개혁교회 목회자들이 까운 위에 "영대"를 걸치는 것은 전통도 관례도 아닌 변칙이요 무비판적 모방이다. 이를 지켜보는 사제들은 자기들의 흉내를 내는 것이라고 조소를 참지 못할 것이다. 신령과 진정한 예배에서 까운과 색드린 "영대"는 복음의 본질과 관계없는 비본질적인 제거의 대상으로서 개혁교회는 시정해야 옳을 것이다. 분별력 없이 구교의 사제의 복식을 흉내 내는 일을 부끄럽게 생각하고 개혁이념으로 돌아가야 한다.

로마 칼라(Roma collar)에 대하여

개혁교회 목회자들이 착용하는 로마 칼라는 19세기에 넥타이 없이 검은 스토크(stock)와 함께 착용하도록 고안된 것으로 모든 종파의 목회자들에 의해 성직자 표시(label)로 널리 착용되었는데 주로 가톨릭교회나 성공회 신부들이 착용하는 것으로서 이는 그들이 성당밖에 외출시에 착용하는 공식복이다. 이 로마 칼라는 사제의 독신의 정결함을 나타냄과 동시에 성직자임을 나타내는 표시인 것이다. 그렇다면 개혁교회 목회자들이 사제의 외출복을 예배 인도 시에 강단복으로 착용하고 독신표시를 한다면 우스운 일이 아닐 수 없다. "로마 칼라"는 그 말 자체가 가톨릭 성직자 복식임을 의미하는데 목사들이 착용한다면 목사의 정체성을 저버리는 것이 되며 타 종파의 고유한 형식을 흉내 낸 것이니 사제들이 얼마나 가소롭게 보겠는가? 오늘날 목사 간이복(簡易服)이라는 새롭게 고안된 마치 로마 칼라와 흡사한 형태로 깃이 없이 만든 제복을 볼 수 있는데 간편하다는 의미 외에 아무 뜻을 담을 수 없는 복식이 등장하고 있다. 그것도 로마 칼라의 변형이라는 오해를 받을만한 고안이라 보아진다. 가톨릭 사제의 로마 칼라는 그들의 철학이 담겨있다. 그들은 목사가 아니기 때문이다. 그러나 개혁교회 목사의 간편복이 간편의 이유로 입는 옷이 신분의 구분이나 계층의 차별을 뜻하는 것이라면 구교적 모방이 아닐 수 없다. 복음주의 교회의 지도자가 어떤 형식을 통한 신분을 구분코자 하는 것은 기독교 본질에서 멀어진 선택이 아닐 수 없다.

「영상(映像)예배」에 대한 유감

　연합신문 2005년 10월 30일자 제2면에 '통계로 보는 한국교회'라는 기사에서 한국교회 예배성향 의식조사 통계를 보면 '영상예배'에 대한 인식도가 '교회의 실황예배와 비슷하다'는 수치가 48.5%, 가정에서 영상으로 예배해도 된다는 수치가 10.8%라는 것을 볼 때 한국교회 예배의 위기감을 금할 수 없으며 또한 대부분의 중대형교회의 예배실황을 보면 예배당 전면에 대형 영사막을 설치하고 예배의 모든 순서를 영상으로 자막 처리하여 방사되는 내용에 따라 예배하는 모습 역시 우려되는 부분이 없지 않다. 다행히 응답자의 89.2%는 교회의 공동예배의 당위성을 인식하고 있긴 하나 과학문명과 첨단기술의 산업화로 인간의 편익추구 성향이 교회 세속화를 불러 예배의 영적인 고유성과 계시적 근거가 점점 희석됨을 염려하지 않을 수 없다.

　'영상예배'의 유감은 첫째, 예배는 부분적으로 일반 은총론적 요소가 필요하나 본질적으로 영적요소로 구성되는 것이다. '하나님은 영이시니 예배하는 자는 신령과 진정으로 예배할지니라'(요4:24)라는 말씀은 영원불변의 예배의 본질적인 지침으로서 예배의 영적인 요소를 떠나 기계적 수단을 통해 인간편의를 좇아 예배하는 것은 참 예배가 될 수 없다. 둘째, 다윗이 법궤를 옮길 때

새 수레에 싣고 소에 메워 〈웃사〉가 수레를 몰던 중 소가 〈나곤〉의 타작마당에 이르러 소들이 뛰어 〈웃사〉가 법궤를 붙들자 하나님이 진노하여 〈웃사〉를 죽게 하였다(삼하6:7). 이 말씀에는 두 가지 교훈이 있는데 첫째는 전통적으로 제사장이 메고 옮겨야 할 법궤를(삼하6:13-17) 수레에 싣고 소가 이끌었다는 것은 원리를 떠나 인본주의적 편의를 도모하여 기계적 요소를 취한 것은 부당했다는 것이다.

둘째는 〈웃사〉는 법궤가 넘어지려는 상황을 제사장에게 보고하지 않고 본인이 직접 조치한 것은 법궤취급의 원칙을 어겨 법궤이동이 실패한 것이다. 하나님을 섬기는 일은 전 시대에서 변할 수 없는 영적 원리와 방법임을 일깨우는 교훈이다.

셋째, 영상예배의 보편화로 가정에서 개별예배를 하게 된다면 공동체 개념이 없어질 것이고 성찬, 헌금, 교제, 봉사 등이 시행되지 않아 교회의 본질에 따른 그 직무를 수행할 수 없어 교회의 가치는 소멸된다.

넷째, 예배의 모든 구성요소의 순서가 영상으로 자막처리 되면 성경 찬송 휴대와 읽는 일이 소홀해질 우려와 성경 찬송의 생활화는 멀어지고 예배 때 맨손으로 출석하게 될 일을 방관할 일이겠는가?

예배는 그 자체가 기계문화를 초월한 경건한 영적행위로서 예배 중에 임재하시는 신적 요소를 경험하는 순수한 신앙적 인격행위이며 하나님의 임재 인식을 늘 새롭게 하는 경건한 행위인 것이다. 어떤 시대와 문화적 변화에도 예배의 성경정신과 방법의 변화는 있을 수 없다. 성령님은 예배 중에 영상매체를 통해 역사하시는 것이 아니라 인격과 인격의 교감 중에 임재하시는 것이다.

따라서 영상예배와 대형교회의 지 성전 화상예배는 지양되어야 하고 중대형교회의 예배순서의 지나친 영상화는 예배요소별로 선별해야 한다. 하나님을 예배하는 행위는 전 역사에서 성경적인 정신에 입각한 불변의 형식과 틀을 유지하는 것이 지상교회의 본분임을 재인식하고 기계 문명에 예배를 의존하거나 시류에 영합하지 말아야 한다.

「영상예배」(화상예배)에 대한 위기개념 가져야 한다

오늘날 대형교회들 중에는 같은 공간 건물 안에 또는 다른 지역 공간에 제2성전, 제3성전이라는 예배실을 배치하고 영상(映像) 수상기(monitor)를 설치하여 본 성전 예배실황을 온라인(on-line)으로 전송된 화상(畵像)을 통한 예배는 옳지 않다. 예배는 그 의미와 목적과 정신도 중요하지만 그 방법과 형식도 중요한 것이다. 첨단 과학문명과 정보매체 수단이 고도화된 문명의 이기가 보편화된 오늘의 사회적 환경에서 교회의 예배의 형식은 편법주의를 선호하는 추세는 예배의 전형(典型)이 무너지는 위기감마저 든다.

교회사적 관점에서 기독교 예배는 그 시대의 문화적 현상과 접촉해 왔고 수용과 개입을 통한 절충이 되어 온 것이 사실인데 그것은 예배의 정신을 극대화하는데 불가피한 선별적 수용이었다고 볼 수 있으나 오늘의 전자정보 매체의 위력을 무정견하게 수용한다면 사이버(cyber) 공간활용을 통한 예배와 가상공간교회(cyber Church)로 발전하여 개별적 재택(在宅)예배로까지 전락할 가능성이 없지 않을 것이다. 본질적 의미에서 교회는 그리스도께 연합된 언약공동체, 신앙과 예배와 사랑과 인격적인 공동체이다. 그 공동체가 회중적 유기체를 이루어 성령 안에서 일체됨을 확인하고 하나님을 예배해야 하며, 예배는 신자 개인이 하나님을 체험하는 것만 아니라 인격의 연합적 작용이 있고 그리스도의 지체됨을 확인하는 영적 교감이 있어야 한다.

한국교회의 예배의 주된 형태가 설교 중심의 예배가 되어 일반적으로 예배는 설교를 들으면 되는 것으로 인식하고 있어 화상을 통하여 목사의 설교를 들으면 되지 않겠느냐고 반문한다. 그래서 예배는 반드시 모여야 할 회중(會衆)이 듣는 자로 청중화(聽衆化)되어 가고 있음은 심히 우려하지 않을 수 없다. 예배가 화상 공간에서 개별화되고 소 집단화한다면 예배의 필수적인 성찬은 어떻게 할 것인가? 성찬의 정신과 그 의식적 실천이 생략된 예배라면 본질적 의미를 저버리는 격이 될 것이며 성찬은 교회의 공동체성을 회복해 주는 기독교의 본질이다. 이 공동체적 행위의 개념은 예배의 기본이며 이것을 잃으면 참 예배는 없는 것이다. 함께 모여 잔을 나누고 떡을 떼어야 하고 그러기 위해서 모여야 한다. 문명의 이기의 첨단화로 개인주의가 심화되어 소외와 외로움의 인간 비극이 점점 커 갈수록 모임은 더 강조되어야 하고 사람과 사람의 관계단절이 분명 슬픈 일이기에 어울려 살아야 하는 것이 복음이다. 종말 때까지 변하여서 안될 일은 예배의 공동체적 개념이다. 현대과학 문명이 세속의 삶을 변혁할지라도 예배를 가상적 공간에서 하나님을 경험할 수는 없다. 예배는 반드시 인격적인 작용공간인 물리적인 실제적 예배공간에 공동체적 모습을 이루어야 한다. 그러자면 모니터의 화상을 바라보는 개별화된 예배는 지나친 예배의 비영성적 문화화(文化化)하는 것이므로 화상 또는 영상예배는 복음적 행위와 영적 행위가 될 수 없다. 예배를 정보화 또는 문화화하는 일은 한국교회가 삼가야할 당면한 위기적 과제로 바르게 대응해야 한다.

「영안실」(靈安室)은 「병원 장례실」로 표현해야 한다

별세한 신자의 시신(屍身)을 발인(發靷) 때까지 병원에 일시 보관하는 장소를 〈영안실〉이라고 흔히 표현하는데 이는 성경의 정신과 기독교 장례문화에 부합되지 않는 말이기에 시정해야 한다. 물론 기독교적인 장례의식 문화의 고유한 통전성(通典性)의 전형(典型)이 전통화되지 못한 오늘의 교회들은 교회의 개성을 담은 장례의식과 이와 관련된 용어가 기독교화 된 바가 없기에 무조건 대안(代案)없는 폄론(貶論)은 삼가야할 일이나 그렇다고 불교나 유교적인 풍습과 관행을 그대로 모방 변형하여 응용하고 있는 현실은 자괴감(自愧感)마저 들게 한다.

이 영안실은 시신을 보호자나 유족에게 인계하기 전까지 병원이나 기타 장소에 안치(安置)해 두는 방(시신 보호실) 또는 시신을 장례 시까지 병원에 보관하여 모시는 곳(시신 보관실)으로서 이곳을 일반적인 장례문화와 관련하여 〈영안실〉이라 지칭하고 있다.

이를 기독교적인 관점에서 볼 때 별세교인의 영혼은 하늘나라로 부름을 받았으므로(행7:59, 마27:50) 시신만을 묘실에 안장(安葬)하기 위해 냉암(冷暗)실에 잠시 머물게 된 '시신 보호실'을 마치 별세인의 영혼을 안치하고 있는 듯한 용어로 지칭할 수는 없는 것이다. 이 영안실은 불교나 유가에서 "죽은 사람의 영혼을 모시는 방"이라는 뜻을 담아 쓰고 있는 말이다. 별세교인의 영혼은 죽은 시신과는 상관없이 하늘나라로 갔고 영혼이 떠난 시신을 입관하여 발인까지 보관하는 빈소(殯所)가 있을 뿐인데 이것도 유가(儒家)에서는 별세인의 위패(位牌)절이나 단(壇)·묘(廟)·원(院)에 안치하는 신주(神主)의 이름을 적은 위판(位版)을 안치한다는 곳이므로 장례 또는 제의용어일 뿐, 교회용어는 아니다. 설혹 별세 인을 존중하는 뜻으로나 "별세인의 영혼을 모신다는 뜻으로 그 영혼이 영안실에 머물러 유폐(幽閉)되어 있다"고 말하는 것이라면 교인의 사후(死後) 내세관과 배치 될 뿐 아니라 영혼구원론과도 부합하지 않는 말이 되는 것이므로 이를 기독교적으로 고쳐 써야 할 것이다.

장례(요19:40)와 관련된 용어 중에 '사망', '영결식', '명복', '저승세계', '삼우제', '미망인', '소천', '관을 향한 절', '향로' 등에 대해서는 이미 급한 바 있었으나 이 〈영안실〉 역시 신앙정신에 불 합치하여 시정을 해야 하되 그 대안으로, 사실적 표현으로는 〈시신보호실〉, 〈시신 안치실〉로 해야 하고 완곡(婉曲)하게는 〈병원 장례실〉 또는 〈병원 장례식장〉 등으로 표현하는 것이 기독교 문화와 성경정신에 배치되지 않을 것이다.

말이란 사람의 사상과 감정과 내적 인격을 담아내는 음성매체로서 표현된 대로 인식에 호소되어 개념을 형성하게 된다. 착오된 말은 사물의 해석과 이해를 그르치게 되고 착오된 개념을 가지게 되어 그릇된 행동양식으로 발전하게 된다. 따라서 성경정신에 어긋난 교회용어와 특히 이교적, 미신적, 민속적인 언어는 오직 하나님만을 주목하는 신앙정절을 위해 반드시 갱신되어야 한다. "경우에 합당한 말은 아로새긴 은쟁반에 금 사과니라"(잠25:11)

「영의 아버지」라는 말의 부 적절성

　교인 중에는 자신을 전도한 사람이나 신앙생활에 영향을 끼친 사람 혹은 담임목사를 '영의 아버지'(어머니) 또는 '신앙의 아버지'(어머니)등으로 지칭하는 사례를 흔히 보는데 이는 몇 가지 점에서 부적절한 말이다.

　첫째, 이런 말은 부성(父性)적 속성과의 관계적 표현이기는 하나 생식(生殖)적 혈족에게 쓸 수 있는 말을 조건적 연고성을 짙게 표현할 양으로 태생적인 관계어로 표현하는 것은 지나친 근본주의적 인식이며 성향적 논리의 표현이기는 하나 신앙원리에 맞지 않는다.

　둘째, 성경적인 관점에서 '영의 아버지'는 오직 하나님 한 분 뿐이신데 그 하나님이 우리를 거듭나게 하시고(요3:3-6, 딛3:5, 벧전1:3) 양자의 영을 주어(롬8:14-16) 영적인 자녀를 삼으사 후사가 되게 하여(롬8:17, 엡3:6) 하늘의 기업을 얻게(히9:15, 벧전1:4)하시는 영원하신 상속자로서(마19:29, 25:34) '영의 아버지'시다. 따라서 영이신 하나님(요4:24)으로부터 거듭난 영적 자녀가 육으로 난 자를(요3:6) 영적인 부성의 신분으로 지칭하는 것은 옳지 않다.

　셋째, 육적인 요소를 가진 사람을 '영의 아버지'라고 하는 것은 성질상으로 견주어 표현할 수는 있으나 사람을 '영의 아버지'로 지정할 수는 없다. 이것은 가톨릭교회에서 '성체성사'(聖體聖事)나 '견진성사'(堅振聖事)를 받는 사람이 자신의 신앙을 도울 사람을 대부(代父)나 대모(代母)로 지정하는 제도에서 착안된 것으로 유추되나 성경주의 개혁교회에서는 이를 인정하지 않는다.

넷째, "…복음으로써 내가 너희를 낳았음이라"(고전4:15), "…낳은 아들 오네시모…"(몬1:10), "나의 자녀들아…"(갈4:19)등의 사도바울의 표현을 근거로 '영의 아버지'라고 할 수 있다면 그것은 말씀의 오해인 것이다. 바울이 개종한 이방인들에게 '영적 아버지'라고 표현한 것은 이방인을 개종케 한 것이 마치 산모가 해산의 고통을 겪으면서 자녀를 낳음과 같았다는 의미로 사도적 애착심을 표현한 것이지 바울 자신의 권리와 위치를 말한 것이 아닐 뿐 아니라 부성애의 본능적 속성으로 사랑과 친밀한 관계를 묘사한 수사(修辭)적 표현으로 이해해야 한다.

다섯째, 바울이 복음으로 사람을 회심시키고 성장하도록 양육한 부성적인 역할이 신앙적이었기 때문에 '영적', '신앙적'이라는 표현은 가능하나 '영의 아버지', '신앙의 아버지'라는 표현은 옳지 않다. '영적'에서 〈적;的〉은 '어떤 사물이 그 상태로 된', '그런 성질을 띤' 등의 뜻을 나타내기 때문이다.

성경에는 "땅에 있는 자를 아비라 하지 말라 너희 아버지는 하나이시니 곧 하늘에 계신 자 시니라"(마23:9), "만물이 그에게서 났고 우리도 그로 말미암아 있다"(고전8:6)고 말함으로써 아버지는 하나님뿐임을 강조하였다. 목회자 자신이 스스로를 영의 아버지라고 강조하거나 교인이 지도자를 그렇게 지칭하는 것은 사이비 집단의 교주를 신성화하기 위해 쓰는 경향과 같음을 유념해야 한다.

그러므로 사람을 '영의 아버지(어머니)'로 지칭하여 하나님의 존엄성을 훼손하는 일은 삼가야한다. 신앙적으로 많은 영향과 덕을 끼친 사람의 지칭은

"영적 은인"이나 "신앙의 은인"으로 표현하면 좋을 것이다. 참 영의 사람은 세상에 속한 말을 하지 않는다(요일4:5).

「예물 봉헌자」 명단과 「감사 내역」 공개하는 말 성경적인가?

한국교회의 대부분의 중·소(中·小)교회의 경우 공동예배 순서 중 예물 봉헌(헌금)시에 그 예물 봉헌자의 명단공개와 봉헌의 동기를 적은 감사의 내역과 소원의 내용을 개개인 별로 공개하는 사례가 과연 옳은 것이며 성경적인가? 한국교회가 많은 양적 성장을 이룩하게 된 이유 중에는 기도와 예물 봉헌(헌금)의 삶이 신앙행위의 중심점을 이루어 온 것에서 비롯되었음을 부정할 수는 없을 것이다. 그리고 예물 봉헌자의 명단공개와 감사와 소원의 내역을 겸하여 공개하는 일에 대하여 두 가지 관점이 있는 것이 사실이다.

하나는 현실적인 면으로 긍정적인 관점인데 봉헌자의 명단과 감사의 내역을 공개함으로써 초신자에게나 기타 신자에게 봉헌정신을 일깨우고 실천신앙이 본을 보인다는 점과 봉헌예물을 교회가 공식적으로 수납 영수한다는 점, 봉헌자의 신앙을 격려한다는 의미가 있기 때문에 별 문제가 없다는 견해가 있는 듯 하다. 그러나 예물봉헌의 본질적인 의미와 성경적 정신은 그런 윤리적인 가치 수준에 머물지 않고 그 너머에 참 뜻이 있음을 주목해야 한다. 예물봉헌의 근본적인 뜻은 하나님으로부터 입은 은혜와 베푸신 복에 대한 응답 행위로서와 감사하는 마음으로 봉헌하는 것이며 만물의 주권적 소유주가 되시는 하나님께 돌려 드리는 행위이며 예수그리스도의 중보적 사역을 통한 속량함을 받은 택한 백성이 자기양도(自己讓渡)적인 표현으로 봉헌하는 것이기 때문에 어떤 부수적인 의미와 조건구성이 요구되지 않는다.

예물봉헌자와 감사 내역을 공개하게 되는 행위에서 발견되는 부정적인 면을 보면 첫째, 봉헌자를 공개함으로 당자자는 물론이고 회중들의 유사한 봉헌행위를 유도하고 환기시키고자 하는 동기가 있다고 하면 봉헌의 정신은 이미 훼손되는 것이고 예배의 요소로서 의미를 잃게 되는 것이다. 둘째, 봉헌자를 회중 앞에 거명하여 봉헌행위를 명예롭고 인정감을 확인시켜 개인의 공명심을 높이는 효과를 낳는다고 하면 이 또한 바람직한 것이겠는가? 셋째, 감사의 내역과 소원을 공개하여 봉헌에 대한 보상적 은혜와 소원성취의 방편으로 삼아 하나님께 축복의 기도를 집중하여 그 봉헌이 기복(祈福)신앙을 유발하는 동기가 된다면 봉헌의 영적인 의미는 소멸되는 것이다. 넷째, 봉헌자의 이름을 공개하여 교우들에게 헌금자의 지명도를 높이고 목회자로부터 신뢰감과 인정감을 받으려는 기대심리를 심게 한다면 이 또한 인본주의가 아니고 무엇이겠는가?

이렇게 신앙과 예배행위로서 예물봉헌이 본질적인 본래의 뜻이 굴절되어 마치 봉헌이 인간의 문제해결이나 소원성취의 방편으로 알고 기복적인 발상으로 헌금봉투에 감사의 사연과 소원의 명목을 적어 기도를 받으려고 하고 하나님으로부터 보상을 받으려는 동기가 있다고 하면 이는 어떤 상리(商利)적일 뿐 아니라 샤머니즘의 복채(卜債)와 같은 행위와 다를바가 무엇이 있겠는가?

봉헌은 하나님 앞에 신앙적 공적행위가 될 수 없다. 우리의 생명을 포함한 모든것이 모두 하나님의 것이라는 소유관에서 볼 때 봉헌행위는 하나님의 자녀들의 마땅한 의무행위요 당연한 감사의 반응행위인 것이다.

하나님앞에 감사와 봉헌행위는 사회적 불우를 치유하고 선하고 건강한 사회정신을 일깨우는 의연금 쾌척(義捐金快擲)의 적선행위와는 본질적으로 다른 것이다. 봉헌은 성경적인 뜻에 부합하도록 해야 한다. 그것은 구속적 은총과 삶의 전 분야에 베푸시는 은총에 대한 큰 감격에서 출발하여 하나님과 봉헌자의 높은 차원의 개별적 영적 관계에서 취해야 하되 성경의 말씀대로 "… 은밀한 중에 보시는 네 아버지께서 갚으시리라"(마6:4, 6:18)와 "… 너희 오른손의 하는 것을 모르게 하여"(마6:3) 라는 교훈과 같이 봉헌을 받으시는 그분이 아시는 행위로 경건하게 취급이 되어야 할 것이 예물봉헌의 형식이 되어야 한다.

예물봉헌은 복을 받기 이전의 행위가 아니라 복을 받은 이후의 행위임을 한국교회는 새롭게 인식해야 할 것이다. 복과 은혜와 소원성취와 보상이 전제된 봉헌행위, 그 보상을 전제한 봉헌행위를 유도하는 강단의 언어, 이제는 본연으로 돌아가고 성경정신으로 회복해야 한다. "사람의 칭찬을 받으려는 것은 의미가 없고"(눅6:26), "감추인것들이 드러나 각 사람에게 하나님의 칭찬이 있을 것을"(고전4:5) 소망중에 믿음으로 겸손히, 그리고 말없이 감사의 조건을 찾아 응답해야 한다. 이것이 참 봉헌자의 행위인 것이다.

「예배 드린다」, 「예배한다」

「예배 드린다」는 「예배한다」로

한국교회 대다수의 교인들과 목회자들이 예배호칭에 대하여 성경적으로 통일된 호칭을 하지 않고 있다. 현재 교회에서 쓰고 있는 말은 "예배 드린다", "예배 본다", "제단쌓는다", 그리고 적게는 "예배한다" 등의 여러 호칭이 있는데 그 중 "예배 드린다"라는 호칭이 일반화되어 있다. 그러나 이는 예배신학적으로 보아 올바른 호칭이 아니다. 예배는 근본적으로 하나님의 역사요 신적제공(神的提供)이며 하나님의 필요와 그 분의 고안(考案)이다. 계시없는 이교에서는 인간이 종교심성을 가지고 신을 찾는 행위 과정에서 종교의식이 발생하게 되었으니 그 의식의 주도자는 인간이 되는 셈이며 인간이 신의 감응(感應)을 얻기 위해 무엇을 "드리고" 이 "드림"의 치성(致誠)을 다하는 것이다. 여기에 비하여 생명적인 참종교인 기독교의 예배행위는 하나님의 구속역사와 임재에 대한 인간의 만남이며 하나님의 요구적 명령에 따른 응답이다. 이러므로 예배에서 "드리다"라는 말은 예배원리에 합치되지 않는다

구약의 제사제도에서 그리스도의 예표(豫表)적인 희생제물을 여호와께 바칠 때 "드리다"라는 행위가 요구되고 있었다. 분명히 하나님과 그 백성사이의

제사의식에서 봉헌적인 매체는 짐승의 희생물이다. 이는 가시적이고 모형적이며 형태적 요소가 있을 뿐 아니라 구약적 예배의 제의(祭儀)적 절차상 여호와께 제물을 "드림"이 있어 이것이 그 예배의 주된 요소라고 볼 수 있다. 그러나 예수 그리스도께서 "자기몸을 단번에 '드림'으로 우리가 거룩함을 얻었고"(히 10:10), "오직 그리스도는 죄를 위하여 한(one) 영원한 제사를 드리시고…"(히 10:12), "…다시는 죄를 위하여 제사드릴 것이 없느니라"(히10:18)고 하셨다. 따라서 히10:18 이후에는 예배를 위해 "드리는" 행위는 그리스도를 인하여 완성되었고 다시는 피흘림이나 희생이 전혀 요구되지 않으므로 "드린다"라는 말은 구약의 제사제도에서 요구되었던 말의 잔재(殘滓)라고 볼 수 있다.

그리고 이 "드리다"는 종교의식과 제의(祭儀)적 관점에서 이교(異敎)(유. 불. 선. 무교)적인 특성을 담고 있다. 특히 무속종교(Shamanism)의 수복(壽福)사상과 관련이 있다. 즉 "드림"으로 받을 수 있다는 원시 종교의 기복사상과 관련이 있어 신(神)의 감응(感應)을 위해 공적을 쌓으려고 무엇을 바치는 행위의 표현이기도 하다. 따라서 신약성경 히브리서 9장과 10장에 "드리다"라는 것은 구약의 제의법상의 표현을 그리스도의 중보성에서 사상적 인용이며 그것은 희생적 헌신(헬. προσφερη. 영. Sacrifice)의 의미로 보아야 하기에 "드린다"라는 말의 근거가 될 수는 없다. 그리고 예배라는 말의 신학적 의미는 "드리고", "받는", 어떤 종교 의식물의 수수(授受)적 의미는 전혀 없는 호칭이며 이것은 그리스도 안에서 하나님과 그의 자녀된 신분이 영교(靈交)적 만남과 교제의 의미를 담고 있는 것이 "예배"이다. 이러한 예배가 인간편에서 무엇을 "드린다"로 본다면 예배는 하나님의 요구와 필요 이전에 인간의 공적행위에 대한 보상의 방편이 되고 인간 목적의 수단이 될 수 밖에 없다. 이는 마치 "불공을 드리고", 공양을 바치고", "치성(致誠)을 드리고" 등의 이교적 유형에 지나지 않는 것이 된다. 혹여(或如) 지존하신 하나님을 향한 종교행위는 공경의 뜻과 예어(禮語)적인 표현을 해야 한다는 명분으로 예배행위를 "드린다"라고 한다면 이것은 윤리적인 종교관을 가진 인위적인 것이 되는 것이다. 그런고로 "예배 드린다"라는 이교적이고 기복(祈福)적인 언어문화적 관습어를 성경적, 예배학적 호칭으로 갱신해야 한다.

예배는 「한다」라고 해야 한다

예배는 영성적 요소가 응집(凝集)된 신앙행위이며 하나님을 향하여 그리스도의 구속사건(창조, 타락, 성육신, 고난과 죽음, 부활, 종말)을 요약적으로 기억하는 것이고 반복적으로 체험하는 것이며 또한 영광을 돌리는 찬양과 감사행위로서 하나님의 계시적 임재에 대한 인간의 응답이고 만남이다. 그리고 하나님의 신적 역사에 대한 인간의 반응행위의 영적인 접점(接點)으로서 예배는 "예배하다"라는 말 외에는 그 어떤 칭호도 적합하지 않다. "예배하다"의 성경적 근거는 "주님의 말씀"(요4:20-24)과 "구약의 호칭"(요4:20, 12:20)과 "주님 당시의 호칭"(요4:24, 시8:27), "사도들의 호칭"(행24:11), "예배는 하나님께만 하는 것"(마4:10, 시73:25)이라는 등의 실증적인 기록을 포함하여 예배라는 단어가 55회나 기록되어 있으나 예배는 전부 "한다"라는 것으로 표현하고 있다. 그리고 서방의 전 문서에도 예배는 "한다"로 기록하고 있으며, 공포된 신경과 신조 중 "한다"라는 말 외의 표현을 한 일이 없으며, 유명한 서적들에서도 "한다"로 표현하고 있다. 이렇게 예배에 관련된 확실한 근거들은 모두 예배는 "한다"는 것으로 표현하고 있다. 이러므로 예배 자체가 그리스도 안에서 만남, 교제, 체험, 찬양, 송축, 영광, 헌신, 경배 등이 복합적으로 응축되어 하나님을 향한 신앙행위이며 무한하신 사랑과 은총에 대한 영성적 작용이므로 예배를 사물화

(事物化)하거나 하나님과 인간 사이의 어떤 매체(媒體)적인 의미를 담아 "드린다"라고 하는 말은 "하다"라는 성경적 근거를 가진 말로 예배 호칭의 통일을 이루어야 하겠다. 그리고 "예배 본다", "제단 쌓는다"라는 말의 바로 잡기는 지면관계로 추후 쓰고자 한다.

예배 때 행사병행과 예배당 뜰에 공적비 건립 옳은가?

　많은 교회들이 공동예배 때에 교회행사를 동시에 병행하는 것이나 예배 시에 어떤 교인을 치하(致賀)하는 일 또는 예배당 뜰(정원)에 교회지도자나 교인이 헌신한 공적을 기리는 송덕비(頌德碑)를 세우는 일은 높은 의미의 기독교정신에 부합되지 않는다. 그리고 공동예배 때 의식행사인 각종 안수 임직식, 축하기념행사, 예배당 헌당(獻堂)식 등의 의식행사를 곁들어 시행하는 일도 원칙적으로 합당하지 않으므로 이를 구분하여 별도로 시행하는 것이 옳다.

　본질적인 뜻에서 성례의식은 예배의 연장이지만 그 외의 행사는 그 행사의 목적을 전제한 이중적 주제를 구현하기 위한 것이므로 고유한 예배순서에 행사순서를 혼합하는 것은 예배의 본뜻이 훼손될 수 있다. 따라서 공동예배 때에 하나님을 온전히 예배하는 목적 이 외에 예배의 영적 요소가 아닌 순서와 병행하는 것은 예배본분에 충실키 위해서 억제하는 것이 옳을 것이며, 행사는 별도로 시행하여 행사목적의 완성도를 높이는 것이 또한 옳을 것이다. 신자가 하나님을 향한 예배에 있어서 그 동기와 목적은 언제나 최고, 최대, 최선의 수단과 가치로 이루어져야 하기 때문에 예배는 예배 그 자체가 목적이 되어야 한다.

　이런 의미에서 예배시간에 개인을 회중 앞에서 자랑할 일을 내세워 치하하여 그를 영예롭게 하는 것도 오직 한 분 하나님께만 집중하여 영광을 돌릴 예배정신을 갈라내는 무례(無禮)가 되므로 지존하신 하나님이 받으시는 그 예배시간과 그 현장에서 사람을 찬하(讚賀)하는 일은 절제되고 삼가야할 일이다.

또한 흔한 사례는 아니지만 간혹 예배당 뜰에 그 교회 설립에서부터 운영과정에 많은 기여를 한 교회지도자나 교인의 공덕을 기리는 송덕비를 세워 기념하는 사례가 있는데 이도 역시 당연한 일은 아니다. 물론 남다른 헌신과 희생으로 공헌한 바를 귀감으로 삼고자 함은 긍정적으로 볼 수도 있으나 그러나 우리 위하여 의인의 신분으로 십자가에 희생하신 주님의 피로 사신 신앙공동체들의 삶의 중심 공간에 비록 그 누가 그 교회에 어떤 공적을 남겼다고 하더라도 십자가 정신이 서린 그 현장에 사랑과 은총으로 인하여 주님께 헌신한 사람의 공적을 새겨 주님 앞에 버젓이 세워져야만 하는가? 기념비를 세우려면 주님의 송덕비를 만인 앞에 세워야 하지 않을까?

오직 하나님 중심사상으로 온전한 예배생활을 삶의 중심과 신앙의 축(軸)을 삼고 살아가는 하나님의 사람은 예배시간의 온전성을 유지하려는 영성을 가져야 하고 다른 행사 곁들이는 일, 주님 원치 않을 것임을 유념해야 하며 예배시간에 사람 칭찬 내세워 주님영광 가리우지 말고 주님공로 앞에서 사람공적 앞세우는 것 삼가야할 일임을 생각하여 보자.

「예배 본다」와 「제단 쌓는다」

「예배 본다」를 「예배한다」로

한국교회가 예배 호칭에 대하여 반드시 고쳐야 할 말은 "예배 본다"라는 말과 예배 행위를 "제단 쌓는다"라고 표현하는 말이다. "예배"라는 말의 근본적인 원리로 볼 때 '본다'라는 말과 결합할 수 없는 말이다. "예배 본다"라는 말은 신학적 근거가 없을 뿐 아니라 근본적인 뜻으로도 써서는 안될 말이다.

이 말은 한국교회 선교 초기부터 지나오면서 우리의 언어습관 속에 정착된 말이다. 예컨대 술버릇(酒邪)을 "주벽"(酒癖) 또는 "주성"(酒性)이라 하고 훔치려는 버릇을 "도벽"(盜癖)이라고 하며 습관적으로 쓰는 말버릇을 "구습"(口習) 또는 "어벽"(語癖)이라고 한다. 이와 같이 예배라는 말에도 "본다"라는 말을 합성(合成)시켜 쓰게된 것은 언어관습(말버릇)으로 일종의 어벽이 된 셈이다. 그러나 이것은 고쳐야 한다. 원래 "본다"(보다)라는 말은 시각으로 사물의 모양을 알거나, 어떤 대상의 내용이나 상태등을 알려고 살피는 것, 사물의 미적 요소를 즐기며 감상하는 미적 지각(美的知覺)에 쓰는 말이다. 이러한 말을 예배라는 말에 결합하여 쓰는 것은 옳지 않다.

"예배 본다"라는 말을 교회사적으로 보면 한국교회는 1777년 가톨릭에서부터 1865년 개신교 〈토마스〉의 선교로 이어져 〈알렌〉, 〈언더우드〉, 〈아펜젤러〉, 〈스크랜톤〉 등의 선교사들에 의하여 의료와 교육, 예배 등이 시행되면서 한국인들에게는 "경이로운 일"로 보이게 되었다. 그리고 대원군 시대와 그 직후까지 종교에 대한 박해와 인명이 희생되는 사건으로 인하여 백성들은 교회 출석이나 신앙을 선뜻 가지려 하지 않고 관망하고 있을 때 먼저 교인(입교)된 신자들이 전도의 방법으로 "주일" 혹은 "특별집회"의 "예배하는 것"이 볼만하고 재미가 있고 서양인(선교사)이 왔으니 "구경하러 가자"라는 뜻으로 "예배 보러 가자"고 한 말이 그 후에 그렇게 전도 받은 사람들이 예배는 "보는 것"으로 알고 "예배 본다"라는 고정어를 만들게 되어 그것이 오늘에까지 관용어가 되었다. 혹자는 요1:46에 〈빌립〉이 〈나다나엘〉을 예수님께 소개하고 인도할 마음으로 「와 보라」한 말씀이 근거가 될 수 있지 않느냐고 하는 지론(持論)을 펴기도 하나 이는 예배에 적용될 수가 없는 억지에 불과하다.

예배는 하나님의 임재에 대한 신앙인의 영성적 반응이며 인격적 응답행위인 것으로써 "보는 것"이 될 수는 없다. 만약 "예배 본다"라는 호칭 사용을 계속 방치한다면 예배자는 "예배 참관자"(예배 관람자) 또는 "예배 구경꾼"에 지나지 않게 된다. 그러므로 교회는 잘못된 예배 호칭에 대한 성도 교육을 바르게 해야할 것이며, 예배 갱신적 차원에서 착오된 신앙용어 순화에 관심해야 할 뿐만 아니라 후손에게 그릇된 말을 물려주지 말아야 할 것이다. "예배 본다"는 "예배한다"로 바로 잡아야 한다. 보는 예배에서는 하나님의 임재를 체험할 수 없기 때문이다.

「제단 쌓는다」를 「예배한다」로

"제단"이나 "쌓는다"라는 말은 구약적인 용어로서 "하나님을 만난다"는 상징성은 있으나 그리스도로부터 열려진 신약교회의 표현은 아니다. 이 "제단"이라는 말의 구약적인 의미는 "하나님의 만남의 장소"(창 25:22, 17:15)였고, 제물과 화해를 받으시던 곳이며 속죄의 장소였는데 이 말이 구약에 42회, 신약에 20여회가 기술되고 있으나 신약에서 "제단"이란 표현은 구약제단의 사상적 인용이고 실제적으로 하나님과 신약의 교인 사이에 제단이 존재하지 않았다. 원래 "제단"의 또 다른 의미는 그리스도께서 십자가에 달려 고귀한 희생을 치루실 것을 예표(豫表)한 곳으로서 "피 흘림이 없이는 죄사함이 없다는 사실을 선포해 주던 곳이 제단이었다(히 9:9, 22). 그래서 예수님이 속죄의 제물이 되어 주심으로 제물도, 피흘림도, 제단도 그리스도로 완성되었다. 따라서 예수님의 십자가 속죄물이 되신 이후의 신약교회는 제단이 요구되지 않았으며, 초대교회 교인들은 실제적으로 제단을 사용하지 않았다. 십자가상에서 완전한 제물이 되신 그리스도께서 개개인의 제단이 되셨기 때문이다(히 10:14, 18).

그러므로 오늘날 상당수의 교회가 예배행위의 별칭으로 "제단 쌓는다"라는 말을 쓰는 것은 그리스도의 중보사상으로나 신약교회의 예배원리에서 보아 잘못된 것이다. 제물이 없으니 제단도 없고 제단이 없으니 "쌓는다"는 것도 필요없기 때문이다. 많은 교회들이 "바쳐야 받을 수 있다"는 이교적 발상에서 "제단 쌓는다"라는 말의 사용 사례를 보면 "신흥교단"들, "사이비 종파", "무속풍의 기복신앙인과 지도자들", 미신적 불건전 신비파들 등인데 이들은 "가정제단", "새벽제단", "구국제단", "민족제단", "피의 제단", "불의 제단", "능력제단" 등과 교회당 내의 소예배실을 "○○제단", 그리고 "○○산 제단", 등의 이름을 걸고 제단이 뜻하는 바와 같이 희생을 요구하여 그 희생에 상응하는 "헌금"을 유인하고 여기에 복을 강조할 뿐 아니라, 성경이나 교리보다는 체험이나 개인의 은사를 더 강조하고 있다. 그러나 히 10:18 이후에는 제단은 요구되지 않고 제물이 없으므로 "쌓는다"라는 "제의(祭儀)적 구조"나 "제물의 조성"이 전혀 요구되지 않는다. 따라서 "제단 쌓는다"라는 말이 예배적 사상을 담은 표현이라면 "예배한다"로 갱신되어야 한다.

「예배 사회」라는 말 고쳐 써야 한다

한국 개혁교회의 예배 때 그 예배의 구성요소의 진행순서를 맡아 주관하는 일을 〈사회〉 또는 〈인도〉 등으로 사용하고 있는데 이 문제에 대하여 장로회 통합측은 예배는 "인도" 또는 "인도자"로, 성례전은 "집례" 또는 "집례자"로 사용키로 표준예식서를 총회결의로 확정했다고 하고 혹자는 이미 보편화되어 있는 "사회"라는 말을 쓰는 것이 적당하다는 주장이 있다. 그러나 필자는 한국교회 예배갱신을 위해 그 관점을 달리 하고자 한다.

물론 예배와 관련하여 진행자를 사회자로 지칭하여 사용하는 것은 적합하지 않다. 사회(司會; preside)란 말의 우리 언어의 문화적 개념은 회의 등에 진행을 맡아보거나 어떤 계약적 회합에 주관자를 의미하는 것으로 이해되고 있고 영어의 개념도 원칙적으로 회의에 의장직을 맡는 일이나 이를 통괄 수행(사회)하는 일이 주된 뜻으로 사실상 예배와 관련하여 부적절한 것인데 이를 한국교회는 오랜 관행으로 그 사용이 일반화되어 있다.

그리고 최근에 와서 "예배인도"라는 말로 바꾸어야 한다고 하여 "인도"라는 말의 사용사례가 나타나고 있으나 엄밀히 말해서 이도 역시 적합한 말이 될 수는 없다. 이 인도(引導)라는 말의 의미는 두 가지로 보는데 그 하나는 "가르쳐 이끌거나 길을 안내함"을 뜻하기도 하고 다른 하나는 불교적 배경을 가진 뜻으로서 "갈 길을 알지 못하는 중생을 이끌어 오도(悟道)에 들게 함"이나 "죽은 사람의 넋을 정토(淨土)로 이끌기 위하여 장례 때 중(僧侶)이 관(棺) 앞에서 경(經)을 외우는 일"이라는 뜻으로서 이는 불교적 용어와 불교의 법열(法悅)에 관계되는 배경을 가진 용어이기도 하다.

그리고 "인도"라는 말을 쓰고자 하는 논리를 가진 사람들의 견해는 기독교 선진국에서도 Worship Leader(예배인도자)라는 말을 쓰고 있으니 "인도"라는 말이 무난한 것으로 보고 있는 것 같기도 하다. 그러나 Leader 라는 말도 엄밀히 보면 "지도자" 또는 "선도자"라는 뜻이 주개념인데 우리는 인도자라는 이 말에 대입시켜 그 뜻을 새기고 있는 것이다. 그러나 "인도"라는 말도 예배순서를 관장하는 일이나 그 일을 맡은 자를 나타내고자 하는 말로는 문제점이 없지 않으며 인도라는 말이 의역(意譯)상으로 그 뜻을 "알려 주어 이끄는 일"이라고 해도 적합하겠는가? 하물며 그것이 불교적 배경을 가진 용어라면 더더욱 달갑지 않다.

그렇다면 "예배사회" 또는 "예배인도" 라는 말을 무엇으로 갱신할 것인가? 필자의 관점은 예배의 본질적 의미로 보면 예배는 "하나님의 역사"요 "신적 제공"이며 "성령님의 인도"로 "하나님의 임재에 대한 인간의 만남과 응답"이라고 볼 때 사람이 예배를 "사회"나 "인도" 등으로 주관한다는 말은 부적절한 것이다. 그런고로 목회자가 하나님과 회중 사이에서 하나님의 예배적 사역의 수종자로서 신학적인 예배 구성요소의 모든 순서를 정하여 그 수종자가 목회적 직무를 가지고 예배 수행자로서 이를 엄숙하게 그 "진행"을 주관하는 것이므로 대안적인 제안을 한다면 "예배순서를 이끌어 하나님께로 나아간다"는 뜻을 가진 "예배진행" 또는 "예배진행자"라는 말로 바꿀 수 있을 것이다.

따라서 이미 사용되고 있는 "사회"라는 말은 예배와 관련해서는 쓰지 말아야 하고 "인도"라는 말을 불교적 배경의 뜻을 불문하고 사전상의 제일의(第一義)적 개념으로 보아 어감이 자연스럽다는 견해가 있는 만큼 "인도"라는 말에 기독교적 의미인 "예배의식 절차에 따라 회중을 이끌어 간다"는 뜻을 창조적으로 부여하여 "예배인도"라는 말로 그 사용에 교회적 통일을 하든지 아니면 필자의 관점과 제안대로 "예배진행" 또는 "예배진행자"라는 말을 채택하여 예배신학 원리와 정신에 저촉이 없는 용어로 사용되었으면 한다.

예배 수행 중 사람을 향한 「박수」행위 옳지 않다

많은 교회들이 예배 수행 중 사람을 대상으로 박수를 보내는 사례가 흔히 있는데 이는 적합한 행위가 될 수 없다. 물론 박수 그 자체가 악이 되거나 죄가 될 수는 없다. 다만 예배시간은 시작에서부터 마감까지 전체의 예배행위는 그 대상이 유일한 하나님이시고 하나님만 영광과 존귀와 찬양을 받으셔야만 하는 예배의 본질적인 원칙에서 볼 때 어떤 환호와 갈채를 예배의 절차와 구성요소가 진행되고 있는 과정 중에 사람에게 보내는 일은 예배의 온전성을 훼손하는 일이 아닐 수 없다.

사례를 들면 찬양대가 찬양을 끝낸 다음에 박수를 보내는 일과 예배의 특송 순서의 시작 전과 끝난 다음 특정인을 소개하는 시간, 예배시간 중 감사패나 공로패 증정 시에 해당자에게 박수를 보내는 일 등이 그 예가 될 수 있다. 사실 특송이나 찬양대의 찬양은 예배행위이고 예배의 순서에 구성된 예배의 요소이다. 고로 그 순서의 대상은 오직 하나님으로서 하나님께 하는 헌신적인 행위요 섬김과 송축의 행위이니 사람에게 마치 화답이나 답례와 격려라도 하듯이 박수로 응대(應待)하는 태도는 하나님께 대한 불경이다. 같은 예배자가 예배자의 순서 담당 역할에 대한 보답이라도 하는 듯이 그를 찬화하는 몸짓은 시정되어야 한다.

예배에서 예배자는 하나님께 몰입하여야 하고 경도(傾倒)되어야 할 그 정절을 갈라낼 수는 없는 것이다. 재론컨대 찬양과 특송은 예배를 구성하는 요소로서 하나님의 영광을 위해 송축키로 작정된 순서를 경건하고 겸손히 수행하는 것의 소임이 있는 것이다. 거기에 무슨 사람 앞에서 사람을 향해 절을 해야 하고 회중은 박수로 화답하고 답례를 해야 하는 것인가? 그런 형식이라면 성경 낭독 후에나 설교 후에도 설교자에게 또는 기도 인도자의 기도 후에도 박수를 보내야 하지 않겠는가? 특송과 찬양대 찬양은 사람을 즐겁게 하는 미학적 요소를 제공하고 예술성을 표출하여 사람의 심미(審美)본능의 충족을 주는 리사이틀(recital)이나 콘서트(concert)가 아니라 하나님께 바쳐지는 예배행위의 봉헌적인 의미를 담고 있는 만큼 예배적 행위로 수행할 일이지 사람을 향한 윤리적 행위나 유희(遊戲) 또는 공연(公演)적 행위로 보아서는 안된다. 그런고로 특송 전후에 회중을 향해 절(경례)을 할 필요가 없고 회중의 박수 역시 무의미한 것이다. 예배의 본질과 무관한 박수는 봉헌적 특송을 회중이 오락적 정서로 받아 반응하는 태도로써 이는 교회밖의 문화양식에 지나지 않을 뿐 아니라 마치 회중에게 즐거움을 주는 봉사행위로 여겨 보답하고자 하는 형식이 되어 옳지 않다.

박수를 받을 그 순서의 대상이 유일하신 하나님이심을 알아 자기를 향한 공연적 기분으로 끌어들여 화답의 표시를 굳이 할 필요는 없는 것이다. 특송도 찬양도 찬송도 신앙과 예배행위 이 외의 뜻을 담지 않는다. 그런 것의 행위자는 하나님께서 받으셔야할 산 제물이며(롬12:1) 예배 그 자체이다. 그러므로 회중이 시각적으로 반응해야 할 이유가 없다. 다만 아멘으로 특송자와 찬양자의 봉헌정신에 회중의 정서를 인격적으로 융합시켜 함께 영적으로 동참하는 것이면 족할 일이다.

　예배요소로서 음악행위는 근엄하고 경건하게 수행하여 하나님만 받으시는 송축행위가 되어야 한다. 따라서 회중의 박수로 특송자의 노고를 위로 격려하고 감사의 표시로 박수로 환호하는 일은 그 순서의 기본 뜻과 무관하며 하나님께 향한 예배의 정절을 사람에게 갈라내는 일은 현명치 않는 일이다. "너희 마음을 하나님께서 아시나니 사람 중에 높임을 받는 그것은 하나님 앞에 미움을 받는 것이니라"(눅16:15) "모든 사람이 너희를 칭찬하면 화가 있도다 저희 조상들이 거짓 선지자들에게 이와 같이 하였느니라"(눅6:26) 박수와 환호의 감격은 오직 하나님께만 향하기를 제안한다.

예배 중 「박수」(拍手)에 대하여

「사람을 향한 박수」

한국교회가 공예배 중에 축하를 받을 일이나 환영을 할 일이 있는 사람을 회중 앞에 세우고 그에게 "박수" 하자는 사회자의 제안에 따라 온 회중이 "박수" 하는 경향을 흔히 볼 수 있는데 이는 삼가야할 필요가 있다. 본래 "박수"란 환영, 축하, 격려, 찬성등의 뜻으로 손뼉을 쳐서 그런 뜻을 전하거나 표현하여 환대하는 것인데 이것을 예배의식이 수행 중일 때라면 정당한 일이 될 수가 없다.

예배의 정한 시간은 오로지 하나님의 자녀들이 유일하신 하나님께만 영광, 경배, 송축하는 신적 관계가 온전히 유지되어야 할 시간에 사람을 대상으로 축하나 환영이나 칭찬키 위해서 "박수"를 보내는 일은 예배 중에 유지되어야 할 신성보존과 영성유지에 침해가 되고 훼손이 될 수밖에 없다. 예배 중에서 지고한 하나님의 영광과 그의 주권이 최상으로 고양되어야 하고 무한자와 제한자의 만남, 영원과 시간의 만남의 영적 긴장이 성령님의 인도로 유지되는 거룩한 국면에서 어찌 특정인을 향한 찬하와 환호를 하여 신앙의 정절을 분할할 수가 있겠는가? 한 인간을 격려 위로하고 환대하는 친교적 행위는 교회공동체에서 필요한 덕목이기는 하나 굳이 예배시간에서 사람이 영광스러워져서는 안된다.

한 사람의 비위(脾胃)를 맞추거나 관심의 표명이라면 더 더욱 인본주의적 행위 이상의 의미는 없다. 어떤 교회에서는 찬양대가 찬양을 한 직후나 어떤 개인의 특송이 있은 직후에도 "박수"로 답례라도 하듯이 환호하는 경향이 있으나 그것은 온당하지 않다. 그 찬양과 특송이 하나님을 대상으로 한 것이지 사람의 위로의 공연이나 음악발표가 아니기에 사람이 즉각적 보답행위를 해야 할 명분은 없는 것이다. 예배에 있어서 하나님의 임재적 요소에 인간의 영성적 반응은 때론 열광적일 수가 있으나 본질적으로는 고요와 엄숙이 예배의 주된 상황이어야 함에는 이의가 있을 수 없다. 그것은 죄인 인간이 거룩하신 하나님과의 만남이요, 교제의 시간이기에 신적 역사에 인간의 겸손한 반응이 있을 뿐이기 때문이다.

성경에도 히브리 민족을 중심한 하나님의 구원역사 속에서 여호와를 경배하는 현장에는 사람이 박수를 받은 역사는 없고 그것은 후대의 오늘 우리가 또한 박수의 근거가 없을 뿐 아니라 오히려 "사람의 높힘은 하나님의 미움"(눅 16:5)이며 "사람의 칭찬은 화가 있음"(눅6:26)을 유념할 필요가 있다. 그러므로 예배시간에 물리적인 박수는 옳지 않다.

하나님께 영광의 "박수"를 하자는 것에 대하여

요사이 교회예배 때 교회의 공공적인 축일(祝日)의 행사나 찬양대의 찬양이 끝난 직후 또는 설교자가 설교 도중 회중이 말씀에 경도(傾倒)되기를 유인(誘引)키 위해 특정대목에서 하나님께 영광의 박수를 올리자는 제안과 함께 박수를 하는 경향을 볼 수 있는데 이것은 예배를 지나치게 형상화 또는 물리적으로 감각화를 추구하는 것으로서 건실한 방법이 아니다.

　전술한 바와 같이 히브리 민족의 장구한 역사 속에 선민으로 여호와를 숭경(崇敬)하는 의식에서 공경적 표현을 박수로 한 사례는 없다. 다만 시 98:8 에는 의인법(擬人法)으로 "물이 박수하며" 라는 말이나 "왕의 만세를 바라는 박수"를 한 사례가(왕하11:12) 극히 제한적으로 있기는 하나 우리의 예배에 도입될 근거는 아닌 것이다. "영"적인 하나님을 "내적 체험"을 통한 하나님의 성품이 믿는 자의 인격화 또는 내재화되어야지, 하나님을 비신격화, 비신비화하여 인간의 이성적 인식범위에서 체험코자 하고 신의 현시(顯示)를 현상화하며 물리적 대상으로 접근코자 하는 대신적(對神的) "박수"(拍手)행위는 교정되어야 한다. 그리고 중생한 영적 실존이 하나님과 깊은 영교(靈交)를 도모하는 수단으로 "박수"라는 물리적 행위를 통한 격정적인 반응이나 체험을 유도하는 행위는 갱신하여야 하고 예배 인도자의 간략한 덕담으로 대체해야 한다.

예배 중에 「옆 사람과 인사 나누자」 라는 말에 대하여

　예배인도자가 예배 중 회중에게 〈옆 사람과 서로 인사 나눕시다〉라고 제안하는 일을 흔히 보는데 이는 바람직하지 않다. 한 주간 만나지 못한 교우들과 인사말을 나누는 일은 소중한 일이다. 그러나 인사의 시점을 예배수행 중 어느 대목에서 인사하자는 제안과 이에 따른 행위는 매우 부자연스럽기도 하고 또한 인사말 나눔이 예배의 본질적 행위도 아니며 예배를 구성하는 주된 요소인 경건의 정신이 훼손될 수 있기에 적절하지 않다.

　특히 남녀 성별을 달리한 사람이나 처지와 관계에 따라 인사법이 다를 수 있는데 예배인도자가 인사말의 예시적 틀을 제시하고 심지어는 "껴안아 주면서 인사를 나누라"는 것이나 설교에 나온 말과 관련지어 구성한 인사말을 제시하고 〈얼굴 모습이 잘 생겼습니다〉라는 등속의 농조(弄調)의 말을 모방케 하여 유희적인 분위기를 만들려는 것은 일종의 망발(妄發)이며 격이 떨어진 무례(無禮)이고 하나님의 성결성을 훼손하는 불경이기도 하다. 예배의 고유성인 경건(敬虔)이 고려되지 않은 예배순서의 프로그램화와 오락성의 예배분위기를 조성하여 인간의 유쾌 심리를 충족하려는 발상에서 비롯된 신중치 못한 행위는 마땅히 절제되어야 한다.

예배의 생명력은 경건에 있는데 이와 관련한 바울의 경건은 그리스도인의 종교적인 의무의 일부로 지적하고 있고 다른 한편으로는 하나님을 경외하고 예배하는 것과 그의 계명에 존경을 표하여 순종하는 태도에 근거하고 진리에 대한 순종과 계시에 대한 응답으로 특징 지을 수 있으며 또한 이 경건을 하나님의 거룩하신 속성과 관련하여 보면 성경과 종교적인 용법에서 예배하기 위해 세속적인 것과 구별을 의미하고 하나님 자신이 피조물로부터 완전히 구별되며 그의 도덕적인 탁월성과 완전성에서 모든 제한으로부터 자유하심을 나타내는 말이다(합1:13). "여호와 같이 거룩하신 이가 없으시니"(삼상2:2)라는 성경을 볼 때 하나님을 향한 참된 예배의 주조(主潮)는 경건과 거룩이다.

기독교의 가치는 이 경건과 거룩을 떠나서 평가될 수가 없다. 사람과의 교제가 교회 공동체의 추구가치이기는 하나 그것보다 더 큰 가치를 훼손하고 적시(適時)적소(適所)에 적용되는 정당한 방법이 동반되지 않으면 윤리적 가치는 물론 성결성을 잃게 된다. 그렇기 때문에 예배 수행 중에는 교제의 초점을 오직 하나님께만 맞추어야 한다. 그렇다면 성도의 인사의 교제는 예배시작 직전에 인도자의 말에 따라 전후좌우에 있는 교우들의 관계와 처지에 맞는 인사말을 나눈 다음에 〈예배사〉와 함께 순서에 따라 예배를 진행하면 될 것이다.

원칙적으로 성도의 교제는 예배 후에 하는 것이 옳은 것이기는 하나 인사말 없이 예배자리에 같이 있는 것이 부자연스럽기 때문에 가벼운 인사말을 예배 진행 전에 나누게 되면 예배의 연합적 의미를 높일 수 있을 것이다.

「예배 처음 시작 시간이오니」는 「예배를 수행(진행) 중이오니」로, 「좋은 믿음」은 「큰 믿음/ 깊은(굳은) 믿음」으로

"예배 처음 시작하는 시간이오니"에 대하여

예배 진행중에 공중기도 인도자가 그 기도의 마감 대목에 이르러 "예배를 처음 시작하는 시간이오니 마칠 때까지..." 라는 말을 기도 인도자마다 표현하고 있음을 보게 되는데 이는 기도의 국면 설정과 기도처지를 하나님께 잘못 아뢰는 것이 된다.

"기도인도"라는 예배 구성요소가 순서상의 배치는 대개 전주, 입례송, 예배사, 묵상기도, 개회찬송, 성시교독, 신앙고백, 회중찬송에 이어 "기도인도" 순서로서 예배의 처음 시작은 이미 전주 또는 개회사에서 선언된 것인데 그 기도하는 시간을 "예배를 처음 시작하는 시간"으로 확정지어 표현하는 것은 예배적 상황인식의 착오, 예배심성의 선한 긴장의 잠재, 기도내용의 의식적 관행화, 성령의 임재적 요소에 대한 영적 대응의 과태(過怠)로 볼 수 있을 것 같다.

"기도인도"의 순서까지 온 시점이라면 "예배를 수행(진행) 중에 있사오니"로 표현하는 것이 기도의 처지를 바르게 아뢰는 것이 되는 것이다. 따라서 기도는 진실된 심성과 기도자의 사실적 정황을 아뢰어야 한다는 원칙에서 볼 때 기도의 시점은 분명 시작시점이 아닌 점을 바르게 인식해야 할 필요가 있고,

인도자의 기도 내용과 회중들의 예배 진행 국면 인식과의 융합이 없거나 영적 화답의 일치를 이루지 못하는 기도의 내용상의 착오는 영성 훼손이 있을 수 있음을 유념하여야 한다.

"좋은 믿음"은 "큰 믿음/ 깊은(굳은) 믿음"으로.
대다수의 교인들이 남의 믿음을 칭찬하여 표현할 때 "믿음 좋은 사람"이라는 말을 흔히 쓰고 있는 사례는 적합하지 않다. 믿음은 본질적으로 "좋다"든지 "나쁘다"라는 말로 표현될 성질의 것이 아니다.

무형적이고 영성적인 실존을 평가적 표현이나 가치 선호(選好)적인 표현은 적절치 않다. "좋은 신앙"이 있다면 "나쁜 신앙"이라는 대칭적 반사 개념도 있다는 것인가? 신앙이 이미 신앙일 때는 나쁘다는 말이 성립될 수가 없다. 성경에도 믿음에 관계된 말씀은 "좋다"라는 감성적인 표현은 없고 다만 "크고 적은 믿음"(마6:30, 8:10, 9:29, 17:20, 눅7:9 행11:24)과 "강하고 약한 믿음"(행16:5, 롬4:20, 고전16:13, 골2:5, 벧전5:9) 또는 "참 믿음과 거짓 믿음"(딤전1:5, 히10:22) 등으로 표현하고 있다.

그런고로 구원의 은총과 은사와 관련한 참 믿음은 분량적인 말로서 표현되어야 한다. 하나님과 관계적 믿음의 척도는 언제나 "큰 믿음", "깊은 믿음", "굳은 믿음"인 것이다. 이것이 믿음의 본질적(실체적)이기 때문에 다른 표현은 적절하지 않다. 따라서 믿음은 "좋다", "나쁘다"의 감상적이거나 음미(吟味)적인 표현은 믿음의 실상을 지칭하는 것이 될 수 없다.

믿음은 전적으로 온전성의 의미를 담은 하나님과 관계적 표현인 분량(分量)적으로 수식하여 "믿음"의 실체적 성격을 말해야 되는 것이다. 그러므로 상태론적으로 표피적 채색감을 나타내는 "좋다"라는 말은 믿음의 성격에 대한 올바른 표현이 아닐 뿐 아니라 신앙의 대상에 대한 관계적 표현이 아니기 때문에 "좋은 믿음"(믿음 좋은)은 "큰 믿음" "깊은 믿음"(신앙심 깊은) 등으로 갱신되어야 한다.

「예배」라는 말은 어떤 목적에도 수단으로 쓸 수 없다

한국교회가 예배와 관련하여 흔히 쓰는 말이나 글귀 가운데 "환송(송별)예배", "취임예배", "임직예배", "학위취득 축하예배", "고희(회갑)축하예배", "기념예배", "헌당예배" 등으로 표현되고 있음을 볼 수 있는데 이는 적절하지 못한 표현이다. "예배"란 그 대상에 있어서 유일하신 하나님이시요, 그 원리적 기원에 있어서 신적 제공이요 그 목적에 있어서 하나님께 영광이며 그 근거는 계시와 언약이며, 그 방법에 있어서 성령님의 인도와 믿음이요, 그 내용에 있어서 하나님의 임재에 대한 영적 자녀의 교제와 응답인 것이다.

이러한 관점에서 기독교 예배를 왜 하느냐의 대답은 한 마디로 "예배를 위해 예배를 한다"(하나님의 영광을 위해)는 말 외에 어떤 표현도 적절하지 않다. 예배는 예배가 가진 본래의 목적, 이 외의 다른 주제와 의도가 개입될 수 없기 때문이다. 예배를 방편으로 하여 인간의 목적이나 의도를 구현코자 함은 이미 그것은 종교의식은 될지 몰라도 기독교 예배는 될 수가 없다. 전술한 예시대로라면 어찌 "환송"(송별), "축하", "기념" "취임", "임직", "헌당" 등의 인간이 설정한 목적이나 주제가 예배의 목적이나 주제가 될 수 있겠는가? 예배를 구성하는 요소가 그것이 진정한 예배라고 할 때 그것은 하나님의 임재적 요소와 인간의 응답적 요소의 영적 접촉이요 교감이며 하나님과 그의 백성(자녀)과의 만남과 교제인 것이다. 그런데 사람의 "환송"이 예배의 동기와 목적이 되고 어떤 사건의 "기념"이나 인간에게 하는 "축하"가 예배의 취지나 목적이 될 수는 없다. 그런 유형들이 하나님께 시행하는 예배를 구성함에 있어 감사의 중심조건으로 또는 감사의 내용으로 하여 하나님을 찬양하고 송축과 경배를 해야 할 일이지 사람을 대상으로 하거나 그와 관련시켜 찬하(讚賀)나 칭송이나 환호를 통해 그 당사자가 박수를 받고, 명예로와 지는 것을 주제화하고 형식을 구성하는 것은 오직 홀로 즐거움과 영광 받으실 하나님께 하는 예배는 될 수가 없다. 어떤 경우에도 예배는 그 자체가 목적이지 수단과 방편으로 삼아 사람이 설정한 목표나 의도를 위해 시행될 수는 없다.

기독교의 참된 예배의 성립여부는 하나님의 목적에서냐 인간의 동기에서 출발하느냐에 달려있다. 예배는 인간의 문제해결이나 기대달성의 수단이 되어서는 안된다. "예배"는 신앙행위의 최상의 개념이지 무엇을 위하여 시행되는 하위개념이 아니다. 더 부연하면 "예배"를 구원받기 위함이거나 은혜를 목적하거나 복을 받기 위하여 하는 것이 아니라 이미 구원과 은혜와 사랑과 복을 받은 자가 그런 것을 베푸신 하나님께 감사로 응답하는 행위인 것이다. 하나님의 요구와 하나님이 고안하신 예배는 언제나 하나님의 기쁘신 뜻의 실상인 것이며 예배 중에 구원역사를 이루어 가시는 하나님의 참되심의 투영이시며 하나님의 자화상이시다.

오늘날 한국교회의 기복신앙의 문제점이 바로 예배라는 신앙행위를 통해서 사람의 소원성취를 목적하는 것에 문제의 심각성이 있다. 예배는 하나님의 영광만을 주제화 할 때 예배 중에 임재하시는 하나님의 충만하심을 우리는 경험하게 되고 모든 은총이 삶에 내재화 또는 실제화 됨을 체험하게 된다. 그러므로 전술한 주제들과 예배행위와 관련하여 대안(代案)적인 진술방법은 "학위취득 감사예배", "기념 감사예배", "고희 감사예배", "헌당감사 예배" 등으로 하든가 아니면 "예배와 학위취득축하식", "예배와 고희축하식", "예배와 기념식", "예배와 취임식", "예배와 임직식" 등으로 표현하여 예배와 행사를 1부, 2부로 나누어 이분법적 국면을 설정하고 공동체에 주어진 예배적 감사의 조건과 축하조건을 이원적으로 주제화하여 예배의 정신이 훼손됨이 없이 공동체의 친교를 도모함이 옳을 것이다. 언제나 예배는 예배의 본질적 의미가 손상됨이 없이 온전해야 하고 성경적 예배정신을 모든 것에 최우선적으로 실천하여야 할 것이다.

「예배개회」는 「예배시작」으로, 「묵도」는 「묵상기도」로 써야 한다

예배 시에 예배인도자의 말이나 주보에 게재된 예배 순서에 〈예배개회〉라는 말과 〈묵도〉라는 말을 쓰고 있음을 볼 수 있는데 이는 적합한 말이 아니다. 〈개회〉라는 말은 회의나 회합을 시작한다는 말로서 〈예배〉라는 말과는 합성될 수 없는 말이다. 물론 〈개; 開〉라는 한자말은 시작을 의미하는 개시(開始)한다는 뜻이 있으나 이는 일반적인 행위나 어떤 이윤을 도모하는 행위, 그리고 어떤 주제를 구현하기 위한 회합을 바로 시작하는 최초상황의 시점을 나타내는 뜻이 있어서 이런 경우는 〈개회〉라는 말이 성립될 수 있으나 〈예배〉는 종교적 의식 행위로서 하나님을 숭경(崇敬)적으로 송축하는 영적이고 신앙적인 행위이기 때문에 인간이 설정한 주제를 토의하고 결정코자 하는 회의의 시작과는 그 개념이 다른 것이다.

〈예배〉는 하나님이 세우신 원리에 따른 행위인데 비하여 회의는 인간이 합의한 규정에 의하여 행위하는 것으로서 차이가 있기 때문에 〈개회〉라는 동일한 용어를 적용시켜 표현하는 일은 적절치 않으며 적용하는 경우와 합치되지 않는다.

그러므로 예배는 개회라기보다는 하나님을 향한 그의 백성들이 경배하는 영성적이고 인격적 행위이기 때문에 예배는 〈하는 것〉이 되는 만큼 그 하는 것의 시발적 행위를 〈시작한다〉로 하면 되는 것이다. 따라서 회합의 중심주제를 위한 〈개회〉가 아닌 예배를 중심주제로 하는 〈예배를 시작하겠습니다〉 또는 〈예배를 거행하겠습니다〉로 표현하는 것이 적절할 것으로 판단된다.

「묵도」는 「묵상기도」로

그리고 예배시작 시에 〈묵도〉로 예배 시작하겠다는 말을 쓰는 경우도 적절하지 않다. 이는 한국 교회들이 오래도록 관행적으로 쓰고 있는 표현이데 지금이라도 가급적이면 고쳐야 한다. 이 묵도는 예배순서에 반영되지 않았던 것인데 일제 강점기에 군국주의의 잔재가 언제인가 개혁교회 예배에 도입이 된 것이 굳어져 있는 것으로 전해지고 있다. 이는 일본 사람들이 신사참배 때나 가정에 소장한 개별 신을 섬길 때 신을 마음속으로 주목하면서 묵념하는 것을 묵도라고 한 것에서 유래된 것으로 보는 것이다.

그러므로 성경적으로나 교회사적으로 보아 〈묵도〉라는 말을 예배순서로 구성할 근거가 없을 뿐만 아니라 일본인의 미신을 섬기는 것에서 유래된 말이므로 이를 바로 잡아야 하되 성경에 〈묵상:默想〉(시1:2, 19:14, 77:6, 119:15, 수1:8)이라는 말씀이 다수 있으므로 이를 근거로 묵도는 〈묵상〉 또는 〈묵상기도〉로 바로 잡아야 할 것이다. 언어의 일치는 사상과 감정의 일치를 이루는 것인즉 교회용어, 신앙용어 바로 잡아 바른 교회 이루어야 할 것이다.

예배당 강단 벽「십자가상」의 상징성에 대한 제언

　전회에 부분적으로 기술한 바 있는 "십자가상"에 대해 상론(詳論)코자 한다. 예배당 강단의 회중을 향한 벽면에 부착한 "십자가"는 가톨릭교회 "십자고상(十字苦像)"을 모방한 것이다. 가톨릭교회는 성화나 성상을 숭배하여 제단 배후 장식막에 예수님의 십자가의 수난상을 비롯해서 성인들의 그림이나 조각으로 장식하였던 관습을 좇아 "십자고상"(crucifix)이나 다른 성상을 제단 뒷벽에 장식하거나 또는 스테인드 글라스로 유리창을 장식하였는데 이런 모습을 흉내 낸 것이라 할 수 있다. 차이점이라고 하면 가톨릭은 예수님의 고상(苦像)이 곁든 십자가상이고 개혁교회의 것은 단순한 십자가라는 점이다.

　영존하신 하나님을 예배하는 개혁교회 예배당 내부에는 어떤 "십자가상"을 설치하든지 그것은 복음적이지 못하다. 십자가상을 포함해서 십자가에 달린 사람의 형상은 기독교의 원리적 관점에서 볼 때 이는 분명히 우상이 됨은 물론이고 단순한 "십자가"라 할지라도 시각 상징물이 거의 그렇듯이 우상숭배적 요소를 띠고 있기 때문에 성경주의 교회의 예배당 강단에는 용납될 수 없다. "십자가"를 부착한 교회들은 그것의 복음적 근거와 정당한 논리로 우상이 아니라는 신학적인 변명을 할 수 있어야 할 것이다.

그러나 예배당 지붕에 설치한 "십자가 탑"은 원리적 의미보다는 문화적 의미가 있다고 보아 그것은 예배당 내부에 부착한 십자가상과는 구분해야 한다. 그것은 다른 건물과 구별하자는 것이고 기독교회가 예배하는 곳임을 표시하여 알리는 현실적 의미를 비상징적으로 표현하는 것이기 때문에 어떤 신앙행위의 대상이 아니므로 이는 예외로 보아야 한다. 그러나 예배당 내부 "강단십자가"는 교회당을 알리는 표식도, 또한 교회 밖의 일반 문화와 구분코자 함도 아니면서 예배하는 장소에 예배자의 시선이 집중될 강단 벽 중앙에 있기 때문에 자연적으로 신앙행위와 관련이 있게 되고 회중들이 주목하면서 종교적 의미를 찾고자 한다. 이 모형적인 "십자가상"이 하나님의 계시적이고 영적인 통로를 제외한 채 그리스도의 임재와 고난을 상징한다고 믿는다면 우상에 해당될 것이고, 고난 그 자체만을 상징한다면 그리스도의 부활과 승리의 감격으로 그분에게 감사와 찬양으로 영광 돌려야 할 예배행위를 가톨릭의 속죄의 희생제사로 변질시킬 위험이 있어 이는 삼가야할 것이다. 생각해 보면 신앙심이 약한 자나 초신자는 커다랗게 붙여 놓아 회중이 바라보는 강단벽의 "십자가상"은 신앙의 대상으로 오해할 수 있을 것이다. 그렇다면 불당의 부처 앞에 참선(參禪)하는 불도(佛徒)와 다를 것이 없지 않겠는가? 전술한 바와 같이 "강단십자가"는 가톨릭교회 성상, 성화 숭배 관습에서 유래된 것으로 다분히 우상숭배적 의미를 담고 있다.

　우리 하나님은 어떤 형상이든지 만들지 말고 거기에 절하지(섬기지) 말라고 하셨는데 "너희는 나를 비겨서 은으로 신상이나 금으로 신상을 너희를 위하여 만들지 말라"(출20:23)고 하셨고 〈칼빈〉도 "교회 예배당 안에 어떤 형상물의 사용도 우상숭배에 빠지게 한다"고 하였다. 사실 기독교개혁 이후에 교회가 번창하고 순수한 교리가 우세하던 시대에는 예배당 안에 형상물이 없었는데 교회와 성직의 순수성이 점점 약해지면서 교회당을 인위적으로 장식하고 형상들을 비치하고 있다. 이것에 어떤 의미를 부여하더라도 예배하는 곳에 형상 설치는 정당화될 수 없다.

우리는 주님이 친히 세우신 살아 있는 예표적 상징인 성례 외에는 그 어떤 종교적 상징물도 교회의 신앙에는 합치되지 않는다. 십자가와 고상(苦像)이 가톨릭교회의 미사교리와 그리스도의 죽음을 기념하는 의식주의와 합치될지는 몰라도 고난과 부활의 예수님을 섬기는 개혁교회가 항상 성령님의 인도와 신령한 방편을 통한 신앙적 반응으로 이를 찬양하며 삶에 적용하는 것과는 다르다. 그런고로 물질적 형상으로서 "강단십자가"는 부착하지 말아야 할 것을 제언한다.

예배당 강단 설교대에 「촛불」점화의 상징성에 대하여

　개혁교회 예배당 강단 설교대에나 독경(讀經)대에 예배 시에, 또는 상설로 촛대를 설치하고 촛불을 점화하는 사례를 볼 수 있는데 신학적인 관점에서 재고의 여지가 있다고 본다. 우선 성경에는 〈초〉나 〈촛불〉이라는 말은 없다. 다만 등(요18:3, 마5:15, 25:1, 3, 4, 7), 등불(사42:3, 43:17, 눅11:33, 8:16, 계4:5 등등), 등잔(출25:37, 35:28, 민4:9), 촛대(왕하4:10), 등경(燈檠; Lampstand)(눅8:16, 11:33, 마5:15) 등이 성경에 기록되어 있는데 이는 모두 〈초〉(蜜, 蜜蠟)의 등속(等屬)으로 보아 빛의 공통성이 함유(含有)되어 있음을 이해하는 것이다.

　이 등불은 옛날 근동(近東)에 건물의 내부가 대낮에도 컴컴했기 때문에 주야로 켜 놓았던 것으로 본다. 구약에서는 등의 비유적 용법으로 등불을 끄는 것은 멸망을 가리키는 은유(隱喩)적인 의미를 부여했다. 예컨대 유다의 멸망(렘25:10)과 악인의 멸망(욥21:17, 잠13:9, 20:20) 등이 그 예이며 반면에 다윗은 이스라엘의 등불(삼하21:17)이며 그 왕조는 다윗을 위한 등불(왕상11:36, 15:4)이라고 했으며 또한 모든 빛의 근원으로서 하나님 스스로는 등불이 되신다(삼하22:29, 시18:28, 132:17)고 하였다.

　이 등대는 솔로몬 성전, 스룹바벨 성전, 헤롯 성전에 설치된 일이 있고, 성막과 성전의 등대는 유대교와 기독교를 상징하는 기초가 되기도 했다(요8:12). 그러나 이 상징이 11세기부터 가톨릭교회와 동방교회, 성공회, 루터교회 등에서 지나친 알레고리(Allegory)적인 전통이 되어 있는 것을 개혁교회들이 검증 없이 도입하여 예배의 경건한 분위기 조성과 엄숙한 의식을 구성하기 위해서라는 명분으로 예배당을 장식하고 있다. 원래 초대교회에서 촛불이나 등불을 켜게 되었던 것은 예배당 안의 조명이 요구되어 실용적인 목적으로 사용되고 있었고(행20:8), 각종 종교의식의 상징적 도구로 쓰였으며 초기 기독교 주변 문화권 즉 헬라와 유대 문화에서의 실내등은 일종의 장식용과 실내 공기 정화용이기도 하였다. 이것을 개혁교회들이 성탄절, 부활절, 송구영신 예배 등에 도입하여 이 촛불행사가 이루어지고 있는데 이는 이교적인 것과 무속적인 면이 없지 않다. 촛불이 부활과 성탄의 뜻을 상징하는 것이라고 하나 이 성탄과 부활은 역사 속의 위대한 실체로 이미 실현된 사건으로서 그 자체가 성탄의 뜻과 부활의 뜻을 충분히 자증(自證)하고 있다.

상징이란 미래에 될 일이나 관념적인 존재와 미경험적인 사건을 어떤 사물의 매체를 통하여 그 실체와 속성을 짐작시키는 가현물(假現物)에 불과한 것을 실체가 실현되면 상징물은 의미가 없는 것이고 실체적 사건 앞에서 성령님을 통한 인격적인 경험이 있을 뿐이지 형식적이고 풍유(諷諭)적인 물체를 통해서 본질을 나타내고자 하는 것은 생명 있는 교회가 취할 일이 아님을 판단해야 한다.

「예배당 강단에 '국기' 장식과 '문자' 상징」에 대한 제언

국기 장식에 대하여

일부 교회들이 예배당 강단에 국기를 장식한 것은 성경적 관점에서 옳은 일이 될 수 없다. 국기가 국가를 표상하고 상징하는 만큼 교회는 영적인 일을 도모하는 특성과 전혀 합치되지 않는다. 국기를 단순한 의미에서 나라의 표상으로 존중을 해야 하지만 그 도안(圖案)상의 상징성은 비기독교적이다. "태극"의 "음양" 상징과 우주 생성원리는 우주만물이 하나님의 창조물이라는 성경원리에 정면으로 배치됨은 물론 동양철학의 "음·양"설과도 합치되어 이것이 기독교 원리와 대립된다는 점에서 교회 예배당 내부에까지 장식하는 일은 삼가야 할 것이다. 물론 나라사랑은 기독교의 국가관이다. 그러나 하나님 사랑하는 신관과 혼합할 수는 없으며 영적으로 하나님을 앙모해야할 공간에서 동시에 국기를 주목하여 경의를 표한다면 그것은 우상숭배가 될 것이다. 교회 밖의 국가관과 교회안의 신앙관을 구분해서 교회강단의 국기 설치는 삼가야한다.

문자(I.N.R.I)상징에 대하여

개혁교회 예배당 내부 또는 교역자들의 집무실에 십자고상(Crucifix)에나 기타 십자가 그림에 I.N.R.I 라는 문자를 붙이거나 새겨진 사례를 드물게 볼 수 있는데 이것은 반기독교적이고 이교도적인 상징이기 때문에 그 표시(사용)를 금해야 한다. 이 "I N R I"는 가톨릭교회의 성당이나 그들이 필요한 곳에 십자고상(十字苦像)의 수직형 상단부에 문자판을 붙여 사용하는 것을 모방하는 것이다. 이 문자는 "유대인의 왕 나사렛 예수"라는 뜻을 가진 라틴어 「Iesus Nazarenus Rex Iuaaeorum」의 첫 글자를 딴 것을 미사용 성체(Host)에 새겨놓고 있는데 개혁교회도 간혹 이런 문자가 새겨진 조형물을 볼 수 있다. 이 "I N R I"에 대한 〈알베르트 리베라〉의 논증에 의하면 라틴어의 고어인 「Iustum, Necar, Reges, Impios」의 첫 글자를 딴 것으로 그 뜻은 "기독교인의 왕이나 정부 또는 권력자들을 없애 버려도 좋다"는 뜻이라고 한다. 이러한 배경이 있는 문자를 교회 기물제작업자들의 구교용과 개혁교회용의 구별 없는 제작과 개혁교회 일부 지도자들의 무비판적 사용은 시정되어야 한다.

"키로"(Chi, Rho)의 상징성에 대하여

이 "키로"(Chi, Rho: XP: 그리스도의 평화)의 상징성에 대한 바른 판단을 해야 한다. "키로"(XP: ☧)는 희랍어 알파벳 "키"(X)와 "로"(P)의 합성으로 구성되어 있는데 이는 그리스도를 의미하는 희랍어 "크리스토스"(Χρίστος)의 처음 두 음절을 분리하여 구성한 것이고 이를 다시 "평화"(팍스 크리스투스; Pax Christus)로 부르기도 하는데 때로는 "로"(P)대신 "예수"(IHCOYC)의 머릿글자인 "I"로 대체되어 표현하기도 한다. 이 문자의 상징은 〈콘스탄틴〉 황제가 〈밀비안 다리〉(Milvian bridge)에서 〈막센티우스〉(maxenrius)와의 결전(決戰)을 앞두고 환상 중에 이 두 문자 (XP)와 함께 "이 표로 정복하리라"는 글을 보고 병사들의 방패에 이 상징을 그려 출전하여 승리하였다고 해서 〈콘스탄틴〉의 십자가(☧)로 불리기도 한다. 그러나 〈히슬롭〉(Alexander Hislop)은 〈콘스탄틴〉이 본 것은 "키로"($X P$)가 아니라 "키"(X)인데 이것은 〈콘스탄틴〉 이전에 이집트의 이교도들이 사용하고 있었다는 것을 증언하였다. 이런 상징문자의 숨겨진 의미를 모르고 교회 강대상, 강대상보 등의 분별없는 사용하는 것은 시정해야 한다. "지극히 작은 것에 충성된 자는 큰 것에도 충성되고…" (눅16:10)

「예배당 내부 강대상 배치의 상징성」에 대한 제언

강대상을 중심한 상징성을 논급한대 이어서 강단의 강대상(설교대) 배치에 있어서 복음에 불합치한 상징성이 강조된 부분을 지적하고자 한다. 현재 한국교회가 복음적인 강단구조와 강대상 배치를 하고 있는가를 판단할 필요가 있다. 가장 복음적인 형태의 여부는 "예배학적 의미"와 "종교 상징학적 관점"과 "역사적 전통" 등의 세 가지를 종합 고찰하여 평가할 수 있겠으나 가장 핵심적인 문제는 예배의 중심점을 말씀에 두느냐 성례전에 두느냐 어느 것에 강조점을 두느냐에 따라 강단 배치가 달라질 수가 있다.

가톨릭교회, 정교회, 성공회, 루터교 등은 성례전 중심이고 개혁교회는 말씀중심이다. 따라서 가톨릭적 계열의 교회는 성찬대(제단) 중심 구조를 이루고 있고 프로테스탄트교는 전통적으로 강대상 중심의 구조를 이루어 왔으나 WCC적 〈에큐메니칼〉 운동의 영향으로 개혁교회 강단이 가톨릭교나 성공회의 제단을 모방하여 제단화(祭壇化)하는 경향이 나타난 현상을 볼 수 있다. 루터교는 하나님의 말씀을, "성경낭독"과 "설교"와 "성례전"으로 나누고 설교와 성례전은 동등한 위치를 가져야 한다고 하여 "강대상"과 "성찬대"(제단)를 같은 수준으로 배치하고 있는데 개혁교회 일부가 이를 모방한 것은 개혁주의 사상에 합치되지 않는다. 특히 성례전과 설교가 다 하나님의 말씀이라는 견해는 타당성이 없다.

"성찬이 보이는 복음이다" 즉 "성찬의 의식행위 속에 영적으로 내재하고 있는 복음성이 있다"라는 것과는 다르기 때문이다. 그러면 상징성이 전제된 "강대상" 중심의 강단구조와 "성찬대" 중심의 강단구조를 대비적으로 논급하면 첫째, 강대상 중심구조는 강단중앙에 "강대상"을 놓고 "성찬대"(소강대상)를 강대상 앞 강대상보다 낮은 자리에 회중 높이와 같게 배치하여 세례식과 성찬식 때 필요한 기물을 올려 놓고 사용하며 기도와 사회석으로도 사용한다. 상징성의 관점에서 강대상이 강단중앙에 성찬대보다 높게 배치하고 있다는 것의 강조점은 성례전보다 말씀선포에 더 큰 비중을 두는 의미이고 이것은 기독교(종교)개혁과 청교도 정신을 잇는 전통적 프로테스탄트 강단구조이다. 기독교 개혁이후에 성찬대는 없어지거나(쯔빙글리) 회중석 가까이 설치되었는데(칼빈주의) 이는 복음적인 기독교 예배는 말씀이 중심이기 때문이다.

예배원리적 관점에서도 말씀은 예배의 필수요소이지만 성찬은 필요요소이다. 성찬 없이도 말씀을 중심한 예배는 가능하기 때문이다(성찬의 의미 축소나 무용론이 결코 아님). 상징적으로 볼 때 강대상은 위에, 성찬대는 회중석에 설치함은 성찬보다 말씀을 우선하고 있다는 의미이며 전체 회중과 일치감을 나타낼 뿐 아니라 만인 제사장 교리를 나타내기 때문이다. 둘째, 성찬대 중심을 강단구조를 취하는 가톨릭, 정교회, 성공회 등에서는 성찬대를 "제단"(altar)이란 명분으로 미사를 집전하고 있으나 개혁교회는 비성경적인 미사를 폐지하고 제단을 "성찬대"로 바꾸었다.

이럼에도 불구하고 "성찬대"나 "십자가"는 하나님의 현존을 상징한다고 하여 강대상을 강단중앙에 설치하지 않고 사회석 강대상과 양 측면에 두 강대상을 배치하는 것은 강단 벽에 "십자가"를 회중이 주목하는데 가리우지 않기 위해서 의도화된 것이라 볼 때 이는 복음적인 프로테스탄트 전통에 어긋나는 중세 가톨릭식인 것이다. 강대상은 강단 중앙에 배치하는 것이 개혁교회의 전통이며 선포되는 설교를 중시하는 의미를 가지는 것이다. 그러나 강단 중앙을 비워 뒷면 십자가를 집중케 하자는 의도를 가진 강단구조와 강대상 배치는 기독교개혁 이전으로 돌려 놓는 처사가 되는 것이다. 예배당은 교회의 속성인 성결성이 외표(外表)적으로 베어나는 정밀(靜謐)한 처소가 되고 말씀 중심의 예배공간이 되며 성경이 바르게 해석, 선포, 실천되는 신앙공동체의 삶의 중심공간으로서 격조가 유지되면 되는 것인즉 장식물에 지나친 종교적 의미 부여는 삼가야한다.

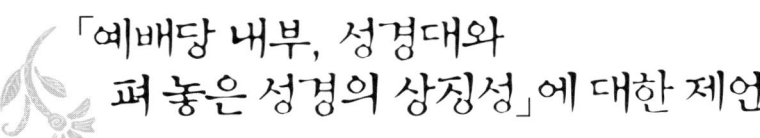

「예배당 내부, 성경대와 펴 놓은 성경의 상징성」에 대한 제언

　개혁교회 범주에 속하는 한국교회의 상당수가 예배당 내부 강단벽 십자가 상 밑에 "성경대"를 설치하고 그 위에 성경책을 펴 놓은 것을 볼 수 있는데 이것이 과연 말씀 중심 개혁교회가 꾸미는 예배당의 참모습이겠는가? 이 "성경대"는 강단 중앙에 강대상을 설치하는 교회의 예배당에는 흔하게 보이지 않으나 제단 중심 강단구조를 모방한 교회 예배당에는 대부분 설치되어 있는 것이 현실이다. "성경대" 위에 펴 놓은 성경은 가톨릭교회의 제단의 변형이거나 모방이며 잔재인 것이다. 성경대를 설치한 교회들의 관점은 인간 설교자보다 말씀 자체가 더 중요하다는 인식 때문일 것이며 이러한 발상은 기록된 말씀과 선포되는 말씀을 이분법적으로 분리시키는 착오에서 비롯되는 것으로 이해된다.

　복음주의 신앙체계에 비추어 볼 때 성경과 설교를 물리적으로 또는 상황적으로 구분하여 표현하는 것은 본질적으로 차이가 없는 말씀에 대한 이중적 개념을 갖게됨으로 옳지 않다.

　그리고 인간의 인격적 매체로 선포되는 말씀보다 책으로 장식하여 정물(靜物)화한 말씀이 더 중시되어야 한다는 주장은 편견이다. 펼쳐 놓은 성경책은 시각적 전시품으로서 세속적 삶의 공간과 구별하는 종교적 시각미는 줄지 모르나 회중들에게 아무런 교훈도 영적 감동도 줄 수가 없는 정적(靜的) 상황일 뿐이다. 전인적 인격성을 가지신 하나님은 설교자의 인격을 통해서 선포되는 그 시간 그 말씀을 듣는 중에 역사하신다. 성경이든, 십자가든, 제단이든, 촛불이든, 장식품들은 비인격체로서 하나님과 인간 사이의 어떤 작용도 할 수 없다. 그리고 중생한 인격체의 사고를 방편으로 삼지 않고 이 땅에 어떤 사물로는 하나님을 바르게 인식할 수가 없는 것이다.

우리가 하나님을 예배할 때 복음주의 관점에서 그 예배자의 인간적 요소를 모두 제거하거나 전적으로 무시할 수가 없다. 기독교 예배는 인격적 요소와 언어적 상징을 무용화하고 시각적인 물질의 상징과 행위적 상징을 강조한다면 우상숭배와 미신으로 전락하게 될 것이다. 개혁교회의 예배는 언어를 사용해서 하나님을 타인에게 알리고 그 하나님의 목적과 요구 내용이 무엇임을 설명할 수 있기 때문에 영성적으로 성립이 되고 지속되어 형식주의나 이교적인 미신으로 타락하지 않고 반복될 수 있게 되는 것이다. 강단 중앙에 가시적 상징물과 성경을 펼쳐 놓고 그것이 인간에게 어떤 영향을 줄 수 있다고 믿는 것은 곧 우상이 되고 미신이 됨을 인식해야 한다. 사실 성찬대 위에 십자가나 촛불이나 성경을 펴 놓는 것은 가톨릭의 제단 관념에서 장식된 것을 모방한 것이므로 이를 경계해야 한다. 성경은 믿음으로 읽고 들을 때 영감된 말씀이 성령님의 도움으로 인간에게 영향을 주는 것이다. 그러므로 장식으로 펴 놓은 시각적인 전시품으로서의 성경은 그렇지 못할 뿐 아니라 그 자체를 숭경적으로 주목한다면 그것은 또 하나의 우상이 되는 것이다.

개혁주의 예배는 성경말씀을 주신 하나님과 그 말씀의 교훈적인 뜻을 주목하며 행함에 그 의미를 두는 것이지 성경책을 바라보는 것은 아닐 뿐 아니라

"성경대" 위에 펼쳐 놓여진 성경은 영적 작용을 하지 않음을 안다. 다만 예배당은 세속과 구분하는 예배의 처소라는 점과 말씀 중심의 강단 표식으로 또는 설교행위와 관련하여 성경책은 설교대 위에 예비용으로 비치할 필요는 있는 것이다. 가급적이면 예배당 강단은 단순화되어야 하고 영적 내재성을 시각화하는 것은 회중이 오도(誤導)될 위험이 있게 될 것임을 또한 유념해야 한다.

「예배당 내부, 제단과 제단 촛불의 상징성」에 대한 제언

기독교(종교)개혁 사상과 신학체계를 토대로 한 개혁교회는 예배당 내부에 제단은 필요 없고 있어서도 안된다. 구약의 예표적인 제사개념은 예수님에게서 완성되었기 때문이다. 아직도 제단 형식을 취하거나 "예배"라는 용어를 굳이 "제사"라고 지칭한다면 그리스도의 십자가 구속의 완전성을 부인하는 처사가 되는 것이다.

성전, 제단, 제사는 구약시대의 예수그리스도에 대한 분명한 예표였던 것인데, 그리스도의 속죄가 완성된 지금도 이 용어를 쓸만한 개념이 남아 있다는 것은 그리스도의 대속의 완성을 믿는 신앙화가 되지 않고 있는 것이 아닌가? 가톨릭은 미사가 제사의 연장이요 갈보리 십자가가 구약제사의 재현이라는 주장 때문에 그들의 성당에는 제단(Altar)이 유지되면서 성찬을 "희생제물"로 바꾸고 성찬상을 제단으로 꾸미고 있으나 개혁자들은 비성경적 미사를 폐지하고 제단을 "성찬대"(table)로 바꾸었기에 개혁교회에서는 제단은 없는 것일 뿐 아니라 희생제물과 제사장도 없는 것은 물론이고 그 지칭도 적절하지 않다.

성경으로 눈을 돌리면 구약의 성전은 신약에서 예수그리스도의 몸으로 성취되고(요2:9), 개인 신자로 성취되고(고전3:16-17, 6:19-20) 교회로 성취되었다

(벧전2:4-5). 그러므로 신약시대에는 사실상 어떤 외부적인 구조물로서 성전은 존재하지 않는다. 성도는 자신이 성전임을 알아 하나님을 모셔야 하고(요일 3:24, 엡4:30), 산제물이 되어야 한다(롬12:1). 따라서 교회를 성전이라고 하거나 예배행위를 "제단시" 하는 것은 옳지 않다. 구약의 제단위에 제사가 "예표" 하던 것은 신약의 그리스도의 속죄로 인하여 완전히 성취되었다. 그런고로 신약의 뿌리로서 구약의 예표적인 사상은 믿고 지키되 모형적인 상징을 물리적으로 재현하는 것은 비복음적인 처사가 아닐 수 없다.

그리고 "제단촛불"이 등장한 것은 가톨릭 백과사전에는 13세기로 기술하고 있고 "촛대와 촛불"을 제단위에 놓는 습관은 16세기에 일반화되었다고 본다. 가톨릭에서는 "독창미사"에는 두 개의 촛불, 축제의 "장엄미사"에는 여섯 개의 촛불, "축제 주교미사"에는 일곱 개의 촛불을 피우도록 되어 있다. 특히 여섯 개의 "촛대"를 세운 습관은 16세기에 기독교(종교)개혁을 반대했던 가톨릭의 "반개혁운동"에서 또는 역저항적인 뜻을 나타내기 위해서 발생한 것으로 보고 있으나 카이퍼는 이런 촛불의 사용은 콘스탄틴의 개종 이후 교회에 들어온 이교적 현상 중의 하나로 보았다. 실제로 로마인들은 불을 밝히기 위해서 또는 신들과 죽은 사람이나 황제 숭배를 하기 위해 사용하였는데 가톨릭의 촛불 사용은 이러한 이교도의 습관에서 온 것으로 보는 것을 가톨릭 백과에서 부정하지 않는다. 이 촛불의 상징적 뜻은 "세례식 촛불은 혼인 잔치의 문을 여는 것", "결혼 촛불은 순결과 진실함을", "무덤의 촛불은 하늘의 영원한 빛을", "부활절의 촛불은 죽음의 권세를 깨뜨리는 세상의 빛을", "제단위의 촛불은 세상의 빛인 교회"와 "세상의 빛인 그리스도의 현존성"과 "사제의 존경 등을 나타내는 풍유적인 의미를 부여하고 있는데 이는 이교적이고 미신적이다.

이렇게 이교도에게서 채용한 가톨릭, 성공회, 루터교 등의 구교권에서 사용하는 것을 기독교개혁 당시에는 이미 폐지되었던 것을 개혁교회가 이를 오늘에 모방하는 것은 결코 옳지 않다. 그러므로 모든 개혁교회는 성경적 의미를 담지 못한 이교도와 가톨릭에서 유래된 촛대와 촛불이 지나치게 풍유적이고 그리스도의 현존성을 의미한다는 미신적인 것을 시정하기를 제언하며 기독교개혁 운동에서 처절하게 치루었던 희생의 값을 생각하면서 말씀중심의 개혁 정신으로 돌아가기를 거듭 제안코자 한다.

「예배당 내부에 장식한 상징물」에 대한 제언

　한국교회의 상당수가 예배당 내부에 여러 상징물을 비치 또는 장식한 사례를 볼 수 있는데 이는 신학적인 검증이 요구되고 있다. 상징은 실재와 속성적 연고성을 띠면서 그 실재를 표상하고 예시하되 그 대상의 의미를 함축적인 형식으로 집중 혹은 응축하고 있으며 궁극적인 실재는 상징들을 통해서 인식된다고 보는 것이 일반적인 견해이다. 따라서 영원하신 하나님은 외적 형태를 통하여 우리에게 자신을 계시하신다는 점과 물질적 상징들은 하나님과 사람과의 불가시적 교제 곧 예배의 상호 사귐을 표시하며 하나님과 그 세계는 감각적 경험을 초월해 있어서 상징의 방법이 없이는 상상할 수 없다는 발상에서 실재가 가진 의미를 전달하는 목적에 가치를 두고 상징물은 선택이 되고 있다고 볼 수 있다. 그러나 상징물과 실재 사이의 논리적인 연계성이 진리 그 자체이거나 사실 그 자체는 될 수 없다. 상징적 표현은 적절하고 제한된 사용에 주의하지 않으면 위험성을 내포하고 있다. 상징은 상징할 사물이 예배의 대상이 되고 단순한 장식품이 될 때 신앙적 무가치가 될 뿐 아니라 그것은 곧 미신이 되는 것이다.
　상징은 몇 가지 관점을 유념해야 하는데 첫째, 상징은 매혹적인 관심은 유발할 수는 있어도 윤리적인 암시를 전달하지 못한다. 둘째, 상징은 하나님의 인격적인 사귐과 무관하며 사람은 하나님과의 상호 인격적 경험이 없이도 자칫 상징적 의미에 몰두할 수 있는 위험이 있다. 셋째, 상징은 예배자의 마음속에 올바른 기독교적인 내용으로 가득 차 있지 않으면 예배자의 마음에 잘못된 개념이 스며들 위험이 있게 되는 것이다. 넷째, 상징은 실재와의 사이의 매개적 기능은 있지만 그것은 실재를 대신 할 수 없을 뿐 아니라 진리를 충분히 표현할 수가 없다. 그리고 상징이 마치 하나님을 내포(connotation)하고 있는 것처럼 다루거나 바라 볼 때 그것은 이미 우상이 되어 버린다. 예컨대 상징물 중 "십자가의 표시"가 능력을 가져 악에서 보호하는 것이라고 생각하면 그것은 우상이 되고 또한 십자가에서 죽으시고 부활하신 주님을 예배하는데 장해가 된다.

    1517년에 기독교개혁을 통한 가톨릭교회의 폐해적 요소를 고쳐 성경적 기독교를 복원한 개혁교회가 지나친 상징물을 교회의 예배당 내부에 장식 또는 설치함으로써 중세의 교회지상주의로 회귀하고 있는 듯한 현상은 어디에나 계셔서 역사 속에서 직접 일하시는 하나님의 내재적인 영적 체험을 간접화하는 것으로서 위험한 일이 아닐 수 없다. 상징물을 예시하면 "강단 뒷벽에 십자가상 부착", "촛대와 촛불, "성경대", "강단 휘장", "색 무늬 유리창"(stained glass), "교회기와 국기 비치" 기타 장식물 설치 등인데 이런 것은 교회의 본질과 관계가 없다.

    가톨릭교회는 성인과 성화숭배 사상이 있어 조형물이나 그림을 그려 붙이고 특히 유리창마다 원색으로 성화를 모자이크(mosaic)하여 성전 미화보다는 화상 숭배심을 고양시키고 있다. 이를 개혁교회가 모방하여 지나친 모형주의나 시각주의로 흘러 교회의 본질 추구에 허구성을 보이는 것은 진리의 본체가 되시는 그리스도께서 머리 되신 교회가 표출할 내용은 될 수 없다.

　개혁교회는 화상(畵像)숭배를 반대하며 계시 중심의 교회의 속성을 추구하고 예배당은 예배의 처소로서 하나님의 실재를 경험하는 영적 내재성을 언제나 중심으로 하여 진리의 내포성을 함축한 영적 외연성(外延性)이 구조화된 신성의 거소(居所)로서 그 전체가 영성적 상징이 되고 있는 것이다. 신앙인은 하나님의 전인적 실존을 예수 그리스도 안에서 체험하고 그 안에서 바라는 것의 실상과 보지 못한 것의 증거를 확인하는 것이지 상징물의 장식품에서 경험되는 것이 아닌 것이다. 언제나 성령님을 통한 천국이 영적으로 인간의 인격 속에 내재화되는 생명력을 지닌 교회 공동체는 교회당의 물질적 상징물 설치에 적절한 통제가 있기를 제안하는 바이다.

「예배당 장식의 상징성」에 대한 제언

　전회의 개괄적인 제언에 이어서 논급하면 성경으로 돌아간 개혁교회는 말씀이 중심이 된 교회로서 이를 반영한 예배당 내부구조와 장식에 있어서 구약시대의 제사 중심적 성전 모형을 구성할 신학적인 명분을 갖고 있지 않다. 프로테스탄트 교회는 설교의 비중을 높인 예배중심적인 강단구조를 취함으로 구약의 제단 중심적 예표성의 재현과 성경적 뿌리가 없는 교회사적 산물인 물질적 모형으로 상징화한 가톨릭 교회의 강단의 형태를 거부한다.

　오늘의 개혁교회가 개혁사상과 전통을 살린다고 하면서도 비개혁적인 요소들이 예배당 안에 물리적 또는 상황적으로 남아 있는 현실은 무정견(無定見)한 처사가 아닌가 한다. 예컨대 강단구성에서 강대상의 규격 차이를 가진 설교 전용 강대상과 사회(인도)전용 강대상 및 기도 인도자 전용 강대상을 설교 강대상 좌우에 배치하고 설교 강대상 정면 앞 하단부에 성찬상을 배치한 것과 설교 전용 강대상 정후면 벽에 십자가상 부착과 그 직하에 "성경대" 그 위에 펼쳐놓은 성경, 그 "성경대" 좌우에 "일곱 촛대와 촛불" 등을 배치한 것을 볼 수 있는데 원칙적으로 이는 개혁교회의 예배당 강단구성은 아니다.

　개혁교회는 강단중앙에 설교대(강대상) 하나로 낭독대를 겸하면서 모든 예배절차를 수행하며 여기에 성찬상을 부수적으로 배치하고 있다. 개혁교회의 예배중심요소는 임재적 기능이 있는 설교이기 때문에 강대상이 예배당 장식의 대표적인 기물이 되는 것이다. 그러면 개혁교회가 현실적으로 도입하고 있는 상징물 중 강대상의 성경적 기원은 "놋쇠로 만든 대"(brazen scaffold)에서 기도했던 솔로몬(대하6:13)과 "나무강단"에 서서 하나님의 율법을 읽었던 에스라(느8:4)에 까지 소급하여 볼 수 있고, 강대상의 전신(前身)은 "낭독대"(ambo)였으며 그것의 유래는 유대교에서 성경 낭독을 위해 회당 강단에 설치된 "연단"이었던 것으로 이해할 수 있다. 이 "강대상"이라는 말은 〈이시도르〉(Isidore of seville;560-636)가 최초로 채용하였고 유대교 랍비들이 성경을 회중에게 읽어 주던 "높은 강단"에서 "낭독대"가 유래되었다. 이 낭독대가 4세기에 교회에 처음 소개되어 14세기 까지 사용되다가 그 후 "강대상"에 의해 대체되었는데 그 주요 목적은 성찬식(미사)에서 복음서를 읽고자 했던 것이며 최초의 사용은 아프리카에서 어거스틴과 키프리안(Augustine and cyprian)에 의해 시도되었던 것이 점차 더 장식되어 "강대상"의 원조가 된 것이 대략적인 사적 고찰이다.

　프로테스탄트 교파들이 독자적인 예배당을 세우기 시작한 것은 17세기 이후였고 이 교파에 맞는 교회건축이 이루어졌는데 이 때의 강대상들은 회중석이 강대상 중앙을 향하도록 되었으며 이 강대상은 "낭독대"와 분리되지 않고 하나로 되어 회중을 대면하여 강단 중앙에 설치하였으며 성만찬을 제외하고는 전체 예배가 이 강대상에서 인도되었다.

　청교도들의 예배는 설교가 중심이었기 때문에 높은 설교대를 중심해서 회중이 접근하도록 설치하여 왔다. 그런데 전술한 바와 같이 한국의 개혁교회들 중에는 주로 대형교회들의 경우에서 교회의 예배당 내부 장식을 중세의 복고적이고 가톨릭적인 제단중심의 예배당 내부를 구성한 교회가 있는가하면 개혁이념을 반영한 설교중심의 탈모형적인 형태의 교회 강단을 꾸미고 있는 두 유형이 있다. 분명히 강단과 강대상의 상징성을 강조하는 교회는 가톨릭 교회에서 구약제사의 연장인 "미사"라는 제의적 의식에 수반되는 모형을 모방하는 성향 때문이며 이에 따른 상징적 해석에 있어서도 알레고리(諷諭)적이어서 어떤 형상으로서 복음의 본질을 대체시키고 마는 위험을 스스로 만든 결과가 되고 있다. 그런고로 개혁교회의 "강대상"은 "설교대" 이상 어떤 의미도 부여하거나 그 배치와 형태를 취하지 말아야 한다. 강대상은 설교자의 인격매체를 통한 말씀자체의 권위 외에 그 어떤 것도 권위적인 모습이나 의미는 있을 수 없다. 성령 안에서 말씀을 통한 주님을 만나는 거룩한 처소이면 족한 것이다.

「예배를 돕는 성가대」라는 기도 말은 부적절하다 I

　공동예배 때 기도인도자의 기도 말에서 "예배를 돕는 성가대 위에 하나님의 은혜를 베풀어 주옵소서"라는 대목 중에 〈예배를 돕는 성가대〉라는 말은 예배 원리상 적합한 표현이 아니다. 이 말은 예배를 위해 찬양대원들이 찬양 곡을 열심히 준비하여 예배순서를 역동적으로 담당함으로써 예배를 아름답게 구성하게 된 것에 대해 그 고마움을 축복하는 것이라고 이해할 수는 있으나 이는 몇 가지 이유에서 부적절하다.

　첫째, 예배는 하나님이 예배자를 향한 임재적인 요소와 예배자가 하나님을 향한 응답적인 요소가 상호 영적인 교감(交感)을 통해 이루어지는 것이므로 예배를 구성하는 모든 요소(순서)는 각각의 독립된 경배의 의미를 가지게 되는 것이다. 그러므로 '예배를 돕는다'는 보조적인 행위로 규정하여 표현하는 말은 옳지 않다. 둘째, 찬양대(성가대)가 찬양하는 예배행위는 그들도 예배의 수행자로서 순서에 따라 송축행위를 온전히 실천하여 예배를 하는 자이므로 예배를 돕는 수준의 역할이 아니라 예배의 주역이 되는 것이다. 셋째, 이미 본고 3회(回)에서 논급한 바 있지만 〈성가대〉라는 말을 음악의 성격을 구별한다는 분리 개념을 전제하고 세속적인 대중음악 범주의 속가(俗歌)가 아닌 거룩한 송가(頌歌)를 부르는 대원이란 뜻에서 지칭한다면 그것은 윤리적이고 문화적인 의미 그 이상의 뜻을 가진 표현이라고는 볼 수 없다.

그러므로 성가대는 당연히 찬양대라고 지칭해야 한다. 찬양대란 하나님께서 예수 그리스도를 통해 인류구속의 위대한 구원역사를 이루신 그 무한하신 사랑의 은총에 감사하여 그를 송축하고 기리며 찬송을 통해 영광을 돌리는 종교적 행위를 하는 대원이기 때문에 예배의 기능적이고 봉헌적인 표현으로 〈찬양대〉라고 표현하는 것이 옳은 것이다. 넷째, 예배 신학적으로 모든 예배는 하나님만이 유일한 대상이므로 예배순서가 어떤 구성요소로 배치되었든 예배의 한 요소가 다른 어떤 요소에 예속(隸屬)되거나 보조하는 순서는 있을 수 없으며 예배의 처음 순서에서부터 예배를 마감하는 모든 순서가 각각의 독특한 예배적 요소를 지니고 하나님의 영광에 초점을 맞추어 경건의 작용을 하는 것이므로 언제나 하나님과 수직적인 관계에서 그 의미를 가지게 되는 것이다. 따라서 모든 기도 인도자는 예배를 돕는 행위와 예배를 위한 준비행위, 이를테면 조명과 냉난방 시설의 점검, 헌금함의 위치 확인, 주보의 배부, 좌석의 안내, 헌금봉투의 비치, 음향시설의 점검 등이 예배를 돕는 행위가 될 수 있음을 바르게 지각하고 기도 말을 구성해야 할 것이다.

그러므로 찬양대를 위한 기도라면 "성령님이시여 오늘 우리의 예배순서 중에 하나님을 특별히 찬양할 찬양대원들에게 구원의 감격을 주사 아름다운 마음과 노래로 하나님을 높이 찬양하게 하시고 이들에게 은혜를 더하여 주시며 우리 모두가 그 찬양에 합심하여 화답하게 하옵소서"라는 의미를 담은 표현으로 기도 말을 선택할 수 있을 것이다. 모든 예배순서는 조화(調和)적 상호 의존성은 있으나 차등적인 보조기능은 없는 것임을 이해해야 한다.

「예배를 돕는 성가대」라는 기도 말은 부적절하다 II

　주일 공동예배 때 공중기도 인도자의 기도진행 국면 중 마지막 부분에 이르러 예배순서를 담당한 위원을 위한 기도 말 중에서 "예배를 돕는 성가대(찬양대) 위에 은혜를 베풀어주옵소서"라는 기도 말을 종종 듣게 되는데 이 말은 부적절한 표현이다.

　예배 구성요소의 진행순서 하나 하나는 예배 신학적 관점에서 예배를 받으실(예배 중에 만나실) 하나님과 관계 점에서 볼 때 모든 예배 요소(순서)는 독립된 의미를 담고 있어 어느 한 순서도 다른 순서를 돕기 위해 설정한 보조적인 예배 구성요소는 없는 것이다. 모든 순서는 예배를 구성하고 예배를 수행하는 그 자체로서 기능이 있어 하나님과 관계되는 것이고 영적 의미에 있어 순서 상호 간의 의존관계를 갖지 않고 예배 전체 안에서 예배적 독립 기능으로 그 예배를 완성시킨다. 전일에 논급했던 바와 같이 예배를 구성하는 요소는 두 가지 영역으로 이해하여야 한다.

　예배는 하나님과 만남이며 교제로서 그 내용이 영광과 찬양이며 경배와 감사와 송축일 때, 그런 관계에서 첫째, 하나님 편에서 인간을 향하여 오시는 임재적 요소로서 전주, 예배에로의 부름, 사죄(赦罪)의 확인, 성경낭독, 성시(경)

교독, 말씀선포, 성찬, 세상으로 파송, 복의 선언(축도), 후주 등은 객관적인 예배 요소이다. 둘째, 인간 편에서 하나님을 향하여 응답하는 경배적 요소로서 송영, 묵상기도, 회중찬송, 신앙고백과 주기도, 공중기도, 회개, 찬양, 예물봉헌, 봉헌기도, 세상으로 나가는 다짐 등은 주관적인 요소로서 이 두 요소는 영교(靈交)적 관계에서 하나님은 임재하시고 인간은 응답하는 만남으로 예배는 성립되는 것이다.

　이러한 관점에서 예배 현장에서 예배인도자, 설교자, 기도인도자, 예물봉헌위원, 찬양대(성가대) 등과 모든 회중은 예배 당사자로서 예배의 직무를 수행하는 인간 편의 예배를 완성해 가는 대신((對神)적 관계의 주체로서 예배를 하는 자이지 예배를 돕는 자는 아닌 것이다. 따라서 성가대(찬양대)는 찬양의 직무를 독특하게 행함으로 하나님께 응답하는 예배자인 것이다. 굳이 구분하여 예배를 돕는 자라고 하면 예배참석자를 수송한다거나 예배시간을 사전에 알리는 일, 예배 순서지를 배포하는 일 등 예배의 비 본질적인 요소인 상황과 분위기를 조절 정비하는 일련의 행위는 예배를 돕는 일일 수가 있다.

　그러므로 모든 예배 순서를 담당한 당사자는 어떤 순서를 돕는 보조적인 직무가 아니라 병행적 협력 관계를 묵시적으로 유지하면서 담당 순서의 기능으로 예배 당사자가 되는 것이다. 이러한 뜻에서 교회는 예배와 기도와 교회의 도리를 성경적으로 조명하여 잘 교양할 필요가 있고 무엇보다도 지도자가 관행에서 벗어나 신앙과 교회용어의 착오된 사례들을 갱신하고 표준화하는 일에 노력을 할 필요가 있다고 본다.

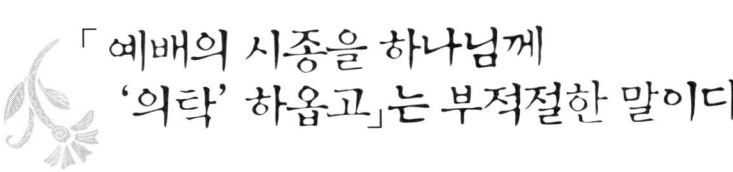

「예배의 시종을 하나님께 '의탁' 하옵고」는 부적절한 말이다

예배 때에 공중기도 인도자들의 그 기도 내용 중에 대체적으로 끝맺음 대목에서 "예배의 시종(始終)을 하나님께 '의탁' 하오니" 라는 말을 흔히 표현하는 사례가 있는데 이 말은 적절한 말이 아니다. 이 '의탁(依託)'이라는 말의 의미는 '남에게 맡기어 부탁함'이라는 뜻이고 또한 사실 그러한 경우에 쓰는 말이다. 그렇다면 예배에 있어서 예배행위를 하나님께 맡겨 부탁한다는 표현은 예배의 참 뜻에 부합되지 않는다. 물론 예배가 하나님의 고안이요 하나님의 명령과 요구이며 그의 역사로서 신적제공(神的提供)이다.

그리고 예배에서 하나님은 언제나 인간에 선행(先行)하시고 솔선하시는 분이심도 사실이며 친히 임재하사 예배를 받으시고 성령님을 통하여 예배자 각 사람에게 내재(內在)적 조명을 통하여 언제나 우리의 근원적 주체(主體)가 되신다. 따라서 우리의 예배자들은 예배의 주인 되시는 하나님의 인도와 초청된 자로 부름을 받아 예배에서 반응과 응답의 주체인 것이다. 물론 예배전체에서 원리적 주인은 우리 하나님이시고 인간은 응답적 수행자로서 송축행위의 당사자이다. 그러므로 예배에서 인간은 헌신과 봉사와 경배와 감사와 찬양의 분명한 행위자인 것이다. 분명히 예배에서 하나님은 임재적 선행자이시고 우리

인간은 그 임재에 대한 반응자로서 하나님과 만남이 이루어지되 객관적 요소로서 신적인 부분과 주관적 요소로서 예배자의 부분이 신령적 관계를 이루게 되는 것이 예배인 것이다.

이렇게 볼 때 분명한 것은 예배에서 예배자의 영역의 것은 누구로서나 어느 것으로도 대행, 대리, 대체가 불가능한 것이며 위임, 위탁의 문제도 물론 아니다. 예배와 신앙에 있어서 당사자 원칙은 변경할 수 없는 진리인 것이다. 그럼에도 불구하고 '모든 예배의 순서 절차를 주님께 의탁하옵고' 라는 표현은 잘못된 것이다.

모든 예배의 구성요소에서 인간의 주관적 요소가 분명히 있고 그것은 하나님을 향한 예배의 응답적 요소로서 인간의 본분적 성분인 것이다. 예컨대 찬양, 말씀, 경청, 헌신, 봉헌, 감사, 회개, 결단, 아멘적 화답 등이 주님께 '의탁' 되어야 할 부분이 아닌 것이다. 이것은 하나님의 임재 앞에 예배자의 믿음의 행위로서 능동적이고 자원적(自願的)이며 영성적이고 인격적인 경배행위인 것이다.

그리고 이것은 예배를 받으실 하나님 편에서 하나님의 대상인 그의 자녀와 백성 된 종교적 신분을 가진 인간 편에서 마땅히 수행되어야 할 의무인 것이다. 이러한 영역까지도 하나님께 '의탁' 한다는 것은 밝고 열린 영성은 될 수 없다. 이 말이 본의는 아니나 언어의 표현상의 인상은 책임 회피적이고 인간의 예배적 본분을 기피하는 듯한 말이 되는 것이다. 포괄적 주님의 주권 속에 모든 것이 섭리가 되기 때문에 하나님을 전적 신뢰한다는 동기를 가진 말일 수는 있다.

그러나 예배에서 예배자의 취할 본분은 고백적으로 감당하겠다는 다짐과 신앙적 결단을 아뢰어야 할 것이 아닌가? 인간의 몫은 인간이 행하고 하나님의 대상적 행위는 예배의 필연적인 것으로 응답하면서 하나님의 뜻을 간구해야 할 것이다. 예배의 시작에서부터 마침까지(시종)를 '의탁'한다는 말은 분석적인 표현으로 대체하여야 한다.

「예배찬송가」와 「복음성가」는 구별해야 한다

오늘날 교회는 복음송 홍수시대를 만났다고들 이야기하는 것을 듣는다. 많은 곡들이 창작되고 많이 애창하는 것이 사실이다. 이는 기독교 문화창달과 신앙정서 함양에 기여하는 바가 적지 않다고도 볼 수 있다. 넓은 의미의 기독교 음악은 예배행위와 관련해서 예배찬송을 규정적인 음악이라고 할 수 있고, 복음송(가)을 비규정적 생활음악이라고 할 수 있을 것이다. 이 두 영역의 음악이 오늘날 예배음악으로 혼합되어 무분별하게 예배에 채택이 되는 사례는 예배의 본질적 의미와 부합되지 않는 것이다.

예배음악은 예배의 요소로서 찬양곡이어야 할 원칙이 있는 것이기 때문에 일반적인 종교음악을 채택할 필요는 없는 것이다. 예컨대 입례송이나 송영곡, 찬양대의 찬양곡, 지명된 사람의 특송, 기타 순서에 도입되는 별곡 등이 예가 될 수가 있고 기타 예배시에는 회중 찬송을 복음가로 대체하여 부르는 경향도 없지 않으며 모든 집회 때나 예배 전 찬송도 거의 복음송을 도입함으로 전통적 예배 찬송곡의 개념의 혼란마저 온 것이다. 분명한 사실은 예배찬송과 복음성가는 예배적 지위와 기능이 같을 수 없고, 교회사적 배경과 영감적 동기와 요소도 같지 않다. 물론 복음송도 기독교적 사실과 성경적인 문체에 근거를 두고 있으며, 작시·작곡의 영감적 동기를 가지고 있다고 이해할 수는 있다.

예배찬송가는 구속사의 본질적 체험요소와 하나님의 존재와 신적 역사의 생생한 경험적인 감동이 응축되고 그리스도의 우주적 사역의 총체적 송축이 교회사적 여과 과정을 거쳐 표출된 예배음악으로서 하나님이 세우신 공회적 합의를 바탕으로 한 정곡(正曲)이라는 점에서 그 차이점이 있다고 볼 수 있다. 그리고 찬송가는 인간이 신적 영역에 대한 찬양이요, 송축이며 그의 영광을 예찬하는 것이 중심이라면 복음송은 인간의 종교심성의 고양과 탐미주의(耽美主義)적 정서의 만족과 그리고 기독교적 기상의 발현이며 일체감과 단합을 도모하면서 자기만족을 노래행위 속에서 누리려는 실리적 동기가 배합된 실용음악으로 볼 수 있으므로 복음송을 애창은 하되 예배찬송과는 엄격하게 구분하는 것이 옳을 것이다. "찬송"(Hymn)의 신학적인 의미를 보면 첫째, "하나님께 찬양이나 감사를 드리는 노래"를 의미하는데 성경에서 이러한 노래를 총합한 오래된 책이 시편이다.

신약에서는 그리스도인들의 노래를 세 단어로 표현하고 있는데 "시"와 "찬미"와 "신령한 노래" 등이다(엡5:19, 골3:16). 주님은 유월절 밤에 제자들과 시편을 찬송하였다(시113-118, 마26:30, 막14:26). 그리고 엡 5:14과 딤전 3:16의 일부는 그리스도인들의 오래된 찬송을 간직하고 있으며 초대교회 교인들은 관례적으로 찬송을 했던 것을 알 수 있다(행16:25, 고전14:26, 엡5:19, 골3:16). 둘째, 또 다른 한편의 찬송(praise)은 "영광과 존귀를 하나님께 돌리는 것"으로서 모든 피조물이 하나님의 광대하심과 섭리사역에 대한 응답으로 하나님께 돌리는 경건의 주된 요소가 된다. 하나님께 대한 찬송이 주로 하나님의 백성들에게 요구되고 있지만(시22:23, 계19:5, 시135:19-21, 사12:6) 하나님은 모든 사람으로부터 찬송을 받으시기에 합당한 분이시다(시67:3-5, 117편). 이렇게 찬송가와 찬양하는 것은 계시적 근거를 가진 것으로서 구속 백성의 필수행위인 것이다.

　복음송은 예배적 의미보다는 신앙적 감성과 자기 치유적 기대 심리를 해소하는 종교적 의미가 있는 반면, 찬송가는 하나님의 구속사건을 감응적으로 예찬함이며 신적 체험요소를 반영한 신 중심적으로 창작된 것이 찬송가인 것이다. 그런고로 복음송을 기독교 음악문화 영역에서 높이 평가하고 애창하되 예배 찬양곡으로서는 차별해야하며 기존 찬송가 애창을 복원하여야 할 것이다.

「예배찬송」은 「찬양」의 참 뜻을 담아야 한다

　2003년 12월 7일자에 본 주제와 관련 있는 내용을 논급한 바 있는데 한국교회가 시급히 갱신하고 본래의 의미로 복원하여야 할 문제가 「예배찬송」과 「찬양」의 문제이다. 예배찬송은 진정한 의미의 찬양이 되어야 한다. 그것은 찬양할 이유와 동기가 인간의 종교성의 발상이 아니라 찬양의 의미가 하나님 자신에게 있고 하나님은 찬양 중에 계셔야 하고 찬양을 받으시기에 합당한 분임을 알아야 한다.

　이런 의미에서 찬양의 참뜻은 그 찬양의 대상과 찬양의 주제를 바르게 인식하여야 하고 그 대상 설정에 있어서 신학적 이해가 있어야 하며 무엇이 주제가 되어야 하는지를 해석할 수 있어야 한다. 분명한 사실은 찬양의 대상은 성부 성자 성령님의 삼위의 본질적 일체의 유일성으로 동시적 동등하게 영존하사 모든 존재가 그분으로부터 기원된 것에 해석이 있어야 하며 그분이 인간과 관계에서 어떤 분이시며 무엇을 하셨고 무엇을 하고 계시는지를 찬양으로 설명되어야 하고 그분의 무한자로서 사역과 그의 경륜 가운데 자신을 드러내신 계시적 수단을 통해서 인격성으로 인간역사에 중심이 되시고 활동하심을 찬양의 관점이 되어야 한다.

찬양이 인간을 탐구하는 철학이 되거나 관념적으로 하나님의 절대성과 관계를 추구하는 종교본능의 발산이거나 그는 인간의 소원을 성취해주시는 기원의 대상으로 설정하고, 믿고 받은 만큼, 신에 대한 자기인식 범위만큼 반응하고 반향(反響)하는 수준이 곧 찬양이 될 수는 없다. 찬양은 인간이 그를 향한 어떤 행위가 아니라 하나님의 본질에 대한 찬미에서부터 그분의 섭리와 인간 구속의 사역 그 자체가 찬양으로 존재하고 있음을 주목하여야 한다.

따라서 찬양의 중심주제는 예수님을 통한 그의 구속의 행위일 것이고 이 구속의 중심은 예수님이시고 이 예수님은 영원한 찬양의 주제이시고 찬양의 핵심이시며 표적이신 것이다. 그러므로 찬양에는 언제나 삼위일체 하나님이 드러나야 하되 그분을 향한 사람의 행위가 묘사되거나 찬양자의 단순한 감흥의 표출에 그치거나 신을 향한 인간의 탄원이거나 소원성취의 기대와 심미(審美)본능의 추구와 신세타령조나 삶의 다행감정이나 신앙심 격발(激發)이나 예배의 예비적 수단이 될 때는 참 찬양은 될 수 없다.

오늘날 교인의 입에는 교회음악은 있어도 진정한 찬양은 사라지고 있는 듯하다. 찬양이라는 명분하에 사람의 위안이나 위무(慰撫), 종교심성 순화, 인간의 유희본능에 호소하고 오락적인 프로그램의 한 종목으로 또는 공연적 구경거리로 상업화되어 가는 모습은 이미 찬양은 속화되고 있는 것이기에 서글프기마저 한 것이다.

찬양과 예배찬송은 언제나 하나님을 기리기 위한 가사로 점철(點綴)되어야 하고 거룩과 경건과 장중한 곡조와 고백과 환호가 신께 집중되는 경도(傾倒)가 있어야 하고, 감사와 경배와 헌신적 결단과 교제가 있어야 하고 그분을 사모하고 그분을 향한 기도가 되어야 한다.

「예수님 이름으로 기도하옵나이다」와 「예수 공로 의지하여 기도하였습니다」

교인들의 기도마감하는 말을 여러 형태로 표현하는 사례를 볼 수 있는데 그 예를 들면 "예수 그리스도의 이름으로 기도하옵나이다", "예수님 이름으로 기도하옵나이다", "예수 공로 의지하여 기도합니다", "… 기도하였습니다", "예수 이름 받들어 기도합니다", "예수 공로로 기도합니다", "예수 공로 받들어 기도합니다", "…드립니다" 등 여러 형태로 쓰는 기도의 마감 어형(語形)을 들 수가 있다. 여기서 반드시 표준형이 있어야 한다.

예수님 이름으로 / 주님. 그리스도 이름으로, 공로로

위의 사례 중 가장 표준적인 것은 "예수님 이름으로 기도하옵나이다"로 써야 한다. '주님'이나 '그리스도'라는 명칭은 예수님의 사역적인 명칭이고, 주님의 이름은 '예수님'이시다. 성경에는 기도할 때 "예수님 이름으로" 구하라고 하였다(요14:13,14, 15:16, 16:24 등에 내 이름으로 구하라고 함).

예수님의 이름은 마1:21에 "아들을 낳으리니 이름을 예수라 하라" 하였는데 분명히 주님 또는 그리스도의 본명은 "예수님"이시다. 그리고 그 이름은 "…죄에서 구원할 자"이시다. 이런 의미에서 기도는 구원자의 이름으로 구해야 함이 당연한 것일 뿐만 아니라 '기도'에서만은 예수님의 이름 이외의 예수님의 별칭으로 할 필요는 없는 것이다.

그리고 예수님 공로나 예수님의 이름 "의지하여" 또는 예수 "공로 받들어", "…이름 받들어" 등은 더욱 맞지 않다. 물론 받드는 것이나 공로 의지 등이 그 자체가 결정적인 착오는 아닐지 모르나 분명 기도에 있어 "공로"는 기도의 근거가 되고 "받들어"는 윤리적 의미가 없지 않다. 그러나 그렇게 쓸 때 그 공로나 받드는 행위는 기도의 방편에 머물게 되고 "예수님의 이름으로"는 어떤 방편이나 보조적 수단이 아닌, 기도 자체를 직고(直告) 하는 의미가 있으므로 기도의 마감의 전형(典型)은 "예수님의 이름으로 기도하옵나이다"로 써야 한다.

기도하옵나이다 / 기도하였습니다 / 기도 드립니다

기도의 종결을 나타내는 어체(語體)에서 반드시 기도합니다(기도하옵나이다)로 해야 할 것을 "기도하였습니다"로 쓰는 말은 잘못된 것이다. 기도는 하나님의 현존 앞에 현재 시제에서 해야 한다. 지금이라는 시점에서 하나님 앞에 취하는 행위이지 과거적 행위로 표현하는 것이 아닌 것이다. "기도하였습니다"에서 "였습니다"는 선어말어미(先語末語尾) "—였"과 "—습니다"가 겹쳐된 과거적 동작을 설명하는 종결어미(終結語尾)로서 분명히 이는 과거적 시제(時制)의 표현이고 반면에 "기도하옵나이다"에서 "—나이다."는 동작을 나타내는 말줄기(語幹)에 붙어 "하소서"체에서 현재의 동작을 설명하거나 대답을 하는 종결어미이다.

이렇게 볼 때 하나님께 기도하는 기도자와 하나님과 영적관계의 시제는 기도하는 시점의 현재적 행위이지 기도행위가 어느 시점에 있었던 행위는 결코 아니다. 그런고로 "기도하옵나이다"를 "기도하였습니다"로 잘못 쓰는 일은 바로 잡아야 한다.

"―드리다"는 주다의 높힘말로써 결국 "줍니다"가 되는 것이다. 기도는 물건의 수수관계가 아니고 영적, 생명적, 인격적인 작용이기 때문에 "드리다"는 "합니다"로 써야한다. "―하다"는 명사 밑에부터 동사화하는 것이다. "기도하다를 써서 들을 분에게 듣게 하는 인격적 행위의 말을 써야 한다. 드리고 받는 수수관계의 행위가 아니기 때문이다.

예수님의 「이름」을 「존함」으로 쓰자는 견해에 대하여

최근 교회문화연구소장이 '예수님의 「이름」을 예수님의 「존함」으로 써야 한다'는 견해를 밝힌 데 대하여 필자는 관점을 달리하고자 한다. 이름이란 "다른 이와 구별 짓기 위하여 사람의 성(姓) 아래 붙여 그 사람만을 가리켜 부르는 일컬음을 나타내는 호칭"인데 이를 경어법으로 "남을 높여 일컫는 한자의 훈(訓)을 좇아 쓰는 말을 존함(尊銜:姓銜)"이라고 한다. '이름'이란 말은 사물의 명칭을 설명하는 지시어로서 사람과 사물을 존재론적으로 두루 일컫는 기호가 〈이름〉인데 사람과의 관계에서 이 '이름'이라는 말은 평교간(平交間)이나 불특정 다수에게 쓰는 말이고 상하의 신분관계에서는 〈존함〉이라고 흔히 쓰되 본질적인 차이는 없고 윤리적 관념의 차이가 있을 뿐이다. 따라서 이 '존함'이란 말을 예수님의 실명에 연결하여 쓴다면 몇 가지 문제점이 있게 된다.

첫째, 〈이름〉이라는 말이 비하(卑下)의 지칭어가 아닌데 예수님의 '존함'이라고 할 때 언어 표현구조의 품격이 어색하여 사용이 부자연스럽다는 점이다. 둘째, 예수님의 '이름으로'라고 쓰는 것은 성경의 문자계시의 명시적 진술(마1:21, 눅1:31, 요14:14, 막9:38, 행3:6, 마28:19, 골3:17 등)들을 신앙행위의 표준을 삼은 정당한 인용이므로 착오된 사용이 아니라는 점이다. 셋째, 이미 존칭접미사 '님' 자가 합성된 〈예수님〉이라는 실명존대어에 연접(連接)된 '이름으로' 라는 이 말은 그 실명이 신적행위의 보증이므로 신앙의 방편을 삼는 지시어 기능을 할 뿐 비경어적인 작용을 하지 않는다는 점이다. 넷째, 예수님의 '존함'이라고 한다면 삼위일체이신 성령님과 하나님에게도 존함이라고 해야 되므로 부자연스럽다는 점이다. 다섯째, 그리스도(메시야)와 주님과 임마누엘의 실명이 모두 예수님이시기에 "메시야의 이름은 예수님"이라고 쓸 수 있어도 "메시야의 '존함'은 예수님"이라고 할 때는 조화롭지 않다는 점. 여섯째, 존함과 성함은 성(姓)과 이름이 복합되어 사람을 높여 일컫는 말인데 이 성은 같은 줄기의 혈통끼리 가지는 칭호로서 사람에게는 성이 있어서 존함, 성함이라고 하지만 예수님은 성령님에 의해 잉태 탄생하심으로 인간 혈통적 성 개념을 갖지 않은 성자 하나님이시기에 존함이나 성함을 적용할 수 없다는 점이다. 일곱째, 우주적인 전 존재의 주가 되시는 분의 '이름'이라는 말을 한 나라의 언어문화 범주에 국한시켜 〈존함〉이라는 존대 말로 바꿔 윤리적으로 채색하는 것은 편협스러울 수 있다는 점 등이다.

이름은 그 인격의 대상을 표상(表象)하는 외적 상징매체이기 때문에 상징되는 주체가 존귀한 것이지 이름 그 자체는 사실상 가치의 중성일 뿐이고 존귀하신 분은 바로 예수님 자신이므로 그의 이름은 영적행위의 보증이 될 뿐이다.

기독교문화연구소장님이 필자와 같은 뜻으로 교회용어 바로잡기를 위해 노심초사하시는 그 충정에 존경과 칭송의 말씀을 드리는 바이나 다만 본 주제에 대해서는 뜻을 달리 하게 되면서 예수님의 '존함'이라는 표현은 여러 면에서 부적절함이 있으므로 예수님의 '이름'으로 쓰되 그 이름이 하나님과 인간 사이에 중보적 언약의 증거가 되는 영적의미를 강조하였으면 한다.

워십 댄스(Worship dance)가 예배구성 요소인가?

　최근에 한국교회는 전대(前代)에 볼 수 없었던 새로운 교회문화 행사종목인 예배춤(워십댄스)이 예배에 도입되어 만연(蔓延)되는 추세에 있다. 아마도 종교적 여흥(餘興)(Religious entertainment)을 즐기려는 회중들의 유희적 성향과 젊은이들의 오락적 취향에 맞추려는 열린 예배에 기생(寄生)하여 유입된 프로그램으로 보아진다. 20세기에 미국의 흑인 사이에서 불려진 흑인영가(靈歌)와 재즈가 혼합된 종교가요인 가스펠 송(Gospel song)은 동시대의 음악인 CCM과 함께 워십 댄스가 교회문화의 주조(主潮)를 이루어 전통예배와 혼합이 되고 있어 우려되는 바가 없지 않다.

　춤(Dance)이란 〈가락에 맞추거나 절로 흥겨워서 팔다리나 온 몸을 율동적으로 움직여 어떤 감정을 나타내는 동작(무용)〉을 말함인데, 이스라엘 백성들은 고대 근동지역 민족들과 같이 그들의 감정을 〈히, 메홀라; 마홀〉이라는 말로 표현된 춤에 익숙하여 여인들은 원무(圓舞)를 즐겼고(출15:20, 삼상18:6, 렘31:13, 시149:3), 남성으로서는 다윗이 언약궤 앞에서 춤을 추었다는 유일한 기록이 있다(삼하6:14). 대개 이 춤은 승전을 경축할 때(삿11:34, 삼상18:6-7) 기쁨의 표현(욥21:11-12), 추수감사절과 홍해를 통과한 감사의 표현(출15:20), 종교행사

(시149:3, 150:4) 등에서 춤을 추었는데 구약은 춤을 유대인의 삶의 필수 요소로 간주하였고(삿21:21, 23), 전도서 기자는 "춤을 출 때가 있음"을 나타내었으며(전3:4), 시편은 "슬픔이 변하여 춤이 되게 하신 주를 찬송한다"(시30:11)고 하였다.

그러나 신약에는 돌아온 탕자의 비유에서 아버지의 기쁨을 풍유와 춤으로 표현한(눅15:25:헬, 코로스) 것 외에는 춤의 예가 거의 없다. 예수님의 세례요한의 금욕주의적인 생활양식과 삶을 긍정하신 태도와 무관하지 않을 것으로 유추(類推)된다. 성경에는 춤을 예배에 도입할 충분한 근거는 없다고 본다. 춤은 감정적 표현욕구의 수단인 신체의 상징적 작용으로서 암시를 통한 추측을 유도하는 몸짓이지 인격적인 사상을 언어의 수단을 통한 윤리적인 의미를 주는 구체적인 정신작용은 아니라고 보아야 한다. 춤은 어떤 경축행사나 절기에서 신의 은총에 대한 환희의 극치를 표현하는 것인데 예배의 한 구성요소로 도입하는 것은 예배를 유희화(遊戱化)하여 사람의 관심과 만족을 주려는 인본주의가 된다. 예배의 본질은 경건에 있고 경건은 영적인 내재성에서 이해되어야 하지 어떤 몸짓이나 신체적 작용을 통한 시각화(視覺化)하는 것은 아니다. 그리고 춤은 어떤 가락에 동작을 결합하는 행위로서 종교적인 의미는 그 가사와 곡에서 몸짓 이전에 예배적인 요소로 완성되는 것이다.

성경에도 구약의 제의(祭儀)적 성전예배 때에나 신약예배에 춤의 순서가 구성된 근거는 없다. 춤은 구원받은 신자들의 감격을 종교 행사적인 순서로 도입하여 표현하는 것이 좋을 것이다. 그런 관점에서 워십 댄스(예배춤)란 말 자체가 부적절하다. 강단이 예술무대가 되고 예배순서가 오락화하는 것은 예배의 타락이며 예배타락은 기독교를 무너지게 함을 교회들은 유념해야 한다.

은혜 충만한 감격의 상태를 「미칠 것 같다」라는 표현

　부흥집회 시에 설교자나 교인 중에서 은혜의 충만한 감격을 체험하게 되는 상태를 격정적으로 과장하여 〈미칠 것 같다〉라고 표현하는 사례가 있는데 이는 신앙적 범주에 들 수 없는 삼가야할 비속어(卑俗語)이다. 특히 하나님의 충만한 은혜와 감화로 영적 감격이 극치의 경지에 이르렀다고 하더라도 그것은 성령님의 임재와 인격적 교감의 역사이며 신자의 신앙 분량에 따라 신(神)적 실재를 수용할 수 있도록 전능자가 조절하시는 것이다.

　영적 차원에서 성령님의 역사는 때때로 초자연적인 결과를 나타내기도 하지만 인간이 하나님의 임재를 경험할 수 있는 요소는 언제나 인격적이시다. 구약에서 성령님의 사역은 능력자로서 천지창조와 생명수여에서부터 개인에게 능력과 지혜를 주어 직분을 통해 봉사케 하시고, 선지자들의 양성과 창조의 회복, 메시야의 약속과 기름부음 등의 역사를 수행하셨고, 신약에서는 예수님의 탄생과 사역의 정당성의 입증, 제자들의 활동과 교회확장에 관련을 가지며 그리스도의 속죄능력과 인격 및 사역을 깨닫게 하시는 등 구약에서보다 훨씬 더 인격적인 관점이 지배적이다.

　그리고 은혜에 대한 개념도 신비적인 상태로 이해해서는 안된다. 은혜는 하나님이 그의 백성에게 값없이 주시는 사랑으로서 언약을 통해 나타남과 그리스도를 통해 성취되었고, 진실하고 겸손하며 선한 지혜를 가진 사람들이 받는 것으로서 소망과 찬양의 대상이 되고 언약에 의해 성립된 사랑의 관계가 지속됨을 의미한다. 그리고 은혜의 본질은 예수님의 삶과 교훈을 통해 하나님을 나타내고 믿음으로 은혜 받고 믿음 안에서 풍성함을 경험케 하며 그리스도 안에서 하나님과의 교제와 사람과 화목하며 하나님께 초점을 맞추게 한다.

그렇다면 성령님의 역사로 은혜의 충만한 감격의 상태를 〈미칠 것 같다〉라고 하는 말이 옳은가? 〈미치다〉는 "정신에 이상이 생겨 언행을 보통사람과 전혀 다르게 하는 상태"를 말하는 것이다. 인격과 지혜와 전능하신 성령님의 충만한 체험의 경지가 정신이상의 상태일 수는 없다. 이는 불건전한 신비에 몰입한 경지를 감탄형으로 속되게 표현하는 말이다. 공의와 인자를 겸하신 성령님과의 교감에서 누리는 영적 환희와 주님께 경도(傾倒)된 상태를 〈미칠 것 같다〉고 말해서는 안된다.

하나님께로부터 발생한 은총에 대한 속된 반응은 불경스러운 것이다. 물론 충만한 감격의 수준이 너무 커서 신비감이 벅찬 상태를 탈속(脫俗)한 말로 표현할 길이 없어서 그 최고조(最高潮)를 나타내고자 한 표현이기는 하지만 하나님과의 신령한 관계상황을 표현하는 말로는 매우 부적절한 것이다. 따라서 은혜의 깊고 큰 체험에서 누리는 감격의 경지는 〈충만한 감격〉을 받았다거나 〈큰 감동〉을 받았다는 말로 바꾸어야 한다.

「음주」와 「흡연」에 대한 신앙적 관점

　기독교인에 있어 "음주"와 "흡연"은 한국 개혁교회의 선교초기부터 오늘에 이르기까지 금기시 되어오고 있으나 여기에 대한 두 가지 견해가 제시되고 있다. 그 한편은 "음주"는 취하지 않을 정도는 할 수 있다는 견해와 다른 한편은 절대 금해야 한다는 견해의 양론이 있는 것이 사실이다. 허용적 견해는 흡연과 음주는 그 자체가 죄악이 아니고 구원과 직접관계가 없기 때문에 개인의 양심에 따라 덕을 잃지 않는 수준의 음주는 가능하지 않느냐는 것이고, 금지론적 견해는 성경에 금한 교훈이 있을 뿐 아니라 술과 담배는 중독성(습관성)이 있어 신체적 건강을 해침은 물론 윤리적으로도 덕을 세우지 못하는 폐해적 부작용이 뒤따르게 되고 결국은 종교심성의 훼손을 가져옴으로 금해야 한다는 주장이다. 그렇다면 성경의 교훈은 어떠한가?

　첫째, 금지의 교훈으로써 "포도주를 보지도 말라"(잠23:30-31)고 하였고 "술 취하지 말라 이는 방탕한 것이니"(엡5:18)라고도 하였다. 술은 양의 적고 많음의 관계없이 취하게 하는 성분(酒精)을 가지고 있어 정도의 차이는 있으나 조금만 마셔도 마신 것만큼 취하게 되는 것이 사실이다. 그런고로 술에 취하지 말라는 말이 그 취함의 정도를 조절하라는 교훈이 아니라 술의 속성이 취하게 함으로 만취여부와 관계없이 취하게 하는 성분을 금한 것으로 이해하여야 하며 기타 금지 교훈은 삼상1:14, 전4:3, 딤전3:3을 참고할 필요가 있다. 그리고 이사야 55:2을 원용하면 "너희는 어찌하여 양식 아닌 것을 위하여 은을 달아주며 배부르게 못할 것을 위하여 수고하느냐…" 라는 교훈이 있는데 해독의 성분이 있는 기호품(嗜好品)인 흡음료(吸飮料)는 섭생(攝生)의 필수품이 아닌 것이기에 취하지 말아야 할 교훈으로 이해할 수 있다.

둘째, 폐해적인 교훈으로써 "하나님을 거역하며"(호7:14), "공의를 굽게 하고"(잠31:5), "지혜가 없어지고"(잠20:1), "마음을 빼앗으며"(호4:11), "가난해지고"(잠23:21), "어리석어지며"(전2:3), "병이 나며"(호7:5), "내일이 없고"(사22:13), "방탕하게 되고"(엡5:18), "강포"(잠4:17)와 "거만"(잠20:1)과 "화"(사5:11) 등의 기독교의 적대시되는 해독이 적지 않음을 주목해야 하고 특히 하나님의 봉사자들과 나실인은 독주와 포도주 그리고 "포도나무 열매도 먹지 말라"(민6:3)는 교훈과 함께 "술을 즐기는 자와 사귀지 말라"(잠23:20)고 까지 하였다. 그리고 술과 담배는 영·육간에 큰 피해를 가져온다. 이 양자는 중독성(습관성)이 있어 지속하다 보면 치유할 수 없는 최악의 경지에 이르게 되고, 윤리·도덕의식의 해이는 물론, 신앙정신과 영성의 훼손이 오게 됨으로 경건과 마음의 성결(약4:8)을 도모할 수 없고 영적 피폐를 초래할 뿐만 아니라 그 해독은 회복하기 어려운 질고에 이르게 된다는 사실은 동서(東西)의학이 증명하고 있고 삶의 현장에서 수많은 사례를 볼 수 있다. 우리의 몸은 영적 성전이요(계21:22, 엡2:21-22, 고전3:16, 고후6:16), 의의 병기(고후6:7, 롬6:13)이며, 성령의 전(고전6:19) 인 고로 술과 담배의 중독성을 몸에 지닐 수는 없는 것이다. 비록 음주와 흡연이 구원과 직접관계가 없고 그 자체가 죄악이 아닐 수는 있으나 범죄의 동기가 주어질 수가 있어 구원받은 증거를 놓칠 수 있다.

따라서 금주 금연이 구원의 전제조건은 아니나 분명 구원받은 자는 술·담배를 금하게 되는 영적 통제력을 갖게 되며 또한 구원받은 자는 남에게 덕을 세우기 위해서 속인(俗人)의 폐습을 당연히 금하게 된다. 그런고로 바울의 교훈처럼 모든 것이 가하나 모든 것이 유익이 되지 않음을(롬14:21, 고전10:23) 알아 교회의 건덕과 밝은 영성과 하나님의 자녀의 품격을 위해서 음주와 흡연이 가능하다라는 말은 쓰지 말아야 한다.

「이상」(以上)과 「이하」(以下)는 표준수량에 포함된다

　　교회의 규범이나 회의문화에서 사물의 수량과 정도를 나타낼 때 표준수량 한도(限度)의 위(다음)로 이르는 수의 정도를 以上으로 표현하고 표준수량 한도의 아래(밑)로 이르는 수의 정도를 以下로 표현하는데 〈표준수량〉이란 이상과 이하의 기준수로서 적은 쪽으로나 많은 쪽으로 시작되는 수를 말한다. 성경에 일정한 한도 아래를 나타낸 "…그 허리 '이하' 모양은 불같고 허리 '이상'은 광채가 나서 단 쇠 같은데"(겔8:2)에서 〈허리 이하〉는 허리가 표준수량의 정도를 나타내는 거기서부터 아래로 시작되는 기준점이 되는 보기와 "무릇 계수 중에 드는 자 곧 〈이십 세 이상〉된 자가 여호와께 드리되"(출30:14)와 "육십 세 이상은 남자이면 그 값을 십 오 세겔로 하고…"(레27:7)에서 〈육십 세 이상〉은 육십 세가 표준수량의 거기서부터 위로 시작되는 기준수가 되는 것이다.

　　교회에서 각종회의를 열어 결의를 할 때 개회성수나 결의성수인 정족수(定足數) 혹은 성수(成數)의 기점수(起點數)를 정하는 규정이나 말을 하여 20명(표) 이상, 2/3 이상, 과반수 이상, 반(半)수 미만이나 이하는 안 된다는 말 등을 사용하게 되는데 이 경우 그 기준 수를 잘못 산정(算定)하는 경우가 있다. 이때 20명(표)은 21명으로 향하는 수와 19명으로 향하는 수에 포함되기도 한다. 다시 말하여 以上은 "어떤 수량과 정도를 나타내는, 以上이 시작되는 그 수를 포함하여 그것보다 많거나 위를 나타내는 말"이기도 하며, 以下는 "수량과 정도를 나타내는 以下가 시작되는 그 수를 포함하여 그것보다 적음이나 아래를 나타내는 말"이기도 하다. 즉 시작기점이 되는 표준수량은 이상에도 이하에도 포함된다. 예를 들면 19가 上限적 제한기준이면 19 이하 또는 20 미만으로 나타내야 하고 21이 下限적 제한기준이면 21 이상 또는 20 초과라고 나타내야 하되 초과는 기준 수보다 많은 수부터이고 미만은 기준 수보다 적은 수부터이니 이상과 이하의 수는 많은 수와 적은 수에 다 포함이 되는 것이다.

  이 말을 잘못 사용하는 사례가 작금에 방송 언어에서 보도된 바가 있었는데 그 내용은 아파트 분양원가 연동(連動)제를 말하면서 25.7평의 국민주택 이하의 규모는 원가연동제 적용대상으로 하고, 25.7평 이상의 규모는 다른 기준을 적용시킨다는 것이었다. 이 말에서 25.7평 이상과 이하는 상.하한 기준에 다 포함되는 말로서 원가연동제 대상에 들기도 안 들기도 한다는 이중기준을 말한 것이다. 이 경우 25.7평까지는 해당되고 그 규모가 넘는 원가연동제에서 제외되는 대상은 25.7평 〈초과평수〉라고 했어야 옳다. 이러한 형식의 사례가 교회 내적 언어문화 속에도 더러 있어 이로 인해 이해 당사자끼리의 갈등을 빚기도 하고 수적 산정(算定)의 착오로 교회규범에 저촉이 되는 경우도 있기 때문에 이런 실수는 없어야 한다.

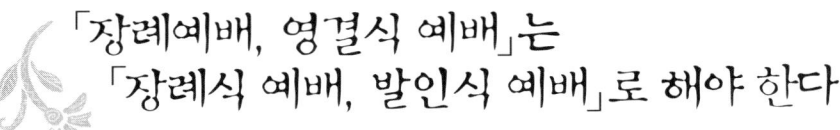「장례예배, 영결식 예배」는 「장례식 예배, 발인식 예배」로 해야 한다

별세한 기독교인의 상례(喪禮)에 관한 예배 명칭을 "장례예배", "발인예배", "영결식예배" 등으로 표현하여 통일된 명칭을 사용하지 않는 것이 현실이다. 일찍 유교적 문화와 불교적 문화 및 민속적 예절문화가 장례문화의 주조(主潮)를 이루어 오던 사회적 배경 속에서 우리 기독교가 선교 시기에서부터 오늘에 이르기까지 기독교의 고유한 장례문화를 창조하지 못한 것이 또한 사실이다. 그래서 교인의 상사(喪事)가 나면 그 장사(葬事)에 관한 장례의식은 기존 유풍(儒風)에 기독교적인 채색을 가미하여 절충된 장의(葬儀:葬禮)문화를 형성해오고 있어 장례식예배를 집례자에 따라, 교회에 따라, 그 명칭이 각각 달라 전술한 바와 같이 "장례예배", "발인예배", "영결식예배" 등으로 쓰고 있는데 이 말들의 의미상으로 보아 혼용하지 말아야 할 이유가 있다. 우선 장례라고 할 때 이는 "장사 지내는 예절의 일체"를 말하는 것으로서 원칙적으로 상중(喪中)에 행하는 모든 상사에 관한 예절(의식) 일체를 뜻하는 것이며 임종에서부터 매장까지 전 과정의 상의(喪儀) 절차를 말하는 것이다.

그리고 발인식(發靷式)이라고 할 때는 전체의 장례를 절차상의 국면을 등분적으로 단계를 나누어 볼 때 별세 교인의 상여(喪輿)가 집에서 묘지까지 출상운

구(出喪運柩) 즉 그 상여가 집에서 떠나감을 뜻하는 의식이다. 그러니 전체의 장례는 아닌 셈이다. 왜냐하면 장례는 임종의식, 입관의식, 발인의식, 하관의식 등을 총괄적으로 표현하는 말이기 때문에 그렇다.

여기서 주의할 점은 그냥 "장례예배", "발인예배", "입관예배", "하관예배"로 표현할 때는 입관, 장례, 발인, 하관 등이 예배의 주제와 목적 자체가 될 수 있으므로 예배의 신학적인 참 의미를 훼손할 수 있게 되어 반드시 "임종식예배", "입관식예배", "장례식(발인식)예배", "하관식예배"(식(式)은 의식의 줄임말) 등의 말로 표현해야 옳을 것이다. 임종식, 입관식, 장례식, 발인식 이라고 할 때 이 말은 예배의 주제가 되는 것이 아니라 예배의 상황 설정이요 예배의 특성(성격)을 조건화시키는 것이 되므로 어떤 의식 그 자체가 주제나 목적이 되지 않는다. 입관식이나 장례식의 그 의식은 상황과 성격적 배경이 되어 그런 배경에서 하나님께 예배하는 일이 되기 때문이다. 언제나 예배는 예배 그 자체의 고유한 의미를 다른 어떤 목적으로도 대체할 수 없다. 예배하게 되는 처지와 경우가 다르게 설정될 뿐이지 궁극적인 목적은 하나님께 영광과 경배 이 외에 예배 자체에 다른 뜻을 담지 않는다.

다시 정리하면 "장례식예배"는 상사의 제반 장례절차상의 전체를 예배의식으로 집행하는 것을 뜻하면서 "발인식예배"의 절차에서 쓸 수 있는 말이기도 하나 이것은 관습화된 것에서이다. 그러니 임종식, 입관식, 발인식, 하관식 등의 예배가 모두 "장례식예배"에 포함되는 의식의 내용인 것이므로 장례의 절차상의 과정별 유형에 따라 분화된 명칭으로 임종식예배, 입관식예배, 발인식예배, 하관식예배 등으로 쓰는 것이 옳은 것이다. 따라서 정확한 것은 장사 즉, 시신을 땅에 묻기 위해서 상여를 집에서 묘지까지 떠나가게 되는 장례식을 발인식이라고 할 수 있으므로 이것을 흔히 "장례예배"라고 하는데 이 상례를 "발인식예배"로 표현하여 그 예배의 신앙적 의미를 찾고 하나님을 바라보면서 성령님의 도움을 구하여 유가족을 위로해야 하는 것이 예배의 상황이 되어야 할 것이다. 그리고 우리 기독교인들은 "장례"(ἐνταφιάξω 요19:40) 라는 말과 "장사"(θάτιω:고전15:4, 행8:2, 마14:12, 대하9:31, 신10:6) 라는 말이 성경적 용어이므로 이 말을 통일되게 쓰는 것이 좋을 것이며 "영결식예배"라는 말은 쓸 수 없는 말임을 차회(次回)에 논급하고자 한다.

「장로회」는 「장로교회」라고 함이 옳다

한국의 개혁교회들 중 특히 장로교회들의 교회 치리(治理)단위를 단계별로 조직하여 개(지)교회 단위를 〈당회〉, 지역별 단위를 〈노회〉, 전국 단위를 〈총회〉로 하는 치리회를 구성하여 이를 총괄적으로 조직한 교파교회 단체를 교단이라 하고 이 교단을 구성하는 치리회 단위 명칭을 〈대한예수교 장로회 ○○교회〉, 〈…장로회 ○○노회〉, 〈…장로회 총회〉 등으로 표현하고 있는데 이 명칭들 중에 〈장로회〉라는 칭호는 적절치 않다. 왜냐하면 〈장로회〉라는 말은 〈장로주의〉 즉, 지교회 교인의 일정한 수의 비례한 대표를 뽑아 세운 장로로 하여금 치리단위의 회원이 되게 하여 목사와 함께 교회의 치리직무를 수행하는 "대의공화정치"(代議共和政治)의 제도를 시행하는 〈장로교회〉라는 말을 변형한 잘못된 표현이기 때문이다.

〈장로회〉라는 말은 공교회(공회)의 본질적인 치리개념을 담지 못함으로 "치리기구"의 본래의 뜻을 나타내지 못하고 있어 〈장로교회〉와 〈장로회〉는 본질적인 차이가 있는 것이다. "교회"라는 표현이 생략되면 공회(공교회)적 개념이 없으므로 그것은 치리기구(당회. 노회. 총회)가 될 수 없게 되는 것이다. 교회는 언제나 영적으로 머리되신 예수 그리스도와 관계점에서 공공성을 갖게 되는 것이고 하나님의 왕국적 개념에서 예표성(豫表性)을 가지는 것이므로 하나님의 백성인 "교회"가 생략된 칭호는 공회적 지위를 가질 수가 없는 것이다.

하나님의 교회로서 〈공회〉의 구약적 표현인 〈소드; סוֹד〉는 법적, 종교적, 시민적인 어떤 문제를 토의하고 숙고하기 위해서 선택된 사람들의 모임을 가리키는데 "비밀한 대화"(잠3:32), "친밀한 모임", "기뻐하는 자의 회"(렘15:17) 또는 "하나님께서 자신의 은밀하고 깊은 사상을 말씀하시는 하늘에 있는 여호와의 회의"(렘23:18, 22, 욥15:8)라는 뜻까지를 포함하고 있는 것이 "공회"적 개념이라고 볼 수 있고 신약에서는 〈쉬네드리온; συνέδριον〉(산헤드린)으로 지칭하는 말로써(행22:5, 25:12, 마10:17, 막13:9) 주로 "신앙문제를 다루는 법정"이라는 의미로 이해되고 있는 기구이다.

이렇게 볼 때 〈장로교회〉가 아닌 〈장로회〉라고 할 때는 공회적 지위가 없는 치리직무를 가진 장로들의 비제도적 모임으로서 이는 임의적 회원의 연합체에 지나지 않는 명칭인 것이다(실제로 각 교파마다 장로들의 임의 단체인 비공회적 모임인 장로연합회가 있다). 그러므로 공교회의 본질인 신성유지와 왕국적 질서유지를 위해서 예수 그리스도께서 세우신 교회의 율령을 집행하는 교회론적 치리개념이 없는 〈장로회〉라는 명칭은 공회의 본질을 표상하는 명의로서는 부적절한 것이다. 한 교단의 치리기구 명칭은 계시사(啓示史)적 근거를 가져야 하고 표방되어야 하는데 특정한 직분자들의 자율적 단체로 표현되어서는 공회가 될 수 없는 것이다. "교단"은 교회의 연합체이지 장로의 연합체는 아니기 때문이다.

그렇다면 바른 명칭은 〈대한예수교 장로교회 ○○교회〉, 〈○○노회〉, 〈…장로교회 총회〉 등으로 표현하는 것이 옳을 것이다. 혹 〈장로회〉가 〈장로교회〉의 약칭일 수 있다는 변명이 있겠으나 〈장로회〉는 장로들의 임의 단체가 있어 오해의 소지가 있고 "교회"라는 내용이나 인상도 나타나 보이지 않는 말이다. 그리고 〈대한예수교〉라는 말도 적합하지 않는 언어 구성상의 문제가 있다고 본다. 〈예수교〉가 〈대한〉, 〈미국〉, 〈일본〉 등의 지역별 기독교가 따로 있을 수 있겠는가? 그래서 이 말도 원칙적으로는 〈예수교 대한장로교회 총회〉가 되어야 옳은 것이다. 그리고 〈교단〉이라는 말도 1940년 이후 일제 강점기 말에 기독교 탄압정책으로 일본식 기독교로 개편과정에서 〈조선장로교단〉, 〈일본기독교 조선교단〉으로 개편하게 된 비분한 아픔을 간직한 명칭이어서 가급적이면 〈○○교파단체〉로 라도 개칭되었으면 한다.

전도특공대, 전도폭발, 성령폭발 등의 격투적 표현 순화할 필요 있다

　우리 교회들이 교회성장과 부흥을 위한 계획과 여기에 관련된 행사의 주제 설정이나 행동지침에서〈전도특공대〉,〈전도폭발〉,〈성령폭발〉등의 격투(激鬪)적인 용어로 표제어를 삼는 사례를 흔히 볼 수 있는데 이는 신앙적 교회용어로 적절하지 않다.
　특공대(特攻隊)라는 말은 "특수한 임무나 기습공격을 하기 위하여 특별히 훈련된 부대"라는 뜻으로 쓰는 말인데 이는 "제2차 대전 때에 자살적인 공격을 감행하던 일본 항공부대"를 지칭하던 말에서 유래되어 그 이후에 우리의 언어문화 속에 자리잡은 말이다. 그리고 폭발(爆發)이라는 용어도 "불이 일어나며 갑작스럽게 터져 급속히 일어나는 화학반응으로 많은 가스와 열량이 생기고 급격히 부피가 커지며 화염 및 파열작용을 일으키는 현상"을 뜻하는 말로서 이 두 용어는 성결과 신성적 삶을 추구하는 교회의 언어로는 적합하지 않다. 물론 전도의 경우 불신자가 복음을 믿어 신자되게 한다는 과정이 쉽지 않고, 마치 적을 공격하는 자세와 같은 용기와 담력을 가지고 저돌적으로 구원의 도리를 상대에게 파고들어 적극적으로 전하자는 전업(專業)적인 전도와 전도자로 현시(顯示)하자는 말로 이해할 수는 있다.

〈전도폭발〉이라는 용어도 그 전도의 결실과 효과를 극대화하자는 성취 기대와 또한 전도의 열광적인 참여와 결과적인 상황이 극(劇)적임을 나타내고 전도훈련을 통한 전도자의 정예(精銳)화를 뜻하는 말로 이해할 수는 있다. 그러나 이는 전쟁과 군사적 용어의 유형으로 분류되는 말이고 격렬한 전쟁참화를 연상케 하며 파괴적 인상을 떠올리게 하는 말로서 신성한 교회문화를 창조하는 기독교 내적 언어로서는 부적합하여 여과(濾過)되어야 할 말이다.

그리고 〈성령폭발〉이라는 말 역시 성령과 폭발이 합성(合成)될 말이 못된다. 성령님이 무슨 폭발물인 양, 하나님의 본체로서 성령님의 본성이 오해될 표현은 절제되어야 한다. 물론 성령님은 전능자로서 폭발적 상황 이상의 권능을 나타내실 하나님이시기에 구속사에서 신앙적인 행사와 예배에서 초 이성적 역사와 뜨거운 임재의 충만성을 격정적으로 나타내고자 하는 표현으로 이해할 수는 있다. 그러나 거룩하신 속성과 인격을 가지신 성령님의 내적 조명으로 정밀(靜謐)한 변화를 이루시는 하나님으로 이해하는 일도 매우 중요한 것이다.

따라서 전도특공대는 〈전도대〉로, 전도폭발은 〈전도결실〉 또는 〈전도실천〉 등으로 갱신하고 성령폭발은 〈성령님 충만〉이나 〈성령님 임재〉 또는 〈성령님 능력〉으로 바꾸어 표현하는 것이 교회의 신성유지와 격조 있는 교회용어 보존에 도움을 줄 수 있을 것으로 판단된다. 거친 어투는 곱고 아름답게 순화된 신앙정서를 해칠 위험이 있음을 유념해야한다.

제단은 강단으로, 제사장은 목사로, 주의 종은 주의 사자로

제단은 강단으로, 제사장은 목사로

목회자를 포함하여 교인들의 기도의 말 중에 "제단에 주의 종을 세우셨사오니…"라는 말을 쓰는 예를 흔히 볼 수 있는데 이는 적합한 표현이 아니다. "제단"이라는 말은 신·구약 성경에 약 50여 곳 이상에서 표현하고 있으나 구약의 경우에는 제물을 바쳐 여호와께 행하는 제의(祭儀)제도에서 쓰던 말이고, 신약에서 "제단"이라는 표현은 예수님이 친히 속죄제물이 될 것을 나타낸 구약 제물의 예표적 중보성을 사상적으로 인용한 것이다.

예수그리스도의 대속적 희생을 통한 제물제의의 완성을 그리스도가 이루실 것을 교훈적으로 연계하여 표현한 것으로 이해하여야 할 것이다. 신약적 교훈을 보면 "제사가 섬기는 자로 온전케 할 수 없고"(히9:9), "그리스도의 피 흘림이 없이는 사함이 없으며"(히9:22), "예수께서 제물이 되심으로 온전케 하셨고"(히10:14), "다시는 죄를 위하여 제사 드릴 것이 없게 되어"(히10:18) 라는 근거로 볼 때 제물을 중심 한 제의제도는 그리스도에게서 완성되어 신약교회에서는 제단과 제물은 존재하지 않는다.

십자가에서 완전한 제물이 되신 예수 그리스도께서 이미 "개인의 제단이 되셨고"(히10:14), 구약의 제사는 예배로 완성이 되었으므로 예배의 처소나 목회자의 예배인도와 말씀선포의 물리적 공간을 제단이라고 표현할 수는 없는 것이다. 단 구약 제단의 사상적 인용을 위해 이념적으로 표현할 수는 있을 것이나 예배현장과 설교현장을 직접적으로 "제단"이라고 적시(摘示)하는 것은 온당하지 않다. 그런고로 제단은 강단(pulpit)(느8:4) 이라고 해야 한다. "에스라 선지는 강단에서 율법책을 강독하였다"는 역사적 근거가 있다. 따라서 제의제도가 없으니 제물이 없고 제물이 없으니 제단도 없으며 제의를 집행하던 제사장도 없는 것이다. 그런고로 강단을 제단이라든가 목사를 제사장이라든가 예물을 제물로 지칭하는 것은 부적절한 것으로서 예수 그리스도 안에서 완성된 신약적 개념으로 갱신되어야 한다.

주의 종은 주의 사자로

종은 한 주인에게 순종을 다할 의무를 가지고 있는 남녀를 지칭하는 말로서 구약의 보편적 의미는 종이나 노예, 사환(민22:22, 왕하4:12), 또는 임금(노임)을 받는 "품 꾼"(출12:45, 욥7:1, 말3:5) 이나 사람을 수행하는 종자(從者)(출24:13, 왕상10:5)로 기술하고 있고, 신약적 의미는 "자유로운 일꾼" "개인의 사환"이나 시종(侍從)의 의미를 지니고 있다. 종교적 의미로서의 종의 개념은 헌신된 자들, 중재자, 지도자(출14:31, 삼하3:18, 시19:11) 등의 입장에 선 사람이고, 그리스도인들을 종으로 지칭하는 경우도 있다(행16:17 딛1:1, 약1:1, 벧전2:16, 행2:18). 따라서 "주의 종"은 헌신된 자로서 하나님과 수직적 관계 신분이요 하나님의 주권에 종속적이며 하속(下屬)의 뜻이 있다. 그러나 인간의 수평적 관계에서 지칭이나 호칭으로는 부적절하다.

당사자와 함께 한 자리에서 제3자적 위치에 두고 하나님께 "주의 종"이라고 적시하여 지칭하는 것은 윤리적 관점에서 자연스럽지 못하다. "주의 종"은 어디까지나 종교적 관점에서 하나님과 직접적 관계의 표현으로 이해되어야 하고 교인과 평행적 관계에서는 교훈권자요, 치리자요 목자적 신분으로 보아야 한다. 따라서 교인 당사자는 목회자를 직무적 관계에서 "주의 사자"로(계1:20, 2:1, 22:16, 창16:7-11) 또는 "목사"로(엡4:11) 호칭하는 것이 신앙적 격조를 담은 표현이 될 수 있으므로 "주의 종"은 "주의 사자"(목사)로 갱신해야 한다.

「제비뽑아」(추첨선거) 선거한다는 말에 대한 유감

　최근에 한국 개혁교회의 교단 중에는 교단장(총회장) 선거방법을 〈제비〉를 뽑아 선출하는 사례를 볼 수 있다. 전통적인 선거방법은 무기명 투표제였는데 이를 개혁한 셈이다. 여기에는 몇 가지 고려점이 있었다고 보는데 첫째, 투표제가 너무 비리적 폐단이 많기 때문이다. 둘째, 선출방법이 고비용 비능률적이라는 점이다. 셋째, 과열된 경선으로 교단 인맥간의 파벌과 불화가 조장된다는 점과 그리고 가장 중요한 명분은 성경에 제비를 뽑아 선출할 수 있는 계시적 명분이 있기 때문이라 이해된다.
　여기에서 〈제비〉를 뽑는다라는 말은 언어문화 현장에서 같은 뜻으로 쓰이는 말은 추첨(抽籤)이라는 말로서 역시 〈제비뽑다:drawing lots〉라는 말과 같다. 이 말이 성경 수 십여 곳에 표현되고 있는 중 본 주제와 관련해서 대표적인 것은 잠16:33, 18:18, 수14:2, 3, 느10:34, 민26:55-56, 33:54, 대상6:54,61-65, 24:5, 행1:26, 욘1:7 등을 들 수 있는데 그 사례는 '인물의 선택', '기업의 분배', '공평한 소유', '범죄한 인간의 지목', '성(城)의 분배', '하나님의 섭리와 작정' 등을 들 수 있다.
　이러한 관점에서 그 형식과 방법이 오늘에 와서는 반문명적이고 비문화적이며 비이성적인 원시적 방법이라 비판이 있을 수 있으나 거기에는 선민의 삶과 하나님의 경륜적 내재성을 간직한 종교적 배경과 공공성이 있고 형평성을 유지한 사회적 질서의 개념이 담겨 있으며 기독교적 가치와 규범과 도덕성을 지닌 전대(前代)의 선인들의 지혜의 자취와 종교문화의 산물로서 이 시대에 재현 못할 역사의 잔재(殘滓)는 아니라고 보는 것이다.

특히 그간에 한국교회의 대규모의 교단 교회들의 선거양상을 볼 때 혐오스러운 개선점이 많이 있어 온 것이 사실이다. 선거에 있어서 사람의 자율적인 대중심리와 군중들의 의견이 언제나 하나님의 뜻과 일치된다고만 볼 수 없고 성령님이 주신 마음으로 한다고만 할 수 없을 것이다. 다수자의 투표가 필연이 아니라면 하나님의 뜻에 더 근접된 방법과 교회의 덕을 세우는 일을 택하는 것이 순리일 것이다. 전술한 바대로 성경에는 제비뽑는 일과(행1:26) 회중들의 선거로 사람을 택한 일(행6:5)의 두 방법을 명시하고 있는데 하나님의 사람을 세우는 일에 성령님의 조명은 투표행위와 추첨행위에 차이점은 없을 것이다. 그렇다면 많은 비리가 야기되는 오늘과 같은 선거의 방법은 또 다른 성경적인 근거를 찾아 개선할 필요가 있다고 본다. 투표행위와 관련하여 성령님의 감동과 신앙 양심에 따라 한다는 전제가 많은 부정한 작태를 빚고 있는 일까지도 곧 하나님의 뜻과 양심적 행위로 볼 수 있겠는가? 투표 과정에서 분쟁, 비리, 파벌이 생긴다면 대안을 찾는 것은 옳을 것이다. 성경에는 "제비를 뽑는 것은 다툼을 그치게 하며 강한 자 사이에 해결케 하느니라"(잠18:18)와 "사람이 제비를 뽑으나 일을 작정하기는 여호와께 있느니라"(잠16:33)라는 말씀을 주목할 필요가 있다.

「종교개혁」은 「기독교 개혁」이다

한국교회 뿐 아니라 세계교회가 중세(16세기)에 로마 가톨릭 교회의 폐해(弊害)를 비판하고 이의 개혁을 주장하여 프로테스탄트(Protestant) 교회를 세운 기독교의 개혁운동을 "종교개혁"이라고 말하고 있다. 이것은 일반 역사와 교회사의 기술도 물론 예외가 아니다. 그러면 과연 이 말이 바르게 명명(命名)되었다고 볼 수 있는가 그렇지 못했다고 보는 것이다. 왜냐 하면 개혁의 대상인 가톨릭 교회는 기독교의 범주이지 종교의 범주가 아니기 때문이고 또한 종교는 곧 기독교이고 기독교는 곧 종교라는 등식이 성립될 수 없는 구별된 개념을 가지고 있기 때문이다. 통상 종교라고 할 때 "신이나 절대자를 인정하여 일정한 양식 아래 그것을 믿고 숭배하고 받듦으로써 마음의 평안과 행복을 얻고자 하는 정신문화의 한 체계"라고 정의할 수 있다.

이런 의미에서 종교와 기독교를 같은 유형으로 분류할 수 없는 본질적 차이가 있다. 물론 기독교가 종교가 가진 성격과 특성적인 요소가 있기는 하나 종교 그 자체는 아니고 또한 종교가 바로 기독교를 의미하거나 적시(摘示)하는 것도 아니다. 기독교가 단순히 종교라고 지칭될 수 없는 이유는 일반 종교는 윤리적, 원리적 논리는 있어도 기독교가 가진 생명력과 진리의 요소를 갖지 못했다는 점과 초월적인 창조주의 절대 섭리의 구조를 갖지 못하고 있다. 그러나 기독교는 "절대자의 자존적 계시를 통하여 인간에게 나타나신 하나님과 인류 사이의 유일한 중보자(딤전2:5, 요14:6, 행4:12) 예수 그리스도를 구원자로 믿고 고백하여 영원한 내세의 영생을 누리는 진리"라는 관점에서 볼 때 일반 종교는 기독교의 본질적인 조건과 요소를 갖고 있지 못하다. 따라서 기독교를 종교 범주에 무차별적으로 치부(置簿)하는 것은 부당한 것이다. 뿐만 아니라 계시의 근거와 의존함이 없고 하나님의 계시적 선행(先行) 동기가 없이 인간이 자율적으로 종교 본능적 발상을 가지고 절대자나 신을 추구하고 탐구하여 철학적 또는 원리적 체계를 세워 그것을 계시적 대체 조건으로 삼고 정신적 안위를 누리려는 종교 심성적인 행위가 어찌 기독교와 동일한 등가(等價)를 가질 수 있겠는가? 그러므로 "종교개혁"이라 할 때 그 종교의 범주에 속하는 일반 종교의 폐해를 개혁했다면 당연한 표현일 수가 있으나 분명히 기독교 범주에 속한 가톨릭 교회(구기독교)의 폐해적인 요소를 성경적으로 비판하고 이를 하나님 중심과 하나님 주권의 영광과 예수 그리스도를 통한 인류 구원에서 하나님 은혜의 우위성을 강력하게 재천명한 신학과 신앙의 개혁운동이며 하나님의 의(義)가 우리를 의(義)롭게 하시는 의(義)라는 혁명적 성경의 진리를 발견한 교회 복원운동이요 이 운동으로 세운 교회가 개신교(Protestant)즉, 개혁된 교회이다. 그러니 "종교개혁"은 당연히 기독교 개혁인 것이다.

언제 기독교가 기독교 내적 기능과 작용으로 여타의 종교들을 개혁한 일이 있는가. 재론커니와 "종교개혁"은 부패한 구기독교를 갱신하여 교회의 본질을 회복하는 교회혁명이었고 탈성경에서 성경으로 돌아간 운동이었다. 이것이 프로테스탄트 교회의 건설이었다. 그러니 종교개혁이라기보다는 기독교 개혁이었음이 틀림없다. 전술한 바와 같이 종교라는 말과 기독교라는 말이 동일 개념을 갖지 않을 뿐 아니라 본질적인 내용의 차이점에서나 개혁의 대상에서 기독교 개혁을 종교개혁이라고 할 수가 없으며 "기독교"라는 말과 "종교"라는 말이 서로 호환(互換) 관계에 있는 언어적 동질 개념을 가지고 있지도 않다. 물론 서구에서 쓰는 Religion이라는 단어의 언어 문화적 이해의 차이가 있고 그것을 우리는 종교라고 번역하여 쓰는 가운데 "기독교"라는 의미를 묵시적으로 함의(含意)하고 있다는 것을 전제하여 역사는 수용하여 왔다. 지금부터라도 "종교 개혁"은 "기독교 개혁"으로 갱신되기를 제안한다.

주5일 근무제의 산업문화 속에서 주일성수 강조되어야 한다

　우리나라 근로 시간이 토요일을 포함 주44시간에서 40시간으로 개편되어 주5일 근무제가 시행됨에 따라 휴일 수가 늘어나 교인들의 주말휴가로 소속교회 주일예배출석 공동화(空洞化)가 우려되고 있다. 경제력 향상과 문화산업 발달의 영향과 함께 성수주일 관념이 더 흐려질 것이기 때문이다. 주5일 근무제는 언젠가는 시행될 사회적 요구와 가치이기는 하나 우리보다 앞서 시행한 나라들을 보면 경제력과 사회적 기반이 확충되었을 때 시행했던 것에 비해 지금 우리의 현실은 취약하고 남북통일 대비와 주변 열강들 사이에서 국가적 안위를 담보할 국력신장을 위해 긴장해야할 시기에 근로시간 단축의 영향을 우려하지 않을 수 없고 교회의 질적 성장과 민족복음화를 도모해야 할 때에 성수주일을 염려해야 하는 사회적 환경을 교회는 주목해야 한다.

　이제 한국교회는 주5일 근무제에 따른 주일성수의 신학적 의미와 영적 가치를 새롭게 재조명해야 한다. 신앙생활의 기본은 주일성수를 떠나서 설명될 수가 없고 주일성수는 신앙생활의 과정이자 완성인 것이다. 거기에는 구속사적 시간개념에 있어 과거와 내세가 동시적으로 확인되는 체험적인 영적 실제가 생명력으로 경험되기 때문이다. 따라서 주일(안식일)의 신학적인 의미와 가치를 더 극명하게 해석하고 바르게 설명해야 하되 몇 가지 유념해야 할 점은 첫째, "엿새 동안은 힘써 네 모든 일을 행할 것이나 칠일은 너희 하나님 여호와의 안식일인즉 …아무 일도 하지 말라"(출20:9-10)라는 교훈을 주목해야 한다.

둘째, 주일예배의 요일 이동이나 교인들의 여가 현장에 따라 이동예배를 시행한다는 발상 등은 주일의 구속론적 의미와 신적 경륜을 망각한 망상에 불과하다.

셋째, 주5일 근무제의 환경에서 주일성수를 중심한 교회문화의 영적 가치와 질서, 하나님의 영광과 은혜의 방편으로서의 주일의 의미를 찾고 주일성수의 삶의 양식을 창조해야 한다.

넷째, 안식일의 구원론적 감화력을 탐닉하고 현대문화에 매몰되어 가는 주일개념을 고수하면서 다양한 문화욕구를 문화적인 프로그램으로 채울 것이 아니라 영원한 안식의 예표로서 주일은 문화공간으로서가 아닌 영적 의무와 신의 임재적 공간으로, 그리스도의 구속사건의 전 사역의 체험공간으로 이해하도록 해야 한다.

다섯째, 주5일 근무제의 사회적 변화에 적응코자 주일을 여가의 대체 기능으로 설정하고 각종경기나 오락적 프로그램을 개발하여 교인간의 친교를 명분으로 여가를 즐기려는 생활계획은 삼가야 한다(사58:13).

여섯째, 주5일 근무제로 인한 경제력과 소득의 감소, 여가활동 증가에 따른 소비증대로 오는 삶의 불균형을 주일성수로 승화하고 세속쾌락 이후에 오는 고독감을 주일성수에서 누릴 충만과 감화력으로 대비시켜야 한다. 일곱째, 서구 기독교가 주5일 근무제로 주일성수가 되지 않아 교회의 쇠락을 가져오게 된 점을 타산지석으로 삼아야 한다.

주일성수는 선택의 문제가 아닌 삶의 규범이며 신적 질서와 기독교의 공도이다. 주일성수를 대체할만한 새로운 발견이나 가치는 존재할 수 없다. 세상사가 거듭 변하여도 안식일의 영속성에 근거한 주일성수는 변할 수 없다. 주일은 언제나 종말론적인 의미를 가지는 우리의 영원한 안식의 언약적 예표임을 확인해야 한다. "안식일(주일)을 기억하여 거룩히 지키라"(출20:8).

주기도문, 사도신경을 「외우겠습니다」라는 말은 고쳐야 할 말이다

목회자들 중에는 예배순서를 진행하는 과정에서 "주기도문을 외우므로 예배를 마치겠습니다"라든지 "사도신경을 외우므로 신앙고백을 하겠습니다"라고 표현하는 인도자가 더러 있는데 이는 불합당한 말이다. 이 〈외우다〉라는 말은 "글이나 말을 마음에 새기고 기억하여 그대로 표현하다"라는 뜻을 가진 말이다. 그렇다면 주기도문과 사도신경은 외울 만큼 마음에 새겨 기억도 해야 하지만 이 양자는 기독교의 본질을 담고 있어 기도의 표본과 신앙고백의 전형으로 삼아 외우는 요식행위가 아닌 그 정신을 생활화하고 신앙화를 해야 한다.

그리고 이 〈주기도문〉은 주님이 가르쳐 주신 기도의 모본이요 신경(信經) 역시 신앙고백의 근본적 핵심원리를 담고 있어 외우는 차원이 아니라 기도 그 자체와 고백 그 자체로서 성령님과 영교의 중심요소가 되고 있다. 또한 이는 변증(辨證)과 교육적 자원의 충분성과 참된 교회상 구현의 토대가 될 신앙의 내용이 성경 속에서(고전15:3 이하) 싹트고 있었고 이것을 고백한 신앙의 터 위에 세워진(마16:16, 18) 역사적인 교회는 주기도문과 신경을 외우는 형식이 아닌 참 신앙의 내용과 높은 영적 가치로 삼아야 한다.

그리고 사도신경이 형성된 역사적 과정의 개요를 보면 신경이 처음 채택된 것은 BC 325년 〈니케아 종교회의〉 때였으나 〈콘스탄틴 노플 회의〉(BC 381), 〈에베소 회의〉(BC 431), 〈칼케톤 회의〉(BC 451) 등을 거쳐 완성된 것인데 당시 이 신조(信條)가 만들어져야 할 필연성은 〈헬레니즘〉과 결합된 영지주의, 〈성령체험〉과 결합된 몬타니즘, 이단 마르시온(AD 84-160) 등에 대한 대응적 방편으로 작성된 신앙에 관한 선언이다. 특히 〈마르시온〉은 구약의 하나님은 전쟁수행자로 잔인 가혹하고 신약의 하나님은 예수님을 통한 사랑의 하나님으로서 이 둘은 모순된다고 하여 구약을 부정하는 주장을 했는데 이를 방어 대안으로 신조가 제정된 배경을 가지고 있고 또한 세례식 고백문으로도 사용했던 것이다.

이렇게 볼 때 〈사도신경〉은 오늘날 같이 탈 교리적 이단 사설이 난무하고 참된 성경주의가 흐려지는 때에 교회사적 전통이나 종교적 유산과 신앙선진들의 기념비적인 자취 정도로 기억 수준에 머물러 참 신앙의 고백적 반추(反芻)없이 의식(儀式)에 구색(具色) 갖추기식 외우는 정도로 치부해서는 안된다. 그리고 〈외우다〉라고 할 때 무속종교의 주문(呪文)과 불교의 경문(經文)을 외우는 것에 모방표현으로 오해될 수 있음을 또한 유의해야 한다. 주기도문과 신경은 우리의 진정한 신앙의 내적 확신의 표증(表證)과 고백의 모형이 되어야 하고 〈외우는〉 것이 아니라 신앙의 영적 자원과 생활이 되어야 한다.

참된 기도는 응답자가 중심인데 그것을 외울 때는 기도자가 중심이 된다. 따라서 교회는 〈주님이 가르쳐 주신 기도를 하자〉는 말과 〈사도신경으로 우리의 신앙을 고백하자〉는 표현을 해야 하되 외우자는 말을 곁들이지 않는 교인에 대한 교육적 모본을 바르게 세워야 한다.

「주기도문」은 예배 마침기도의 전유물이 아니다

주기도문이 포함된 산상수훈과 십계명과 사도신경은 기독교 신앙의 3대 표준과 교육의 지침서라고 할 수 있는데 이중 산상수훈에 나타나 있는 "주기도문"(마6:9-13)은 예수님 당시 잘못된 유대교적인 기도의 실상을 지적하면서 기도의 본(pattern)을 친히 제시해주신 신앙의 지침서라고 볼 수 있다.

이는 3세기 이후부터 교회의 공동 기도문으로 면면히 사용되어 왔는데 이 기도문의 목적은 기도의 참된 내용과 방법, 그리고 순서에 대한 모형을 제시한 것이며 (문자적 모형의 제시는 아니다) 「신자가 하나님께 구하는 모든 것을 통괄하는 기도」(Calvin)로서 「70 단어의 6개 문장」(Bruce, Hendriksen)으로 구성되어 그 간결성과 명확성 및 단순성의 특성을 가진 문장은 신앙인의 기도의 형식과 내용이 어떠해야함을 제시한 기도의 전형(典型)이 되어 있고 논리적 짜임새를 보면 "기도의 대상인 하나님 아버지를 부르는 말"과 "하나님 영광을 구하는 것"과 "인간의 필요조건을 간구하는것"으로 구성하여 끝을 맺고 있다.

이렇게 볼 때 "주기도문"은 기도의 형식면에서 "간결성"을 가지고 있어 장광한 말로 하나님을 회유하고 설득시키고자 하는 투의 많은 서술적인 말이 요구되지 않으며, 기도의 진실성을 담은 정리된 표현이 중요함을 일깨우고 기도의 대상을 명확히 이해하고 신앙인격에서 깊이 인식된 솔직하고 정확한 내용을 아뢰며 하나님의 그 풍부하심과 심오함을 구하되 그 말의 성격은 누구나 알아들을 수 있는 단순성을 유지해야 하는 참된 본을 일깨우신 격조 높은 기도의 지침이며 기독교의 본질적인 신학적 원리를 포괄적으로 담고 있는 신앙 행위의 표준을 제시한 것이기도 하다. 이러한 주기도문을 형식적으로 예배에 도입하고 암송형식과 습관적으로 반복되고 있는 것은 반성할 점이라 생각한다.

그리고 한국교회가 이 "주기도문"을 공예배시에 예배 마감순서인 목사의 "복의 선언"(축복기도) 순서를 대체하여 암송하는 경우가 많고 "복의 선언" 순서를 갖지 않는 주일저녁 또는 오후예배, 수요예배, 새벽예배, 금요심야예배, 가정예배, 심방예배, 기타예배 등에서 특히 "복의 선언"(축도) 직무가 없는 목사가 아닌 목회자들이 시무하는 교회의 예배에는 거의가 예배마감 순서에 "주기도문으로 예배를 마치겠습니다"로 예배 마침기도의 전유물로 도입하는 것은 주기도문을 올바로 사용하는 방법이 아니다. "주기도문"은 주님이 친히 제정하여 가르쳐주신 하나님의 이름과 나라와 뜻과 관련된 간구들, 그리고 기도자들의 영적, 육체적 필요와 관련된 간구들은 예수님의 인격을 통해 도래한 하나님 나라에 초점을 맞추고 있는 깊은 신학을 볼 수 있다(마4:17, 눅11:20, 16:16). 특히 일용할 양식과 "죄의 용서"(마6:12)와 "악에서 구출"(마6:13)을 구하는 것은 최대의 종교적인 간구일 뿐 아니라, 하나님 나라의 임재와 속죄와의 영적 함수관계로 표현된 것은 하나님을 향한 인간이 기도해야 할 최대 최선의 기도의 내용이기도 하며 혹자는 "산상수훈"을 "기도의 내용으로 요약하고 있다"고도 하였다.

따라서 모든 그리스도인은 하나님의 나라가 최종적으로 완전히 세워질 때까지 "주기도문"으로 늘 기도해야 할 것이다(마6:9 눅11:2). 그리고 "주기도문"

은 우리의 신앙생활과 예배에 비중 있게 도입하되 기도문의 내용에 대한 영적 의미와 가치를 깊이 이해하여 예배의 중심순서(전반부)에 배치해야 옳을 것이다. 예배의 끝 순서에 요식적으로 배치하여 마치 예배종결순서의 전유물로 형식적이고 습관적으로 인용하는 것은 갱신되어야 하고 예배마감 직전 순서는 예배인도자의 간결한 마감 기도로 바꿀 수 있어야 한다.

주기도문에 「아버지」 호칭 반복구성이 옳은가?

최근 한국기독교 총연합회와 교회협의회가 공동으로 새로 번역한 주기도문의 초안을 보면 단적으로, 기도문에 내재된 정신보다는 지나치게 문체론적 이해 중심의 억지스러움이 있고 신학적인 요소를 소홀히 한 감이 없지 않다.

번역문의 몇 군데 문제점 중에 '아버지'라는 칭호를 여자(如字)적 해석으로 기원대목마다 5회나 반복구성 한 것은 문제가 만연(蔓延)스럽다. 이미 '아버지'라는 호칭이 첫머리에 설정되어 이하 '아버지의 이름, 나라, 뜻 등은 모두 첫머리의 '아버지여'라는 호칭에 소유된 관련문맥인데 같은 칭호를 거듭 배열한 것은 문자주의에 얽매인 문맥적 중언부언(마6:7)이 될 수 있고 주기도문에 담긴 영적 요소와 기원정신에 관계없는 수사적 나열서로 기도자의 영성적 긴장감을 이완시킬 수도 있다. 물론 그것이 하나님의 칭호 2인칭 대명사 '당신' 이란 말의 원어상의 중복된 어휘를 아버지로 번역 구성했겠으나, 우리말 문장 구성 체계로 보면 앞 문장에 주어나 그 주어를 대명사로 다음 문장에 반복이 요구될 때 그 주어에 관련된 여러 목적어가 유형적으로 같으면 앞 문장에 한번만 제시하여 아래 문맥에는 같은 대명사를 잠재하고 관계어를 배열하는 것으로 만족한다.

예컨대 '하늘에 계신 우리 아버지'는 이하의 기도문 안에 있는 기원의 전 내용을 들으시고 이루어주실 행위의 주체이시기 때문에 소원대목마다 첫 문맥 앞에 소유격 명사 '아버지의'라는 표현을 잠재하고 '이름이…', '나라가…', '뜻이…'로 연결하여 문맥의 선명도를 높이는 것이 번역의 개념이 아닌가 한다. 물론 '아버지'로 번역한 원문에 '당신'은 문맥의 형태요소로 구성되어 있으나 우리의 문장어순이 순치법인 점에서 의미구조로 보면 매 문장마다 '아버지'나 '당신'을 설정하지 않아도 기도문의 정신이 보전되는 것이다. 다른 한 가지는 '아버지의 이름을 거룩하게 하시며'에서 하나님의 '이름을' 목적어로 하여 그 이름을 거룩하게 할 주체가 또한 하나님으로 진술된 것은 큰 오류이다. 하나님의 이름은 인간의 작용과 관계없이 영원히 거룩하심으로 그 거룩함에 대한 신앙적 동의와 여김과 기림을 받으실 뿐이지 그 거룩을 위해 신적 작용을 구하게 한 것은 착오이다.

주기도문 번역은 주님이 친히 가르쳐주신 기도의 정신이 훼손되지 말아야 함은 물론, 문체론적 채색과 사람의 음보(音步)적 호흡단위에 맞추려는 문맥구성은 삼가야 한다. 그리고 이 번역은 전체기독교회가 동의할 신학적 통전성을 유지해야 하고 어원적으로 가장 표준적인 의미요소를 석명(釋明)하여 문맥으로 구성해야 하며 전체문체가 기원적으로 표출되고 그 기도문의 내용구조에 신적 부분인 '우리 아버지', '이름이 거룩히', '나라의 임재', '뜻의 실현' 등과 인간적 부분인 '매일의 양식', '죄의 용서', '시험과 악에서 구원', '주께 영광' 등이 왜곡되지 않고 주님 지으신 원형이 일관되게 유지되어야 한다.

이러한 관점에서 밝은 영성과 믿음, 그리고 사명감과 겸손한 마음으로 신중함과 진정성을 가지고 전 기독교계가 수용할 수준의 번역으로 기도의 표본이 되게 함은 물론 하나님께 영광이 되어야 할 것이다.

주기도문에 「아버지」 호칭삭제가 양성평등인가?

최근 한국기독교 여성신학자측이 새 번역 재구성한 주기도문에 '아버지' 란 칭호를 모두 삭제하고 '아버지' 칭호를 '당신'으로 대체한 한 것은 하나님의 성부성을 부정하는 신적 권위의 훼손과 불경스러운 과오이다. 영원한 성부의 칭호가 가부장제의 빌미가 되며 남녀 양성의 차별의 이유가 된다는 관점은 하나님의 성부성의 속성을 인간의 윤리적 가치체계와 도덕적 문화구조에 비겨 남녀평등과 가부장적 부계중심문화 차원에 맞추어 하나님의 신성적 부성의 본질을 남성의 성과 동류로 치부한 것과 신성과 인성의 대칭적 평행구조로 관찰한 것은 외람됨과 억지가 아닐 수 없다.

이에 몇 가지 고언(苦言)을 하면 첫째, 하나님의 영존하신 속성으로서 성부 성자 성령의 본체론적 삼위의 위적인 지위로서 부성의 표현이 그리스도의 강생에서(눅1:35), 예수님의 세례 시에(마3:16-17), 제자파송 때(마28:19), 보혜사 성령님 임재 약속에서(요14:16-17), 예택, 성결, 구원의 사역에서(벧전1:2), 복의 선언에서(고후13:13), 주기도문(마6:9,15) 등에 나타나 있는데 이 계시의 역사성을 부정하는 행위가 신앙적으로 정당한가? 둘째, 구속백성이 하나님의 영적 아들임을 성경은 증거하는데 영광의 후사로(롬8:17-18), 양자의 영을 받았으니 아바 아버지로(롬8:15-16), 아들의 영을 마음에 보내사(갈4:6) 등에서 하나님의 부성과 택자의 자격(子格)을 밝히고 있고 또한 하나님을 아버지로 지칭한(눅 6:36, 요6:27, 37, 엡5:20) 근거를 주목해야 한다. 셋째, 번역측이 성경원문에 아버지라는 말이 없는 '당신'이라는 말을 '아버지'로 바꾸어 하나님이 남성에 고정되어 성차별의 원인이 된다고 본 것은 주기도문에 관통하고 있는 구속정신과 계시적 요소를 몰이해한 지나친 문자주의이다. 분명히 아버지는 자존적 신성의 속성으로서 성경원문에 '아버지'를 파테르(πατερ)로 명시하고 있다. 넷째, 여성 측 주장대로 하나님 아버지를 하나님으로만 호칭할 때 그와 구속론적 관계를 거부하게 되는 것이다. 하나님은 우리가 "마귀에게 난자"(요8:44)였으나 성령으로 거듭나게 하여 영적 자녀로 삼음으로 하나님은 영적 아버지가 되는 것이다. 따라서 아버지 칭호가 생략된 주기도문은 이미 기도의 표본적 가치는 소멸되고 기도문에 설정된 구원주체인 성부성에 대한 신성모독이 된다. 다섯째, 하나님은 생식적 남성으로서의 아버지가 아니라 속성적 부성의 지위를 가져 성별로 구분할 수 없는 신성의 본질인데 이를 남성과 동등하게 본 것은 망발이다. 그리고 기도에서 하나님 아버지는 자녀된 기도자와 대좌(對坐)된 응답의 당사자인 지존자를 '당신'이라는 하대어로 기도의 대상을 호칭할 수는 없는 말이다. 원문상의 '당신'(헬, sou)은 기도 서문에 호칭된 '아버지'의 대명사로서 이하 문맥에 '아버지'가 의미상 소유격으로 함축되어 있기 때문에 '당신'이란 말을 반복할 필요가 없다.

이러므로 아버지라는 신성적 본질인 성부성을 남성에 맞추어 성차별적 기도문으로 보는 것은 무지이며 오히려 만인의 성부는 인종과 성의 평등사상의 중심이 되고 있다. 그러므로 영원한 삼위 하나님의 성부성의 지위를 부정하는 것은 범죄적 행위에 해당될 수 있음을 성찰해야 한다.

주님의 「간섭」은 「주장」으로, 「하나님의 몸된 교회」는 「주님의 몸된 교회」로

주님의 「간섭」은 주님의 「주관」(주장)으로 고쳐 써야 한다

기독교인들의 기도 말 중에 "주님이 '간섭' 해 주옵소서"라고 표현하는 사례가 있는데 이는 옳지 않다. 「간섭」이라는 말은 "남의 일에 참견(參見)하거나 관계하려고 개입하는 일"을 말하는 것으로서 주님과 우리와의 관계에서 쓰는 말로는 부적합하다.

그 이유는 어떤 일에 「간섭」을 하게 되는 경우에 당사자의 상호관계는 타자(他者)적 관계로 남이 하는 일에 책임은 지지 않고 개입만 하는 것이지만 주님과 신자의 관계는 그와 같은 관계가 아닐 뿐만 아니라 주님은 인간을 포함한 만물의 주관자로서 전 역사를 섭리하시며 점유(占有)하사 만유의 주, 만주의 주로서 다스리신다. 그리고 그의 피값으로 사신 바 되어 대속함을 받은 신자는 주의 "택하신 족속이요 그의 소유된 백성"(벧전2:9)이기 때문에 인간의 한 부분에만 간섭하시는 것이 아니라 모두를 주재하시는 우리의 주관자이며 또한 우리의 전부이시고 우리는 그의 일부로서 성령님의 내적 조명을 통한 그리스도의 본성을 내재화한다. 따라서 주님은 우리의 궁극적인 주인으로서 「간섭」자가 아니라 우리의 「주관」(주장)자로 우리의 목적이 되심을 믿고 그를 구해야 하는 것이 마땅한 것이므로 오늘도 주님은 우리의 주관자이심을 말해야 하고 〈주님이 주관하여 주옵소서〉라고 고백해야 한다.

「하나님의 몸된 교회」는 「주님의 몸된 교회」로 고쳐 써야 한다

교인들이나 목회자들 중에서 「주님의 몸된 교회」를 「하나님의 몸된 교회」라고 말하는 사례가 있는데 합당하지 않는 표현이다. 본체론적 삼위일체론의 신인격성을 확대 해석하여 응용한다고 해도 성부 하나님께 성육신의 사상과 육화(肉化)된 성자 예수님을 중심한 표현을 적용할 이유는 없는 것이다. 성부 하나님은 영원한 신성(神性)으로 계시고 인류구속사를 경륜하셨고 영원한 천국 교회의 예표적인 지상교회를 그리스도의 대속적 죽으심과 부활의 터 위에 세워 영원한 영적 교회를 기대하는 증거를 주셨다. 따라서 택한 자로 세우신 교회에 그리스도가 머리되시고 그의 백성은 인성을 겸전하신 그리스도의 몸을 이룬 지체로서 모든 교회는 그리스도의 영적 몸이기 때문에 「주님의 몸된 교회」가 되는 것이다(골1:18).

그리고 「몸된 교회」라고 말할 때는 그리스도의 성육신의 사상과 사건을 배경으로 그리스도를 중심한 우주적 교회가 다 하나님께 속하며 그리스도 안에서 성령님을 통한 연합적 일치를 이루고 그리스도에게 속하여 영적 통일을 이루어 한 몸을 이루는 구원의 실체를 두고 하는 말이다. 그런고로 교회는 육신을 입으시고 구주로 오신 예수 그리스도께 연합된 구원받은 백성으로서 그의 지체들이요 그의 몸인 것이다. 따라서 교회는 「주님의 몸」이요 「주의 몸된 교회」인 바 「하나님의 몸된 교회」는 삼위 하나님의 신성적 질서를 주목하면서 「주의 몸된 교회」로 고쳐 써야 할 말이다.

「주악(奏樂)에 맞추어」는 「주악(奏樂)과 함께」로 써야 한다

목회자들이 예배시작을 선언할 때 흔히 "〈주악(奏樂)에 맞추어〉 묵도하심으로 예배 시작하겠습니다"로 표현하는 말은 적합하지 않다. 주악이라는 말은 "음악을 연주하다"(Musical Performance)라는 말인데 성경에는 언약궤를 옮길 때 다윗과 이스라엘이 언약궤 앞에서 주악한 기록이 있는데(삼하6:5, 대상13:8) 이는 예배(제의)적 음악이 아닌 경축음악으로서 잣나무 가지악기, 수금, 비파, 소고, 양금, 제금, 나팔 등으로 주악하였다.

그런데 음악에 맞추어 기도하자는 말은 의미상으로 볼 때 문제가 없지 않다. 기도는 어떤 유형의 기도이든지 그것은 하나님을 향한 영적 행위에서 상위개념이다. 이 기도를 주악에 맞추어 버리면 기도가 주악을 구성하는 성분으로 결합한다는 일종의 유속복합어(有屬複合語)가 되어 두 말 중에 어느 한 말이 종속적인 기능을 가지게 되는 말이니 신학적인 의미에 있어서 부적절한 것이다. 기도를 음악(주악)에 종속시켜서도 안 되는 것이고 주악을 기도에 종속 또는 융합되어야 할 필요도 역시 없는 것이다. 주악은 음악이 가진 미적 요소로 주의 영광을 송영(頌榮)하는 것이고 묵상기도는 마음속 기도인 만큼 이 둘은 예배적인 의미에 있어서 병합(倂合)을 이루는 병렬복합어(竝列複合語)로서 각각 제

뜻을 가지고 동시적 의미기능을 나타낼 말인 것이다. 따라서 음악에 맞추어야 할 기도와 기도자는 존재할 수 없고 그렇게 해서도 안되며 기도는 신앙행위의 중심 축으로 온전한 영적 기능을 가져야 한다.

그렇다면 〈주악에 맞추어〉라는 말은 〈주악과 함께〉라는 말로 바로 잡아야 한다. 이는 주악의 의미와 기도의 의미를 동시에 다 지니게 되기 때문이며 기도를 〈주악에 맞추어〉 버리면 인간의 신앙적인 사상을 하나님께 아뢰는 영적 교감을 비 사상적인 감성 요소에 의존하게 되는 격이 되기 때문이다. 그리고 묵상기도는 침묵적 잠재행위이기 때문에 주악으로 기도의 염(念)을 유인(誘引)하고 영적 상황을 조성코자 주악에 맞춘다는 것은 기도와 주악의 의미를 왜곡하는 관습적 표현에 지나지 않는다.

그러므로 목회자들은 주악이나 묵상기도의 예배학적인 바른 관점과 예배요소에 대한 신학적인 의미를 확인하여 예배의 본질에 괴리(乖離)가 되는 부적절한 표현은 갱신하여야 한다. 묵도는 묵상기도로 하고 〈주악에 맞추어〉는 〈주악과 함께〉로 예배의 용어를 습관적으로 잘못 쓰는 것을 바로 잡아 신자들의 건전한 영성을 일깨워야 할 것이다.

「주여」와 「주님이시여」, 「축도」와 「복의 선언」

주여 / 주님이시여

많은 교인들이 주로 기도할 때 주님의 호칭을 "주여"로 부르는 것이 한국교회에 일반화가 되어 있지만 엄밀한 의미에서 올바른 호칭은 아니다. 물론, 찬송가 가사에나 복음송 가사에서 "주여"라는 표현이 종종 발견되곤 한다. 이런 경우에는 인격의 대상을 현재적으로 호칭되는 것이 아니고 상황적으로 또는 사무적인 표현으로 보는 것이며, 또한 노랫말일 때에 음률과 가락과 음보(音步)를 맞추기 위해서 경어적 음소(音素)를 생략한 것으로 볼 수 있다. 그러나 기도할 때 예수 그리스도의 호칭을 존칭의 어법적 요소를 생략하여 부르는 것은 크게 잘못된 것이다. 기도는 기도의 인격적 대상을 현재적으로 설정하고 그 기도를 들으실 분으로 전제된 일에 있어서 지존하신 분의 호칭에 존칭이 생략될 수는 없다.

어법적으로 보면 '주여' 혹은 '여호와여' 할 때 '주님이시여', '여호와시여', '하나님이시여'의 어형(語形)에서 '시여'나 '이시여' 존칭 요소가 생략된 비경어적 표현이다. '하나님이시여'나 '주님이시여'에 '이시여'는 자음으로 끝난 체언(體言)에 붙어 호칭의 대상을 감탄조로 높여 부를 때 쓰이는 극존칭

(極尊稱) 호격조사(呼格助詞)이다(물론 모음 밑에서는 '이'가 생략되기도 한다). 이것을 다르게 표현하면, 우리의 어법에는 "선어말어미(先語末語尾)" '시'가 있다. 이것은 모음으로 끝난 어간 밑에 쓰이어 높임의 뜻을 나타내는 '어미'를 말한다(물론 받침 밑에서는 매개 모음 '으'가 들어간다). 예컨대 '다녀오시지요', '안녕하신지요', '입으시었다' 등에서 '시', '으' 등인데, 이는 서술격조사 '이다'의 '다' 앞에 쓰이어 높임의 뜻을 나타내는 '선어말어미'이다. 예컨대 '주님이시다', '하나님 아버지시다' 등으로 이는 존칭 호격조사이다. 따라서 기도시에 '주여'라는 호칭은 비경어적 불완전 호격조사 '여'는 존대어가 될 수 없다. 반드시 '주님이시여', '하나님 아버지시여' 등의 극존칭 호격으로 호칭되어 마땅한 것이다.

축도 / 복의 선언

한국교회의 대부분이 교회 주보의 예배요소(순서) 중에 마지막 순서 '복의 선언'을 '축도'라는 표현을 하거나 '축도'라는 말을 익숙하게 쓰고 있는데, 이 또한 올바른 표현은 아니다. '축도'는 '복의 선언'으로 고쳐 써야 한다. '축도(祝禱)라는 말을 직역하면 '빌고 빈다' 또는 '비는 것을 빈다'의 뜻이 된다. 분명히 고린도후서 13장 13절은 바울이 제시한 '복의 선언'의 표본적인 것으로 이는 기도가 아니라 복의 선언이다. 환언하자면, '축도'를 pronounce a benediction으로 쓰고 있는 사례로도 분명히 '복의 선언'이 틀림없다. 더 근본적인 것은 성경 안에는 복을 선언(pronouncement)하는 것이 들어 있어 이 때의 어미는 "…항상 있을 찌어다"로 끝난다.

예로는 고후 13장 13절이 그렇다. 그리고 성경 안에는 복과 평강을 소원하는 것도 나타난다. 이때의 어미는 민수기 6:24-26의 예와 같이 "…주시기를 원하노라" 등의 선언적 표현을 하고 있다. 이렇게 볼 때 분명히 축도는 '복의 선언' 또는 '소원의 선언'인 것이다. 그리고 '복의 선언'은 하나님의 약속에 근거를 둔다(민 6:27, 고후 13:13). 그런고로 선언을 할 때 이루어짐을 믿는다. 선언을 기도의 문체로나 기도의 목적으로 할 수는 없다. 성부, 성자, 성령님의 이름을 모두 지칭하고 어떻게 기도가 될 수 있겠는가! 분명 기도는 성부 하나님께 성자 예수님의 이름으로 하는 것이다. '축도'는 '복의 선언'으로 갱신되어야 한다.

주여! 3창, 신학적 의미 없다

오늘날 한국 교회의 상당수가 통성 기도를 시작할 때 "주여 3창" 한 후 기도하자는 인도자의 말에 따라 "주여, 주여, 주여"를 연창(連唱)한 후 기도하는 모습을 볼 수 있다. 이는 바람직한 방법이 아니며 성경적 근거가 없는 행위이다. 혹자는 다니엘서 9장19절에 "주여 들으소서, 주여 용서하소서, 주여 들으시고 행하소서…"의 구절이 근거가 된다고도 하고 또 혹자는 "주여 3창"은 성부 성자 성령님의 3위 일체를 각위(各位)마다 지칭하는 것이라고도 하는데 이 양자는 억지에 불과하다. 성경에는 기도의 표본적인 문체는 "주기도문" 외에는 인간이 본문대로 표본을 삼을 근거는 없는 것이다.

다니엘서 9장 19절은 포로된 선민의 해방과 용서와 자비를 내려 줄 것을 애절하게 탄원한 다니엘의 기도인즉 "주여"라는 3회의 호칭은 간구의 독립된 부르짖음 앞에 별개의 기도의 내용을 호소하는, 그 기도를 들으실 하나님 또는 여호와 (구약의 주는 곧 하나님, 여호와)를 호칭하는 기도 자체이다. 이것이 "주여"를 3회 연창할 근거가 될 수는 없다. 주여 3창에서 창(唱)은 인격자에 대한 관계적 호칭이 아니다. 이는 노래를 부르거나, 외치거나, 제안하거나, 감탄조로 환호와 다짐의 의미가 있는 것이다. 만약 주님을 3회 거듭 부르는 것이라면

"주여 세 번 연호(連呼)하자"는 말이 더 적절하지 않겠는가. "주여"가 "주님이시여"로 부르짖음의 호칭이라면 단회면 족한 것이지 연창(3회)에 무슨 신앙적인 뜻이 있겠는가. 그것도 3창이라니 정당성이 없다. 필자는 이 "주여 3창"이 혹 만세 3창에 연동(聯動)된 관념에서 조어(造語)된 작위적(作爲的)인 표현이 아닌가 한다.

"주여 3창"이 기도가 아니고 주님이 이 땅에 육적으로 나타나셔서 만난다면 그 분을 환호하는 의미로 쓸 수 있는 보기는 될지 모른다. 그러나 그런 가상적인 상황설정은 예시적 형식일 뿐이다. 물론 이 3창이 차원(次元)적으로는 3이라는 수적 개념은 어떤 완성적 또는 완전의 의미가 있으나 기도의 첫 머리에 도입할 이유는 없는 것이다.

주여 3창의 문제점은 주여 1창보다는 3창이 공적관념(功績觀念)을 함의(含意)하고 있는 듯하다는데 있다. 같은 말을 고성(高聲)으로 3회나 반복적으로 연창하는 것은 기도자의 본의는 아니더라도 들을 자의 각성과 경각을 촉구하는 것이 되거나 또는 기도자의 시위(示威)적 자세가 될 수도 있어 기도자의 겸손한 부복(俯伏)의 태도로 볼 수는 없다. 만약 3창이 응답의 조건이라면 30창이면 더 나을 수도 있지 않겠는가. 부르짖음의 회차(回次)의 누적이 기도의 절실성이나 간절성을 반영하는 것이 되고 기도의 공적(功績)요소가 된다면 기도와 신앙의 외형주의가 될 수 밖에 없을 뿐만 아니라 예수님의 위대하신 중보적 공로가 무슨 의미가 있겠는가.

그리고 "주여 3창"이라고 할 때 다분히 무속(巫俗)적, 미신적(迷信的)인 의미가 있다. 무속과 미신은 계시종교에서 절대자의 계시의존과 계시근거에서 신앙행위를 하는 것과는 달라서 어떤 힘을 가진 신(神)을 찾기 위해서 강신(降神) 또는 초신(招神)을 위해서 부르짖고 절규하는 지극히 인위적인 행위로 "ㅇ이여, ○신이여" 등으로 종교 심성적인 열광적 표현과 유사한 것이니 바른 영성적 행위는 아닌 것이다. 또한 주여 3창이 기도의 담력이나 기도의 대중적 분위기 조성이나 호소력의 강조점이 있다고 한다면 이는 부당한 것이다. 기도는 하나님이 인간의 소원에 맞추어 달라는 뜻이 아니라 인간이 하나님의 뜻에 순종코자 하는 그의 선한 뜻을 신앙으로 확인하는 영적 행위인 것으로써 하나님의 뜻에 근거를 두는 것이다. 하나님의 필요기준은 인간의 요구기준과 일치하지 않는 것이다. 기도의 조건으로서 간절성, 호소력이 필요하지만 기도는 하나님의 뜻에 합의한 조건이 응답의 필수조건이다. "주여 3창"이 기도자의 의지의 표현이거나 어떤 언어 단위의 반복 사용과 누적이 공적이 될 수는 없다. 그리고 기도의 과잉열정, 통성의 고조 등을 통한 집회 분위기를 흥분케 하기 위한 인위적 유도행위는 언약과 계시의존적 신앙은 될 수 없다. 그런고로 "주여 3창"은 기도에서 주님을 인격적으로 호칭하는 것이 아니라 환호적이고 구호적인 연창이므로 기도의 어체(語體)가 될 수 없어 반드시 갱신되어야 한다.

「주의 이름으로 축원합니다」

오늘날 많은 목회자들이 설교 때 설교 대목마다 "주의 이름으로 축원합니다." 라는 말을 남발하는 경향을 볼 수 있는데 이는 올바른 방법이 아니다. 설교 내용에 대한 인위적인 확신을 갖게 하기 위해 "주의 이름으로 축원합니다" 라는 말을 선언하여 연쇄(連鎖)반응적 "아멘"을 유도하는 표현형식은 영성적으로 자연스럽지 못하다. 설교와 기원(祈願)은 신앙행위와 예배요소라는 점에서 동일하나 표현구조에서 설교체와 기원(기도)체가 같을 수 없고 그 언어의 대상에 있어 설교는 인간이 대상이고 기원은 하나님이 대상인 점에서 혼용할 수 없는 차이가 있다.

"주의 이름으로 축원합니다"는 기도형식의 표현임과 동시에 기원적인 의미를 담고 있는데 비하여 설교는 성경해석을 통하여 그리스도를 사람에게 알리는 "예언적", "구원적 선포"(롬10:17)로써 신(神)적인 기적을 함축한 단순한 인간의 행위가 아닌 하나님의 구속 역사를 인간 앞에 먼저 행하시고 인간은 그 말씀 앞에 순종으로 응답하게 하시는 신적역사의 대행적 행위가 설교인 것이다. 그러니 그 주체는 하나님이시고 그 대상은 인간인 것이다. 이러한 설교(강도)를 선포하는 대목마다 "주의 이름으로 축원합니다" 라는 말을 설교의 틀 속에 삽입하는 것은 신중한 분석력을 채 갖지 않은 회중들의 예배정신을 훼손시키며 혼란케 할 가능성이 있다. 예배에 있어서 임재적 요소인 말씀선포의 표현형식 속에 응답적 요소인 기원(기도)적인 표현형식을 연결하여 두 요소를 같은 시간 단위 안에 혼합시키는 것은 두 대상을 동시에 설정하는 것이므로 설교원리에도 기도원리에도 맞지 않는 것이다. 설교에서 회중의 반응과 적용효과의 기대를 영적 감흥과 성령님의 역사에 위탁하지 않고 언어의 표현기법을 통한 회중을 매료(魅了)시키며 설교에 몰입을 유인코자 인위적이며 선동적 어조로 "주의 이름으로 축원합니다" 라는 말을 제안하여 회중들이 반사적으로 "아멘"을 하도록 유도하는 것은 부당할 뿐 아니라 그 "아멘"의 반응을 통한 설교자 자신의 성취감을 누리려는 것이라면 이해할 수 없는 일이다. 더 큰 문제는 회중이 선포되는 말씀 앞에 중생한 지성적 판단이나 성령님의 인도로 신앙정서의 감흥적 반응으로 자원적으로 말씀을 시인하고 공감수용하여 "아멘"으로 긍정하기보다는 회중들의 기복적인 성취덕목을 "축원합니다" 라는 기도적 표현형식에 접속하여 수용할 것을 강조하고 회중이 타율적이고 피동적인 "아멘"이란 반응으로 화답을 하게 함으로 아름답고 신앙고백적인 신령한 언어인 "아멘"이 습관화, 기계화로 점점 굳어지게 된다는데 문제의 심각성이 있다. 그리고 "주의 이름으로 축원합니다"라는 충동적이고 기원적인 표현구조를 취하는 것은 회중의 감성을 자극하고 흥분시켜 기복신앙심을 부추기는 결과를 나타내게 할 뿐 아니라 설교에 대한 회중들의 기대심리와 성취감정을 고조시켜 설교에 경도(傾倒)되게 하는 이교적이고 종교주술적(宗敎呪術的)인 성향을 은연 중에 띠게 되는 것이니 반드시 시정해야 할 것이다. 설교는 원리적인 의미에서 설교자와 회중의 영성적 교감이 자연스럽게 유지되어야 함은 당연한 것이다. 그러나 충동적 동사작동법(動詞作動法)이라고 하는 "주의 이름으로 축원합니다"의 기원적인 말을 설교 어체에 도입 혼합시키는 것은 신학적으로 변호 받을 수 없는 표현 논리의 부조리인 것이다. 하나님께 수행하는 예배의 논리적 질서는 설교는 순수하고 온전한 말씀선포이어야 하고, 기도(기원)는 순수한 간구이어야 한다. 사람을 대상으로 적용시키는 설교에서 "축원합니다"라는 하나님이 대상이 될 기원적 표현을 개입시키는 것은 말씀의 본의를 왜곡시켜 설교의 무질서가 초래될 문제점이 있다. 설교자가 회중들의 "아멘"이라는 화답의 반응을 정직한 동기에서 기대한다고 하면 말씀이 가진 권세와 생명력을 통한 은혜 받은 충만한 심령으로 진리를 시인하고 교훈에 승복하여 고백적이며 자원적 반응으로 표현할 때 그 의미는 매우 큰 것이다. 그런고로 "축원합니다"라는 말에 반사적 반응인 "아멘"을 유도하는 것은 실제적 영적 가치를 찾을 수가 없으므로 이는 시정되어야 한다. "깨달으시기 바랍니다"라든지 "믿으시기 바랍니다"라는 말로 바꿀 수 있지 않을까?

「주의 이름으로, 주 안에서 사랑합니다」라는 말에 대한 유감

기독교인들이 인사조로 하는 말에서 "주의 이름으로 또는 주 안에서 사랑합니다", "문안합니다"라고 말하는 사례가 있는데 이는 교제의 말로 부적절하다. 성경에 비춰볼 때 〈주의 이름〉과 〈주 안에서〉 되어진 일은 평범한 일은 아니었다.

주의 이름은 전능자 하나님으로서의 예수님 자체를 나타내는 말로서 "귀신을 쫓아내고"(마7:22, 막16:17, 눅9:42, 49, 행16:18), "선지자들이 주의 뜻을 전하고"(약5:10), "병자를 치유하는"(행3:6) 초자연적인 이적을 나타내었고 〈주 안에〉는 바울의 중요한 신학사상이기도 한데 그리스도 안에는 "죽은 자의 살리심이 있고"(엡1:20), "그의 안에는 모든 것이 충만하고"(골1:19), "생명이 그의 아들 안에 있는"(요일5:11) 등의 신(神)적 충만성이 인간의 충분조건으로 명시되어 있다.

이런 관점에서 〈주의 이름으로〉와 〈주 안에서〉라는 말이 인사나 교제어로 적합하지 않는 몇 가지 이유가 있는데 첫째, 이 말을 쓸 수 있는 경우는 영적 행위에 한정할 필요가 있다. 주의 이름은 거룩히 여김을 받아야 할 존귀한 이름이고, 주 안에는 신령한 무한의 세계로서 온 우주 만물과 시공이 그것으로 섭리되어 초월적 역사가 무시(無時)적으로 편재(遍在)하므로 한 개인이 상황에 따라 어느 행위 앞에 '주의 이름'이나 '주 안에'를 전제조건으로 수식할 필요가 없다. 그것이 공인된 영적 행위가 아닌 사적 행위일 때는 더욱 그렇다. 둘째, 교회공동체의 교제의 본질은 신앙의 바탕이지만 삶으로서의 친교는 중생한 인격과 윤리적 관계인데 굳이 인사말을 "주의 이름과 그의 안에서" 해야 하는가? 신자는 이미 주님의 이름과 주님 안에 의존되어 있어서 굳이 이를 단서(但書)적으로 "사랑합니다"라는 말과 접속하여 표현할 필요는 없는 것이다. 셋째, "사랑합니다"라는 말은 그 대상의 심성 안에 강한 인상을 심어주기위한 심리적인 동기가 있을 수 있고 혹 그 대상이 이성일 때 겸연(慊然)쩍을 수 있는 도덕적인 정서를 "주님의 이름"으로 승화시켜 종교성으로 자기표현을 합리화하고자 수사(修辭)하는 표현이기 때문에 "주님의 이름"과 "주님 안"은 인간행위의 부수적인 수사에 머물 수는 없는 것이다. 넷째, "주님의 이름"과 "주 안에"는 언제나 우리의 최고의 가치요 의존(依存)의 토대인데 이를 존재와 삶의 본질적인 방편이 아닌 인간과 인간의 범상(凡常)한 관계적 수단과 통로로 인용하는 것은 적절하지 못한 것이다. 주님의 이름은 언제나 영광스러워야 하고 주님의 안은 그의 본질적인 요소가 증명될 수 있어야 하기 때문이다.

이러한 관점에서 이 말은 신자의 교제와 인사말의 수사적 소재와 수단이 아닌 신령한 본질적인 개념으로 삶에 인용되어야 하고 "주의 이름과 그의 안은" 우리의 기대와 목적을 담고 있으므로 존귀하고 거룩하게 지칭하며 영적 공개념에서 이해하고 영적 권위로 존중해야 한다. 따라서 인사말이라면 〈믿음 안에서 사랑합니다〉나 〈주님의 사랑으로 사랑합니다〉라고 하면 자연스러울 것이다.

「주의 종」과 「부족하지 않도록」이라는 말 바로 써야 한다

교인이 목회자를 위한 기도말 대목에서 〈주의 '종'이 '부족'하지 않게 하옵소서〉라는 기도자의 말은 적합하지 않다. 원래 〈종(從;servant)〉이라는 말의 구약의 원문적 표현은 〈샤라트〉(섬기다, 봉사하다)(삼상2:11), 〈아바드〉(섬기다, 경작하다, 노예로서 일하다), 〈아보드〉(일, 수고, 봉사)(창29:27, 대상4:21, 시104:23, 레25:39), 〈에베드〉(가장 비천한 노예)(창9:25)등의 말로 표현하고 있고, 신약의 표현은 둘로스(δοῦλος)라는 말로 "종"을 나타내고 있는데 그 신분이 자유로운 자(διακογος)의 반대되는 노예적 신분으로 주인에게 순종하는 자로 가르쳤다(엡6:5-8, 골3:22-25, 빌2:7).

그리고 이 종의 종교적 의미는 구약의 〈모세〉나 〈다윗〉에게는 하나님과 그의 백성들 사이의 중재적 위치에서 그 백성들의 지도자로 부각되었다.(출14:31, 삼하3:18, 시19:11) 그리고 예수님은 하나님의 종을 〈헬, 파이스〉라고 불렀는데 구약에 이사야의 종의 노래에서 암시되었다(마12:18, 행3:13, 26, 4:27, 30). 또한 그리스도인들도 하나님과 그리스도의 종(행16:17, 딛1:1, 벧전2:16, 행2:18), 〈의의 종〉으로(롬6:6-7, 17-18, 고전6:19-20, 갈4:3, 8-9) 양자됨과 대조해서 설명하고 있다(요8:31-36, 롬8:15, 갈4:4-7). 뿐만 아니라 바울과 야곱은 자기를 그리스도의 종이라고 하였고(롬1:1, 빌1:1, 약1:1, 유1:1) 또한 모든 사람이 종이 되었다고(고전9:19, 딛1:1) 했다. 이렇게 볼 때, 신·구약 성경의 종은 크게 두 가지 신분으로 구분할 수 있는데 첫째, 종은 사회적 신분으로서의 계층적 구조에서 최하층 신분이라는 것과 둘째, 종교적 신분으로서 하나님이 쓰시는 헌신된 자의 신분으로 나눌 수 있다. 그런데 이와 같은 신분을 일반성도가 목회자를 지칭할 때 〈주의 종〉이라고 하는 것은 옳지 않다. 종은 언제나 대상에 대한 관계적 신분과 삶의 성격을 말할 때 지명하여 표현한 말이기 때문에 사람과 사람 사이의 윤리적 관계에서 교인이 지도자를 같은 시공간에서 지명 지칭할 때 하나님과의 직접적인 관계신분인 종의 칭호를 타인이 낮추어 지칭할 수는 없는 것이다. 〈종〉은 지존하신 하나님이 자신의 종을 직접 지칭할 수 있을 것이고, 또는 종 자신이 종을 소유한 주인을 대상으로 관계적 신분을 지칭할 수 있는 것이다.

그런데 목자와 교인의 관계는 신분적 관계가 아니고 직무적 관계이기 때문에 주의 종이라고 하는 것은 적합치 않고 〈주님의 사자〉라는 목자적 직무신분으로 지칭함이 윤리적 의미에서 옳을 것이다. 이와 같은 관점에서 "부족하지 않게"라는 표현도 목자의 부족의 여부를 교인이 기정사실로 전제하고 타인이 지적하여 표현할 말이 아님을 유념할 필요가 있다.

주일 「대 예배」라는 말과 「1부, 2부 예배」라는 말 고쳐야 한다

한국교회가 주일 공동예배를 "대 예배"(大禮拜)라는 말로 쓰고 있는데 이는 부적합한 말이다. 교단별 차이는 있겠으나 대체적으로 교단 교회헌법상의 특히 장로교 교회헌법이나 〈예배모범〉상의 명시는 "대 예배"라는 말에 해당하는 말을 "공공예배"라고 규범적으로 기술하고 있다. 그럼에도 불구하고 일상적으로 교회에서 쓰는 말이나 문서행위에서 "대예배"란 말을 공용어처럼 쓰고 있는 것은 고쳐야 한다. "대 예배"라는 용어 중에 〈大〉가 뜻하는 말은 "크다"(큰), "부피와 길이가 많은 공간", "많다", "거세다", "심하다", "중하다", "훌륭하다" 등의 뜻을 나타내는 한자어 접두사(接頭辭)격이요, "크다"라는 한글말의 형용사에 해당되며 "큰"이라는 전성관형어(轉成冠形語)격이 되어 거기에 이어지는 체언(體言)을 꾸미는 종속어(從屬語)로서 어떤 〈정도〉를 나타내는 "큰 예배"라는 뜻을 지니게 된다. 이 큰 예배라고 할 때 주일 낮 중심 되는 시간에 전교인이 일제히 모여 정규예배를 대규모적으로 성대하게 수행하게 되는 데 따른 의미로 "대 예배"라는 말을 쓰게 된 것이다.

그렇다면 이 말은 제도적 공식 명칭이 되어 있는 〈공동예배〉로 써야 할 말이다. 이 공동예배는 역시 전교인이 함께 모여 〈주일 성수〉의 계시적 교훈을 좇아 정규적 절차와 공공성을 가지고 전체교인이 참석하기에 가장 적합한 시간 배경을 가진 예배로서 각종 예식과 임명과 성례와 교회의 공지사항 전달과 교회규범을 좇아 공식적인 행정행위를 할 수 있고 직제 상 부서별 차별이 없이 모두 함께 하는 예배이기 때문에 "공동예배"라고 한다.

따라서 교회를 구성하는 조직체나 부서의 직능별 또는 연령계층별로 예배의 주제 설정에 따라 회집단위를 형성하여 시행하는 예배는 전체의 공공성을 갖고 있지 않기 때문에 이러한 교회 현상을 대비적으로 비 공동성을 가진 예배와 구분하고자 "공동예배"라는 명칭을 쓰게 된 것이다. 이러므로 "대 예배"(큰 예배: 큰 규모의 예배)라는 말을 쓰게 될 때 대규모의 개념을 갖고 있지 않는 예배는 "소 예배"(작은 예배)라고 해야 하는가? 예배는 예배자의 많고 적음에 따라 대소(大小)나 다소(多少)의 개념을 가진 말로 표현하지 않는다.

예배는 신학적 관점에서 무한한 분량으로 계시는 하나님을 송축하는 높은 영적행위이기 때문에 크고 작은 차별적 뜻을 가진 말을 쓸 수 없다. 그러므로 "대예배"는 "공동예배"로 고쳐 써야 한다.

1부 예배, 2부 예배라는 말에 대하여

한국교회가 예배와 관련하여 1부 예배, 2부 예배 등으로 쓰고 있는 말 고쳐야 한다. 1부, 2부 등의 표현은 어떤 의식이나 행사 진행절차 중 일정부분을 등분(等分)하여 진행의 국면(局面)전환을 위해 어디에서 어디까지 대목을 설정하여 그 앞부분을 1부, 그 중간대목을 2부, 그 다음 대목을 3부 등으로 나누어 전체 중 일부라고 지칭하는 말을 "부"(部)라고 한다. 다시 말하면 의식(행사)순서의 동일성향을 지닌 내용별로 단위를 지어 단계를 구분하여 하위개념의 주제를 표출하거나 의식의 주체정신을 더 고양(高揚)시키기 위해서 흐름의 등분을 나누어 지칭하는 말이다. 이러한 개념이 있는 말을 시간대별(時間帶別)로 (주일 오전9시 예배, 11시 예배, 오후 2시 예배 등) 동일한 예배순서를 회차별로 설정하여 시행하는 예배를 뜻하는 말인데 한 회차의 예배순서를 등분하는 식의 표현은 분명한 오류이다.

즉, 1부 예배는 전체 순서속의 어디까지이고 2부는 어느 순서까지의 순서가 아닌데도 불구하고 1개 회차의 예배순서 전체를 한 국면으로 시행하는 시간단위 또는 회차의 단위를 1부니 2부니 등의 등분적으로 표현하는 것은 잘못된 말이다. 그러므로 1부, 2부 등의 예배는 주일 예배의 시간대별 번수(番數)로 표현하여 10시 1회 예배, 11시 2회 예배, 오후 2시 3회 예배 등으로 표현하는 것이 옳을 것이며 "부"(部)로 표현하는 것은 시정해야 할 한국교회의 어폐(語弊)인 것이다.

「중보기도」(仲保祈禱)와 「도고」(禱告)라는 신앙용어 바로 쓰기

오늘날 한국교회의 교인 대부분이 남을 위한 기도를 "중보기도"라는 말을 쓰고 있다. 성경 디모데전서 2장 1절에 타인을 위한 기도를 "도고"라는 말로 적고 있음에도 중보라는 말을 쓰는 것은 우리의 중보자 예수 그리스도가 하나님과 인간 사이의 구속적 중보사역을 모방 인용하여 사용하는 듯하다. 그러나 이것은 올바른 사용일 수 없다.

중보(仲保)라는 말은 오직 예수님께만 한정하여 사용해야 할 것이다. 디모데전서 2장 5절에 "하나님은 한 분이시고, 또 하나님과 사람 사이의 중보도 한 분이시니 곧 사람이신 그리스도 예수라" 하여 중보의 유일성(唯一性)을 말하고 있다.

이 중보의 본질적인 뜻은 사람과 하나님 사이의 예수 그리스도의 본직(本職)으로서 범죄한 인간이 하나님께 나아갈 수 있게 속죄적 구속의 위대한 사역을 의미하는 고로 예수님만이 할 수 있었던 것이다. 그리고 이 중보는 절대 의인이 죄인을 위한 절대적 사랑의 행위인고로 죄인 인간이 또 다른 죄인 인간을 위해서 "중보" 할 수는 없다. 성경에 여러 신앙 선진들의 중보기도의 사례를 들고 있으나 그것은 기도자의 처지와 상황론을 말하는 것이고 직무나 기능적인 이야기는 아님을 이해하여야 한다.

어느 양자 사이의 중재적 역할이라면 도고(禱告: intercession)(딤전 2:1) 즉, "이웃을 위한 기도"(Prayer to God for Neighbor, NIV)의 뜻을 가진 용어 사용이 성경적일 것이다. 이 "도고"의 원래의 뜻은 "탄원", "기원"(헬, ἐντευξις, enteuxis)의 뜻을 가진 말이고, 중보자(헬, μεσίτης; mesites, 영, Mediator)라는 말은 예수께 대하여 쓰는 말이다. 만약 "중보기도"라는 말이 사람에게서 사용이 가능하다면 그 기도자는 그 기도에 있어서 중보자(중보기도자)가 되는 셈이다. 중재자(intercessor)와 중보자(mediator)는 구분되어야 한다.

중재자는 인간이 인간에 대하여 평행적(平行的) 관계에서 하나님께 탄원하는 기도자이고, 중보자는 예수님이 인간을 향한 수직적(垂直的) 관계에서 인간과 하나님 사이에서 유일한 구속의 절대적 행위자이다. 그런고로 중보자는 "약속하신 자"(히3:19), "언약의 중보자"(히3:20, 8:6, 9:15), "피의 중보자"(히12:24)로 기술되고 있다. 따라서 인간이 인간을 위하여 하나님께 중보하는 행위는 불가하고 오직 신적(神的) 행위로만 가능한 것이다.

그리스도의 속죄의 희생이 중보의 중심이 되는 뜻이다. 그 속죄의 희생행위가 중보라 한다면 예수님께 한정하여 쓸 수 있는 말이며 교인이 공동체적 관계에서 이웃을 위한 기도는 "도고"가 되어야 하되 굳이 쓴다면 "중재기도"(intercessory prayer)라고 써서 중보와는 어휘적 구분이라도 하여야 할 것이다.

예수 그리스도의 본직인 중보는 그리스도께서 인간에게는 죄를 사하시고, 하나님에 대하여는 뭇 사람의 죄를 지고 홀로 죽으신 일을 중보라 하므로 중보기도는 곧 중보자의 기도로 이해되어야 한다. 마치 "…성령이 말할 수 없는 탄식으로 우리를 위하여 친히 간구하시느니라"(롬8:26)는 말씀과, "…예수 그리스도는 하나님 우편에서 우리 위하여 간구하시는 자시니라"(롬8:34)는 등의 말씀이 바로 중보기도인 것이다. 그러므로 중보기도라는 표현은 "도고" 또는 "중재기도"라는 용어로 갱신되어야 한다. 어떤 유형의 기도이든지 그것은 인간의 신앙과 예배 행위의 범주에 속한 것이므로 그것이 인간이 인간을 위한 중보행위일 수가 없는 것이다.

그러므로 모든 교회들은 중보신학에 대한 새로운 조명을 통해서 예수 그리스도와 관계에서 중보에 대한 감격을 가슴에 담되 인간이 인간을 위한 기도의 직무를 중보기도라는 말을 써서 영적 질서를 훼손하지 말고 이 말을 바꾸어서 "이웃 위한 기도"(도고)로 갱신하기를 제안한다. 우리의 중보자 예수님은 지금도 하늘 보좌에서 우리 위하여 중보 기도하시고 계심을 주목할 필요가 있다.

「지금도 살아 계신 하나님」이라는 말 바로 써야 한다

　교회의 일부 목회자들과 일반 성도들이 기도할 때 기도 말 중에 "지금도 살아 계신 하나님"이라는 표현을 하는데 하나님 칭호 앞에 그 하나님을 수식하는 관형사구(冠形詞句)를 붙여 쓰는 것은 하나님의 본성에 합치되지 않는 잘못된 표현이다. 신·구약 성경에는 "하나님" 칭호 앞에 붙인 수식언(修飾言)인 "살아 계신"이라는 말은 많은 곳에 나타나 있다(마16:16, 딤전3:15, 4:14, 히9:14, 계10:6, 고후3:3, 6:6, 시18:46, 42:2, 삼상25:26 등 그 외의 다수). 그 중 한 가지를 예시하면 "주는 그리스도시요 "살아 계신" 하나님의 아들이시니이다"(마16:16)라는 말씀인데 이 구절 속에 "살아 계신"이란 말씀이 그 예이다.

　그러나 "지금도 살아 계신"이라는 말은 아무리 그 말이 신앙고백적 동기가 있다 하더라도 "지금도"라는 말의 삽입어(揷入語)는 신학적으로 문제가 되는 말이다. 단순히 "살아 계신" 하나님이라고 할 때 이것은 하나님의 영존성(永存性)(시102:26, 사9:6, 히1:11)을 나타냄과 동시에 그 하나님의 시작도 끝도 없으신 영원한 자존성(自存性)과 시간을 초월하신 영원성을 칭송하는 말이다. 뿐만 아니라 인간의 구속사를 경륜하심에 있어서 한결 같으심과 영원한 생명의 근원자로 또한 구원섭리의 불변성(약1:17)을 나타내시고 인간과 생명적 관계를 사실적으로 주장하고 계심에 대한 믿는 자의 신적 지식이며 이해이고 또한 체험이라고 할 수 있을 것이다.

물론 이 말 자체도 성경에서 영원 자존자이심을 계시적으로 표현하였으나 이 말을 사람이 되뇌어 말할 때는 언제나 살아 있지 못할 가능성도 있는데 살아 있어서 다행스럽다든지 또는 하나님의 본질적인 영원성으로서가 아니라 하나님의 "의지"로서 생명활동을 멈추지 않으신다는 신적 의지를 나타낸 표현인 양으로 문자계시의 본래의 뜻과 다르게 기도에서 인용하게 된다면 그것은 오해의 소지가 있다. 하나님 호칭 앞에 "살아 계신"이라는 수식어가 없이도 생명의 본체와 근원자로 하나님은 존재하고 역사하시기에 마치 죽지 않고 계속 살아 있으므로 역사할 수 있는 것처럼 다행감정을 고백하는 듯한 표현은 삼가야한다. 그리고 역사하심이라는 말 속에는 이미 살아 있다는 뜻을 함유하고 있는 표현이다. 그래서 "살아 계신"이란 말을 써서 영원자존성에 혹 불완전과 불충분성이 있는 듯한 개연성(蓋然性)을 담은 표현은 삼가해야 한다.

그런데 더 황당(荒唐)한 것은 전술한 바와 같이 "지금도"란 말이다. 하나님 "살아 계심"이 어느 과거적 시점에서 현재까지 살아 있으심에 다행스럽다는 인상이 짙은 표현이다. 하나님은 그 영원성에서 시간 개념상의 과거 현재 미래가 구분되어 존재하지 않으신다. 영원 전부터 영원토록 영원한 현재가 있을 뿐이다. 지난 날에도 살아 있었으니 "지금도 살아 계신다"는 생명력의 시간적 연속성의 뜻을 부여한 듯한 느낌이다. 하나님의 실재를 "지금"이라는 시제(時制)를 설정하고 그 시제에 하나님의 존재를 결합하여 표현하는 것은 적합하지 않다. 하나님의 존재의 본질은 초시간적이어서 시간의 경과 개념이 없으신 것이다. 그러므로 과거 현재 미래의 시제가 없이 영원무궁하신 것이다. 따라서 성경에도 그 사용사례가 없는 "지금"이라는 말을 "살아 계신" 하나님이라는 호칭 앞에 첨가하여 사용하는 것은 영원자존하신 하나님의 본질을 신앙고백하는 영성을 훼손할 수 있을 것이므로 "지금"이라는 말로 무한한 하나님의 능력을 제한하지 말아야 한다. 이것이 성경적 신적 개념이다.

「찬송 드리다」는 「찬송하다」로, 「찬송 ○장」은 「찬송가 ○장」으로

　예배 인도자들이 흔히 〈찬송 ○장을 드리자〉라는 말을 쓰는 사례가 있는데 이는 몇 가지 점에서 잘못된 말이다. 첫째, 신·구약 성경 여러 곳에 '찬송'(창 9:26), '찬양'(삼하18:28), '찬미'(마21:16)라는 말이 있는데 모두 '찬송하다'라는 완전동사로 되어 있으며 '드리다'라고 표현된 곳은 없을 뿐 아니라 이 '드리다'라는 말은 모두 제물(민6:11)이나 예물(레1:2)과 관련하여 사용되었을 뿐이 찬송은 '하다'라는 말 외에 다른 어떤 동사도 필요치 않는다.

　둘째, 〈찬송〉은 하나님의 은혜와 복에 대한 감사와 그의 거룩하심을 감성으로 표현하거나 마음이나 말로 기리는 송덕(頌德)과 같은 것으로서 구약은 하나님의 구원에 대해(출15:2), 신약은 예수 그리스도의 구원에 대해(계4:8, 19:1-8) 찬송하는 것이다. 또한 이 찬송은 하나님께 영광을 돌리고(눅2:20) 그에게 예배하며 그를 증거하는 것이므로 〈찬송하다〉라는 말이 합당한 것이다.

　셋째, 〈찬양〉이란 하나님의 구원역사와 예수 그리스도의 중보와 성령님의 보호하심을 기리며 삼위하나님을 드러내어 영광을 돌리는 예배적인 행위인 것이고 〈찬미〉는 하나님의 사랑과 선하신 본성, 그리고 위대한 구원섭리를 기리어 찬송하는 것으로서 이 '찬송, 찬양, 찬미'는 '하다'라는 인격적인 작용을 나타내는 말 외에 하나님을 향한 예배적 표현이 더 필요하지 않다.

넷째, 〈찬송하다〉라는 말은 이미 행위적인 경건성과 언어적인 품격을 지닌 말이므로 굳이 '드리다'라는 공여(供輿)적인 말로 하나님을 윤리적으로 더 높이고 거룩성을 도모하려는 것은 지나친 '공대법'(恭待法)에 치우침이고 또한 이 '드리다'라는 말은 '바치다'라는 의미를 담고 있어 이는 이교적인 발상과 무관하지 않음을 떠올리게 한다. 그리고 '찬송'과 '찬양'은 구약의 제물이나 예물과 같이 형태적인 요소를 갖지 않아서 어떤 수수(授受)관계를 나타내는 '주다'의 높임말 '드리다'라는 말은 부적절하다. 이와 관련하여 〈찬송 부르자〉라는 말과 〈찬송 올리자〉라는 말 역시 옳지 않는 표현이다. 찬송은 하나님의 모든 본질과 역사를 기리는 것을 뜻하는 것이기에 '노래'라는 개념을 담고 있지 않아서 '찬송을 부르자'라는 말로는 불완전하므로 〈찬송가를 부르자〉라고 해야 한다.

'가'(歌)가 붙지 않으면 악률(樂律)적인 요건을 갖추지 못하여 '노래'와 '부르자'라는 의미를 담지 못하므로 반드시 '찬송가'라는 말에 '부르자'라는 동사를 접속해야 한다. 좀 더 정확한 표현을 하자면 찬송가곡이 실려 있는 책의 개념을 가진 〈찬송가집〉으로 해야 그 곡을 수록(收錄)한 차례를 매김한 장수(페이지)를 표시, 표현할 수 있는 것이다. 신앙생활에서 가장 많이 쓰고 있는 〈찬송〉이라는 말에 '하자', '드리자', '부르자', '올리자' 등의 동사를 바르게 결합하여 사용하지 않으면 '찬양'이라는 신앙용어와 관계된 신앙의 대상에 대한 올바른 송축행위와 자세를 그르치게 되며 바른 신적 관계의 초점을 맞추지 못할 우려가 있게 된다. 그러므로 〈찬송 드리자〉는 〈찬송하자〉로, 〈찬송 부르자〉는 〈찬송가 부르자〉로, 〈찬송 ○장〉은 〈찬송가 ○장〉으로 바로 잡아야하고 "무익한 말은"(마12:36) 유익하게 하는 것이 신앙인의 의무이다.

「찬양대」와 「성가대」, 「예배 전 찬송」과 「준비찬송」 구분해야 한다

찬양대와 성가대

오늘날 한국교회의 대부분이 예배 시에 특별 순서로서 예배 구성요소 중의 하나인 '찬양'을 하는 '찬양대(讚揚隊)'를 '성가대(聖歌隊)'로 지칭하고 있는데, 이는 '찬양대'로 바로 잡아야 한다. '성가'는 교회 밖의 속된 노래와 구별되는 의미는 있으나, 찬양의 참 의미가 교회와 교회 밖을 구분하여 성가(聖歌)가 되고 속가(俗歌)가 되는 것으로 호칭되는 것은 아니다. '찬양'은 영광과 존귀를 하나님께 돌리는 것으로서 하나님의 광대하심과 섭리사역에 대한 응답으로서 하나님께 돌리는 참된 경건의 주된 요소인 것이다. 부연하면 찬양은 창조, 타락, 성육신, 십자가 고난과 죽으심, 부활, 종말(재림) 등의 그리스도의 위대하신 구속적 사건에 대한 송축(頌祝:Doxology:δοϵολογία, 찬양·영광)인 것이다. 따라서 이러한 의미를 지닌 것이 찬양인 것이며 또한 이런 찬양을 하는 대오(隊伍:ranks)를 '찬양대'라고 하는 것이다.

성가라고 할 때는 종교 음악적 관점에서 타종교에서도 성가라는 말을 쓰고 있다. 예컨대 불교의 찬불가는 불교의 성가가 되는 것이다. 그러나 성가는 그 노래의 성격과 속요(俗謠)와의 구분을 의미하는 것이지만 "찬양"은 찬양의 내용이 하나님의 구원사적 사건과 예수 그리스도의 중보 사역의 역사적 사건인 복음기사(福音記事)의 내용을 담고 있음과 그 내용을 경륜하신 하나님이 유일한 대상으로 전제된 것의 표현인 것이다.

그러므로 찬양은 하나님의 존재와 그의 영광과 사랑을 구체화하신 구속역사를 찬미하는 것으로써 성가와는 본질적으로 다른 것이다. 따라서 찬양하는 인적 조직체를 성가대가 아닌 "찬양대"라고 지칭해야 한다. 물론 예배송이 아닌 기독교 음악의 범주에 든 기타의 음악을 성가라는 지칭은 가능할 것이나 그것도 하나님을 찬양할 때는 그 찬양의 대오를 찬양대라고 해야 한다.

예배 전 찬송과 준비 찬송

대부분의 교회가 예배시작 전에 찬송 인도자가 회중 앞에 나가서 예비적 찬송이란 뜻을 담은 '준비찬송' 몇 장을 부르겠다는 말로 인도하고 있다. 이는 잘못된 표현이다. 개혁교회들이 사용하고 있는 찬송가 곡은 전부가 558곡인데, 그 중 어느 한 곡도 '준비찬송'으로 구분되어 있지 않을 뿐 아니라 본질적으로 찬송은 어느 곡이든지, 언제 부르든지, 어디서 부르든지 그것은 하나님을 대상으로 하고 그분의 영광과 그분의 섭리와 구속사역을 기리는 것이므로 하나님만이 대상이 되는 것이 찬송인 것이다. 그런고로 인간의 분요(紛擾)한 세속에 접촉하여 살던 마음을 예배 전에 진정하고 여과하며, 정돈하고 준비하여 예배에 임하겠다는 동기를 가지고 '준비찬송' 하자는 표현인 듯하다.

이것은 원리에 맞지 않다. 찬송을 사람의 심성 준비에 적용시키는 것은 하나님 중심사상에 어긋나는 것이다. 찬송은 그 대상이 사람이 아니다. 물론 하나님을 찬양하는 중에 그 찬양의 효력과 결과는 하나님께는 영광이요 겸하여 인간의 심령에 많은 감흥과 영성을 열게 되는 것은 사실이다. 그러나 찬송의 목적을 '준비'로 한정하면, 이것은 찬송의 의미를 왜곡하는 것이다. 그런고로 "준비찬송"은 "예배 전 찬송"으로 갱신되어야 한다. 예배 전에도 하나님께 찬송하고, 예배 시에도 하나님을 찬송할 뿐만 아니라 예배 후에도 찬송하는 것이 되어야 하기 때문이다. 찬송은 예배 요소이지 심리적 요법으로 위로의 수단이거나 인간의 수양적 방편이 될 수는 없는 것이다. 언제나 찬송은 하나님 찬양이 주된 목적이 되어야 하고 이것에 단순화되어야 한다.

「참 좋으신」 하나님이라는 수식어는 적합하지 않다

교인들이나 지도자들 중에서 기도의 첫 머리나 혹은 복음송 가사에서 하나님을 호칭하거나 지칭할 때 "참 좋으신 하나님" 이라는 수식어를 쓰는 사례를 흔히 볼 수 있는데 "참 좋으신" 이라는 수식어는 하나님 호칭 앞에 쓰는 말로서 적합하지 않다. 기도 말 중 하나님을 수식하는 호칭에서 그 기도 대상이신 하나님 자신에게 되일깨우는 격이 되는 수식어는 사실 요구되지 않는다. 설교 시에 어떠하신 하나님이라는 사실을 만인에게 공표(公表)하는 것과는 다르다는 것이다. "하나님 아버지" 라는 호칭이면 되는 것으로서 여기에는 인간이 수식하여 호칭하는 여부와 관계없이 하나님 아버지라는 호칭 속에 성경적인 여러 속성들이 분량적으로 무한하시고 질적으로 완전하신 성품으로 하나님 되심에 이미 함유되어 있기 때문이다.

그러나 수식어가 기도를 들으실 하나님을 기도자의 신앙 고백으로 어떠하신 하나님이라는 사실을 믿고 주목하면서 하나님 이해의 선한 지식의 표현이라면 그 수식어 자체는 당연하다고 할 것이다.

다만 그 수식어가 성경에 명시된 하나님의 속성을 표현하는 것이 아닌, 기도자 자신에게 인상(印象, impression)된 주관적인 감정으로나 또는 정서적 느낌으로 하나님을 꾸미는 말로 표현하는 것은 적합하지 않다. "참 좋으신"은 하나님의 본성을 나타내는 수식어가 아니라 자신이 음미하고 있는 감상적 관점을 표현하는 것이기에 쓰지 않는 것이 좋을 것이다. 하나님은 인간이 주관적으로 어떻게 느끼느냐와 관계없이 객관적으로 그 분의 본질은 언제나 인간의 찬양과 영광의 대상이 되고 있을 뿐만 아니라 우리의 소망과 신뢰의 대상이 되고 있다. 우리가 말에나 글에서 쓸 수 있고 하나님 호칭 앞에 수식할 수 있는 속성적 명칭은 "생명의 근원자이신 하나님", "자비로우신 하나님", "전능하신 하나님", "전지하신 하나님", "은혜로우신 하나님", "거룩하신 하나님", "공의로우신 하나님" 등이 가능하다고 할 수 있으나 "참 좋으신 하나님"은 이러한 보기 유형에 포함될 수는 없는 것이다. "참 좋으신"은 인간이 하나님을 해석한 것이고 느낌이며 감상인 것이다.

다시 말하면 내가 이렇게 바라보는 하나님이라는 지극히 주관에 의한 감성적 음미인 것이다. 이것은 하나님의 자기 계시적 본질이 아니다. 하나님이 어떠하시다고 수식할 수 있는 종속적 관형어는 하나님이 스스로 나타내신 본성이어야 하는데 "참 좋으신"은 하나님과 관련하여 존재론적 요소이거나 하나님의 소유적 요소가 아니라 인간이 자기 관점에서 신앙의 대상에 대한 어떤 "여김"을 나타내는 것이므로 이 "여김"에 따라 하나님은 이런 하나님도 되고 저런 하나님도 되는 것이 아닌 것이다. 하나님은 영원 자존하신 하나님으로 인간에게 계시된 불변하신 본성적인 하나님의 것으로만 하나님을 수식할 수 있어야 한다.

그리고 여기에서 "좋으신"은 형용사 "좋다"라는 원형에서 활용된 관형어적인 수식어로서 그 원형적인 말의 뜻은 "흐뭇하여 즐겁다" 또는 "마음에 들다"라는 의미를 가진 말이다. 그러니 "좋으신 하나님"이란, "내 마음에 드는 하나님" 또는 "나를 흐뭇하고 즐겁게 하시는 하나님" 등으로 풀이 되는 말이 아닌가? 만일 이 말의 사용이 가능하다면 같은 성격의 말로서 "존경스런 하나님", "귀하신 하나님", "아름다우신 하나님", "두려운 하나님", "친애하는 하나님", "다정하신 하나님" 등의 여러 주관적인 정서로 하나님에 대한 느낀 점을 말할 수 있을 것이다. 그러나 하나님 호칭 앞에 붙일 수식어는 내게 경험된 하나님이 아니라 하나님이 가지고 계시는 본질적인 존재로서 이러 저러한 하나님이라고 성경이 말씀한 하나님의 영원한 성품을 하나님께 종속시켜 수식해야 옳을 것이므로 "참 좋으신 하나님" 이라는 말을 바꾸기를 제안하는 바이다.

「창립 기념」과 「설립 기념」, 「지금으로부터」와 「지금부터」, 「부활」과 「다시 삶」

「창립 기념」은 「설립 기념」으로

흔히 "교회 창립 제○주년 기념예배"라는 표제를 적은 예배당 옥내외의 현수막이나 또는 "기념 감사예배" 순서지의 표제등을 볼 수 있는데 이는 잘못된 표현이다. "창립"(창설)이라는 말은 시공간의 가장 원초적이며 발생적으로 시작된 "세움"이라는 뜻을 가진 말이고 "설립"이라는 것은 이미 창립된 것을 시공간의 새로이 확장 또는 분화(分化)를 하거나 그 형세를 더하기 위하여 파생적(派生的)인 "세움"의 뜻을 가지고 있는 말이다. 따라서 "교회 창립"이라고 할 때 그 창립의 근거는 멀리는 하나님께서 "〈에덴〉을 창설하시고…"(창2:8) 또는 "하나님 나라의 임재"(막1:15, 마12:28, 눅11:20)라는 원리적인 말씀과 예수님이 친히 "반석 위에 내교회를 세우리니…"(마16:18)라는 선언된 말씀에서 "교회 창립"의 근원적인 기점을 찾을 수가 있다.

그런고로 교회 창립권은 본질적으로 인간(교회)에게 있지 않고 주님께로부터 출발된 것이다. 그러니 오늘날 지역마다 분포되어 있는 가견(유형)적 교회는 예수 그리스도께서 창립(창설)하신 본원적(本源的)인 교회가 확장 설립된 것이므로 "교회 창립 기념"이라는 말은 원칙적으로 물리적인 시간성에서 기념

주기를 설정할 수가 없는 것이다. 다만 어느 때 어느 자리에 교회의 속성과 율령을 좇아 상황적으로 교회가 세워졌으니 "설립"된 것이므로 세운 날짜에서 1년 단위의 주기법으로 산정하여 어느 기간에서 어느 기간까지의 누적된 연수를 기념 단위로 설정하여 "설립 제○주년 기념"이라고 해야 옳을 것이다. "교회 창립 기념 예배"는 "교회 설립 기념 감사예배"로 바로 잡아야 한다.

「지금으로부터」는 「지금부터」로
목회자들 중에는 "예배"나 "회의"의 시작을 선언(개회사)할 때 "지금으로부터 ○을 시작하겠습니다"라는 표현을 하는 경우를 볼 수 있는데 이는 잘못된 표현이다. "지금으로부터"는 어떤 상황(사건)이 지난 어느 시점에서부터 "거쳐 온 출발점"을 나타낼 때 쓰는 말이다.

예컨대 30년 전의 일을 되새겨 그 출발 지점을 회고하고 되돌아 소급(遡及)하고자할 때 "지금으로부터 30년 전"이라고 쓸 수 있는 말이고 "지금부터"는 과거와 미래의 경계가 되는 바로 이 시간, 현재, 시방, 이제 곧(이제 막) 등의 시제를 나타내는 말로써 어떤 일의 바로 시작 시점(지점)에서부터 미래 시간으로 향하는 상황의 출발점을 선언적으로 알리는 것이니 "지금부터 예배(회의)를 시작하겠습니다"라고 쓸 수 있는 말이다. 즉 현재로부터 이후로 향함을 나타낼 수 있는 말이므로 "지금으로부터 예배(회의)를 시작하겠습니다"라고는 쓸 수 없는 말임을 유념해야 한다.

「부활」은 「다시 삶」으로
강단 설교자들 중에는 성경 중에 죽었다가 예수님이나 그의 제자에 의하여 다시 회생된 사람들을 지칭할 때 "주님의 능력으로 부활하게 되었다"라고 쓰는 말을 종종 듣게 되는데 이것은 잘못된 표현이다.

성경에 죽었다가 다시 살림을 받은 사례를 보면 "회당장 야이로의 딸"(마 9:18-26), "욥바의 다비다"(행9:36), "드로아의 청년 유두고"(행20:9-11), "베다니의 마르다의 오라비 나사로"(요11:38-44), "나인성 과부의 아들"(눅7:12-15) 등이 있는데 이들을 인용할 때나 설교 본문으로 선택하고 우리의 부활의 확실성을 강조하기 위하여 실증을 예시할 때 이들의 다시 살아남을 "부활"이라고 표현하는 것은 큰 착오이다. "다시 살아 남"과 "부활"은 큰 차이가 있다. "다시 살아남"은 삶의 일시적 연장이요 죽음의 일시적 유보이며 생물학적 회생으로써 언젠가는 또 다시 죽어야 할 것임에 비하여 "부활"은 그리스도께서 부활하심에 근거를 둔 것으로써 역사의 종말에 전역사에 걸쳐 살았던 의로운 자들이 다시 살아나 영원한 생명과 영화로운 몸이 되어 영원토록 영존하는 새로운 부활 생명체를 의미하는 것이다.

그러므로 역사 안에서 예수 그리스도밖에는 누구도 그러한 부활을 한 적이 없는 역사의 종말에 있을 위대한 사건이다. 이러한 부활이 구원받을 자는 영생하는 부활로 (멸망할 자는 심판의 부활로) 역사의 종말에서 영원성과 관련하여 다시는 죽음의 과정이 남아 있지 않는 새롭고 영원한 생명체로 다시 살아 남을 "부활"이라고 할 수 있으므로 전술한 사례와 같이 죽음에서 일시적으로 죽기 전 상태로 회생하여 육신적 삶으로 복원(復元)되었다가 언젠가는 또 죽어야 하는 사건은 "부활"이 될 수가 없다. 주님의 부활 이외의 그 어떤 죽음에서 깨어난 사건도 부활이란 말을 쓸 수 없고 다시 살아났다는 표현으로 부활과 구분해야 한다.

「총재」(總裁)라는 말의 유감

한국교회의 일부 지도자들이 중심이 된 어떤 단체와 기구 또는 조직에서 대표가 되는 직위 명칭을 "총재"라는 말을 흔히 쓰고 있는데 이는 격에 맞고 품위 있는 모습으로 보기 힘들다. 근본적으로 기독교정신 구현을 이념으로 한 어떤 단체와 조직은 비관료적인 기독교 내부의 자의적 기구로써 언제나 그 직무수행의 성격은 협의적인 과정을 거치는 비공권적인 직무기능을 갖고 있는데 굳이 최고 책임자의 직위 명칭이 "총재"가 되어야 하는가? 이 총재라는 말은 "사무를 총괄하여 결재한다는 뜻으로 당파나 단체 등의 최고 직위에 있는 사람을 일컫는 말"로서 예컨대 "한국은행 총재", "대한적십자사 총재", "○○당 총재", "국제통화기금(IMF) 총재", 종합대학의 학술원 정관 직제에 따른 총재 등이 이에 속한다. 이는 한 사회에 공인된 공공적 또는 국가와 국제적 조직기구의 최고 결재자를 지칭하는 말로 쓰이고 있다.

이 말은 어떤 단체나 기관 조직의 대표적 개념도 있지만 직무상의 최고 결재권자라는 업무수행의 기능적 개념이 더 짙은 명칭이기도하다. 이 명칭이 오늘날 기독교 내부에 도입되어 부적합하게 분별없이 쓰고 있는 사례는 명분이 있어 보이지 않는다.

어떤 단체나 조직기구가 "회"(會)일 때는 그 회의 최고 책임자요 대표자라면

"회장"이면 되고 "위원회"라면 "위원장"이면 되는 것이다. 그런데 임의적 친목 기구 또는 한시적인 후원기구나 잠정적인 행사조직 등에서 "총재"라는 직위 명칭을 쓰는 것은 참으로 어색하고 부자연스럽다. 사례를 들면 "부흥사협회 총재", "○○대회 총재", "민족복음화 운동본부 총재", "교단 배가운동 추진위원회 총재", "영성각성대회 총재", "장애자 복지 후원회 총재", "노인복지협회 총재", "기아대책협의회 총재", "미스바 영성각성대회 총재" 등 여러 사례를 들 수 있는데 아마도 이 총재라는 말은 회장이나 대표라는 말보다는 더 권위적이고 더 최상적 개념과 인상이 짙고 신분적 상승의 의미가 더 크기 때문이 아닌가도 생각된다. 영어에서도 "총재"에 해당되는 말이 president 또는 governor(governorship)으로 표현되고 있는데 이런 말의 뜻을 선호하는 경향이 있어서 그런 것일까?

그렇다면 "총재" 직위 명칭을 기독교계의 일부 지도자들이 관계된 어떤 조직이나 기구의 대표자 직위 명칭으로 도입하기에는 부적절할 뿐 아니라 솔직히 역겹기도 하며 뜻 있는 사람들의 중론이 또한 그렇기도 하다.

왜 무엇 때문에 권위주의적인 세속의 칭호가 신령한 일을 도모하는 단체에 도입이 되어야 하는가? 우리 위해 예수그리스도는 그처럼 낮아지시고 희생되시고 겸손히 봉사했는데 그분의 정신을 실천하고 구현하는 교회적 조직의 수종자들이 굳이 권위적이고 관료적인 명칭을 써서 높아지고 위신이 서며 명예로워야 하는가? 교회적 직분은 자신의 영향을 과시하는 수단이 될 수 없다. "회장"이면 되는 것인데 일회성 또는 잠정적인 조직 부서에서 "총재"라는 말을 써야 하는가? 총재라는 자리에서 자족할 때 남들이 웃고 있을 모습 한번쯤 떠올려 봤으면 한다.

혹 계급개념에서 자기 현시(顯示)적인 발상에서라면 더욱 한심하기조차 한 것이다. 어떤 조직이 제도화된 "회"(會)라는 기구가 구성이 되면 최고 책임자는 회장 또는 대표로서 그 단체의 직무상 최종 결재자인데 굳이 총재, 부총재, 대표회장, 회장, 부문별 회장 등의 중복된 직명이 필요한 것인지 방만하여 어색하기 그지 없다. 신앙이념을 가진 조직에는 계급적 종속관계가 존재하지 않고 직무상의 기능적인 상호의존과 종속이 있을 뿐 관료적 대표개념을 갖지 않는다. 따라서 조직 대표의 직위 명칭을 "총재"라는 말을 쓰지 않는 것이 지도자들의 품위에 맞으므로 이를 갱신해야 한다.

총회 본부 / 교단 본부, 원시 기독교 / 원시시대(초기, 초대) 기독교

「총회 본부」는 「교단 본부」로

　한국 개신교 특히 장로교 계열 교파의 세 가지 연속 치리기구 중 최고 치리회인 "총회"를 조직하고 그 기구의 편제상의 각 부서의 상설(상비) 사무를 담당하는 직무 중심 지위를 가진 교단 행정기관을 "총회 본부"라고 하고 현판을 달아놓음(掛用)을 볼 수 있는데 이는 적절치 않다. 원래 "총회"라는 명칭은 대의(代議)제도에서 의회를 구성하는 조직 대상을 법률로 정한 대의원의 배당 비율에 따라 파송된 회원으로 구성 조직되는 전체 회의체(會議體)를 지칭한 것인 바 이는 회의가 회집되는 회기 내에서는 "총회"가 있게 되고 회의가 폐회 또는 산회(散會)가 되면 총회는 비회의체로 돌아가는 것이다.

　즉 교단이 교단의 법률이 정한 사무를 위하여 회의를 개회한 전국 단위의 회의체는 "총회"가 되고 그 회의가 마감되어 모든 대의원의 회원의 직무가 마감되면 총회의 기능은 종료가 되므로 원칙적으로 "총회"는 차기 소집 때까지 잠재(潛在)하는 것이다. 그런고로 회의체의 본부가 존재할 수는 없는 것이다. 회기가 마감되면 상설 직제인 교단이 있게되고 그 교단의 사무를 수행키 위한 것이 총회이니 총회의 제반 상비부서의 업무가 회의적 기능이 아닌 교단 조직

기능과 법적 행정기능으로 작용하는 것이므로 "총회 본부"가 있을 수 없고 다만 교단의 모든 사무를 전국 단위로 수행하는 조직의 중심 기관이므로 "교단 본부"가 되어야 한다. 교단(敎團)이라고 할 때 한 교파(종파)의 확장 또는 선교(포교)를 위하여 동일한 교의를 믿고 동일한 신앙의 방편을 가진 사람끼리 모여 조직한 종교 단체를 지칭하는 말이다. 그렇다고 하면 총회가 회집되었다가 폐회 상태에서 교단의 상설 업무를 집행한다면 그것은 교단 기능이며 그런 기능을 위해 조직된 행정 중심기관은 "본부"일 수가 있어 이를 "교단 본부"라고 해야 옳을 것이다.

보기를 들면 「대한 예수교장로회(합동 정통측) 교단 본부」 "총회"가 거룩한 종교도리상 공회적 기능을 나타내는 것은 언제나 회의적 기능에서 "의결"로써만 가능하고 의결되지 않는 것은 시행되지 않는다. 그러므로 의결을 전제하고 회집된(조직된) 기구가 "총회"이니 의결기능이 종료된 이후에는 총회 기능은 없고 교단 사무가 존속됨으로 "교단 본부"가 되어야 한다.

「원시 기독교」는 「초기」 또는 「원시시대 기독교」로

교계의 인사들의 강연이나 저술 문헌상에서 기독교의 초기 상황을 논급할 때 "원시 기독교"라는 말을 쓰는 사례를 볼 수 있는데 이는 적절한 표현이 아닌 것 같다. 원래 원시(原始)라는 말은 「사물의 처음이나 자연 그대로 있어 아직 진보나 변화가 없는 것」을 뜻하는 말로서 인지가 계명치 못하고 인간의 삶이 문명치 못하여 미개적 상태를 말할 때 쓰는 말이기도 하다. 이런 뜻을 가진 말을 "기독교"라는 명칭에 붙여 표현하는 것은 적합치 못하다. 기독교의 본질적 모습에는 "원시적 요소"가 있을 수 없다.

기독교의 중심이신 하나님은 지혜의 근본이시고 완전, 전지 영원성에서 시간적 발전과정을 갖지 않으신 태초부터 영원성에서 언제나 동일하시고 그의 본체이신 성자 하나님께서 이땅에 육화(肉化)하심으로 역사적인 기독교는 구체화되었고 따라서 본질적으로 계시적 과정이 있을 뿐 시간성에서 기독교를 구성하는 본질이 점진성을 갖지는 않는다. 다만 기독교의 정체성이 시간 내적 현상적인 실체로서 그 존재 배경(환경)은 "원시 시대"가 있었던 것이 사실이고 그렇다면 "원시 기독교"가 아니라 "원시시대 기독교"라고 해야 하든지 아니면 "초기 기독교"라고 표현하여 기독교 자체에 원시성이 있는 듯이 표현되는 "원시 기독교"라는 말은 갱신되었으면 한다.

「총회가 노회를 시찰한다」라는 말 「노회 방문」이라는 말로 바꾸어야

　장로교회 교단 교회헌법상에 치리기구의 전국단위를 총회라고 하고 일정한 지역단위를 노회라고 하여 총회는 노회의 상회(上會), 노회는 총회의 하회(下會)로 하는 교회법을 규정하고 있다. 따라서 총회 직무규정 상에 총회는 소속 치리회 및 산하기관을 "총찰"(總察)한다라고 규정하고 새로운 회기를 개시하면서 임원진을 중심으로 "노회시찰단"을 편성하여 노회를 "시찰"(視察)하는 관행이 있다. 이 때 총회는 노회를 "순회시찰"한다에서 이 "시찰"이란 말은 장로교회의 근본 이념으로 보아 적절한 표현이 아니다.

　장로교회는 "장로주의" 이념에 따라 그 주권이 교인에게 있어 교인에 의해 대표로 선택된 장로로 조직한 치리회(治理會)(당회)를 통해서 다스려지는 민주공화 대의정치 체제를 가진 교회를 말한다.

　이런 본질적인 의미로 볼 때 장로교회 치리기구는 가톨릭교회처럼 고위성직 위계주의에 따라 교직(敎職)의 수직적 계급관계가 유지되는 상·하의 개념이 있지 않고 교직의 평등주의와 주권재민의 성경적인 정신(행6:5)과 민주적 이념을 원칙적으로 하는 단계적 연속치리회(당회, 노회, 총회)를 구성하는 치리기구이기 때문에 본질상 상·하(上.下)회의 개념을 갖지 않는다. 그런고로 정치

행정적으로 노회를 하회로 하고 총회는 상회로서 직무상 "총찰(시찰)"을 한다는 규정을 하고 있으나 표현 자체는 "장로주의"에 의한 민주적 표현은 아니다.

　총회는 원칙적으로 회의체 기구로써 노회에서 파송한 목사총대와 장로총대로 구성하는 전국단위의 회의체 대의(代議) 치리기구이다. 근본적으로 이 총회 기구는 개교회 조직단위인 당회단위의 공동의회에서 장로를 선택하여 당회원이 되게 하고 그 당회원이 노회와 총회에 총대 회원이 되게 하니 기본적으로는 개교회 입교인들의 기본권에 의하여 선임된 장로와 청빙된 목사로 총회가 구성되므로 치리의 구조적 체계는 어디까지나 상향식이다. 따라서 장로주의 치리기구의 단계별 치리회의 자치권(自治權) 불간섭 원칙에 따라 개교회나 노회가 청원하지 않는 일을 상회가 능동적으로 간섭 지시하지 않는 것이 장로교회이다. 그리고 원리적으로는 장로교회 치리기구는 개교회 단위의 대표기능과 지역단위의 대표기능 및 전국단위 등의 교인의 대표기능이 각 단위별로 양적인 범위의 크고 작고, 많고 적음의 차이에서 대소(大小)의 개념이 있으므로 사리상 또는 이념상으로 적은 수는 큰 수에 순종관계가 성립된다고 볼 수 있으나 계급과 수직적 종속관계에서 하회의 관점을 가질 수는 없다.

　그리고 장로회 정치는 노회 중심 정치이다. 노회는 지교회 설립, 당회장 파송, 목사안수 임직, 지교회 당회원 정원 수 허락, 장로고시, 총회 총대 파송 등의 직무를 수행하는 치리의 중심 기구로서 노회 중심 정치형태인 것이다. 이러므로 총회는 전국을 대표한 최고 치리 기구로서 양적으로 적은 지역단위인 노회에 행정적, 정치적 요구를 할 수는 있으나 종속적 관계에서 일방적 지시나 명령적 관계를 갖고 있지 않다. 그런고로 총회는 노회를 "시찰"한다는 등의 비민주적 권위주의의 표현은 적절하지 않고 직무상 행정적인 협의를 위한 "방문"이라는 말로 바꾸어야 한다. 장로주의의 대의정치는 감독정치나 교황정치와는 달리 총회와 노회는 대소(大小)와 다소(多少)의 차이로써 논리적, 사리적 대응관계가 있게 되는 것이다.

그러므로 헌법상에는 정치적 법적 용어로 "총찰"이라는 말로 명시하였으나 그 법의 시행상의 윤리적 판단과 성경적 판단을 해야 할 과정에서는 "업무협의차 노회방문"이라는 표현을 해야 장로교회 정치의 본질적 정신을 살리는 민주적 표현이 되는 것이다.

「축도」와 「복의 선언」

한국 교회 목회자들의 대부분이 "복의 선언"을 "축도"라는 말로 대체하여 사용하는 것은 잘못된 것이다. 이 복의 선언은 안수 받은 목회자가 성자 예수님의 은혜와 성부 하나님의 사랑과 성령님의 교통하심의 복을 회중에게 함께 하기를 선언하는 목회행위인 것이다.

이러한 "복의 선언"은 구약에는 대제사장(민6:24-26)과 신약에는 사도(고후13:13)등의 기름부음 받아 특별히 임직 된 주님의 사람에 의해 시행하게 되었고 그것은 곧 안수 받은 목사만이 할 수 있는 일이 되었다. 이러한 "복의 선언"이 "축도"라는 말로 변형이 된 것은 두 가지 이유가 있었다고 볼 수 있다.

하나는 한국 교회의 초기에는 안수 받은 목회자가 적어 목사가 아닌 비안수 목회자는 "복의 선언" 직무(권)가 없으므로 "복을 기원하는 기도"를 "축도"라는 이름으로 변형하여 회중에게 "복을 빌고 원한다"는 기원(祈願)적인 뜻을 담은 표현형태로 사용한 것이 "축도"라는 관용어가 되어진 것이다. 다른 하나는 "복의 선언"이라는 말에 대한 신학적인 이해를 바르게 하지 못하여 일종의 기도의 한 유형으로 이해하였기 때문에 복을 비는 뜻을 담은 말로 대체한 것일 뿐이다.

한편으로 젊은 목사가 나이 많은 노인 성도에게 "있을지어다"라든지 "원하노라"는 선언적 표현이 윤리적인 어감(語感)이 부자연스럽다고 하여 기원적인 표현형식으로 바꾸어 사용하게 된 것으로 볼 수 있다. 그러나 복의 선언은 목사의 고유적 직능이기 때문에 "있을지어다"라는 선언적인 표현은 윤리적 관점에서 볼 것이 아니라 종교적 관점에 이해해야 한다. 그리고 "복의 선언"은 기도의 유형이 아니므로 "축도"라는 말로 바꿀 수가 없다. "축도"(祝禱)의 단순한 뜻으로는 "빌고 빈다"의 뜻이니 하나님께 기도하는(복을 비는) 형식은 모두 "축도"의 의미가 있는 것이다. 그러니 예배를 마감하는 즈음에 목사가 손을 들어 회중에게 복이 있기를 선언하는 것은 하나님을 대상으로 하는 기도가 아니라 목사에게 부여된 복의 위임을 행사하는 것이니 기도와는 다른 성격을 가지므로 축도는 아닌 것이다.

성경에는 복을 선언하는 두 가지의 형식이 있다. 하나는 구약의 대제사장적인 복의 소원을 선언하는 형태가 있고(민6:24-26) 다른 하나는 신약의 사도적인 복을 선언하는 형식이(고후13:13) 있는데 현대 교회의 복의 선언의 근거를 삼는 것은 후자이다. 이러한 예시적 근거는 모두 기도체가 아니고 선언체인 것이므로 기원적인 체로 구성하는 것은 잘못된 것이다. 그리고 어떤 이는 성자 · 성부 · 성령님의 칭호 앞에 장광(長廣)한 삼위 하나님의 속성을 형용사로 수식하여 진술하다가 "복의 선언"의 표현양식의 혼란을 일으켜 선언 마무리에서 "축원하옵나이다"라든지 "예수님의 이름으로 기원하옵나이다"라는 등의 선언체도 기원체도 아닌 어색한 어형(語形)으로 마감하는 사례를 자주 보게 되는데 각별한 유념이 있어야 한다.

이 "복의 선언"은 두 가지의 신학적인 기능이 있다. 그 하나는 예배를 마감하면서 안수되어 세움 받은 목사가 회중에게 삼위 하나님의 은혜의 복과 사랑의 복과 교통(교제)함의 복이 있기를, 복의 임재(강복)를 실제화 되기를 선언하는 것이고 다른 하나는 회중이 예배에서 나타난 태도로 하나님의 뜻을 수행키 위하여 세상으로 나아가게 됨을 확인하고 결단을 다짐시키며 소임을 부여하는 선언이기도 한 것이다. 그러므로 "복의 선언"은 소중한 목회적 기능이며 목사의 직무이고 예배의 중요한 요소인 것이다.

그러므로 복의 선언은 하나님으로부터 발생하는 복의 임재를 목사가 "주 예수 그리스도를 변함없이 사랑하는 모든 자를 대상으로"(엡6:24, 고전16:22) 선언하는 것에 이의가 있을 수 없다. 목사가 "손을 들고"(눅 24:50), "주 예수 그리스도의 은혜와 하나님의 사랑과 성령의 교통하심이 너희 무리와(온 회중과) 함께 있을지어다"(고후13:13)의 사도적 표준형을 오늘의 전형(典型)으로 삼아야 할 것이다. 복의 덕목(은혜, 사랑, 교통) 앞에 삼위 하나님의 속성적 기능을 해설적으로 수식할 필요는 없다. 은혜의 예수님, 사랑의 하나님, 교통하시는 성령님, 이 모든 수식어도 그 언어 속에 다 함유(含有)하고 있을 뿐 아니라 선언적인 어체에 분해적이거나 꾸밈이 요구되지 않음을 유념해야 한다.

"축도"는 "복의 선언"(pronouncement Benediction)이란 용어로 갱신해야 하고 그 표현양식은 기도체가 아닌 "선언체"(소원(Request) 형태로나 선언(pronouncement)형태로)로 해야 한다.

축도의 명칭과 종결서술어 바로 쓰기

　공예배의 구성요소 중 '축도'에 대한 명칭과 끝맺음 말인 종결서술어에 대한 바른 이해가 필요하다. 한국의 각 교회에서 예배 때 시행하는 '축도'라는 말의 지칭과 '종결어' 서술형이 통일되지 않고 목회자들마다 다르게 진술하고 있는 것은 애석한 일이다.
　우선 명칭을 보면 '축도', '복의선언', '축복선언', '강복선언', '축복기도' 등으로, 종결서술어에서는 '있을지어다', '축원하옵나이다', '계실지어다', '축원하노라' 등으로 다양하게 표현하고 있다.
　축도의 성경적 근거로는 구약 민6:24-26에 제사장적 축도로서 '원하노라'로 표현하여 행위자가 자기의 동작에 격식을 차려 기원적인 뜻으로 '그렇게 되기를 선언적으로 공포한 것'이었고 신약에서는 고후13:13의 사도적인 축도로서 바울이 교회를 향해 했던 것으로 '있을지어다'로 쓰여 '마땅히 그리 하여라'의 뜻으로 행위자의 기원적인 성격을 담은 둘 다 문어투(文語套)의 종결어미로 진술되어 공통점은 듣는 이의 이익과 말하는 이의 기원을 담은 정중하고 경건한 표현양식이라 볼 수 있다.
　이 축도를 바르게 이해해야 할 점은 첫째, 축도는 삼위하나님의 은혜와 사랑과 교통하심이 마땅히 그렇게 되기를 기원하는 선포요 복의 임재를 하나님과 계약관계에서 확인하는 복의 선언으로서 축복기도가 아니므로 명칭은 '복의 선언'으로 지칭되어야 한다. 둘째, 복의 선언은 기도체가 아닌 선언체이므로 종결어를 '축원하옵나이다', '계실지어다'로 쓰는 것은 맞지 않다. '축원하옵나이다'는 기도체일 뿐만 아니라 그 주격이 예수 그리스도의 은혜와 하나님의 사랑과 성령님의 교통하심이기 때문에 사람을 주어로 하는 종결어로는 합당치 않고 또 '계실지어다'는 삼위 하나님의 인격체의 임재선언이 아니고 삼위 하나님으로부터 발생하는 비 인격체인 복의 요소를 '계시다'로 표현하는 것은 격에 맞지 않는 의인화요 또한 삼위하나님을 지칭하는 것이라면 명령형으로 할 수 없는 것이다. '원하노라'는 1인칭 단수 선언체로서 구약적 복의 선언체에서는 맞으나 신약적인 내용에는 부자연스럽고 복의 대상에 대한 하대어(下待語)의 인상이 짙은 진술이다.

그러므로 복의 선언의 표준형은 고후13:13의 사도적인 복의 선언의 종결어인 '있을지어다'(be with you all)로 통일함이 옳을 것이며 이는 '마땅히 그리하여야 한다는 자기 다짐의 기원적 명령형 선언'이기에 '-ㄹ지어다'로 해야 한다. 셋째, 복의 선언은 목사의 은사를 입고 제사장적 직무와 권위를 위임받은 자격을 가진 목사가 그 직무로 복됨을 선언하는 것이어야 한다. 넷째, 복의 선언의 어순(語順)은 사도적인 기원체에서(고후13:13) 구원론적인 차례를 논리적으로 표현하고 있다. 인류 구원의 길은 예수 그리스도이시니(요14:6) 그의 중보적 은혜로 말미암지 않고는 하나님의 사랑에 이르지 못하며(엡3:12), 그리스도를 통하여 성취된 구원을 받게 하는 실제적인 방법은 성령님의 교통이다.

그러므로 복의 선언의 표현 형식인 '예수 그리스도의 은혜'와 '하나님의 사랑'과 '성령님의 교통하심'은 구원론의 논리적 차례이므로 이 형식을 변형하여 선언해서는 안된다. 이러므로 '복의 선언'은 삼위 하나님의 단순한 지칭과 복을 선언적으로 하되 성경을 표준으로 정중하게 시행하여야 한다.

「축복」과 「복」의 구분

한국교회가 "축복"과 "복"이라는 말을 구분없이 잘못 적용하고 있는 사례는 기필코 고쳐져야 한다. 성경의 사용사례는 명확하게 구분되어 있는데 이를 교회가 병리적 관행으로 잘못 적용하여 쓰고 있음을 갱신해야 한다. 우선 그 구분점을 개설(槪說)하면 첫째, 성경적인 어원으로 보아 "복(福)"은 히브리어의 "아쉬레"(אשרי)와 헬라어의 "마카리오스"(μακαριος)로 표현되고 있는데, 이는 모범적인 경건한 사람에게 "복을 선포할 때"나 "복이 있는 자" 또는 "복이 있을 지어다"라고(시1:1, 2:12, 잠8:34, 16:20, 욥5:17, 마13:16, 요20:29, 계14:13, 22:14) 하는 말이다.

이는 하나님으로부터 직접적으로 받게 되는 것을 의미하고, "축복"(祝福) 또는 "축복하다"는 히브리어로 "바라크"(ברך)로 기술되며(약330회) 헬라어로는 "율로게오"(εὐλογεω)로 표현되고 있는데 이는 "좋은 것을 받도록 기원한다"라는 말로서 하나님께서 인간에게 육체적, 정신적 복락과 번영을 주실 것을 기원하는 것을 의미하는 것이다.(시24:5, 창39:5) 둘째, 성경적 사례로 보아 에서가 야곱에게 복이 있기를 하나님께 비는 것(창27:41)과 또 멜기세덱이 아브라함에게 축복한(창14:19)것, 아론이 그의 자손과 백성을 위해 복을 비는(레9:22, 민

6:22-27)사례는 "축복"의 형식이 되는 것이고, 또한 왕이 자기 백성을 위해, 또는 주의 사자가 주의 백성을 위해 하나님께 중재적으로 복을 베풀어 줄 것을 기원한 사례가 이에 해당된다(창12:3). 셋째, 복과 축복은 개념상의 차이가 있다.

복은 하나님과 당사자 관계에서 하나님이 직접 베풀어주시는 것이거나 또는 제3자가 받을 하나님이 내리시는 "복" 자체를 지칭할 때 쓰는 데 비하여 축복은 복 자체가 아니라 복을 제3자에게 주실 것을 하나님께 구하는 "행위"를 말하는 것이니 큰 차이가 있는 것이다. 일반적인 사전상에도 "복"은 "평안하고 만족한 상태와 그에 따른 기쁨과 좋은 운수" 즉, "복" 자체를 규정하였고, "축복"은 "남을 위하여 행복하기를 빔"이라고 기술하고 있다. 바꾸어 말하면 "하나님의 은혜가 성도들에게 내리기를 비는 것"을 축복이라고 할 수 있다.

그러니 하나님은 사람에게 "축복"은 할 수 없으나 복은 내리는 것이고, 반면에 사람은 복은 베풀 수 없으나 "축복"은 할 수 있는 것이다. 만약 하나님이 "축복"하신다면 만복의 근원자가 어느 대상에게 복을 달라고 빌 수 있겠는가? 하나님은 자신의 강복(降福)의 당사자가 아닌 또 다른 시은(施恩)자를 향하여 복을 구할 대상이 설정될 수는 없는 것이다. 그러므로 "하나님이시여 저가 …에게 축복하나이다"는 가능하지만, "저가 복을 베푸나이다"는 불가능한 것이다. 또한 "하나님이시여 축복하소서"는 불가하지만, "복을 베푸(내리)소서"는 가능한 것이다. 따라서 하나님은 복을 주시는 분이시지만 복을 비는(축복)분은 아니시다.

"시복"(施福)자는 하나님이시고 "축복"자는 인간인 점을 유념해야 한다. 한국 교회가 잘못 쓰고 있는 "축복"이란 말의 구체적 사례는 "하나님이시여 축복을 주옵소서"나 "축복하여 주옵소서" 또는 "하나님의 축복이 충만키를 빕니다" 등인데 이를 바로 잡으면 "하나님이시여 복을 주시옵소서"로나 "하나님의 복이 충만하기를 바랍니다" 등으로 되는 것이다.

재론커니와 복과 축복은 확연히 다르다. 하나님이 사람에게 주시는 "복"은 "축복"이 아니다. 복을 내리시기는 하여도 복을 빌 수는(축복) 없다. 그러나 사람은 하나님으로부터 사람에게 임할 복을 하나님께 중재적 또는 복을 받을 자와 베풀자 사이의 제3자적 입장에서 "축복"(복을 빔)할 수가 있는 것이다. 그런고로 "복"은 하나님의 모든 은총의 총체적 표현으로 "복" 그 자체이고 "축복"은 복을 중재하여 비는 기복(祈福)행위이므로 한국 교회는 이를 바로 잡아야 한다.

「축원합니다」라는 말은 「설교체」 용어로는 부적절하다

　한국교회의 초대형교회 목회자를 포함한 일부 교역자를 제외하고는 대부분의 교역자들과 부흥사 목회자들의 설교말씀에서 말씀의 표현단위(音步) 마감 대목마다 "○○되기를(하기를) 주의 이름으로 축원합니다"라는 표현으로 회중들의 〈아멘〉의 반응을 유도하는 설교 어체(語體)는 적절하지 않다.

　「축원」(祝願)이라는 말은 성경에 명시적으로는 자주 표현되지 않는 용어로서 잠언 11장 11절에 나타나 있는데 영어성경(NIV, KJV, NAS)에는 Blessing(축복, 신의 은총)으로 표현하고 있고 의미상으로는 히브리어로 〈바라크〉(축복-창28:4, 송축-대하 20:26)에서 유래한 〈베라카〉로 표현되어 있는데 주된 의미는 〈축복하다〉라는 말로서 창1:22을 비롯한 성경에 330회가 표현되어 있다. 따라서 〈축원합니다〉는 분명히 하나님의 종들이 하나님께 복을 비는 기도(기원)의 행위이며 기도의 어체(語體)이고 기도의 내용적 틀인 것이다. 뿐만 아니라 사전적인 뜻으로도 "하나님께 자기의 소원이 이루어지게 해 달라고 빔"(Prayer; 잠11:11)을 나타내는 축원문(祝願文)의 준말로 이해되는 말이다.

　물론 설교의 내용적 성취를 청중에게 기대와 바라는 절실성을 청중 자신에게 강조할 수는 있는 것이다. 그렇다면 기원적인 어투로 〈주의 이름으로 축원합니다〉로 표현을 할 것이 아니라 설교적인 기대를 선언적인 강조 투로 〈…바랍니다〉라고 표현하면 될 것이다. 특히 "주의 이름으로 축원합니다"는 기도체의 전형(典型)으로서 성경에는 언제나 예수님의 이름으로 기도하라고 하였다. 그런 관점에서 보면 〈주의 이름으로 축원합니다〉는 기도가 분명하다.

그리고 설교와 기도는 예배를 구성하는 중심 요소로서 각각 독립된 개념을 가지고 있는 본질이 다른 두 요소를 동시에 혼합을 하여 표현하는 것은 원리에 맞지 않다. 더구나 설교는 예배의 객관적인 신적 요소로서 하나님이 사람을 대상으로 하는 임재(臨在)적 요소이고 기도는 예배의 주관적 요소로서 인간이 하나님을 대상으로 반응하는 응답적 요소이기 때문에 이 두 요소가 혼합적으로 표현되어서는 안되는 것이다. 설교는 오직 설교만이어야 하고 기도는 오직 기도 만이어야 하는데 이를 병합을 시키는 것은 오류인 것이다.

물론 설교의 결과를 기대하는 표현이라고 변명을 할 수는 있을 것이다. 그러나 사람을 향한 설교의 교훈적 내용을 어찌 기도체로 바꾸어 하나님이 대상이 될 〈주의 이름으로 축원〉이 가능하겠는가? 이 말은 인간의 소원을 중재하여 남을 위해 축복하는 행위인데 하나님의 말씀을 선포하는 시제(時制) 안에서 설교외적 요소인 기원체를 삽입하여 혼합시키는 것은 부적절한 행위이다. 〈주의 이름으로 축원합니다〉는 설교의 본질적 요소가 아닐 뿐 아니라 은혜적인 요소도 아니다. 의지적으로 관행적으로 계속 쓰면 설교의 감화력이 훼손될 수 있음을 유념해야 한다.

크리스천의 「연호(年號)」 사용 바로 해야 한다

　　기독교인들의 연호(年號; the name of an era) 사용은 기독교적 문화의식에 맞게 사용해야 한다. 역사의 주인이신 창조주 하나님의 신관(神觀)적 차원에서 시대를 구성하는 연단위(年單位)의 칭호 사용은 기독교적이어야 하는데 현재까지 연호 사용 사례를 보면 "서기(西紀)" 몇 년이라거나 우리나라 자국(自國)단위에서는 한 때 단군왕검(檀君王儉)이 즉위한 해를 기점으로 하여 그 원년을 단군기원(檀君紀元 : B. C 2333년에 해당)으로 하고 단기(檀紀)라는 연호를 사용한 때도 있었다. 그리고 오늘날까지 한결같이 사용하고 있는 무속(巫俗)적이며 민속(民俗)적 명칭인 천간(天干), 지지(地支) 즉 십간(十干)과 십이지(十二支)를 순차로 배합하여 육십 가지로 배열한 순서로서 갑자(甲子)에서 계해(癸亥)까지 육십 갑자인 육갑(六甲)연호를 쓰고 있는데 이는 크리스천이 쓸 수 없는 연호인 것이다. 이 육십 갑자 연호에 따라 사람이 태어난 해를 십이 지지(十二地支) 구성에 동물의 이름을 나타내는 한자어에 결합하여 천간 지지에 나타난 동물의 속성을 따서 "쥐띠", "소띠", "개띠" 등으로 사람의 출생연도의 성격과 사람의 특성을 규정 짓기도 한다.

　　이러한 이교적이고 민속적인 연호를 예수 그리스도께서 이 땅에 오신 원년에서부터 지속되는 그리스도의 구원사적 연대의 한 단위에 도입하여 계미년(癸未年:양띠 해)이니 을사년, 병인년 등의 육갑년으로 연호를 붙여 사용하는 것은 한 민족의 민속적 문화양상의 의미는 있을지는 모르나 이는 크리스천의 신앙정서와 기독교적 세계관에서 볼 때 허용될 수가 없다.

우리 크리스천의 연호 개념은 예수님의 성육신 탄생을 기점으로 "주전"(主前; B.C.; Before Christ; 주님 오시기 전)과 또는 "주후"(主後;A.D.;Anno Domini;in the year our Lord:주님 오신 해로부터) 등으로 표현하는 것이 옳은 것이다. 주님 성탄을 세계의 기원으로 삼은 것은 다행스럽고 감사한 일이 아닐 수 없다. 그것은 인류의 역사의식과 개념이 기독교적 토대위에 세워져 있다는 지극히 당연한 일이 왜곡되지 않았다는 점에서 그렇다. 다만 그리스도 탄생 연도의 계산 착오로 4년 늦게 오신 것으로 산정(算定)되어 1550년간을 사용해 옴으로 인류 역사의 기존 기록연대를 일시에 통일되게 수정하기란 불가능하여 4년간을 묵시적으로 소급하여 역사의 사실적 확인만을 하고 현행 연도의 기점을 그대로 쓰고 있음을 참고할 필요가 있다. 지구상의 모든 나라와 민족은 기원전을 "주전"으로 하여 B.C.로 표현하고 기원후는 "주후"로 하여 A.D.로 기술하고 있다.

이것이 세계 인류의 공통된 연호의 문화이며 확정된 질서이다. 이런 의미에서 크리스천은 서력기원, 서기 등(물론 기독교 기원 연대를 서구에서 도입됐다고 해서) 또는 임오년이니, 계미년이니 하는 연호는 교회와 기독교 내적 용어로 사용은 삼가야 한다. 교회 달력과 교인과 목회자들의 연하장의 덕담초두의 문구나 신년설교, 인사말 등 모든 언어 매체 등에서 〈여쉰 육갑〉의 연호를 무분별하게 사용하는 것은 크리스천의 주체의식을 저버리는 처사이며 신앙정절의 무단정(無端正)함을 착념(着念)치 못한 어리석음을 나타내는 것이다. "개띠해", "소띠년"이라는 것은 될 말이 아니다.

우리 주님은 역사의 중심이요 〈알파와 오메가〉로서 시간적으로 전 시대요, 공간적으로 우주적인 그리스도의 실존은 어떤 형태로든지 인류역사의 축(軸)이 되어야 하겠기에 그것이 "주전"과 "주후"의 시대 개념과 역사 개념의 기원점(紀元點)으로 재인식하여야 한다. 따라서 이교적이고 무속적이며 민속적인 갑자, 을축, 병인 정묘… 등의 세속적 미신에 저려진 육갑(六甲)의 연호를 크리스천은 쓰지 말아야 하고 우리의 건전한 "연호문화"를 〈주전〉, 〈주후〉라는 말로 기독교적 관점에서 생활화해야 한다.

「타계, 영면, 유명과 영결식 예배」라는 말 비기독교적이다

별세 교인의 죽음을 "타계(他界)", 또는 "영면(永眠)", "소천(召天)" 등으로 표현하고 "장례식예배"를 "영결식(永訣式)예배"라는 말로 쓰는 사례가 흔히 있는데 이는 비기독교적인 표현으로서 그 용어 사용이 적절하지 않다. 교인이 별세하였다는 말을 "소천"하였다라고 하는데 이는 지나친 한자말의 조어(造語)일 뿐만 아니라 "하나님의 부름을 받았다"라는 말이라면 "소천되었다"든지 "소천당하였다"라는 정도의 표현이라면 몰라도 "소천하였다"에서 "소천(召天)"은 "하늘로부터의 부름"이나 "하나님으로부터 부름"의 뜻으로 새길 수 있는데 "소천하였다"라는 능동적 표현은 어법에 맞지 않을 뿐 아니라 언어의 보편성이 없는 조어이다. 여기에 대해서는 연합신문 2002년 4월21일자 제682호 제11면에서 이미 논급한 바 있어 생략코자 하되 교인의 죽음을 "타계" 또는 "영면", "유명(幽明)을 달리하였다" 등으로 쓰는 말은 신앙적인 용어가 아니기 때문에 쓰지 말아야 할 말들이다.

"타계"는 "다른 세계"라는 말로 생존세계와 구별된 세계라는 의미이고 또는 "타인의 세계"라는 말로서 죽음의 지배세력을 가진 혼령(저승사자)이 있는 이승과 구분된 저승의 세계를 뜻하는 말이며 지위나 신분이 높은 "귀인(貴人)"의 죽음을 뜻하기도 하는 이교적인 표현일 뿐만 아니라 근본적으로 불교적인 용어이다. 불교의 "미계(迷界:불교의 미망(迷忘)의 중생계(衆生界)와 "오계(悟界:불교의 오도(悟道)의 세계)를 통 털어 "십계(十界)"라고 하는데 미계(迷界)로서 ① 지옥계(地獄界) ② 아귀계(餓鬼界) ③ 축생계(畜生界) ④ 수라계(修羅界) ⑤ 인간계(人間界) ⑥ 천상계(天上界)등의 "육계(六界)"와 "오계(悟界)"로서는 ① 성문계(聲聞界) ② 연각계(緣覺界) ③ 보살계(菩薩界) ④ 불계(佛界)등의 사계(四界)를 총칭하여 십계라고 부르며 이것을 타계라고 하기 때문에 교인의 죽음(별세)을 타계라고 쓸 수 없다. 교인은 사후(死後)에 하나님의 나라인 영원무궁세계로 가기 때문에 타계라고 할 수 없고 천국으로서의 성도의 본향(本鄕)이며(히11:14) 후사로서 본토(本土)를 가는 것이기에 "타계하였다"는 말은 대단히 부적절한 표현이다.

그리고 또한 교인의 별세를 "영면하였다" 또는 "유명을 달리 하였다" 등으로 쓰는 말도 역시 이교적이다. 성경에는 신자의 죽음을 "잔다"(요11:11, 고전15:20, 엡5:14)라는 표현은 한 바 있으나 이는 죽음에 대한 완곡(婉曲)한 표현으로서 궁극적으로 잠은 다시 깰 것이므로 다시 살아날 부활을 나타내는 은유법(隱喩法)적으로 표현한 것이니 "영면"과는 전혀 다른 것이다. "영면"은 회생이나 영생이 전제되지 않은 부활 없는 죽음을 표현하는 것으로서 교인의 별세를 두고 할 말은 못된다. 그리고 유명을 달리했다는 말 역시 이교적 표현으로서 쓸 수 없다. 유명(幽明)에서 "유(幽)"는 저승을 뜻하고 "명(明)"은 이승을 뜻하는 이승과 저승을 이르는 말인데 "달리했다"는 것은 "유와 명" 즉 "삶과 죽음"을 달리했다는 뜻으로 이승의 생존의 밝은 세계를 떠나 저승의 죽음의 어두운 세계를 갔다는 뜻이니 비기독교적인 말로서 쓸 수가 없다. 또 "영결식예배(永訣式禮拜)"에 "영결(永訣)"은 영원한 이별로서 산자와 죽은 자의 끝없는 분리와 결별을 의미하는 부활 없는 죽음을 뜻하기 때문에 쓸 수 없으며 잠시 별세하였다가 천국에서 다시 만날 부활 신앙의 관점에서 "영결식예배"란 있을 수 없다. 그러므로 교인의 죽음은 별세(別世)라는 말이나 "하나님의 부름을 받았다"라는 표현이 적절함으로 소천하였다, 타계하였다, 영면하였다, 영결, 유명을 달리 하였다 등은 쓰지 말아야 하되 혹 "고인이 되었다", "작고(作故)하였다" 등은 쓸 수 있는 말이다.

「평신도」를 「일반성도」로

한국 교회의 대부분이 직분이 없는 교인들을 "평신도(平信徒)"라고 지칭하고 있는데 이러한 표현은 엄밀한 의미에서 올바른 표현은 아니다. 이 말은 성직자(교직자)가 아닌 교회 회원을 가리키는 칭호인데 '백성'이라는 뜻의 헬라어 '라오스'(λαός)(마2:6, 행7:34, 히11:25)라는 말로서 '이스라엘' 또는 '교회'를 가리키는데 사용된다(딛2:14, 히4:9, 계18:4). 특히, 벧전 2:9-10(너희는 … 왕같은 제사장이요, … 그의 소유된 백성이니 … 이제는 하나님의 백성이요)은 '평신도'와 '성직자'(제사장)라는 용어를 전체 교회와 관련해서 사용되는 것을 보여주는 구절이다. 이러한 배경을 가진 "평신도"는 제한된 "성직"이 시행되는 곳에서 일반 회원들에 비해 교직(敎職)자들은 별개의 범주에 속한 것으로 구분하는 뜻을 함축하고 있다는 관점에서 볼 때, "평신도"는 감독과 장로들을 '사제'로 간주하는 것과는 반대되게 비성직자를 가리키는데 공통적으로 쓰이게 되었다.

하나님의 백성으로서의 "평신도"는 이렇다할 입지를 얻지 못하고 예배에서나 교회 정치에서 교회사적으로 상당 기간, 특히 중세사회에 뿌리 박혀 있던 종교인들, 수사(修士)와 성직자들과 세속인들 간의 이분법적(二分法的) 신분 계층의 성직위계(聖職位階) 제도가 수직적 계급 체계로 지속된 교회사적 산물로 지칭되어 온 명칭이다. 그래서 안수(按手)된 교직을 clergy(성직자)라 하고, 이에 대칭(對稱)으로 "평신도"를 laity(평신도, 속인)로 표현하여 성직자와 "일반성도"와의 수직적 계층 관계를 유지해 온 것에서 비롯된 말이 "평신도"이다. 이러한 평신도는 그 신분이 '하나님의 백성', '회중', '일반성도'라는 영적이고 언약 공동체적 신분을, 계급적 성직 신분의 상대적으로 지칭되던 말로써 이는 구교적 잔재(殘滓)요, 교회법적으로 비민주적 명칭이기 때문에 갱신되어야 한다.

개신교, 특히 장로교의 이념의 뿌리인 장로주의(presbyterianism)의 제도는 신본적(神本的) 공화체제(共和體制)의 성경적 대의 민주제도로서 "일반성도"를 "기본권자"로, 교회의 신앙공동체의 중심 계층으로, 제도적, 실제적으로 인정하고 있다. 이 "일반성도"(입교인)로서 구성되는 공동의회(共同議會)에서 목사 청빙을 결정하고, 장로를 선임하여 당회를 조직하고, 이 당회에서 노회 총대를 파송하고 그 노회에서 총회에 총대로 파송하여 "연속치리회(連續治理會)"인 공회를 조직하게 되니 그 조직의 최초의 원인 행위자가 "일반성도"이므로 기본권자가 되며 양심자율적 교회의 주권자가 "일반성도(평신도)"인 것이다. 따라서 중세 교권체제와 성직(교직) 위계주의에서 명명(命名)된 '평신도'라는 명칭은 원리적 관점에서 쓰지 말아야 한다. 예컨대 '국민'을 '평민(平民)'이라고 지칭한다면 그것은 전제군주 시대나 왕립독재 치하의 표현으로 가능했던 것일 수는 있으나 오늘날 민주사회의 주권재민(主權在民) 시대와 예수 그리스도를 머리로 한 교회 평등주의의 신학 및 신앙과 제도를 삶의 양식으로 삼는 개신교회(개혁장로교회)는 더욱이 이 칭호를 갱신해야 한다.

전술한 바와 같이 '평신도'는 하나님의 백성이요, 만인 제사장주의의 영적 실체이요, 주체로서 언약의 백성이 된 회중(일반성도)은 교직자와 직능적 차원의 단순한 구분에서 "일반성도"로 호칭되어야 한다. 엄밀하게 사역적 직무에서 보면 하나님의 소명된 자가 성직자이지만 구속적인 은총의 대상으로, 또는 언약의 대상으로, 그리고 기본적인 영적 신분으로 보면 교직자나 일반성도나 하나님의 백성에서, 또한 한 사람의 신앙인에서 동일한 것이다. 다만, 교직자로서 신앙인과 비교직자로서의 성도의 구분이 있을 뿐이고 직무적 종속관계와 의존관계가 있을 뿐, 기본적인 영적 신분에서 계급관계가 성립되지 않는다. 따라서 고위 성직체제의 교직 위계가 유지되던 시대의 교권주의 잔재(殘滓)인 교직자의 계급적 관계의 대칭으로써 "평신도"라는 칭호는 "일반성도(회중)"라는 말로 바꾸어야 한다. "평신도"는 고위 교직자의 종속적 추종계층으로 치부되던 때에 붙여 쓴 말이기 때문이다.

"평신도"의 '평'(平)은 관민(官民)의 귀천관계에서 '귀'(貴)와 '관'(官)의 대조되는 의미를 담고 있음을 유념할 필요가 있다. 은사와 받은 분량은 차등이 있으나 '누림'과 관계는 언제나 주안에서 평등하므로 다만 차등 있는 평등주의가 있을 뿐 영원한 천국교회의 표징으로서의 교회는 계급과 수직적 서열과 신분상의 우열과 상하의 귀천이 존재할 수 없고 교인이라는 교회법적 신분과 진리 안에서의 자유인들에게 어떤 이유와 명분과 조건으로도 봉사적 직무관계가 아닌 세력화, 계급화와 서열이 존재할 수 없다. 따라서 고위 성직의 위계적 신분의 대칭적인 '평신도'(회중)는 "일반성도"(회중)라는 칭호로 바로 잡아야 한다.

「하나님 "앞에" 예배드린다」는 「하나님"께" 예배한다」로 고쳐야

목회자들이 각종 예배사(禮拜辭)에서 "지금부터 〈하나님 앞에〉 예배드리겠습니다." 라든지 "하나님 〈앞에〉 찬양 또는 기도 드리자"라는 말을 흔히 쓰고 있는데 여기서 〈앞에〉라는 말이 적절한 표현이 아니다.

일찍이 우리의 언어문화 속에는 유교와 불교 또는 무속(巫俗)적인 종교 언어 문화의 잔재(殘滓)가 깔려 있어서 어떤 종교적 행위나 심성을 나타내어 섬김의 대상을 설정할 때 언제나 그 〈앞에〉라는 말을 써 온 것 같다. 〈앞〉은 종교의 대상이 인간의 정성을 감응(感應)하는 주체적 면전이요 종교행위를 굽어 지켜보는 보시(普施)의 근원지요 인간의 나약(儒弱)을 탄원(歎願)하고 숭경(崇敬)하며 신의 초인적 작용이 시동(始動)하는 신접(神接)의 지점(地點)이라고 인위적인 설정을 한 곳을 〈앞에〉라고 표현하여 왔다. 그래서 〈부처님 앞에〉, 〈신령님 앞에〉, 〈제단 앞에〉, 〈신령님 전〉이라는 등의 말을 써왔으며 이런 범신론적인 언어 관행이 여과되지 못한 채 예배용어에 교착(膠着)되어 관용하는 것으로 판단된다. 그렇다면 우리 기독교회가 인격적인 하나님을 대상으로 하는 생명 있는 예배를 할 때 〈하나님 앞에〉라는 표현은 원리와 어법에 어긋나는 표현이다.

본래 〈앞에〉에서 〈-에〉는 사물의 명사(무정(無情)명사) 밑에 붙어서 그 사물의 위치와 존재를 나타내는 〈처소(處所)격 조사〉로서 기독교예배를 수납(受納)적 대상으로 설정하는 표현이 될 수가 없다.

따라서 〈하나님 앞에〉라는 말은 〈하나님께〉라는 말로 바꾸어야 한다. 〈하나님께〉에서 이 〈께〉는 〈에게〉의 높임말인데 유정명사(有情名詞)등에 붙어 쓰이는 부사격조사로서 어떤 정신적 작용과 행동이 미치는 상대편을 나타내는 말이며 또한 어떤 종교적 행위(예배)를 열납하는 주체로 설정하는 표현이다. 하나님 앞에서 하나님이 입회하는 인간행동의 현장이 아니라 하나님은 예배의 주체가 되셔서 친히 그 예배를 받으시는 대상이므로 예배자와 필연적인 종교적 인격관계를 나타내는 표현은 〈하나님 앞에〉라는 존재론적이 아닌 관계론적인 〈하나님께〉인 것이다.

하나님이 존재하시는 공간적 상황개념이 아닌 하나님의 실존의 시공(時空)개념의 역사성이 결합된 예배의 수용적인 대상개념으로 바르게 설정해야 하는 것이다. 계시적 요소가 없는 범신론적 종교행위에서는 그 대상의 존재가 역사성을 갖지 못하기 때문에 비 실체적 강신(降神)의 관념적인 공간설정을 〈앞에〉라고 상황을 설정하는 것이다. 이러한 표현양식을 기독교회의 참 예배언어로 사용하는 사례는 부적절한 것이다. 하나님 〈앞에〉 드리는 예배와 기도와 찬양은 〈하나님께〉 하는 예배와 기도와 찬양으로 갱신하여야 한다. "천지가 없어지기 전에는 율법의 일점일획이라도 반드시 없어지지 아니하고 다 이루리라"(마5:18)는 말씀을 믿는 그리스도인은 비록 사소한 말 한 마디라도 신앙과 성경정신에 벗어난 말이라면 충성하는 마음으로 고쳐 써야하는 것이다.

「하나님 노릇」, 「아버지 노릇」이라는 표현 불경스럽다

간혹 목회자들의 기도 말 가운데 하나님의 '신적 역사'(스6:22, 살전2:13)를 구할 때 「하나님 노릇」 또는 「아버지 노릇」을 해달라고 기원하는 말투를 들을 수 있는데 쓸 수 없는 말이다. 우리의 어문체계에서 '노릇'이라는 말은 "사람의 직업이나 직책에서 마땅히 해야 할 역할이나 구실 또는 그 일을 속(俗)되게 일컬을 때 쓰는 말"이다. 예컨대 부모노릇, 주인노릇, 자식노릇 등의 말을 하나님의 신적 직무나 역사를 운위(云謂)할 때 비속하게 표현하는 것은 심성적 동기에 고의성이 없다고 하더라도 그 말 자체는 '지존하신 여호와 하나님'(시47:2, 시33:5)께 불경스러운 비종교적 표현이다. 물론 무한한 사랑의 속성으로 인간을 향하신 하나님의 당연한 신적 본분으로 거룩한 작용을 필연적으로 해주심을 꾸밈없이 간구하는 소박한 표현일 수는 있다. 그러나 '노릇'이라는 말은 비례(非禮)한 말투임에는 틀림없다.

이 말을 삼가야 할 몇 가지 이유가 있는데 첫째, 하나님의 사역인 신적 작정, 예정, 창조(영적세계, 물질세계), 섭리(엡4:16, 히1:3), 이적(출3:20) 등의 본질적인 역사를 통한 전지전능자의 신성하신 초월적 행위를 속된 의미를 담은 '노릇'이라고 표현할 수 없는 것이다. 둘째, 노릇이라는 말이 윤리적인 당위를 비수사(非修辭)적으로 소박하게 우리 언어의 고유성에 비중을 둔 표현이라 하더라도 신적 차원의 본성적인 표현으로 종교적인 신위(神位)에 맞는 격을 갖추어야 할 기도 말에서 범속(凡俗)한 범주에 든 말을 주저 없이 하나님 되심에 붙여 쓰는 것은 하나님을 높이는 격률에 벗어나는 것이다. 셋째, 자존(自存)하신(출3:14) 하나님은 구속과 섭리에서 언제나 솔선선행(先行)하여(요15:16, 요일4:19) 운행하시고 인간의 반응을 능동적으로 인도하시며 기쁘신 뜻대로 스스로 결정하시는 주권적인 하나님이신데 마치 인간을 향한 신적 본분을 강요하여 그의 책임을 되 일깨우는 듯한 어감과 인상을 주는 "아버지 노릇"이라는 말은 천부성을 향한 자녀된 인간의 신분에서 부적격한 말이 아닐 수 없다. 넷째, 이 '노릇'이라는 말은 도덕사회 범주에서 윗사람이 아래 사람에게 주문될 수 있는 말이거나 어떤 일을 하게 된 당사자가 스스로의 행위의 미흡함을 자성할 때나 또는 제3자의 역할을 객관적으로 적시(摘示)하여 표현할 때 쓰는 어군(語群)에 속한 말인데 이를 하나님께 붙여 쓰는 것은 경외심을 훼손하게 된다.

하나님의 사역의 최고봉은 물론 인간이다. 그 인간은 하나님의 통치의 대상이고 경륜과 섭리의 대상이다. 따라서 하나님의 행위는 언제나 정당하고 신적 자율로 인간을 만나시고 문제를 해결하시므로 사람으로부터 강요되지 않으신다. 그러므로 '하나님 노릇', '아버지 노릇' 등의 강요된 듯한 비속한 표현은 쓸 수 없는 말이다.

이 말이 극히 일부 목회자들이 사용하는 표현일 수도 있겠으나 강단에서 한 사람의 말이 많은 교인들에게 영향이 미칠 수 있으므로 고려해야 할 것이다. 기도에서 하나님의 운신(運身)을 구할 것이 아니라 응답받을 내용을 구체화하여 진실하게 고하는 것이 옳을 것으로 판단된다. 경외하는 언어는 주님의 영광 더 높인다.(말3:16)

하나님 「축복하옵소서」라고 기원하는 말 옳지 않다

한국교회가 '복'과 '축복'이라는 말을 구분 없이 잘못 쓰는 일에 대하여 이미 언급한 바 있으나 그 오·남용의 정도가 심하여 또 다른 관점에서 재론코자 한다. 목회자의 설교와 기도, 교인들의 대화나 기도에서 '복'과 '축복'의 주체와 적용대상을 성경대로 구분하여 사용하지 않는 것은 큰 잘못이다.

이 말을 성경대로 구분하여 보면 〈복〉은 하나님 편에서 사람에게 주시는 '복' 그 자체로서 구약에서는 "베라카"나 "아쉬레"(Blessing)(창12:3, 시1:1 등)로 표현되고 있고 신약에서는 "마카리오스"(μακαριος)(시2:12, 잠8:34, 마13:16 등)로 표현되고 있다. 그리고 〈축복〉은 사람이 하나님을 향하여 제3자에게 복을 주시도록 비는 기원적인 행위를 말하는 것으로서 구약에서는 "바라크"(창14:19, 잠27:14)로, 신약에서는 "유로기아; 유로게오"(εὐλογεω; Blessed)(롬12:14, 고전10:16 등)로 각각 표현하고 있어 어원적으로나 쓰인 사례에서 명확하게 구분되어 있는 것이다.

그럼에도 불구하고 이 용어가 성경의 기준과 관계없이 잘못 사용하고 있는 실태는 거의 공해(公害)수준에 이르고 있다. 이 '복'과 '축복'의 용어 특히 '축복'이라는 용어를 성경대로 바로 쓰지 않으면 몇 가지 영적 문제점이 있게 된다. 첫째, 신앙과 삶의 표준이 되는 성경의 계시적 권위를 훼손하여 하나님께 불경(不敬)의 결과가 된다. 둘째, 복의 근원자로 복을 주시는 유일신 하나님이 또 다른 절대자에게 복을 비는 격의 복의 기원자(祈願者)자로 설정하는 큰 오류를 범하는 것이다. 셋째, 복을 주실 주체자를 기복자로 규정하는 것은 만유(萬有)의 주가 되신 하나님의 신적 역사와 은혜와 복의 주권적 단독행위(마20:15)를 왜곡하는 것으로 하나님 뜻에 합의되지 않아 응답을 기대할 수 없다. 넷째, '복'은 1인칭 당사자가 기원할 수 있는 복 자체이지만 '축복'은 제3자인 타인을 위해 복을 비는 기원자의 신앙적 행위 자체다.

이를 요약하면 복과 축복을 받을 대상은 인간이고 그 복을 주실 주체는 하나님이신데 다만 축복의 기원(祈願)적인 행위자는 하나님이 아니라 인간이 되는 것이다. 즉 축복의 기원자가 제3자를 위해 하나님께 복을 비는 행위가 축복이기 때문에 "하나님 축복하여 주시옵소서"나 "하나님의 축복을 받았다"라는 식의 말은 잘못된 것이다. 그러므로 "하나님, ○○에게 축복하오니 복을 주옵소서", "하나님 ○○에게 축복합니다"라는 말로 사용하여야 한다.

예컨대 이삭이 야곱에게, 아론이 그 후손에게 복을 기원한 것은 축복이고, 야곱과 아론의 자손들이 받은 것은 축복이 아니라 복이 되는 것이다. 따라서 목회자들은 기복신앙의 역작용이 많은 한국교회를 위해서 물질의 축복에만 치우친 편협된 영성을 회복하여 영적인 축복을 우선하는 바른 축복행위를 성경을 표준삼아 해야 할 것이다. 복과 축복의 개념이 혼돈된 채 기복(祈福)행위를 하고 있는 지금의 한국교회의 현실은 과연 복이 되고 있는지를 성찰해야 하고 정직하게 비판해야 된다. 강복(降福)과 축복이 뒤섞여서 하나님의 일과 사람의 일을 구분하지 못하는 오늘의 한국교회를 위해 '축복'하오니 '복'을 받게 되기를 기원하는 바이다.

하나님께 「영광의 박수」하자는 말 옳은가?

예배 인도자가 찬양이 끝난 후 하나님께 '영광의 박수' 또는 찬양대에 '박수'를 보내자는 말은 옳은 것인가? 경건을 중심한 예배에서 박수로 예배의 외적 정황을 고조시키는 행위는 옳지 않다. 성경 시편 98:8에 "여호와 앞에서 큰 물이 '박수'하며 산악이 함께 즐거이 노래할찌어다"라는 말씀은 '큰 물'과 '산악'을 의인화(擬人化)시켜 인류타락과 함께 저주 아래 있던 자연도 인류구속과 함께 회복됨을 뜻하여(롬8:19-21) 노래하며 박수로 몸짓을 하는 듯이 찬양하는 주체로 묘사한 시적 기법의 문학적 표현이며, 왕하 11:12에 "여호야다가 왕자를 인도하여 내어 면류관을 씌우며 율법 책을 주고 기름을 부어 왕을 삼으매 무리가 '박수'하며 왕의 만세를 부르니라"라는 말씀은 백성들이 왕위등극을 찬하하며 환호하는 문화적 표현양식으로 이해할 수 있다.

이렇게 볼 때 예배 중에 하나님께 "영광의 박수"를 하자는 말과 행위는 예배의 본질적 요건이나 예전(例典)적 구성 요소가 될 성경적 근거는 없다. 원래 '박수'란 환영, 축하, 격려, 찬성 등의 뜻을 상징하여 손뼉을 치는 감각적인 행위로서 이는 종교적이거나 영적 행위가 아니며 하나님의 임재에 대한 행동적 반응으로 예배를 형상화하고 하나님을 시각적인 존재인양 물리적인 행위의 대상이나 환호적 대상으로 여기는 것은 정당하지 않다. 찬양대의 찬양 자체가 이미 구원역사에 대한 응답인데 이어서 또 박수하자는 것은 이중적 행위이며 급격한 감성표출의 몸짓은 하나님의 영광과 직접 관련된 예배행위라 볼 수 없다. 성경에는 영광이 들어난 일이 무수히 있으나 하나님께 '영광의 박수'를 한 근거와 사례는 없다. 개혁교회는 영적 문제를 형상화하거나 시각화하는 것은 우상숭배로 단정한다. 그리고 영성적 언어 중심의 예배를 추구함으로서 이미지를 배제하고 다른 기술적 수단으로 종교적 감성을 북돋우며 표면적 감흥의 상황과 분위기를 조성하여 인간의 유쾌 심리를 유발할 의도로 박수하자는 것은 수용하지 않는다.

창조적인 행동으로 종교성을 자극할 수 있다는 발상, 묵상과 언어이미지(Verbal Icon)보다 감각적 행동이미지가 더 실감 있다는 관점, 영적 작용이나 내적 충만보다 감성적 자극을 통해 경험지수를 높이려는 착상, 영적인 감화에 따른 반응이 아닌 인위적인 감흥을 주입하고자하는 것 등은 부적절하다. 인간의 내면과 영성적 본질을 헤아리시는 하나님께 인격적으로 숭모(崇慕)하고 아멘으로 화답할 일이지 사람의 흥겨움을 부추겨서는 안된다. 보이지도 볼 수도 없는 신에 대한 시각적이고 감각적인 표현 욕구에 의해 신의 이미지를 만들 수 없음 같이 인간 역시 하나님께 형상적이고 시각적으로 보이려는 예배행위는 신령한 예배가 될 수 없다. 예배는 하나님께 영적으로 몰입해야 하고 내적 감화와 증거에 따라 심령적으로 반응하고 고요한 영적 긴장과 경건한 질서와 주님께 경도(傾倒)됨이 있어야 하며 내면의 충만함과 신앙의 정절이 고백적으로 표현되어야 한다. 따라서 예배 중 사람을 높여 박수하는 일 옳지 않으며(눅6:26, 16:15) '하나님께 박수'라는 신체적 작동으로 유희적이고 오락적인 태도를 취함도 옳지 않다. 예배에서 박수는 하나님께도 사람에게도 바람직하지 않다.

「하나님의 말씀(성경)」을 「성경 저자의 말씀」으로 표현하는 것은 삼가야 한다

목회자들이 설교 중에 성경말씀을 인용할 때 〈바울사도〉는 그의 서신에서 "이렇게 말을 했다"든지 〈요한〉 또는 〈누가〉는 그의 복음서에서 "이렇게 말을 했다"든지, 모세, 사무엘, 이사야, 다니엘 등의 이름을 지칭하여 "이렇게 말을 하였다"는 등의 표현은 적절하지 않다. 가령 〈로마서 ○장 ○절에 바울이 말하기를〉 등으로 표현하는 것이 설교자 자신의 표현 동기가 하나님의 말씀으로 믿고 인용한 순수함이 있다 하더라도 설교를 듣는 회중들의 입장에서는 하나님의 말씀이라는 성경에 대한 인식이 잘못되거나 오해의 가능성은 있는 것이다. 마치 성경은 하나님의 말씀 자체가 아니라 위대한 신앙가의 유언적인 말로 잘못 이해될 수 있게 된다.

성경은 「하나님에 관한 인간의 말」이 아니라 「하나님이 인간을 향해 하신 말씀」인 것이다. 문자계시 형성과정에서 사람의 손을 빌리고 하나님과 인간의 공유적(유통적) 속성인 인격적 요소를 통해서 하나님이 친히 말씀하신 것이 성경이다. 비록 사람이 성경을 기록했다 하더라도 하나님의 영감 된 말씀이다. 이 「영감(靈感)」은 성경 저자들에게 그들이 기록한 모두가 하나님의 말씀이라고 불리우기에 합당하도록 정확무오(正確無誤)하게 기록하도록 사용된 초자연적인 감화」이다.

그러므로 기록된 모든 말씀은 하나님에 의하여 취출(吹出; Breathed)된 축자완전영감(逐字完全靈感; Plenary Inspiration)의 말씀으로(딤후3:16, 마5:18-19, 요10:35) 믿는다. 따라서 하나님은 계시의 방편으로 인간을 사용하셨으나 인간의 주관적인 작용을 억제하고 구약은 선지자들을 통하여, 신약은 사도들을 통하여 말씀하신 이 모두는 일점일획도 착오가 없으시다. 물론 하나님은 성경 저자들을 기계적 방법으로 사용하지 않으시고 기록한 성경의 단어들을 그들의 개성, 내적 인간성, 교육적 배경, 재능, 환경, 용어, 문체 등을 그대로 살리면서 하나님이 나타내시고자 뜻하신 바를 하나도 남김없이 나타내도록 역사하심으로 인간 저자의 인격성에 있어서 허물된 요소는 완전 억제되고 모든 것이 아름답게 조화되게 그리고 완성되도록 하신 유기적영감(有機的靈感)의 말씀이다.

이러므로 성경은 생명과 구원문제를 해결하는 하나님의 완전한 말씀인 까닭에 언제나 신적 권위를 가질 뿐 아니라 가톨릭교회는 성경을 하나님의 충분계시로 인정하지 않고 교부들의 서한이나 교황의 선언, 관례 등을 성경과 같은 비중을 두고 있으나 개혁교회는 구원계시로서 성경 외의 그 어떤 문서도 필요로 하지 않는다.

구속계시의 충분성을 믿는 것이 성경적이고 또한 하나님의 뜻이다. 그러므로 설교자는 성경을 인용할 때나 교인을 일깨워 교훈할 때 또는 전도할 때 하나님이 하신 말씀이라고 표현하지 않고 "바울이 말하기를", "모세가 말하기를" 등으로 한다면 이것은 문제가 될 수 있다. 사람을 통하여 기록은 하였으나 그것은 기록자와 관계없이 하나님의 말씀이다. 따라서 구약의 어떤 역사서나 선지서의 장·절이나 신약의 어떤 복음서나 서신서의 장·절을 인용하더라도 언제나 그것은 하나님의 말씀으로 또는 "누구가 기록한 하나님의 말씀"으로 표현할 수는 있으되 성경저자의 이름을 지칭하면서 그의 말인 양으로, 예컨대 〈바울사도〉는 "그렇게 말하였다"라는 식의 표현은 삼가야한다. 물론 이럴 수는 있을 것이다. 이를테면 성경저자 속에 내용을 구성하는 어떤 인물이 주를 향하여 한 말을 교훈적으로 그대로 인용할 수는 있을 것이다.

예컨대 "예수 선생님이여, 우리를 불쌍히 여겨 주옵소서" 이렇게 문둥병자들은 부르짖었다는 식의 표현은 가능할 것으로 본다. 그것은 성경 내용이지 저자의 말이 아니기 때문이다. 사람의 이름을 지칭하여 그 사람이 말씀했다고 할 때 듣는 회중은 성경의 절대 권위와 진리됨을 오해할 소지가 있으므로 언제나 "하나님의 말씀"이라고 표현해야 하되 성경저자의 이름을 들어 누가 말을 했다는 식의 표현은 삼가야 함이 옳을 것이다. 사람이 말한 것은 이미 성경이 될 수 없기 때문이다.

하늘보좌를 움직이게 해 달라는 기도 말 부적절하다

　교인이나 목회자들의 기도 말 중에 '하늘보좌를 움직이게 해 달라'는 표현 사례가 있는데 부적절한 말이다. 기도(창20:7)란 신자가 하나님께 하는 말로서 그를 믿는 바를 가장 명확하게 하여 하나님과 그의 백성 사이에 인격적 관계를 향상시키는 신앙의 중요한 행위로서 감사와 회개와 소망을 아뢰는 하나님과의 '교제, 대화, 영적 호흡'이라고도 할 수 있다.

　이러한 기도의 바른 태도는 '겸손'(눅18:10-14)한 자세로 머리를 숙이고(창24:26), 엎드려서(마26:39), 무릎을 꿇고(행940), 손을 들고(딤전2:8), 간절히 구해야 함을 성경은 교훈하고 있다. 그런데 기도자의 기원력으로 '하나님의 보좌를 움직이게' 해달라는 하나님을 향한 기도 말로서는 매우 외람된 말이다. 이 '보좌'라는 말의 일반적인 의미는 '왕자'(왕상10:19, 22:10), '총독의 자리'(느3:7), '제사장의 의자'(삼상4:13), '귀빈의 좌석'(왕하4:10) 등으로 표현되어 있고 하나님과의 관계에서는 '좌정하신 곳'(시9:4, 사6:1), '예언에서 보여진 곳'(단7:9-10, 계4장), '하늘에 있는 곳'(시11:4, 사66:1), '예루살렘'(렘3:17), '성전'(겔43:7) 등으로 표현되어 있다.

　이 '보좌'의 단순한 의미는 '임금이 앉는 자리'인데 '만왕의 왕, 만주의주

지존하신 하나님이 영광스럽게 좌정하신 자리로서 이는 권세와 위엄을 상징하고 가장 높은 권위와 영예를 지닌 숭엄한 하나님의 무한 절대적인 신권을 나타내는 말이다.

이러한 관점에서 보면 믿는 자의 기도를 통해서 하나님의 보좌를 움직이게 해 달라는 말은 경박스럽다. 이 말의 부적절한 이유는 첫째, 웨스트민스터 소요리문답의 진술을 보면 '기도는 그리스도의 이름으로 우리의 기원을 하나님께 고하고 그의 뜻에 합당한 것을 간구하여 죄를 자복하며 그의 자비하신 모든 은혜를 감사하는 것이다' 라고 명시하고 있는데 이 내용에서 '하나님의 보좌' 를 움직이게 한다는 암시는 전혀 없다.

둘째, 모든 피조물을 통치하시는 주권적인 하나님의 모습이 보좌에 앉아서 자기 신하들을 하감(下瞰)하는 왕의 모습으로 묘사되었는데(시113:5-6), 성경은 하나님의 보좌가 하늘에 있고 이 땅은 하나님의 발등상이라고 말한다(시99:5, 사66:1). 발등상 같은 세상에서 기도 하나로 하나님의 영광의 보좌를 움직인다는 말은 지나친 허세적 표현이다.

셋째, 기도는 하늘보좌 앞에 상달하고자 함인데(계8:3-4) 보좌를 움직인다는 위세적인 표현은 모든 기도가 경건한 간구와 절열한 탄원이라 볼 때 부적절하며, 기원에는 영성적인 정조(情操)와 고등한 종교 감정을 담고 겸손히 하나님의 합의와 허락을 고대할 기도 말의 기세적 표현은 불합당하다. 그리고 하나님께서는 그 '보좌' 에 앉으셔서 세상을 통치하시고 심판하시는 엄위하신 자리인데(시9:4, 단7:10, 계20:4) 심판의 대상이 심판할 자의 보좌를 좌우할 수는 없는 것이다.

기도의 주된 요소는 하나님 뜻에 합의함과 그의 뜻을 묻는 행위이므로 하나님을 설득하고 인간의 뜻에 회유하려는 억지는 기도의 본령이 아니다. 이 말이

기도의 영력과 간절성을 나타낸 표현이기는 하나 보좌를 움직인다는 말은 관념적인 말로서 하나님이 응답할 내용이 아니며 이러한 기도는 하나님의 주권성에 대한 외람되고 무례한 말로서 쓸 수 없는 말이다.

「할렐루야」라는 말 남용을 삼가야 한다

교인들이나 목회자들 중에서 〈할렐루야〉라는 말을 부적절하게 남용(濫用)하는 사례가 있는데 이는 삼가야한다. 본 주제에 대해서는 이미 부분적으로 언급한 바가 있으나 흔히 남용되고 있는 예를 들면 교회와 교단들의 각종 공문서와 서간문(書簡文), 안내장 및 초대장의 머리글에, 교인들과 목회자들이 사람 대면할 때 인사말투로, 강단에서 초청 설교자를 소개할 때 회중들이 환영하는 인사말로, 설교자가 청중의 반응과 시인(是認)을 유도할 때, 기도말의 시작 첫 대목 등에서 〈할렐루야!〉로 시작하는 것은 이 말의 참 뜻과 그 사용사례를 성경에 비추어 볼 때 원칙적으로 적절하지 못한 사용이다.

성경에서 〈할렐루야〉(시135:3, 147:1)라는 말은 히브리어를 음역한 말로서 "여호와를 찬양하라" 또는 "주를 찬양하라"(시104:35)는 뜻을 가진 말인데 "찬양하라"는 뜻의 〈할렐루〉와 "여호와"의 호칭인 〈야훼〉가 합성된 말로서 주로 시편에(시104:35, 105:45, 115:18, 117:19, 106:1, 48, 111:1, 112:1, 113:1) 나타나 있다.

그리고 신약에 4회(계19:1, 3-4, 6)와 구약에 23회가 나타나 있는 이 말은 시135:3과 147:1절을 제외하고는 대부분 예배에서 감탄사로 사용하여 불렀으며 회중에게 여호와를 찬미할 것을 호소하기 위해 쓰기도 했는데 특히 회당 예배에서 주로 그 역할을 했고 시 113, 115, 116, 117편 등에서는 유월절, 오순절, 초막절 그리고 수전절(修殿節)(요10:22)에 할렐루야로 찬송되었으며 안식일에는 시135-136편을 찬송하고 시 145편은 아침 예배에 불렀다. 이러한 점에서 볼 때 할렐루야 "하나님을 찬양하라"에서 〈찬양〉은 영광과 존귀를 하나님께 돌리는 것으로 하나님의 광대하심과 섭리사역에 대한 응답으로서 참된 경건의 주된 요소이며 하나님께서 마땅히 받으실 송축인 것이다.(시67:3-5, 117편) 또한 그의 아름답고 훌륭한 것을 기리고 드러내는 것이므로 인간뿐만 아니라 모든 피조물로부터 찬양을 받으시기에 합당하신 분이시며, 신·구약의 모든 백성들로부터 그의 구원사역에 대한 찬양도 함께 받으셔야 한다(시107편, 렘20:13, 약5:13). 본질적으로 이 찬양은 하나님께만 적용되는 예배의 요소이므로 그의 백성들의 현재적 삶의 목적은 그를 찬양하는 데 있다(엡1:11-14, 히13:15).

이러한 관점에서 〈할렐루야〉는 존엄하신 여호와를 향하여 그의 백성 된 인간이 취할 수 있는 최고의 가치요 최고의 경배사상을 담은 신령한 언어인 것이다. 따라서 〈할렐루야〉를 서한문과 공문서 및 안내장 그리고 사람을 대면하거나 환영할 때 인사말 대용(代用)으로 쓰거나 기도의 첫 머리에 무분별하게 사용하는 것은 신앙원리에 대한 오해이며 신앙정절의 훼손이요 하나님께 대한 불경이다. 그러므로 이 말은 신상(身上)적인 교감용으로, 충동적 구호(口號)로, 신앙적 언어의 채색(彩色)용으로 쓰지 말고 하나님을 높이 기리는 음악적인 송영 행위에서 격조 높은 영적 언어로 사용해야 한다.

「헌금」은 「예물 봉헌」으로

한국교회의 대부분이 예배를 구성하는 요소를 배열한 순서지(주보) 상의 "헌금"이라는 항목을 표현하고 있는데 이는 성경적으로 최적(最適)한 말이 아니다. "헌금"이라는 말은 눅 21:1에 명시되어 있는 말 외에는 성경에 발견되지 않는 말로써 그 의미에 있어서 "돈"을 바친다(드린다)라는 뜻이라면 이는 예배라는 영적 행위에 있어 신학적인 함의(含意)가 없는 용어로서 지나친 윤리적 노골(露骨性)을 표출하는 말일 뿐 아니라 기복적인 공적(功績)행위나 받은 것에 대가성(代價性) 인상이 짙은 표현이기도 하여 이는 여과할 필요가 있다고 본다. 이렇기 때문에 혹자는 "헌금"이라는 표현을 "봉헌(奉獻)"이라는 말로 대체할 것을 주장하는 일설이 있다. 대안이 됨직하나 이는 두 가지 점에서 불완전하다.

첫째, 예배에 있어 "봉헌"은 유독 "헌금"이라는 구성요소(순서항목)에 한정되지 않고 예배 전체에서 인간편의 응답적 요소가 모두 봉헌적이며 성도의 삶 전체가 "봉헌"적이기 때문이다. 둘째, "봉헌"이라는 말 자체만 표현할 때 무엇을 봉헌하는지의 실체개념이 없다. 즉 "봉헌"의 상징 또는 대상물(표상매체)(referent)이 잠재화되어 언어 기능적 결함이 없지 않다. 그래서 "봉헌"이라는 말에 목적물 즉 감사와 인간 전체를 하나님께 양도할 표상물이 생략된 것은 의미의 비약이 없지 않아 이를 보완할 필요가 있다. "헌금"과 "봉헌"은 이 양자를 합성하여 "예물봉헌"이라고 표현함이 옳을 것으로 판단된다.

성경에는 예물(禮物)이라는 말이 많이 명시되어 있는데 이 말은 두 가지로 구분되어 쓰이고 있다. 그 하나는 하나님께 감사와 경외적으로 봉헌된 경우이고(출 35:22, 레1:2, 마2:11, 5:23, 24 등의 다수), 다른 하나는 인간에게 사례적 의미와 선물 또는 빙물(聘物, dowry)의 의미로 공여(供與)된 사례가(창30:20, 왕상 9:16, 수15:19 등 외의 다수) 있다. 여호와께 봉헌하는 "예물"의 종교적 성격은 경배적이고 하나님과 그의 백성(선민)간의 신적 관계이며 만물의 주재자가 여호와이심을 숭경적(崇敬的)으로 승인하는 것이며 선민을 사랑하시는 하나님의 보호적 은총과 하나님의 구속사적 사역에 대한 선민(신앙인)의 응답으로 볼 수 있다. 그리고 "헌금"이라고 할 때 "금"(金)은 돈을 의미하고(주화) 그 "돈"의 기본적 개념은 상품교환 매개물로서의 가치의 척도를 나타내는 환물유가매체(換物有價媒體)(증권)로서 어떤 지급의 방편이나 축적의 수단이 되는 금속이나 지물(紙物)로 만들어 유통하는 화폐인 것이다.

그런고로 "헌금"에서 "金"(돈)은 물질 그 자체인 것으로서 이 물질자체가 봉헌의 본질적 뜻이 있는 것이 아니라 인간이 절대자에게 응답적으로 발생하는 가치를 뜻한다고 보아야 한다. 이 가치를 봉헌할 때 섬김을 뜻하고 사례적(謝禮的) 반응의 최상급으로 실제화하는 신앙행위가 되는 것이다. 그런고로 "헌금"은 곧 "예물"을 화폐적 관념으로 형상화한 것이며 "예물"은 "봉헌"의 상징적 의미와 가치를 실제화 또는 구체화한 매개체이므로 물질 그 자체의 의미를 초월한, 보다 지고한 신앙적 이념을 담은 표상인 것이다. 따라서 "헌금"은 곧 물질이고 이 물질은 예배의식(종교의식)화 하면 "예물"이며 이 예물의 봉헌은 "만유의 주께 또한 만유가 모두 주의 것으로 인식하고 각자의 것을 주의 것으로 양도(讓渡)하는 고백이며 예배와 삶 전체가 주의 소유임을 총괄적으로 표현하는 가시적 의미가 있는 것이다.

이러므로 "예물"이 하나님과 선민과의 관계적 실증물로서 성경적이요 또한 "봉헌"이 성경적이니(겔43:26, 민7:10,11,84,88) 현재 쓰고 있는 "헌금"이나 "봉헌"으로 두 용어를 분절(分節)된 상태로나 또한 "헌금"이라는 "돈을 바친다"라는 이교적, 교회 외적 의미를 담은 표현으로는 부적절한 것이다. 그런고로 "예물봉헌"으로 갱신하기를 한국교회에 제안한다.

협동 목사(장로)와 명예 권사

협동 목사(장로)를 무임 또는 무시무 목사(장로)로

한국 교회 대부분이 은퇴 또는 시무하지 않는(무임) 목사나 장로를 협동 목사, 협동 장로로 지칭하거나 주보에 게재한 것을 흔히 볼 수 있는데 이는 몇가지 점에서 적합한 것으로 볼 수 없다. 우선, 교회법상에서 목사(장로) 칭호 가운데 협동 목사나 장로라는 제도적 근거가 없다. 그것은 협동의 기능을 가진 직임은 부교역자(부목사)라는 제도에 반영이 되었기 때문일 것이다. 항존직인 목사(장로)의 교회적 공식 칭호를 교회법에 명시가 없는 임의(任意)적인 명칭을 사용하는 것은 부자연스럽다.

원래 시무하지 않는 목사나 장로는 무임 목사, 무임 장로인데 이 "무임"이라는 말이 규범 외적으로 쓸 때 어감이 좋지 않아 협동이라는 말로 대체하여 사용하는 것으로 보는데 이는 재고되어야 한다. 그리고 "협동"이 "무시무자"(無視務者)를 의미하는 것이라면 차라리 "무시무 목사"라는 지칭이 가장 사실에 가까운 표현일 수가 있다. "협동목사"는 목회적인 직무나 교회 담임권에 관하여 사실상 "협동하는 직무"가 없기 때문이다. 그리고 기관목사나 기타 법적 시무 직무가 있고 다만 비파송, 비담임 출석 교회라면(원칙적으로 목사는 그 교회 소속이거나 그 교회 교인이 아니고 노회에 소속이며 노회원이다) 주보상에 실제의 시무직명을 명시하든가 아니면 서식상으로 "타기관 시무목사"라는 난(欄)을 설정하고 목사 명단을 소개하면 될 것이고 무임목사(장로)라면 "무시무 목사로, 장로일 경우는 무임장로로 하는 것이 옳을 것이다.

목사의 경우는 무임 5년이면 노회법상 제명이 되기 때문에 제명된 목사를 계속하여 무임목사라는 명분으로 소속하여 지칭이 불가할 뿐만 아니라 무임(無任)이라는 말은 직무 명칭이 아닌 무시무자에 대한 법적 확인 명칭이기 때문이다. 그렇다면 "협동목사" 라는 칭호를, 공통적인 실정을 가진 교파들이 교회헌법상에 명시를 하든가 아니면 법적 근거를 가진 "무시무 목사"(장로) 또는 무임 보장 기간 내라면 "무임목사"(장로)로 하여 근거 있는 명칭을 사용해야 건전한 기독교 언어문화 보존과 향상에 유익할 것으로 판단되기 때문이다.

명예권사 임명은 옳지 않다

많은 교회들이 정식으로 법적 절차를 거치지 않은 나이 든 여성도를 명예권사로 추대하여 호칭하는 경우를 보게 되는데 이는 옳은 일이 아니다. 물론 교회적인 공적도 있고 임직할 적령은 넘어 직분 없이 일반성도로 지나게 할 수 없어 명예로 권사라는 직분을 추대 임명하는 경우인데 시정해야 할 일이다. 원리적으로 교회 직분은 하나님과 관계점에서 거룩한 종교 도리상 명예직이 있을 수 없고 명예로 줄 수도 없다.

교회 직분도 그것은 충성이요 헌신이요 희생이 전제되는 것이고 봉사가 요구되는 것이며 교회일에 수종자가 되어야 한다. 따라서 어떤 경우에도 직분 없는 교인에게 교직을 주어 교인의 명예를 보존하게 하는 것은 비성경적이다. 꼭 권사의 임직이 절실하다면 교인의 동의를 얻어 하루를 시무하더라도 합법적인 절차를 거쳐 임직케 함이 진정한 명예를 보존하는 것이다.

그리고 원 소속교회에서 권사로 임직하였다가 타교회로 전출케 되면 새로 입적한 교회에서는 비안수직 권사의 직분은 소멸되는 것이다. 그것은 안수된 항존직이 아니기 때문이며 선출 신임받은 대상교회가 교체되었기 때문이다. 이런 경우도 협동권사로 호칭하고 있으나 여기에서도 협동이라는 말의 사용은 합당하지 않다. 전입된 교회에 권사가 되려면 해당교회의 신임을 다시 받아 취임해야 한다. 그런고로 협동목사. 협동장로 칭호와 명예권사 임명행위는 갱신되어야 한다.

혼인과 결혼, 정혼과 약혼

혼인 / 결혼

 교회적으로나 사회적으로 '혼인'과 '결혼'이란 말의 사용이 구분되지 않는 것 같다. 분명히 이 두 용어는 혼용(混用)하지 말아야 할 차이점이 있는 것이다. 먼저 사전적인 차이점은 '혼인'이라고 할 때 장가들고 시집가는 일, 곧 남녀가 부부가 되는 일(신명기 7:3)(과정적 표현), 또는 사회 보장제도로서 보장된 남녀의 성적 결합관계에 들어가는 법률행위(과정적 표현)를 일컫는 것이고, '결혼'은 시집가고 장가가는 일로서 남녀가 정식으로 부부관계를 맺은 혼인의 결과를 의미하는 것이다. 이렇게 볼 때 '혼인'은 '결혼'의 과정적 표현이고, '결혼'은 '혼인'의 결과적 표현인 것이다. 그렇다면 '결혼식' 또는 결혼예식'은 '혼인예식'으로 바로 잡아야 할 것이다. 혼인예식은 남녀가 부부가 되어 가는 과정을 뜻하는 것이며, 결혼은 혼인을 통한 부부가 되었음을 의미하는 즉, 혼인의 완성을 뜻하는 것이기 때문이다.

 '혼인(婚姻)'의 자전적(字典的) 의미를 새겨보면 '혼'은 옛날에 황혼 무렵에 신랑이 신부집에 가서 신부를 맞아 혼례를 올렸기 때문에 만들어진 의미이고, '인'은 여자가 의지할 곳〔因〕, 곧 사위집이란 뜻을 의미하는 글자이다. 즉 혼인에서 '혼(婚)'은 남자가 장가드는 것이고, '인(姻)'은 여자가 시집을 가는 것이다. 따라서, 혼인은 결혼이 되기 위해서 가고 오는 과정적 표현임에 틀림없으므로 결혼예식은 혼인예식으로 교정되어야 한다. '예식'은 수단적, 법적 행위이지 예식 그 자체가 결과가 아닐 뿐 아니라 이 '혼인'은 신랑, 신부와 그의 양가가 혼연(婚緣)을 맺어 서약하고 결혼으로 나아가는 의식적 절차인 것이다. 그래서 '혼인예식'에서는 신랑, 신부의 신분에서 혼인을 통해 결혼이 되면 남편과 아내로서 부부의 신분으로 바뀌어 지는 것이다. 즉 신랑, 신부는 혼인의 주인이고, 부부는 성혼(成婚)의 주인이기 때문이다. 그러므로 성혼 공포 전에 부부라고 하지 않는다. 혼인이기 때문이다.

특히, 가장 중요한 것은 성경에 남녀가 부부가 되는 과정의 표현을 '혼인'(혼인잔치; 요2:1, 헬 gamos)으로 기술하고 있음을 주목해야 한다. 물론, 결혼이라는 말씀(말2:11, 사62:5 등)도 기술되고 있으나, 이것은 결국 혼인의 결과를 말한 것으로 볼 수 있다.

그러므로 기독교적 언어문화 창조는 성경의 명시적인 용어를 응용하는 것이 당연하기에 '결혼예식'은 '혼인예식'으로 갱신되어야 하며, 이러한 표현은 장로교회의 교회헌법 중 예배모범 제12장에 혼례식에 관한 규정을 보면 '혼례'라는 말 이외의 표현이 없음을 주목할 필요가 있다.

정혼 / 약혼

'약혼'과 '정혼'이라는 용어도 정확한 의미의 차이를 구별하여 사용할 필요가 있는데 '약혼(約婚)'은 결혼하기로 서로 약속하는 일(신20:1)을 의미하는 것이며, '정혼(定婚)'은 혼인할 것을 정한다는 뜻이다. 성경에서 '정혼'이란 말의 뜻을 새겨보면(마1:18, 눅1:29, 2:5 등) '아내로 삼다', '약혼시키다', '합하다',

'모이다', '함께', '같이 오다' 등의 뜻으로 표현되고 있다. 물론, 성경에는 약혼이란 말도 정혼이란 말도 있다.

그러나 신약에서 가장 대표적인 표현이 예수님의 육신의 부모인 요셉과 마리아는 '정혼' 한 사이라고 명시하고 있다. 의미상으로 보아도 혼인할 것을 약속하는 것보다는 혼인할 것을 확실하게 정(定)해 놓는 것, 또는 정해 놓은 것이 가장 실질적인 표현인 것이다. 정함은 약속보다 더 강한 의미가 있어 약속의 확고성을 담보하는 표현이기도 하다. 따라서, 한국교회는 관행적으로 사용하는 용어에 대해서 개혁하여야 한다. 언어의 의미적 단위는 뚜렷한 개념이 형성된다. 착오적인 개념은 또 다른 그릇된 행위로 발전하여 사리를 오해하는 원인이 되기도 하므로 약혼과 정혼을 구분하여 쓰는 것이 바람직하다.

「회(回)」, 「차(次)」, 「기(期)」의 구분

회(回)와 차(次)의 바로 쓰기

개 교회에서나 또는 노회와 총회에서 연(年)단위의 회기 주기법에 따라 회무 기간별 회의의 개회수가 몇 번임을 세는 돌림횟수의 누적된 수 또는 일년순환 주기단위를 몇 회(回)라고 표현한다. 예컨대, 제 86회 정기총회라든지 제 50회 정기노회라든지 제60회 총동문회라는 표현 등이 이에 해당한다.

전술한 경우와 같이 "회"로 표현되어야 할 것을 "차"로 표현하는 사례는 잘못된 것이다. "회"는 어느 기간 시작 싯점에서부터 어느 기간 마감 시점까지의 일정한 주기(週期: periodic time) 또는 반복적 순환(cycle)에 따라 시작 시점에서 경과된 시간이 한 바퀴를 돌아 다시 시작 시점까지 이르게 되는 일정한 기간의 순환 횟수의 단위를 "회"라고 하고 그 돌림의 횟수의 누적수를 몇 회라고 하는 것이다. 이러한 주기법에 따라 어떤 행위의 시작이 마감된 소요기간의 단위를 "차"로 표현될 수는 없다. "차"(次:next, order) 혹은 차수(次數)는 어떤 일을 하거나 또는 하려는 기회나 계제(階梯)를 뜻하는 말로써 어떤 행위에서 다음 행위로 시간적(기간) 차서(次序)를 정하여 단회적이 아닌 연속적인 행위를 이어질 시간 단위를 정하여 앞의 기회를 이어서 번 수(番數)를 누적하는 속개(續開)적 또는 속회(續會)적인 것을 말한다. 그러니 "회"와 같은 일정한 주기법적 기간의 누적 수가 아닌 어떤 행위의 연속적 순서의 단위를 이르는 말로 이해해야 한다. 따라서 한 회기 가운데서도 1차, 2차, 3차 등의 차수를 좇아 행위(회의)를 하게 된다. 그러므로 "차"는 "회기"가 아니기 때문에 제○차 정기총회니 제○차 정기노회등의 표현은 옳지 않다. 재론커니와 "회"는 1년을 단위로 어떤 조직의 직무상 재임기간이 종료되는 시점이나 또는 1년 단위로 회계사무의 결산단위가 한 회기(정기)가 되는 것이다. 이런 관점에서 노회와 총회 등의 회기 누적수의 명칭은 "차"가 아닌 "회"가 되어야 한다. 한 회기 중에(정기회중에)도 회무결정을 위해 회의는 몇 번이고 그 "차수"를 거듭하면서 "몇 차 회의" 등으로 할 수 있는 것이다. 그러므로 각 교단의 총회나 노회의 회기 횟수와 당해 회기 단위 명칭은 "차"가 아닌 "회"로 하고 1개 회기 중에 회의 번 수는 "차"로 하는 것이 옳은 것이다.

기(期)의 바로 쓰기

그리고 "기"에 대하여도 잘못 쓰는 사례를 볼 수 있는데 바로 잡아야 한다. "기"라는 말은 일부 명사 밑에 붙어 시절, 시기, 기간 등을 뜻하는 말이다. 사례를 보면 학교 졸업동문회, 횟수 구분 명칭에서 제0기 동문회라는 지칭이나, 재학생 학생회 조직횟수의 당해 회기 단위를 "제○기"로 표현하는 일은 적합치 않다.

"기"는 회기 연도적 학제(學制)개념이 아닌 연(年)단위 속에서 단기적 설정기간에 수료행위에 따른 시행기간을 횟수의 개념보다는 일정한 "기간단위"를 의미하는 것으로써 그 기간 단위의 번 수를 구분하기 위하여 지칭하는 말이다. 따라서 학교의 졸업생일 경우에는 시기와 기간의 의미보다는 재학연도 또는 연(年)단위로써 4년, 3년, 2년 간의 학제 기간단위가 주기적으로 연속되는 졸업단위이므로 "제 몇 회"로 되어야지 "제 몇 기"로 해서는 안된다. 재학생의 경우도 학생회 조직기구의 책임기간이 연(年) 단위주기법에 의해서 조직될 뿐만 아니라 회계 연도적 의미와 조직의 직제상 임원의 임기가 있으므로 "제 몇 회" 총학생회 등으로 표현되어야 되지 "제 몇 기" 학생회로 표현되는 것은 적합치 못하다. 물론 정규학제가 아닌 단기적 수료기간일 경우는 동일한 기간 안에서 동기생(同期生)이 되었다면 "제 몇 기"가 될 수 있다.

실례로 육군사관학교, 제3사관학교, 옛날 보병장교학교 등은 "기"로 표현하고 있다. 그 배경은 학제단위라기 보다는 주(週)단위로 소요기간을 이수기간으로 정하여 온데서 비롯된 것으로 "회"가 아닌 "기"로 표현하고 있다. 이러한 관점에서 "회"와 "차"와 "기"의 쓰임새를 적소적재(適所適材)로 그 용도를 바르게 구분하여 사용해야 한다.

「장례예배」를 「천국환송예배」라는 말로 쓰는 것에 대한 제언

　　최근 한국교회의 일각에서는 별세한 성직자와 성도의 장례예배를 '천국환송예배'로 쓰는 것이 어떠냐 라는 견해가 있는가 하면 실제 일부에서는 이미 쓰고 있는 사례를 볼 수 있는데 과연 이 말이 기독교적 교회 용어로서 적합한 것인가. 일찍 우리나라의 장례문화에 관한 윤리적 질서는 오랜 유교와 불교적 의식문화에 젖어 왔던 터이라 기독교의 고유한 장의(葬儀)문화의 표준을 세우지 못한 채 기존 이교적 형식에 기독교적 언어로 부분적인 대체(代替)나 가미(加味)하여 써오고 있는 관계로 장례의 통일된 의식절차를 응용치 못하고 있어 이에 일반적 장례용어를 기피하여 그 대안적인 발상에서 비 합의적 용어를 사용하는 것이라 사료된다. 그러나 '천국환송예배' 라는 용어는 신앙인의 별세와 관련한 가장 현세적 문제를 지나치게 영성화한 초세(超世)적인 미화법으로 영혼과 육체가 분리된 죽음이라는 공리(公理)적 질서를 일단은 그대로 솔직하게 수용하지 못하고 지나치게 종교화하여 산자를 위무(慰撫)하려거나 사후의 이상을 관념적으로 표현하는 것은 시신(屍身)처리의 단순한 개념으로 볼 때 너무 비약적이고 자연스럽지 못한 느낌이 있다.

장례라는 말은 성경적 용어로서 예수님의 시신을 유대인의 '장례법' 대로 (요19:40) 장사를 치른 것을 대표적인 예로 볼 수 있는 데, 원래 이 장례 (ἐνταφιάζω :entaphiazo)란 용어는 장사지낸다(고전 15:4:θάπτω :thapto) 또는 장사를 치르다 라는 말의 의례(儀禮)적 표현으로서 신.구약 성경에 많이 등장하는 말이다. 그 개념을 구분하면 '장례'는 빈례(殯禮) 또는 장의(葬儀)로도 표현되는 말로서 '장사를 지내는 일'을 의례적으로 말하는 것이고 '장사'는 시체를 무덤에 묻거나 화장하는 시신처리(매장)를 말하는 것이니 이 두 말은 서로 연계되어 있다고 볼 수 있다.

인간이 구원받아 천국 가는 문제는 하나님의 고유한 주권적 섭리의 영역으로서 사람의 작용으로 되어 질 일은 아닌 것이다. '천국환송'에서 '환송'이란 말은 '기쁘게 보낸다'는 뜻으로서 이 행위의 주체는 인간이 되는 셈인데 천국을 사람이 보낼 수도 있고 안 보낼 수도 있는 성질의 것은 아니다. 다만 하나님의 언약적 관계에서 이루어지는 구원역사인 것이다. 지금 '천국환송예배'라는 이름 아래 모인 그 현장은 시간개념에서 영혼이 이미 육체를 떠나 천국에 들어간 연후에 일로서 시신을 무덤에 안치하기 위해 장사의 의례를 시행하는 시점에 있는 것이다. 시신을 부활 때까지 묘실에 안장하기 위한 것이지 그 시신을 천국으로 환송하는 것이 아니므로 분명히 '장사의식'이지 '천국환송'은 될 수 없다. 다만 장례를 맞아 죽음 이후에 내세적 소망과 부활적 신앙심을 더욱 고양하는 경성의 기회로 장례를 음미하는 것으로 그 의미를 새겨야 할 것과 그 시간 하나님께 앞서간 성도의 그 영혼의 영복을 위탁하고 산자로서 죽을 이후에 앞서간 성도가 간 천국의 소망을 응시하면서 죽음과 부활과 내세의 의미를 세기며 장사를 수행해야 하는 것이 본래의 의미인 것이다.

따라서 기독인은 죽음이란 실존을 앞에 두고 장사를 치르는 장례 현장에서 다음과 같은 필연적이고 불가피한 반응양식을 억제하지 말아야 한다.

첫째, 천국환송이란 명분으로 유족들과 조객들의 비애의 감정을 인위적으로 억제하지 말아야 한다. 죽음이란 그 자체는 인간 최고의 비극이고 고통의 극치이다. 특히 유족에게 있어 한 혈통의 분신으로 함께 살다가 다시 회복되지 않는 육신적 별리(別離)의 슬픔을 어찌 헤아릴 수 있겠는가. 믿는 자의 죽음이 절망이거나 실망일 수는 없지만 죽음 너머에 보장된 육체부활의 영화로운 재회의 기약을 소망 중에 바라보고 믿지만 죽음이라는 본질적인 통절의 성격과 순리를 그대로 수용하지 않으려는 듯, 죽음에서 느낀 정서를 역설절적으로 초극(超克)해보려는 반어법(反語法)적이고 오기(傲氣)스런 인상이 짙은 수사적 미화를 할 필요는 없지 않겠는가. 죽음이 산자에게 주는 숙연한 암시적 의미는 큰 것인데 그 주검 자체를 환송이나 하고 기뻐 박수라도 칠 수 있는 환영할 경축의 일은 분명 아닌 것이다. 혈육이나 친지, 이웃을 잃은 슬픔은 슬픔 그대로 슬퍼하는 것이 자연스럽다. 이 슬픔이 실망이거나 낙담의 표현이라고는 볼 수 없는 인간의 본능적 반응이며 오히려 자기 아픔을 진정(鎭靜)하는 여과적 수단이라고 보아야 할 것이다. 슬픔이라는 현실을 기쁨으로 당장 대체될 수는 없다. 슬픔 속에서 소망을 바라보며 비애적 정서를 정제하게 된다. '천국환송'이라는 주제설정 때문에 죽음이 주는 본질적 요소가 소멸되는 것은 아니지 않겠는가. 죽음 그 자체는 어떤 미화법으로도 채색될 수 없는 허무의 실체인 것이다. 인간의 사(死)와 생(生)은 하나님의 통치 질서 아래 관리될 가장 현실적인 일로서 지나치게 관념적으로 종교화할 필요는 없는 것이다. 슬픔을 슬퍼함으로 소망으로 승화하여야 한다.

둘째, 성경적인 사례를 참고할 필요가 있다.

성경에는 죽음을 애곡 애도한 기록이 여러 곳에 나타나 있다. 사무엘서에 아브넬을 헤브론에 장사하고 그의 무덤에서 왕이 소리 높여 울고 백성들도 울었다(삼하3:32). 그들은 슬피 애곡하며 '슬프다 내 형제여' '슬프다 내 자매여'(렘22:18)하며 시신 옆에서나 매장할 때 큰 소리로 애도했다(왕상13:29-30) 심지어는 전문적으로 돈을 받고 울어 줄 여인들을 동원하기도 했다(렘9:17, 암5:16, 마9:23, 막5:38). 예레미야는 요시야를 위하여 애가를 지었으며 노래하는 남녀들이 요시야를 슬피 노래하였다(대하35:25). 팔레스틴 무덤에서는 이 여인들의 눈물 병을 발견하기도 하였다(시56:8). 그리고 애도의 형식을 보면 옷을 찢고(상하1:11, 13:31) 굵은 베로 허리를 묶기도 하였다(창37:34, 렘2:26, 암8:10, 사3:24). 구약 역사서에 나타난 기타 사례로서는 '재나 티끌을 자신의 머리에 뒤집어쓰고' (수7:6, 삼하1:2, 13:19, 사61:3), '티끌이나 재에 앉고' (욥2:8, 사3:26, 47:1), '맨발로 걷는 것으로 슬픔을 표현하고' (참고,삼하15:30), '가슴이나 머리를 치며 몸을 베기도하며' (렘16:6), '몸에 상처를 내기도하며' (렘41:5, 참고,47:5), '머리카락과 수염을 깎기도 하며' (사3:24, 15:2, 22:12, 렘19:27,28), '피리 부는 것에 따라 애곡도 하고' (렘48:36, 마9:23), '애도하며 금식' 도 하였다(삼상31:13, 삼하3:35). 이런 등등을 보면 분명 사람의 죽음은 동서고금을 막론하고 애탄(哀嘆)스런 일이었음을 알 수 있다. 죽음에 대한 통분함을 슬픔으로 표현함으로 정제할 수 있기에 사상적으로나 이념적으로는 영혼이 천국 갔음을 기뻐할 일이로되 현실적인 정서로는 애절함을 표현하는 것이 순리요 자연스러움이라 할 수 있다. 죽음을 슬퍼하는 것이 신앙과 영성을 훼손하는 것이 아닌 천부적 본능으로 보아야 하기 때문이다.

인간의 죽음이란 허무성의 현실적 의미를 원형 그 자체로 관찰함으로 죽음 너머에 기약된 기독교적 내세관을 가지고 천국의 영복을 사모하는 신앙심의 고양을 가져오고 인간에게 예외 없이 닥쳐와서 누구나 겪게 될 한계적 질서 앞에서 숙연하고 겸손한 자기성찰의 계기로 삼는 죽음의 해석이 필요한 것이다. 장례는 영혼이 천국가고 육체가 별세한 성도의 시신을 묘실로 부활 때까지 안장키 위해 육신적 석별을 애석해 하는 현장에서 죽은 자를 잘 가라는 식이 된다거나 '건너편에 우산이 있으니 지금 비를 맞아도 좋다' 는 논리와 같은 '천국환송예배' 라는 말은 석연치 않다. 아무리 죽음을 미화한들 죽음 그 자체의 가치변화는 있을 수 없다. 죽음은 개개인의 인생 일생이 부득이 종결되고 영육의 분리와 육체가 해체되어 흙속에 티끌로 돌아가는 현실을 현실 그대로 받고 전도자의 말과 같이 인생의 현세적 허무성을 실존 그대로 관조(觀照)함으로 동시에 육체부활의 산 소망을 확인하게 되는 것이다. 천국영복은 보낼 자의 주도적 행위의 영역이거나 생존자의 의식과 작용에 있지 않고 하나님의 고유한 섭리적 질서에 이루어지는 부르심과 인도에 있음을 알아 죽음 앞에서 소망은 갖되 슬픔 그 자체를 제어할 필요는 없다고 본다. 슬퍼하기 때문에 내세를 기대하는 소망을 더 크게 갖게 된다. 장례예배는 한시적으로 죽은 시신을 장사키 위함이니 분명히 '장례예배가' 가 되어야 한다. 시신을 천국으로 환송하는 것은 분명히 아닌 것이다. 영화로운 부활 때까지 무덤에 머물게 하는 절차적인 것이다.

셋째, 기독교 선진국의 사례를 보면

미국의 장로교회에서는 장례예배를 "부활증언예배"(A Service of Witness to the Ressurection)라고 하고, 미국연합감리교회에서는 "죽음과 부활의 예배"(A Service of Death and Ressurection)라고 지칭한다고 한다. 사실 신학적으로 보면 의미 있는 표현이 아닌가 생각된다. 그러나 이도 역시 죽음을 종교화한 느낌이고 종교수사학적 표현으로서 죽음을 사건적 실존으로 보지 않고 관념적 의미로 접근한 표현양식으로 이해할 때 이상적인 지칭이라고 설득되지 않는다. 장례를 지나치게 교리화 할 것이 아니라 성경정신을 기저(基底)로 한 기독교적 의식문화로서 본질적인 내면성을 상징적으로 현상화하여 정중히 수행할 죽음을 처리하는 의식으로서 표준을 삼을 필요가 있다.

넷째, 용어의 어법적 적합성을 유지할 필요가 있다.

장례예배를 장례식예배로 진술해야 하지 않을까 한다. '천국환송예배'라는 말은 논외(論外)로 하고 '장례예배'라는 말도 다듬을 필요가 있다. 이 말을 그대로 보면 장례가 예배의 주제가 되어 마치 장례를 위한 예배라는 뜻을 담아 예배 자체의 고유한 신학 요소가 훼손될 가능성이 있다. 어법적으로 보면 '장례예배'란 유속복합어(有屬複合語) 또는 주종복합어(主從複合語)로서 '장례'라는 어휘가 어떤 행위를 주장하는 언어적 주된 기능을 갖게 되고 '예배'가 '장례'를 돕는 종속기능을 하게 되므로 이를 바르게 조어(造語)할 필요가 있다. 이것을 병렬복합어(並列複合語)로 조어하여 '장례식예배'(장례와 예배)로 하는 것이 옳을 것으로 본다. 즉 장례와 예배가 상호 종속이나 유속되지 않고 장례식의 의미와 예배의 의미를 동시적으로 살릴 수 있기 때문이다. 장례식을 겸하여 그것을 주제로 삼지 않고 장례식을 예배의 배경과 상황으로 삼고 각각의 뜻을 동시에 나타내면서 예배의 정신에 융합을 시켜주는 병렬적 복합어로 진술하는 것이 적절하다고 본다. 이 병렬복합어의 예를 들면 '강약(強弱)'할 때 '강'이 '약'에도, '약'이 '강'에도 종속되지 않고 한 어휘 안에 두 가지 뜻을 동시에 나타낸다. '형제'(형과 동생), 또는 '마소'(말과 소)라는 병렬복합어가 그런 예이다.

'장례식예배'는 시신이 부활 때까지 영혼이 남겨놓은 유해(遺骸)를 무덤에 장사하는 것이지 그 시신을 천국으로 영화로운 몸으로 부활되기 전에 천국환송은 있을 수 없다. 지금 장례식 현장에는 영혼의 처리가 아니라 시신의 처리를 하는 절차이다. 영혼은 이미 하나님께로 부름 받았고 부름 받은 영혼을 하님 주권에 위탁할 뿐이고 육체는 시신으로 남아 있어 이를 부활 때까지 묘실에 안장하는 장사를 지내는 절차이기 때문에 '천국환송예배'라는 말은 부적절하고 '장례식예배'로 한국교회가 통일되게 사용하였으면 한다. 그리고 기독교 장례의식에 관련된 일체의 의식문화를 표준화하여 기독교의 순전성을 보존해야 하고 우선 '임종식예배' '입관식예배' '하관식(매장식)예배' 등의 병렬복합어로 지칭하기를 한국교회 앞에 정중히 제안하는 바이다. 성경에는 믿는 자의 시신 처리를 '천국환송예배'로 할 근거가 없기 때문이다. '천국환송예배'는 '장례식예배'로…